제2판

가족상담 및 치료

이성희 · 한은주 · 이무영 · 정은미

창지사

머리말

지난해 발생한 코로나 팬데믹 상황은 전 세계적으로 사회, 정치, 경제 등 모든 분야에 영향을 미쳤으며 동시에 우리의 일상을 뒤흔들고 있으며 현재도 진행 중에 있다. 미처 예상치 못한 질병에 대한 공포는 일상의 변화와 적응을 요구하며, 이러한 상황에 대응하기 위한 '사회적 거리 두기'의 실천은 개인과 개인, 개인과 가족, 개인과 사회의 관계를 멈추거나 비접촉 방식으로 변경되고 있다. 특히 대면적 접촉에 기반한 '친밀성'의 공간인 가족은 개인의 마지막 보호처이기도 하지만 한편으로는 가족의 부담과 관계의 극도의 밀접성으로 인한 역기능 현상이 도드라지기도 한다.

현재는 코로나-19로 인한 가족의 재발견과 재구성의 과제가 도래한 상황이다. 더 오래, 더 자세히 보게 되는 자녀들, 더 길게 가족이 함께 보내는 시간의 증가로 가족, 가족관계에 대한 새로운 탐구와 재조명이 필요하게 된 시점이기도 하다. 일상적 '안녕'이 중요해진 어려운 시기에 가족의 삶은 계속해서 변화하고 있으며, 가족의 경험을 통한 개인의 안녕은 여전히 중요한 이슈이다. 가족 유대감 형성의 위기일 수도 기회일 수도 있는 이 시점에서 『가족상담 및 치료』의 교재 발간은 더욱더 의미 있는 작업이라 하겠다.

이 책은 총 12장으로 구성하였다. 제1장에서는 '가족과 가족치료에 대한 이해'로 가족에 대한 기초적 이해와 가족상담 및 치료에 대한 개념과 특성을 정리하였다. 제2장에서는 '가족치료의 발달'로 가족치료가 형성된 이론적, 역사적 배경 및 한국에서의 가족치료의 발달과정에 대해 살펴보았다. 제3장부터 제7장까지는 전통적 가족치료 모델인 대상관계 가족치료모델, 다세대 가족치료모델, 경험적 가족치료모델, 구조적 가족치료모델, 인지행동치료 모델에 대해 살펴보았다. 제8장에서는 이와 별도로 '좋은 관계'의 형성에 개인의 자율성과 선택을 강조하게 되는 현실치료모델을 선정, 소개하였다. 제9장과 제10장에서는 후기 가족치료 모델인 해결중심 가족치료모델과 이야기 치료모델을 소개하였다. 제11장에서는 '가족상담 과정'으로 가족상담을 진행하는 과정에 대해 소개하였다. 또한 이 장에서는 현재 현장에서 이루어져야 하고 중요한 접근법이 되고 있는 비대면 상담에 대한 내용을 포함시켰다. 제12장에서는 '가족치료의 이슈'로 한국가족의 변화에 따른 가족치료의 특성과 가족치료 현장에서 상담자가 늘 상기해야 하는 윤리적 쟁점에 대해 다루는 것으로 마무리하였다.

이 책에서는 각 장마다 '요약'과 '사례 적용' 제시를 통해 각 장의 개념을 좀 더 실용적으로 습득할 수 있다는 특징을 가지도록 하였다.

저자들은 오랫동안 학계에서, 현장에서 전문성을 키워 온 역량이 좀 더 유용하게 교재에 반영되길 기대하면서 공동으로 집필하였다. 끝으로 어려운 상황에서 교재의 출간에 애써주신 창지사 여러분께 감사드린다.

2021년 2월

저자 일동

제2판 머리말

코로나 펜데믹 상황이었던 2021년 1판을 출판하고, 이후 2년이 지난 2023년 개정판인 2판을 출간하게 되었습니다. 우리 모두가 아주 긴 터널을 지나온 느낌입니다. 대면적, 일상적 접촉에 기반한 '친밀성'의 공간인 가족은 이 시기를 보내는 데에 힘이 되기도 하였고, 때로는 친밀성은 사회적 고립감을 더하여 과중한 부담으로 위기가 되기도 하였습니다. 이러한 상황에서 가족을 연구하고 실천하는 많은 이들은 가족이 고통과 부담이 아닌 연대감의 기초로 굳건하기를 소망하며, 각자의 현장에서 새로운 형태의 교육과 실천의 방식으로 실행하고자 노력하였습니다.

본 교재인 〈가족상담 및 치료〉가 이에 조금이라도 일익을 담당하였기를 바라며, 감사한 마음을 담아 개정판을 준비하였습니다.

본 교재의 기본 구성은 총 12장으로, 1장에서는 가족에 대한 기본적 이해 및 가족치료의 개념과 특성, 2장에서는 가족치료의 형성배경과 발달과정, 3장부터 7장까지는 전통적 가족치료 모델로써, 대상관계 가족치료 모델, 다세대 가족치료 모델, 경험적 가족치료 모델, 구조적 가족치료 모델, 합리적 정서행동치료 모델을 제시하였으며, 제8장에서는 관계의 증진을 위해 개인의 자율성과 선택을 강조하는 현실치료 모델을 선정, 소개하였으며, 제9장과 제10장에서는 후기 가족치료 모델로써 해결중심 가족치료 모델과 이야기 가족치료 모델을 제시하였고, 제11장에서는 현장 중심적인 가족상담의 과정과 절차에 대하여, 제12장에서는 가족치료의 이슈와 가족치료 현장에서 상담자가 늘 상기해야 하는 윤리적 쟁점에 대해 다루었습니다.

교재의 기본 구성과 방향은 공동저자의 합의와 의견수렴을 통하여 제1장, 제4장, 제8장은 이성희 교수가, 제2장, 제3장, 제9장은 정은미 교수, 제5장, 10장,

제11장은 한은주 교수, 제6장, 제7장, 제12장은 이무영 교수가 맡아서 집필하였습니다.

이번 2판에서는 본 교재의 기본 구성을 그대로 유지하면서, 이론적 모델의 개념 명료화를 위한 추가 설명과 학습자 중심의 자기점검 질문과 실질적 적용 기술을 추가하는 등의 부분적 수정이 곳곳에서 이루어졌으며, 특히 제3장에서는 인지행동치료 모델을 합리적 정서행동치료 모델로 확장하여 내용을 보강하였으며, 제11장에서는 가족 상담과정에서는 현장 중심적인 가족상담서비스 단계 및 사례개념화와 사회변화에 따른 화상(비대면)가족상담에 대한 실제를 보강하였고, 제12장 가족치료의 이슈에서 가족치료사들이 경험할 수 있는 윤리적 딜레마에 대한 사례 제시와 대처 원칙, 해결책 등의 구체적 명시로 보강하였습니다.

가족은 사회변화 속에서도 늘 존재하며, 앞으로도 존재할 것입니다. 가족의 구조와 형태는 다양한 모습으로 변화, 변모, 변혁되고 있으나 가족의 의미와 그 가치는 개인에게 여전히 유효합니다. 우리 사회는 가족과 가족구성원이 행복할 수 있도록 보호하고 지지해야 할 의무가 있으며, 가족복지실천가들은 그 한 몫을 해내어야 할 분명한 책임과 사명이 있습니다. 가족을 형태와 구조로 바라보는 것이 아닌 기능성과 의미를 함양할 수 있는 가족복지실천 방법론을 습득하는 데 있어서 본 교재가 조금이나마 도움이 되기를 바라는 마음입니다.

어려운 상황에서도 기꺼이 개정판을 출간해 주신 창지사 출판사와 독자 여러분께 다시 한번 감사한 마음을 전합니다.

2023년 8월
저자 일동

차례

모든 행복한 가족은 서로 닮았지만
불행한 가족은 각자 그들만의 이유로 불행하다.

-톨스토이 〈안나 카레리나〉 중-

제 1 장

가족과 가족치료에 대한 이해

우리는 가족에 대해 생각할 때 어떤 이미지를 떠올리게 될까? 이에 더하여 한 가지 질문을 더해 보기로 한다. '자신이 직접 경험한 가족을 떠올려 보시오' 하면 어떻게 될까? 어떤 이는 가족의 경험에서 가족이 요구한 부담과 고통을 준 부분만을 떠 올리는 사람이 있을 것이다. 이들은 가족의 경험에서 주로 차이점과 불협화음에 초점을 맞추며, 가족의 경험에서 충성심, 인내심, 상호 돌봄, 지원은 당연한 것으로 생각하기 때문에 때로는 자신의 가족에서 이러한 것들이 있었다는 것조차 자각하지 못하기도 하다. 또한 그 반대의 경우도 있을 수 있다. 자신이 겪었던 가족의 부정적인 경험을 삭제 혹은 왜곡하고 오히려 미화하기도 함으로써 진정한 자신과의 만남을 차단하기도 한다. 가족이 가지고 있는 명백한 사실은 가족은 우리에게 행복과 안식도 제공하지만 때로는 고통, 슬픔, 좌절을 안겨 주는 곳이기도 하고, 어떤 구성원에게는 분리되어야 하는 곳이기도 하다는 것이다.

가족치료사 또는 가족상담자는 내담자들을 만나기 전에 먼저 가족에 대한 자신의 경험을 반추하고 성찰해 봄으로써, 가족에 대한 보다 객관적이고 중립적인 시각을 정립하도록 하는 작업이 선행되어야 할 것이다.

본 장에서는 가족과 가족치료에 대한 기본적 이해를 위해 가족의 개념과 가족발달 단계의 특징들과 가족치료의 개념들을 살펴보도록 한다.

1. 가족과 가족발달 단계의 이해

1) 가족의 개념

가족은 사회의 여러 제도를 가운데 가장 본질적이며 중요한 기본 단위이며, 인간의 출생과 더불어 존재하는 일차적 집단으로 가족을 떠난 인간의 생활을 생각할 수 없다. 즉 가족은 사회의 가장 기본적인 제도로서 인류의 역사상 가장 오랫동안 사회변화의 영향을 받으면서 가족 구성원의 발달과 성장에 필수적인 환경체계를 제공한다. 가족이란 개인과 사회의 중간에 위치한 체계로서 전체 사회에 대하여는 하위체계로, 개인에 대하여는 상위체계로서의 양면적인 특성을 가진다. 즉 가족을 사회의 하위체계로 볼 때 집단, 체계로서의 가족은 사회의 유지존속에 어떤 역할을 하느냐와 관계되지만, 가족을 가족원이 구성하고 있는 상위체계로 볼 때는 개인의 발전, 욕구충족, 자아개념, 자아정체감 형성에 어떤 역할을 하느냐의 측면과 연결된다.

가족의 보편적 개념을 보면, 부부와 그들의 자녀로 구성되는 기본적인 사회집단으로서 이들은 이익 관계를 초월한 애정적인 혈연집단이며, 같은 장소에서 기거하고 취사하는 동거·동재 집단이고, 그 가족만의 고유한 가풍을 갖는 문화집단이며, 양육과 사회화를 통하여 인격 형성이 이루어지는 인간발달의 근원적 집단임과 동시에, 사회변동과 함께 변화하며, 그러한 변화에 대하여 역동적으로 적응할 수 있는 사회제도의 하나(유영주 외, 2008)이다. 일반적으로 사람들의 생각 속에 존재하는 가족은 '변함없이 늘 포근한 휴식처'로서 정형화함으로써 변화하는 실체로 보지 않는 경향이 있다. 그러나 가족은 사회환경과 역동적인 상호관계를 가짐으로써 끊임없이 변화할 뿐만 아니라 때로는 급격한 변동을 한다.

우리에게 가족은 어떤 의미일까? 오늘날 가족은 결혼의 누적된 실패의 경험과 성역할 관계의 변화, 직업 및 교육 가치의 상승, 생물학적 기술의 발달 등으로 가족에 관한 전통적인 틀이 무너지고 있다. 즉 가족의 개념이 달라지면서 가족을 형성하는 요건, 가족의 목표 등이 변화하고 있다. 그렇다면 가족이 가지는 가치는 어떠할까?, 어떤 이는 '메마른 가슴을 채우고 지친 몸을 달랠 수 있는 것은 가족이 유일하다'면서 '세상이 각박해지면서 가족의 중요성과 가치는 더욱 빛을 발한다'고 말하기도 한다. 물질적으로 풍요롭고 개인주의가 발달한 서구일수록 가족의 가치는 때론 더 높게 평가되기도 한다.

가족을 정의하는 인식의 틀을 하위 개념화한 다음의 질문을 통하여, 가족 가치관에 대한 자신의 지점을 파악해 본다(이성희, 2010).

첫째, 구성적 측면에서의 요건이다. 가족은 누구로 구성되며 그 누구는 또 누구여야 하는가이다.

- 부부 중 한쪽 구성원이 없는 구성요건은 가족의 구성적 요건에 위배되는 것인가?
- 자녀 없이 부부로만 구성된 형태는 가족이 아닌 것인가 ?
- 혈연이 아닌 입양이나 계부모로 구성된 형태는 진정한 가족이 될 수 없는가?
- 결혼을 하지 않은 한쪽 성이 자녀를 양육하고자 할 때 이는 가족의 구성요건에 위배되는 것인가?
- 가족의 구조는 가족의 질적인 부분을 담보하는가?

둘째, 기능적 측면에서의 요건이다. 가족이 수행해야 할 그리고 가족이 수행하고 있는 기능(역할)은 무엇인가이다. 현대사회에서의 핵심적 가족 기능에는 성 및 애정의 기능, 자녀출산의 기능, 자녀양육 및 사회화의 기능, 경제적 기능, 정서적 안정 및 지지의 기능, 사회적 지위부여의 기능 등으로 요약된다. 이러한 측면에서 보면 가족의 위기 혹은 가족해체 현상은 이러한 기능이 수행되지 않거나 수행할 수 없을 때라고 볼 수 있다.

- 이러한 기능을 수행하기 위해서 필요한 조건은 무엇인가?
- 이러한 기능을 수행하도록 도와주는 사회적 조건이 있다고 생각하는가? 있다면 무엇인가?
- 이러한 기능을 수행하지 못할 때 우리는 그 책임의 부분을 무엇으로, 혹은 어떻게 해석할 수 있는가?

셋째, 문화적 측면에서의 요건이다. 여기에는 가족이 지향하고 있는 가치와 가정이 추구해야 해야 할 고유한 문화는 무엇인가이다.

- 혈연중심의 유교적 원리가 양질의 가족문화를 담보할 수 있는가?
- 혈연을 넘어선 이웃 공동체 또는 대안가족공동체 문화에 대한 시도들이 왜 일어나고 있는지에 대한 통찰이 있는가?

오늘날 사회변화에 따라 한부모가족, 무자녀가족, 재혼가족, 비혼모 가족 등의 다양한 형태가 등장하므로 가족에 대한 정의도 시대와 문화에 따라 달라져야 할 것이다. 가족의 정의는 '어떠어떠한 가족(the family)'이라는 고정된 시각에서 '가족들(families)'이라는 새로운 개념으로 바뀌고 있다. 어떤 가족은 다른 가족보다 정상적이고 우월한 것이 아니라 사회변화에 따라 발생하는 다양한 가족을 편견 없이 바르게 수용하고 이해할 필요가 있다. 가족은 생물학적 요구에 기인하는 보편적 구조도 아니며 종교적 또는 문화적 신조에 기반한 보편적 규범의 이념도 아니다. 가족은 사회적 필요성에 기인하는 정도만큼 기존문화에 적응시키는 한편, 무엇이 바람직한 가족인가에 대해 변화하는 개념이 부여되어야 한다.

〈참고자료 1-1〉

내가 생각하는 가족은 무엇인가 점검해 보기

* 다음에 제시된 20개의 관계 중 '가족'이라고 생각하는 것은 ○, 아닌 것은 x, 잘 모르겠으면 Δ 를 하고, 왜 그렇게 응답했는지에 대해 논의해 보시오.

1	부부와 그들이 낳은 자녀	
2	어릴 적 친구와 한집에서 같이 사는 70세 할머니	
3	어렸을 때 자신을 입양한 노모와 함께 사는 50세의 중년 여성	
4	각자 전 배우자와의 사이에서 낳은 아이들을 데리고 재혼한 부부	
5	입양한 아들과 며느리, 손자들과 함께 사는 노부부	
6	결혼 후 사별한 딸과 외손자와 함께 사는 할아버지	
7	한집에서 같이 사는 세 명의 중년 자매들	
8	정자은행을 통하여 출산한 아이와 함께 사는 비혼 여성	
9	교통사고로 부모를 잃은 중고등학생 자매와 함께 사는 고모와 그 자매	
10	계부와 그가 동거하는 여성과 함께 사는 아이	
11	공동체 생활을 하는 6명의 성인과 12명의 아이들	
12	한집에서 같이 사는 사촌 간의 두 남성	
13	동성애 커플과 함께 사는 그들의 아이들(전 배우자와의 사이에서 낳은 자녀)	
14	사별한 남편의 육촌 여동생과 한집에 같이 사는 여성들	
15	2년 전 교통사고로 함께 죽은 부부의 양가 부모들	
16	세 살배기 아들과 함께 사는 싱글맘	
17	남편과 사별하고 애완견을 키우며 사는 80세 할머니	
18	연애만 하며 혼자 사는 독신남	
19	이혼한 아들의 자녀인 손자와 함께 사는 노부부(아들은 따로 지냄)	
20	한국과 미국에서 떨어져 사는 자녀가 없는 부부	

가족의 형태는 달라지더라도 가족이라는 제도는 지속되며 때론 이전보다도 더 가족의 기능이 강화될 수도 있다. 다만 우리가 변화하는 가족의 개념에 어떠한 틀을 부여할 것인가가 과제이다. 현재 다양한 가족을 나름대로의 기능성을 가진 새로운 가족으로 인식하여야 한다는 주장은 이미 오랜 전부터 제기된 시각이지만 아직도 이들에 대한 수용적인 태도는 부족하다.

결혼과 가족은 누구와 사느냐보다는 구성원들의 '상호보호와 만족'에 대한 차원과 어떠한 기능을 수행할 것인가가 강조되어야 할 것이다. 현대사회에서 나타나는 생활양식의 다양화와 개인의 개별화가 진행되고는 있지만 인간은 여전히 가족을 포기하지 않고 있다. 일생 동안 여러 번의 결혼을 통해서라도 가족 속에서 개인의 행복을 추구하려고 하는 노력들, 남편 없이 아내 없이도 부모 역할을 수행하면서 가족을 지키는 한부모가정, 혈연은 아니지만 가족 구성원으로 받아들이면서 새로운 가족을 구성해 보려는 재혼가정과 다양한 공동체, 결혼이라는 제도적 구성요건은 갖추지 못했지만 자신의 자녀를 포기하지 않은 싱글맘, 결혼이 가지는 불합리한 구속을 거부했지만 커플로서의 대안을 시도하고 있는 동거커플, 생물학적·정서적 파트너 없는 자녀출산방식으로 가족을 형성하고 있는 시도들이 있다. 이는 비록 전형적인 가족의 모습은 아니지만 좀 더 다양한 방식으로서의 변형된 가족의 모색은 여전하다.

전형적인 가족이 해체되는 이유가 기존의 가족구조 속에서는 개인의 존중, 자아발달, 자아성취의 기능이 이루어지지 않기 때문도 있음을 간과해서는 안 된다. 가족은 인간을 인간답게 육성시키고 안식과 휴식을 얻는 장소임이 분명하나 누가 누구에 의해 희생되거나 억압되어서는 안 되며 사랑과 평등, 인격존중의 선행이 필요하다. 가족은 구조나 생물학적인 측면이 아니라 '올바른 관계 만들기'라는 관점에서 이해되어야 한다. 어떤 가족형태에서도 가족의 건강성 증진과 기능성 강화라는 최종 목표를 이룰 수 있음을 기억하면서, 이를 지원하기 위한 실천적 접근방법에 대한 모색이 있어야 할 것이다.

2) 가족발달 단계의 개념과 특징

개인과 마찬가지로 가족도 시간의 흐름에 따라 변화하는 일련의 발달과정을 겪게 된다. 사회학자 에블린 듀발(E. Duvall)과 힐(R. Hill)은 1940년대에 가족의 삶을 각 시기마다 수행해야 할 과업이 있는 분리된 단계로 구분함으로써 발달론적인 관점을 가족에 적용하기 시작했다.

가족은 개인보다 복잡하지만, 한 단위로서의 가족도 시간의 경과에 따라 생활의 일정한 경로로 발달단계를 거친다. 가족발달 단계란 사람이 가족생활에서 경험하는 미혼, 결혼, 출산, 육아, 노후의 각 단계에 걸친 시간적 연속을 말한다. 즉 가족이 결혼으로 형성되어 자녀출산, 자녀성장으로 확대되었다가 자녀의 결혼과 독립으로 축소되고 부부가 노후생활과 사망에 이르게 됨으로써 소멸하게 되는 변화 과정을 일컫는다. 이는 가족생활에 대한 전반적인 장기적 안목을 취하는 방법으로 단계별에 따른 각 국면의 문제와 잠재적 문제, 취약점과 강점을 시간적 차원과 계속적인 발달의 과정으로 파악하는 데에 도움을 준다.

이 단계들의 진행은 규범적인 변화로서 불가피하게 어느 정도의 스트레스를 수반하지만, 만일 다른 예측하지 못한 스트레스와 겹쳐 가족발달 단계의 진행이 방해를 받거나 진로에서 벗어나면 증상이 발생하기도 한다. 가족발달 단계에 대한 이해는 가족이 특정 발달단계에서 요구되는 발달과업을 제대로 달성하고 있는지 또는 어느 단계에서 고착되었는지, 전이기의 스트레스가 발생하고 있는지, 가족원의 역할기대가 잘 이루어지고 있는지를 파악할 수 있도록 해 준다.

이러한 접근법은 두 가지 측면에서 살펴볼 수 있다(Nichols & Davis, 김영애 역, 2017). 첫째, 가족은 구성원들의 성장과 변화에 적응하기 위해 재조직되어야 한다는 것과 둘째, 발달이 가족의 어느 세대에서 일어나든지 가족 구성원 중 한 사람 또는 전체에 영향을 준다는 것이다. 아들이나 딸이 유치원을 가게 되거나 사춘기가 되었을 때, 자녀들이 새로운 환경에 대처하는 법을 배우는 것 못지않게 다른 가족 구성원들도 그러한 환경에 재적응해야 한다. 더욱이 발달의 전환기는 아이들뿐만 아니라 부모에게도 영향을 주며, 어떤 경우에는 조부모에게까지 영향을 미치기도 한다. 14세 소년이 부모와의 관계에서 느끼는 긴장감에는 아버지가 겪고 있는 중년기의 위기 그리고 친정아버지의 은퇴에 관한 어머니의 염려 등과 같은 요인이 소년 자신의 발달과업의 강도 못지않게 큰 영향을 미칠 수 있는 것이다.

또한 한 세대의 변화가 다른 세대의 적응을 힘들게 만들기도 한다. 중년의 아버지가 일에 대한 환멸을 느끼며 가족들과 좀 더 많은 시간을 보내려고 할지라도 이미 자녀는 성장하여 가족으로부터 독립하려고 할지도 모른다. 자녀와 가까워지고자 하는 그의 바람은 자신만의 삶을 갖고자 하는 자녀의 욕구를 좌절시킬 수도 있다. 자녀를 출가시킨 이후에 부부는 두 사람만의 삶을 시작하려 한다. 그러나 자녀가 집값을 감당할 수 없어서 집으로 다시 되돌아오거나, 혹은 이혼하고 다시 집으로 돌아올 수 있다. 이렇게 되면 부모는 그들만의 삶을 다시 시작하기보다는 제2 부모기를 감당하여야 할 상황에 놓인다. 이런 변화는 예측할 수 있거나 점진적으로 이루어지는 것이 아니라 비연속적이고 급진적으로 발생한다.

가족발달 단계에 따른 과제가 적절히 수행되면 가족은 안정되고 가족원은 충족감을 느끼며 살아갈 수 있다. 가족단계별에 따른 변화에서 내적으로는 구성원들의 여러 요구와 외적으로는 사회적 기대 및 주변 환경의 요구를 효과적으로 충족할 수 있어야 한다. 가족이 겪게 되는 단계는 가족이 수행해야 할 보편적인 과제들이 있으며, 현재 가족이 겪고 있는 역기능을 이해하는 데에 있어서 유용한 접근법이다.

그러나 가족발달 단계의 절대적인 기준은 없다. 한부모가족, 동성 부부, 재혼가족 등 다양한 형태를 취할 뿐 아니라 다양한 종교적·문화적·인종적 집단들은 서로 다른 규범을 가지기도 한다. 이 개념의 진정한 가치는 특정한 단계에서 어떤 것이 정상적이고 또 어떤 것을 해야 하는가에 대해 규정하는 것이 아닌, 가족들의 생활주기가 변할 때 어떤 문제를 경험할 수 있음을 알게 해 주는 것이다.

일반적으로 가족생활단계는 결혼전기, 가족형성기(결혼적응기), 자녀아동기, 자녀청소년기, 자녀독립기, 노년기 등으로 나뉘어진다. 이를 기준으로 보편적인 발달과제와 특징적 문제들(김유숙, 2006; 정문자 외, 2007; 이성희 외, 2018)을 살펴본다.

(1) 결혼전기

이 단계는 자신의 원가족과 앞으로 자신이 만들어 갈 가족의 중간에 있으며 자신의 원가족에서 분리되어 어떤 가족에게도 소속되지 않은 성인기이다. 결혼전기 또는 구애단계로 명명되는 시기로 이 단계는 앞으로 진행될 가족의 형성의 기초가 된다. 이 단계에서 이루어야 할 발달과제는 자신에 대한 정서적·애정적 수용과 원가족으로부터의 자기분화의식, 적절한 직업선택, 그리고 그 속에서 동료와 친밀한 관계를 발전시키는 능력과 친밀한 이성관계 발달, 일과 경제적 독립 확립이다. 특히 부모와의 정서적 독립은 이 시기의 가장 중요한 과제라 하겠다. 결혼에 의한 새로운 부부체계가 바람직하게 형성되기 위해서는 성숙한 남녀의 결합이 중요하고 이에 따라 가족생활주기의 출발점에 서 있는 첫 단계에서 각 개인의 성숙의 요소는 무엇보다도 중요하다. 이를 위하여 원가족과의 해결되지 않은 문제들이 미치는 영향에 대한 통찰이 필요하다. 결혼하기 전에 다루어야 할 정서적 영역들로 분노조절 미숙, 자기도취성, 정신적 침체와 주기적 성격장애, 중독증, 부모와의 문제 등이 있다.

(2) 가족형성기

결혼적응기 또는 결혼초기 단계라고도 하는 이 단계는 결혼에 의한 가족의 결합을 축으로 한다. 이 과정에서 두 사람은 서로에 대한 헌신이 필요하며 그 결과 새로운 부부체계가 형성된다. 부부는 커플로서의 충분한 기능을 수행하기 위해서 기본적인 규칙과 유형을 만들어 갈 필요가 있다. 이러한 규칙은 상대의 욕구에 맞추는 것, 의견이나 사고의 차이를 조정하는 것, 집안일이나 수입과 지출 등의 일상생활을 하는 데 필요한 여러 가지 활동을 어떻게 조화시킬지에 대한 합의를 포함한다. 또한 개인의 독자성을 손상시키지 않으면서 부부로서의 일체감을 느낄 수 있어야 하며 동시에 명확한 경계를 만드는 것이 필요하다. 각자의 원가족과 배우자의 관계에서는 적절한 균형을 유지하는 것이 중요하다.

이러한 시기에 자주 보이게 되는 갈등은 이전 단계의 해결되지 않은 문제를 암암리에 신혼생활까지 끌고 들어오는 것이다. 특히 신혼기의 위기 극복은 미래의 행복한 결혼생활에 결정적 영향을 미친다. 이 시기의 위기를 잘 극복하지 못하면 서로가 주고받는 상처 때문에 결혼생활은 흔들리기 쉬우며 가정이 안식과 사랑과 힘을 공급받는 장소가 아니라 갈등과 분노와 고통의 전쟁터가 되고 만다. 결혼생활에서 가장 처음 일어나는 과도기적인 단계에서의 신혼의 위기를 잘 알고 지혜롭게 대처하는 것을 배우는 것이야말로 가장 현명한 결혼준비이며 행복한 결혼생활을 위한 첩경이라 하겠다.

(3) 자녀아동기

이 단계는 첫아이의 출생과 태어난 아이가 전적으로 부모에게 의존하는 상태에서 출발한다. 이 단계에서는 부부의 적응을 기초로 자녀를 낳아 자녀의 성장과 더불어 부모로서 양육의 책임과 의무를 위한 정서적·물질적 기반이 필요한 시기이다. 자녀의 출산과 자녀양육에 따른 경제적 비용을 마련하고 아내의 가사일 증가로 인한 가사분담 및 자녀와의 생활을 위한 공간을 재구조화해야 한다.

부부체계 안에 아이가 들어오면서 여러 가지 변화로 인한 서로의 역할에 대한 논쟁이 벌어질 수 있다. 누구의 생활을 가장 많이 변화시켜야 하는가, 누가 일을 그만두고 쉴 것인가, 원가족에서의 자녀양육에 대한 역할과 규칙은 무엇이었는가, 분명 이것은 많은 부부들에게 중요한 도전이 될 수 있으며, 역할분담 문제 등에 압박이 있게 된다.

이 단계에서는 남편과 아내 각각의 원가족과의 갈등, 습관적인 역기능적 의사소통 유형, 세대 간 연합으로 인한 가족의 경계선 문제, 새로운 가족 구성원을 수용하지 못하는 데에서 오는 문제, 자녀들의 정서장애문제 등이 있을 수 있다.

(4) 자녀청소년기

자녀가 청소년이 되었을 때 가족은 또 한 번 중요한 도전이 발생한다. 어린 자녀를 양육하고 보호하던 역할과는 달리 자녀가 책임감을 가지도록 가족의 구조와 조직을 변화시켜야 하는 단계이다. 가족 내 자녀에 대한 규정뿐 아니라 자녀의 발달과 관심의 변화에 대응하여 부모의 역할도 변해야 한다. 청소년은 한계와 규칙에 도전하고자 하는 욕구가 있고 자신의 정체감을 발달시키고자 한다. 이런 점에서 청소년은 종종 부모를 심하게 압박하곤 한다. 이와 동시에 부모는 대개 중년의 위기를 경험하고 직업적으로 성공해야 한다는 엄청난 압력을 받는다. 이러한 압력에 더해 노부모가 나이가 들어 건강관리에 위기를 맞을 수도 있다. '샌드위치 세대'라는 새로운 용어는 청소년 자녀와 부모님의 문제의 중간에 낀 느낌을 갖기 시작하는 중년의 부부를 잘 묘사해 준다.

이 단계에서 청소년 자녀의 학업부진, 부모와의 대립갈등, 가출, 비행 등 심각한 정도의 자녀문제가 표출되기도 하며 부부가 주도권을 얻기 위한 권력투쟁 결과로 생기는 문제, 가족경계의 경직성으로 인한 문제 등이 보일 수 있다.

(5) 자녀독립기

자녀독립기는 자녀가 독립을 꾀하는 시기로 부모의 품에서 떠나 독립된 사람으로서 자율성을 확립하는 단계이다. 이 단계의 특징은 가족 구성원이 가족체계에 들어오거나 나가는 것이다. 성장한 자녀는 집을 떠나 학업, 입대, 취직을 하기도 하고 결혼한 자녀는 배우자가 새로운 가족 구성원으로 들어오게 된다. 부부는 부부체계를 이인군 관계로 재조정해야 하며 성장한 자녀와 부모와의 관계를 성인 대 성인의 관계로 발전시켜야 한다. 자녀의 배우자로 인해 며느리, 사위, 사돈, 손자녀가 생기므로 이들이 모두 가족체계에 포함되도록 가족관계를 재정비하고 부모나 조부모의 무능력과 죽음도 준비해야 한다.

이 시기는 빈둥지 시기로 여성은 이제까지 기능해 왔던 어머니 역할이 줄어들고 폐경기의 경험을 하고 남성은 경제적 활동으로 그동안 소홀히 했던 인간관계와 친밀감의 중요성을 발견하기도 한다. 자녀의 독립은 부모에게 인생에서 새로운 의미를 갖게 하는데 이 시기에 부모가 조기퇴직을 할 경우 어떻게 대처하는가가 부모의 부부관계에 영향을 미친다.

이 단계에서 주로 나타나는 문제로는 자녀의 독립으로 가족의 안정성이 깨지면서 나타나는 문제, 자녀에 대한 과보호로 인해 부모-자녀관계가 동료관계로 옮겨지는 것을 방해함으로써 발생하는 문제 그리고 가족 구성원의 증감을 수용하지 못하는 데서 오는 문제 등이 있다.

(6) 노년기

이 시기의 주제가 되는 '상실'을 최소화하며 역할의 변화를 수용해야 하는 단계이다. 상실은 신체적 쇠퇴를 비롯하여 경제적·사회적 상실 외 배우자, 형제, 친구, 친지의 상실에 대처해야 하며 자신의 죽음에도 대비해야 하는 과제이다. 이 단계에서의 노인은 신체적으로 쇠퇴과정에 있지만 각자의 기능과 관심사를 얼마나 유지할 수 있느냐가 중요한 과제이다. 이 단계에서는 은퇴에 따른 역할 상실감, 부부가 함께한 공간에 있음으로써 생기는 문제 혹은 배우자의 상실에 따른 정서적 문제 그리고 세대 간 역할변화를 수용하지 못하는 것에서 야기되는 문제 등이 주로 나타날 수 있다.

| 표 1-1 | 가족발달 단계와 특징들

가족생활주기의 단계	이행에 동반된 특징	발달과제
결혼전기 가족과 가족 사이의 중간적 존재 · 어떤 가족에게도 소속되지 않은 젊은 성인	부모에게서 분리	· 자기 확립: 가족으로부터 독립하는 것이지만, 정서적으로 단절하거나 다른 정서적 도피처를 찾기 위해 도망치지 않고 독립하는 것, 가족을 형성하기 전에 자율적인 자아를 발달시켜야 할 때 · 자신에 대한 정서적 · 경제적 책임을 받아들임 · 친밀한 또래관계의 발달 · 직업상의 정체감 확립
가족형성기 결혼에 의한 가족결합 · 새로운 신혼부부의 탄생	새로운 가족체계의 출발	· 부부체계의 형성: 확대가족이나 친구들이 배우자를 수용, 파트너에 대한 충실, 결혼이란 단순히 두 사람이 합하는 것이 아니라, 두 체계의 변화가 요구되는 전체 체계의 변화임, 이 단계에서 발생하는 문제는 배우자 간의 문제처럼 보이지만 실제는 각자 자라난 원가족으로부터 독립하기에 실패했거나 정서적 단절로 인해 압박감을 받았기 때문, 친밀한 부부관계가 형성되려면 부모나 친구들에 대한 정서적 애착을 부부관계로 옮겨야 함
자녀아동기 어린자녀를 둔 가족	가족체계 내의 새로운 구성원 수용	· 자녀를 포함한 부부체계의 재구성: 부모로서의 역할수행, 자녀를 위한 공간을 마련, 양육하는 데 협동, 양육과 통제를 책임, 두 사람이 팀을 이루어 수행, 부부관계에도 관심을 기울이며, 확대가족과의 관계를 재조정해야 함. 스트레스가 심한 단계이며 이혼율이 가장 높은 단계 · 부모 또는 조부모의 역할을 포함하는 확대가족관계 회복
자녀청소년기 사춘기의 자녀를 둔 가족	자녀의 자립을 인정하는 가족경계의 확대	· 사춘기 자녀가 가족체계 안과 밖을 자유롭게 드나드는 것을 허용하는 형태로 부모자녀관계가 이행, 사춘기에 도달하면 10대의 자녀를 여전히 어린아이처럼 생각하여 통제하려는 부모는 이 시기에 정상적으로 나타나는 반항심을 더욱 불러일으키게 됨 · 중년의 부부문제나 직업 등의 발달과제에 대한 재인식 · 노년 세대에 대해 배려하는 방향으로의 관심이행
자녀독립기 자립하는 자녀를 둔 가족	가족체계 밖에서 생활하거나 가족체계에 새롭게 참가하는 가족의 다양화 현상	· 부부체계의 해로운 협력: 성장한 자녀와 부모 간의 성인으로서 맺는 관계로 이행, 부모는 자녀가 떠나도록 허용하고 자신의 삶을 살아야 함 · 성취를 맛보는 자유의 시기, 중년기의 위기를 겪을 수 있는 시기임 · 자녀의 배우자와 손자를 포함한 형태의 가족관계 회복 · 부모 또는 조부모의 신체적 · 정신적 장애나 죽음에 대한 대처

가족생활주기의 단계	이행에 동반된 특징	발달과제
노년기 노년기를 보내는 가족	세대에 다른 역할 변화의 수용	· 자신 또는 부부의 기능 유지와 육체적 쇠약에 대한 관심 · 은퇴에 대한 적응이 필요. 갑작스러운 직업의 상실뿐 아니라 늘어나는 시간에 대한 적응도 필요함. 가족생활 후반기에 접어들어서는 건강의 악화, 질병, 사별에 대해서도 대처해 나가야 함 · 새로운 가족관계 또는 사회적인 역할 탐색 · 중년세대가 보다 중심적인 역할을 하도록 지지 · 연장자의 지혜와 경험을 가족체계 속에서 살리는 기회를 형성 · 배우자, 형제, 동료의 상실에 대응, 자신의 죽음을 준비, 인생의 통합

출처: Carter & McGoldrick(1998); 김유숙(2006). 가족상담 2판, p. 73 재인용, 재구성.

오늘날 많은 가족들은 이혼이나 재혼 또는 사별 등으로 다른 인생주기를 경험한다. 이러한 가족들에서는 앞서 제시된 질서정연하게 가게 되는 발달과제가 아닌 다른 발달과제들의 단계가 요구되므로 실천가들은 이에 대한 이해가 첨가되어야 할 것이다.

이와 관련, 카터와 맥골드릭(Carter & McGoldrick, 1998; 박태영, 2003 재인용)은 이혼과 재혼가족의 생활주기를 제시한 바 있다.

이혼가족의 경우에는 ① 이혼에 대한 결정, ② 가족체계의 해체를 계획, ③ 별거, ④ 이혼, ⑤ 이혼 후 한부모의 단계를 경험한다. 이혼의 과정은 부부 두 사람만 아니라 자녀가 있을 경우 가족원 모두가 아픔을 경험하는 중대한 생활사건이다. 이혼으로 인한 과제를 원만히 처리하지 못할 경우, 그 피해는 자녀들의 삶에 부정적으로 나타날 수 있다.

재혼가정의 경우에는 ① 새로운 관계의 시작, ② 새로운 결혼생활과 가족에 대한 개념화와 계획, ③ 재혼과 가족의 재구성이라는 단계를 밟는다. 재혼가족은 관계 상실로 인한 상처를 다루는 것과 두 개의 가족체계 내에서 겪는 두려움,

충성심에 대한 갈등, 소속감 등의 문제 등이 중요하게 다루어져야 할 것이다.

2. 가족상담 및 가족치료의 이해

가족복지실천은 가족 구성원 각 개인의 정서적·발달적 욕구를 충족하면서 가족이 좀 더 기능적이 되도록 지원하는 과정이다. 즉 가족을 지원하기 위한 실천적 접근방법의 하나인 가족상담과 치료는 가족의 역동성을 바꾸어 가족 간의 상호작용을 수정하면서 가족의 기능을 강화시키는 접근방법이다.

가족상담과 가족치료의 두 가지 개념은 서로 비슷한 개념으로 구별하지 않고 혼용되기도 한다. 그러나 두 용어를 구별하여 사용해야 한다고 주장하는 경우를 보면, 주로 문제의 심각성이나 문제의 종류 측면에서 구분하여 사용되고 있다.

먼저 문제의 심각성이라는 측면에서 볼 때, 가족치료는 비교적 심각한 문제를 다루는 것에 반해 가족상담은 비교적 심각하지 않은 문제나 일상적 문제를 다룬다는 견해가 있다. 그러나 일상적 문제 속에 심각한 정서문제를 포함하는 경우가 많으며 심각한 정서문제는 일상적 문제와 밀접하게 관련되어 드러난다는 점에서 그 구별의 의미가 덜하다. 문제의 종류에 있어서도 가족상담은 가정이나 가족의 현실적 문제, 상황적 문제, 환경적 문제, 의식적 문제 등을 다루는 것에 비해 가족치료는 가족의 무의식적 문제, 성격적 문제, 심리역동적 문제를 다루는 것으로 구분하고 있지만 사실 이러한 구분 또한 의미가 덜하다. 사실 결혼과 가족의 문제의 이들의 총체적인 국면이 얽혀서 나타나는 측면이 강하기 때문이다.

따라서 본서의 기술에 있어서 두 용어는 같은 의미로 혼용될 것이며, 본 장에서는 '가족치료'에 담겨 있는 본질적 의미를 강조하기 위해 가족치료라는 용어를 우선적으로 사용한다.

1) 가족치료의 개념과 특징

미국에서는 1940년대 후반에서 1950년대 사이에 가족치료적 접근방법이 시작되었는데, 초기에는 조현병 환자와 그 가족에게 관심을 가졌으나 그 이후로는 다양한 정신질환까지 확대되어 적용하였으며, 결혼상담과 아동상담 분야에서도 개인보다는 가족관계를 중시하기 시작하였다. 우리나라에 가족치료의 개념이 도입된 것은 1970년대 초반부터이며, 점차적으로 실무분야와 대학교육 과정에 반영되기 시작하였다. 대학교육 과정에 가족치료가 소개된 것은 1979년부터이며, 한국사회 실정에 맞는 가족치료의 기법에 대한 연구는 더 이루어져야 할 것이지만 가족치료에 대한 기본적 모델에 대한 숙지는 가족복지 실천 현장에서 유용한 실천적 접근법이다.

가족치료가 등장하기전까지 치료대상은 주로 개인이었다. 가족치료의 관점에서는 어떤 문제 때문에 서로 싸우고 다투는 가족을 바라볼 때 가족 전체가 연관되어 있다는 것을 알 수 있어야 한다. 개인적 성격 외에도 이들의 상호작용을 연결짓는 어떤 패턴이 있다는 것을 파악하는 것이다. 이들의 상호작용을 연결하는 아주 작은 고리가 어떻게 문제를 일으키고 상황을 악화시키는지에 대한 통찰이 필요하다. 가정은 하나의 자연적인 사회체계로서 각 가정마다 고유한 특성을 지니고 있으며 일단의 규칙과 역할, 권력구조와 커뮤니케이션 유형 및 여러 가지 과업을 효과적으로 수행할 수 있는 협상과 문제해결방법을 발달시킨다. 한 인간을 이해하기 위해서는 내적인 과정만 보아서는 안 되고 다른 사람들과 맺고 있는 여러 관계, 특히 가족들과 맺고 있는 관계를 살펴보아야 한다.

인간은 자기 가족, 자기 주위의 사람, 그리고 현재의 자기 자신을 있게 한 여러 세대에 걸친 과거와 떼어 놓을 수 없다는 관점(Bowen, 1975), 모든 인간의 정체감이 준거집단 특히 가족이나 가족집단의 인정에 의해 형성된다는 관점(Minuchin, 1978)은 가족의 상호작용 방식이 각 가족 구성원의 심리적 성장의 기반이 되고 있음을 말해 준다(이성희 외, 2011 재인용).

여러 가지 심리적 장애, 문제행동 등의 원인을 환자 개인으로만 보았던 관점에서 이러한 원인으로 가족관계나 가족의 정서적 환경의 영향력이 큼을 인식하는 것이 가족치료의 기본관점이다. 즉 가족을 하나의 체계로 보고 그 체계 속 상호작용 양상에 변화를 줌으로써 개인의 증상이나 행동에 변화를 가져오도록 하는 개입방법이다. 사실 전통적인 심리치료자들도 환자 또는 내담자의 어릴 때 가족들과 어떤 관계를 맺었는지 관심을 두었다. 프로이트(Freud)가 초기에 정신분석적 이론을 형성시킬 때부터도 가족 간의 갈등과 동맹이 개인의 성격발달에 영향을 미친다는 사실에 주목하였다. 그러나 프로이트는 가족관계가 미치는 영향은 인정하면서도 인간의 개인적인 내적갈등을 해소시키는 데에만 주력하여 가족체계의 특성을 변화시키는 데에는 관심을 두지 않았다. 프로이트는 환자 개인의 정신적 조직을 변화시킨다면 타인에 대한 환자의 반응을 포함한 여러 행동에 변화가 일어나게 되고, 그 결과 환자에 대한 타인들의 행동도 궁극적으로 바꾸어지리라 기대하였던 것이다.

프로이트의 입장을 따르는 대부분의 심리치료자들도 부부 중 환자 한 사람만 변화시키면 그 환자 배우자의 행동도 변화되리라 생각하여 환자 한 사람만 치료하였다. 그러나 항상 그러한 결과가 나타나는 것은 아니었다. 한 사람이 좋아지면 다른 사람은 더 나빠지거나 한 증상이 없어지면 다른 증상이 나타나기도 하였다. 이로써 개인의 역기능적 행동(예: 과도한 불안, 우울, 알콜중독, 성적 장애, 조현병)은 바로 가족의 그릇된 체계가 반영된 것임을 인식하게 되었다. 즉 정신

병질성 또는 역기능적 행동을 한 개인의 내적갈등 사이에서, 보다 인간 간 갈등에서 빚어지는 것으로 보게 되었다.

이와 같은 가족치료의 특성이 개인치료와 다른 특성을 보면 다음과 같다.

첫째, 문제초점에서의 차이이다. 문제의 원인을 개인과 그 개인의 정신내면의 과정에 둔 전통적인 개인치료와는 달리 문제의 초점을 개인을 둘러싼 가족이나 사회체계에 둔다.

둘째, 개입대상에서의 차이이다. 가족치료에서는 환자의 가족체계를 치료대상으로 삼으며, 가족 안에서 증상을 앓고 있는 사람을 진짜 환자가 아닌 단지 지적된 환자(Identified Patient, IP)로 부른다. 이들은 단지 가족으로부터 문제시되고 있는 사람들 뿐이다. 가족치료사는 지적된 환자와 다른 가족과의 관계의 변화에 관심을 둔다.

셋째, 치료단위에서의 차이이다. 가족치료에서는 체계의 많은 구성원이 치료의 단위가 된다. 문제시되는 개인을 둘러싼 맥락 속에서 가족 구성원 간 관계를 강조하는 대인관계적 모형으로 치료단위로써 가족전체론적인 관점을 중요시한다.

넷째, 치료기간에서의 차이이다. 가족치료사는 개인의 오래된 갈등을 해결하기보다는 개인을 둘러싼 역기능의 상호작용에 의한 역기능을 해결하는 것으로써 단기치료를 추구하는 경향이다.

가족치료는 새로운 치료방법이라기보다는 새로운 전제를 요구하는 것으로 어떤 문제나 증상이 결코 '병든' 한 개인에게서 나오는 것이 아니라는 것이다. 문제란 가족이라는 틀에서의 관계에서 일어난 문제로 재진술 되며, 문제행동을 가진 사람의 증상은 사실상 '가족의 고통'을 경감시키기 위해 자기 성장을 희생시키고 있다고 본다. 한 개인의 문제 또는 증상이 전체 가족체계의 반영임을 알게 하는 것이 가족치료의 중요한 접근법이다. 체계이론에 기초하여 발달한 가족치료의 특성과 개인의 정신역동을 중점으로 다루는 전통적 개별상담과 비교하여 개념을 다시 정리해 보면 〈표 1-2〉와 같다.

| 표 1-2 | 개인상담과 가족치료의 비교

구분	개인상담	가족치료
상담 단위 및 대상	· 개인 · 개인의 내적 · 심리적 요소	· 가족 · 가족 구성원의 관계 및 기능
문제의 원인	· 문제의 원인을 개인의 정신내적과정에서 파악하고 그 원인의 결과를 증상으로 봄(선형적 인과관계 모델) · 개인의 과거/현재의 경험, 내면의 갈등에 초점을 둠	· 개인의 증상을 체계에 대한 반응인 가족상호작용의 역기능적 산물로 봄(순환적 인과관계 모델) · 현재의 가족상호작용 유형과 기능에 역점을 둠
상담 목표	· 상담자와 내담자 사이에 상담적 전이관계를 통하여 내담자가 문제의 원인에 대한 통찰력을 갖도록 함	· 가족구조와 가족 기능상의 변화가 궁극적 목표 · 가족 전체가 가족의 역할과 기능을 수행하도록 하여 각 가족 구성원과 가족 전체가 성장하도록 도움
상담자 역할과 내담자	· 상담자는 문제의 진단자, 해결자의 역할 · 내담자를 수동적이고 반응적인 존재로 봄	· 상담의 전문가는 바로 가족 구성원들로 봄 · 상담자는 위기 조정자/조력자, 객관적 지각자, 교사, 환경조정자, 안내자의 역할 · 내담자를 동적인 선택을 할 수 있는 존재로 봄
상담 대상의 변화	· 문제에 대한 변화가 상담 시간 내에 특정한 개인 안에서 일어난다고 봄(결정적)	· 개인 및 가족의 변화가 가정과 지역사회 내에서 그들 각자의 위치를 통하여 일어난다고 봄(선택의 자유)

출처: 유옥(2013). 가족상담 및 치료의 이론과 실제. 동문사. p. 133 재구성.

따라서 가족치료의 목표는 가족의 가치, 욕구를 바탕으로 가족의 역기능적인 문제를 파악하고 이에 대한 책임이 한 개인이 아니라 전체 가족 구성원들에게 있음을 인식하도록 하여 가족체계의 기능을 향상시켜 증상이 완화되거나 해소되도록 돕는 것이다.

〈참고자료 1-2〉

가족치료가 필요한 경우

1. 가족원의 역할과 기능이 전도되어 있는 경우
2. 가족 한 사람의 부적응으로 인해 가족 전체가 위기를 맞은 경우
3. 가족원 중 한두 사람의 존재가 문제라는 인식 때문에 다른 가족과의 관계가 계속 불안한 경우
4. 가족 간에 부정적이고 부적절한 의사소통이 지속되고, 의사소통을 통해 더욱 문제가 확대될 경우
5. 예기치 않은 외부사건의 발생으로 인하여 가족 전체가 긴장에 빠져 있는 경우
6. 가족 내 죽음, 이별, 입양 등으로 가족이 재강화되어야 할 필요가 있는 경우
7. 문제가 가족관계 맥락(부부갈등, 형제갈등, 세대 간 갈등)에서 일어나는 경우
8. 청소년 자녀와 부부 사이의 이별 문제, 청소년 자녀의 비행 문제, 청소년 자녀의 급성 조현병(정신분열증) 증세가 나타날 경우

출처: 김지영·박선영(2017). 가족상담 및 가족치료. 양성원. p. 14.

2) 가족치료의 이론적 기초

(1) 체계론적 관점

가족치료는 가족을 하나의 '전체성'으로 보고 가족의 역기능적 측면을 변화, 제거하기 위해 직접 개입하는 상담접근법이다. 가족은 구성원들의 단순한 합이 아니라 그 이상의 관계가 존재하여 가족들마다 가족만의 독특한 상호작용을 하게 된다. 즉 '전체는 부분의 합 이상의 것'으로 바라보며 각 체계, 즉 부분들의 상호작용과 교류의 양상이 포함된 전체를 주목한다. 또한 각 부분들은 체계 내 다른 부분에 대하여 상호의존적 속성으로 한 부분의 변화나 긴장은 전체 체계에 파급 효과를 갖는다. 이러한 시각은 문제에 대한 사정과 개입에 있어서 한 요소의 변화가 체계의 다른 요소의 변화에 기여하며, 다시 전체 체계의 변화에 영향을 미치는 순환적 상호성과 전체성을 보도록 해 준다.

이와 같이 가족치료 상담자들은 개인의 성격에 초점을 맞추는 대신 가족원 간 상호작용을 연결하는 고리들이 어떻게 문제를 일으키고 전체 가족의 역기능을

초래하는지를 알 수 있어야 한다. 이런 연결을 파악하는 데 도움이 되는 이론적 기초들에 대해 살펴보도록 한다.

① 사이버네틱스 이론

가족이 어떻게 움직이고 있는가를 설명하는 가장 최초이면서도 영향력 있는 이론적 모델은 사이버네틱스(cybernectics) 이론이다. 이 이론은 수학자인 노버트 위너(Wiener, 1948, 김영애 역, 2017 재인용)에 의해 만들어졌다. 가족과 연관이 없는 물리학 이론이 가족역동 이론의 첫 모델이 된 것이다. 사이버네틱스는 기계를 연구하면서 형성된 개념으로 피드백을 통해 자기조절을 하는 기제를 설명하였다. 기계는 원인과 결과, 자극과 반응, 투입과 산출의 단선적인 인과관계에 의해 작동되나 유기체는 인과적으로 연결된 구성요소 간 순환적인 배열이라는 피드백 고리(feedback loop)에 의해 움직인다는 것이다. 사이버네틱스의 핵심 용어인 피드백 고리의 개념은 체계가 어떻게 안정성을 유지하기 위하여 필요한 정보를 얻는 과정을 설명한다. 지속적인 행동유형은 피드백 고리가 있으며 그 피드백 고리는 정적일 수도 부적일 수도 있다. 중요한 것은 정적인 것과 부적인 것의 구분은 체계 내의 영향력을 언급하는 것으로 그것 자체가 체계에 이익 또는 해를 주는 것에 대한 개념은 아니다.

부적 피드백(negative feedback)은 체계가 기준이 되는 것으로부터 얼마나 빨리 이탈했는지, 그리고 다시 돌아오기 위해 어떤 교정이 필요한지를 알려 주는 것이다. 체계의 항상성의 상태를 회복하려는 신호로 부적인 피드백은 부정적인 의미가 아니라 잘못을 수정하는 정보이다.

정적 피드백(positive feedback)은 체계가 나아가는 방향을 확인하고 강화하는 정보이다. 부적 피드백과 같이 정적 피드백도 바람직한 결과와 그렇지 못한 결과 모두를 가져오게 한다. 정적 피드백도 제지하지 않은 상태로 남겨두면 체계에서 발생한 오류까지 받아들여 결국 체계를 벗어나게 되는 것이다.

> 10대 아들 철수는 11시 이전에 반드시 집에 돌아와야 한다는 부모의 주장에 저항하며 화를 내면서 어머니에게 대든다. 이에 대해 어머니는 충격을 받고 소리 지르기 시작하고 아버지는 몹시 화를 내면서 아들에게 한 달 동안 외출금지 명령을 내린다. 이와 같은 부모의 자녀의 일탈행동을 줄이기 위한 부적인 피드백은 아들의 부정적 행동을 줄이기보다는 반대의 결과로 나타난다. 이에 아들은 더 강하게 화를 내면서 부모에게 대들게 되고 부모는 더 크게 소리 지르며 급기야 벌을 준다. 아들의 분노는 극에 치달으면서 반항의 강도는 더 세진다. 이러한 방식으로 소리 지르고 벌주는 부모의 의도적인 부적인 피드백은 정적인 피드백이 되어버리면서 아들의 부정적 행동을 줄이기보다는 증폭시키는 결과로 나타난다.

위너는 사이버네틱스를 '인공두뇌학'으로 번역하며 사이버네틱스 이론이 정신질환을 설명하는 데에도 사용될 수 있음을 제안하고 있다. 즉 정신병리적 행동패턴은 뇌가 생물학적 패턴에서 빠져나오지 못하기 때문으로 설명하였다. 해로운 걱정, 회피적 공포증, 그리고 다른 형태의 신경증적인 행동은 사소한 염려에서 시작되어 통제할 수 없는 수준의 단계까지 발전하는 것으로 설명한다.

가족 사이버네틱스 개념을 사용하는 상담자들은 가족 내의 피드백 고리 또는 가족 역기능의 근본적인 원인이 되는 가족 내의 의사소통의 패턴에 초점을 두는 의사소통 학파로 발전하였다. 분명하지 못한 의사소통은 부정확한 피드백을 만들어내고 더 나아가 체계는 자기수정, 자기조절의 변화를 할 수 없게 된다. 이로써 가족 체계는 변화에 대해 과잉 반응하거나 혹은 매우 소극적인 반응을 한다.

② 일반체계이론

일반체계이론은 1940년대부터 수학, 생물학, 물리학, 공학자의 체계론적 시각을 기반으로 하여 오스트리아의 생물학자인 베르탈란피(Ludwig Von Bertalanffy)가 제시한 개념이다. 이는 살아있는 체계에 관한 이론으로 체계를 상호작용하는 구성요소의 집합체로 규정하였으며, 이 이론은 점차적으로 인간과 환경의 상호작용을 중시하는 다양한 학문분야에 영향을 미쳤다.

체계이론 연구자들에 따르면 유기체 또는 살아있는 체계의 본질적인 특성은 내부의 부분(요소)들이 전혀 가지고 있지 않은 전체의 특성을 가진다는 것이다. 이러한 특성을 보면, 부분들 사이의 상호작용과 관계로부터 발생하며 부분의 특성이 사라지며 전체는 부분의 합보다 크다. 가족체계의 전체성은 가족의 하나의 단위 혹은 체계로 움직이며 가족의 상호관계 안에서 부분들이 어떻게 상호작용을 통해서 전체로서 기능하는지를 알 수 있게 해 준다. 체계는 환경과 상호작용하는 개방체계로 체계의 투입, 산출 간의 피드백 과정을 관찰함으로써 그 체계의 특성을 파악할 수 있다고 본다. 이는 체계를 투입과 산출에 관심을 갖는 '블랙박스' 시각으로 복잡한 마음 안을 들여다보려는 노력보다는 이렇듯 외부 관찰이 가능한 투입과 산출(의사소통, 행동, 규칙 등)을 강조하는 것은 인간의 동기나 감정을 추론하는 복잡한 과정을 단순화하는 이점이 있다.

베르탈란피에 의하면 모든 체계는 열린 체계와 닫힌 체계라는 두 가지 체계가 있으며, 체계의 개방성과 폐쇄성의 정도에 따라 변화의 범위가 달라진다는 것이다. 살아있는 유기체는 활동적이고 창의적이다. 유기체는 조직을 유지하기 위하여 일하지만 단지 현 상태를 유지하기 위해서만 일하는 것은 아니다. 열린 체계에서 피드백 기제는 체계가 환경으로부터 적응에 필요한 정보를 받는 기능을 한다.

예를 들어 외부의 기온이 떨어지면서 혈액이 차가워지면 뇌의 특정부분이 자극되면서 몸에 열을 발생시키는 기제가 작동하게 되고 그 결과 체온이 일정수준으로 유지되는 것이다. 이와 같이 체계가 역동적인 균형상태를 유지하도록 하는 자기조절기능인 '항상성'의 개념은 가족치료 분야에 큰 영향력을 끼치기도 하였다.

그러나 유기체가 현 상태를 보존하려는 측면을 지나치게 강조하면 가족을 기계의 수준으로 축소시키는 결과를 낳게 된다. 가족이라는 체계는 고정된 구조를 유지하려고만 하는 기계적 체계와 달리 새로운 환경에 적응하기 위해 필요하면 변화를 시도하는 형태발생(morphogenesis)의 특성을 보이기도 한다.

③ 체계론적 관점에서의 가족의 특성

앞에서 기술하고 있는 이론을 기초로 한 체계론적 관점에서의 가족의 특성을 정리해 보면 다음과 같다.

첫째, 체계는 상호작용하는 부분들의 집합을 말하고 여러 수준이 있다. 더 높은 수준을 상위체계, 더 낮은 수준을 하위체계라고 한다. 이러한 체계의 수준들은 서로 상호작용하면서 독립적으로도 존재한다.

둘째, 가족도 상호작용하는 개인의 집단으로 하나의 체계이며, 가족체계는 사회라는 상위체계의 하위체계이면서 동시에 개인의 상위체계이다.

셋째, 가족은 여러 가지 하위체계로 구성되어 있다. 가족의 하위체계는 부부, 부모, 부모 자녀, 형제자매 하위체계 등으로 구분될 수 있다.

넷째, 모든 가족의 하위체계는 경계를 가지고 있다.

다섯째, 가족은 요소의 합보다 크다.

여섯째, 가족체계의 한 변화는 다른 체계의 변화를 이끈다.

일곱째, 가족체계는 일반적인 규칙에 의해 지배되고 있다.

여덟째, 가족은 가족의 항상성을 유지하기 위해 변화에 대해 지속적으로 반응한다.

아홉째, 가족치료 시 개인의 문제는 한 개인의 심리 내적 문제로만이 아니라, 그를 둘러싼 가족이라는 맥락 속에서 이해하고 있어야 한다.

(2) 구성주의와 사회구성주의

사이버네틱스와 일반체계이론에 기초한 체계론적 시각의 초기 가족치료모델에서는 사람들이 주변과의 상호작용을 통해 어떻게 삶을 형성하는지를 잘 보여 주고 있다. 그러나 상호작용의 유형에 초점을 두는 체계이론이 간과한 두 가지 측면이 지적된다. 즉 가족 구성원의 신념이 그들의 행동에 미치는 영향과 문화적인 힘이 그러한 신념을 형성하는 데 미치는 영향에 관한 것이다(Nichols & Davis, 김영애 역, 2017).

이러한 지적은 체계론적 시각에서의 가족치료모델들이 구조주의가 가지는 한계성을 포함하는 것과 연결된다. 구조주의의 한계를 지적하는 탈구조주의의 등장으로 주관적으로 구성하는 의미의 세계를 강조하는 구성주의와 사회구성주의의 이론은 가족치료모델이 탈근대주의 성향으로 전환하는 데에 큰 공헌을 한다.

구성주의(constructivism)는 실재란 객관적으로 우리가 외부세계를 있는 그대로 알 수 없으며 우리가 알 수 있는 것은 주관적으로 경험하는 의미의 세계라는 것이다. 구성주의는 사람의 지각은 개인마다 다르므로 동일한 상황일지라도 개인의 정신적·상징적 과정 및 의미구성 구조가 다르므로 개인에 따라 다르게 해석된다.

사회구성주의(social constructivism)는 누구도 객관적인 실재를 알 수 없다는 구성주의의 시각과 같으나 실재에 대한 지식을 구성하는 과정에서 사회적이고 언어적 상호작용을 통해 구성되는 상호작용의 영향력을 강조한다. 즉 우리가 관찰하는 것을 구성하는 것은 우리가 타인과 공유하는 언어체계, 관계, 문화에서 비롯되는 것이다.

구성주의와 사회구성주의는 행동의 중재자로서 경험에 대한 해석을 중요시하는 것이다. 구성주의가 개인의 주관적인 마음을 강조하는 것이라면 사회구성주의자는 사회적인 해석과 언어와 문화의 상호주관적인 영향을 강조하는 것이다. 즉 구성주의가 사람들이 가지고 있는 문제가 단지 그들의 객관적 삶의 조건 때문만이 아니라 그러한 상황에 대한 해석에서 비롯되는 것이라면 사회구성주의가 덧붙이는 것은 다른 사람들과의 상호작용을 통해서 의미가 발생한다는 것이다.

따라서 특정 모델에서 제시하는 주요 개념에 따라 가족의 기능성과 역기능성을 평가하는 것은 더 이상 의미가 없다는 것이다. 대신 개인이 자신의 가족이나 관계를 어떻게 경험하는지, 자신의 경험의 세계에 어떤 의미를 부여하고 어떻게 구성하는지를 파악하는 것이 더 중요하다는 것이다.

상담자는 내담자보다 더 많이 알고 있는 유능한 전문가가 아니라 내담자의 경험세계를 재창조하는 과정에서 협력해야 할 동반자의 입장이 강조된다. 따라서 이와 같은 입장에서의 치료라는 것은 내담자가 가지고 있는 부정적 신념의 피해로부터 벗어나도록 하는 탈구성(deconstructivism) 과정인 것이다. 이는 후기 가족치료모델인 해결중심 모델과 이야기 치료 모델에서 가장 영향력 있게 나타났나.

(3) 가족치료 상황에서 임상적 개념들

가족의 문제를 이해하고 치료하기 위해서는 여러 학파의 접근방식이 있다. 가족상담치료 상황에서 각 모델에 따른 접근방식이 다르게 다루어질 때에도 가족이라는 단위 중심으로 가족기능을 강화시키기 위한 실용성 있는 개념을 익히는 것이 중요하다. 이러한 임상적 상황에서의 기본적 개념의 이해를 위해 상당 부분 니콜슨과 데이비스(Nichols & Davis, 김영애 역, 2017)의 내용을 기초로 구성하였다.

대인관계 맥락, 상호보완성, 순환적 인과관계, 삼각관계, 내용과 과정, 가족구조, 가족 이야기, 성별 차이, 문화적 요소

① 대인관계 맥락

가족치료의 기본 전제는 사람은 환경의 산물이라는 것이다. 부모나 배우자보다 더 가까운 사람은 없기 때문에 사람들의 행동은 다른 가족 구성원들과의 상호작용으로부터 강력한 영향을 받는다는 말과 같다. 따라서 환경의 중요성은 가족의 중요성으로 귀결된다. 그렇다고 해서 사람이 가족한테서만 완전히 영향을 받는다고 하는 것도 무리이다. 사람의 행동을 이해하는 가장 중요한 맥락을 가족이 제공한다 하더라도 내담자의 문제 원인으로 가족이 전부라고 할 수는 없다. 그렇지만 내담자들의 문제를 해결하도록 돕는 효과적인 방법은 그들의 삶에서 중요한 사람들의 관계 맥락을 보는 것이다.

② 상호보완성

상호보완성은 모든 관계가 가지는 특성이기도 한 상호의존을 말한다. 관계에서 한 사람의 행동은 다른 사람의 행동과 연결된다. 상호보완적인 관계에서는 두 부분이 한 공간에 있다. 인간관계도 이와 같은 것으로서, 상호작용하는 두 사람은 한 공간에 존재하기 때문에 두 사람 중 한 사람이 변하면 다른 사람의 반응도 달라지기 때문에 곧 관계도 변하게 된다. 가족관계가 상호의존적이므로 가족 문제의 핵심은 개별 가족 구성원에 있는 것이 아니라, 가족 구성원들의 관계적 상호작용 내에 있는 것이다. 마치 가족은 실로 연결된 모빌과 같다. 가족상담자는 한 사람이 다른 사람에 대해 불평하는 것을 들을 때마다 두 사람이 서로 어떻게 상호보완하며 상호작용하는지 생각해야 한다.

> 아내의 잔소리에 대해 불평하는 남편의 경우. "아내는 늘 불평투성이예요"라고 하지만 상호보완의 관점에서 가족상담자는 아내의 불평이 상호 간에 영향을 미치는 형태 중 절반에 해당되는 것으로 본다. 누군가가 잔소리하는 사람으로 인식된다면, 그것은 그들의 걱정이 충분히 들어지지 않았다는 것을 의미할 수도 있기 때문이다. 아내가 불평할 때까지 기다리는 대신, 남편이 아내의 감정이 어떤지 묻는다면 부인은 남편이 자기에게 관심을 갖고 있다고 느낄 것이다. 반드시 그렇지 않다 하더라도 조금은 그렇게 느낄 수 있을 것이다.

상호보완의 관계란 사람들이 서로를 통제해야 한다는 의미가 아니라 상호 간은 서로 영향을 주고받게 됨을 이해하게 하는 것을 의미한다. 상담자는 가족 구성원들 행동의 상호보완성을 알게 해 줌으로써 서로 비난하는 것과 그것에 따른 무력감에서 벗어나도록 도울 수 있어야 한다.

③ 순환적 인과관계

가족치료가 출현하기 전 정신 병리에 관한 설명은 의학, 정신역동, 행동주의와 같은 일선상의 모델에 근거를 두었다. 병인은 질병, 정서적 갈등, 학습경험 등과 같은 이전의 사건으로부터 비롯된 것이라 생각했다. 베이트슨(Bateson)은 순환성이라는 개념을 사용하여 정신병리에 관한 사고방식을 변화시키는 데 도움을 주었다. 즉 과거의 사건이 문제의 원인이라고 생각했던 것에서 그것을 현재 진행되고 있는 순환적 피드백 고리의 일부로 인식하게 되었다.

내담 상황에서 많은 가족이 문제의 원인을 찾고 문제가 누구의 책임인지를 밝히려는 것에 집중하고 있기 때문에 상호보완적 또는 순환적 인과관계에 대한 개념을 가족치료상담자가 알고 있는 것은 상당히 유용하다. 순환적 인과관계는 누가 무엇을 시작하였고 누가 더 잘못하였는가를 찾는 비생산적인 탐색을 하고 있는 가족에게 문제는 진행되고 있는 일련의 행동과 반응에 의해 유지된다는 면을 보게 하는 것이 필요하다. 누가 시작하였고 누가 잘못했느냐를 찾는 것은 관계의 맥락에서 전혀 중요하지 않으며 효율적이지도 않다.

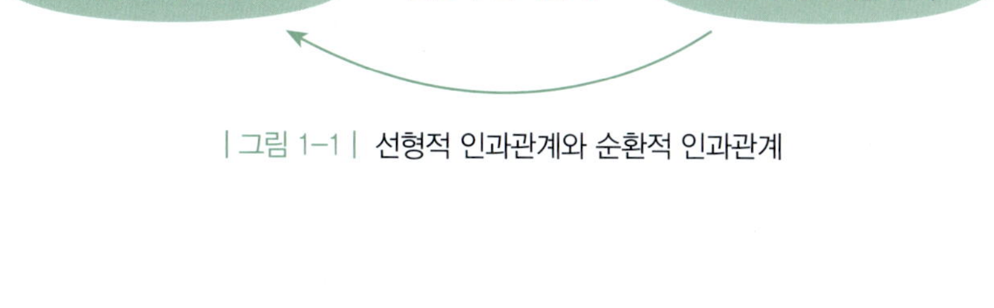

| 그림 1-1 | 선형적 인과관계와 순환적 인과관계

④ 삼각관계

대부분의 내담자는 단선상의 용어로 자신들의 걱정을 표현한다. 대체로 이러한 불만은 문제가 한 개인에게 있다는 생각에서 비롯된다. '다루기 힘든' 4세 아이를 둔 부모는 비효율적으로 훈육했을 것이고, 그러나 부모는 각자 자기의 입장에서만 이야기를 할 것이다.

> 아이와 부모를 함께 만난 상담자가 진짜 문제는 부모의 훈육이라고 본다고 가정해 보자. 엄마는 딸이 자신의 말을 듣지 않는다고 불평하고, 아버지는 엄한 얼굴로 앉아 있다. 딸은 엄마가 조용히 앉아 있으라고 한 말을 무시한 채 여기저기 뛰어다닌다. 아마도 부모는 아이에게 한계를 설정하기 위해 충고했을 수도 있으며, 아마도 그렇게 했을 것이다. 그러나 아이의 행동은 부모보다 한 수 위에 있다. 이는 아이에게 행하는 규칙을 따르도록 하는 방법이 효율적이지 못하고 부모가 갈등이 있었음을 추정해 볼 수도 있다. 즉 아버지는 엄격한 훈련자이고 엄마는 엄한 남편에 비하여 딸에 대한 보호를 더 크게 느끼면서 부모의 역할보다는 친구의 역할에 비중을 두게 되면서 아이에 대한 훈육의 힘을 잃어버리게 되는 것이다.

어떤 부모는 서로에게 너무 화가 난 나머지 의견이 일치하지 않는 것이 당연하게 보일 수도 있다. 그러나 대체로 부모들은 있는 그대로 보여 주지도 않으며 보여 주기도 싫어한다. 때로는 갈등이 너무 고통스럽기 때문에 그냥 묻어두려 한다. 그들은 자신들의 관계에 대해 상담자가 관여하지 않기를 바라며 자녀의 문제행동만을 초점으로 교정해 주기를 바란다. 모든 관계의 문제가 항상 제삼자를 포함하는가? 그렇지는 않다, 그러나 대부분은 그렇다는 것이다(Bowen, 1978).

⑤ 내용과 과정

가족상담자는 사람들이 무엇에 대해 이야기하는가 하는 대화의 내용보다 사람들이 어떻게 말하는가 하는 의사소통 과정에 초점을 맞추도록 한다.

상담을 받으러 오는 가족들은 대부분 힘든 상황에 관심을 둔다. 예를 들어 남편은 이혼을 원하고 아이는 학교 가기를 거부하고 부인이 우울한 상태에 있다고 하소연하는 등의 저마다의 문제가 주된 관심사이다. 가족상담자는 가족과 함께 문제의 내용에 대해 이야기하지만, 더 중요한 것은 가족이 문제를 해결하려고 노력하는 과정의 패턴에 대해 생각해야 한다. 가족이 자녀의 등교 거부에 대해 무엇을 할 것인가에 대해 의논하는 동안 상담자는 부모가 이 문제에 대해 어떻게 책임을 전가하고 있는지, 혹은 어떻게 서로 지지하고 있는지를 파악한다.

주로 문제를 해결하는 방법에 대해 부모 상담을 하다 보면 부모들은 문제해결 과정에 초점을 맞추는 것이 아니라 내용을 다루는 것에 지나치게 비중을 두고 있음을 알 수 있다. 만일 위 예에서 내용에 속하는 아이의 등교 문제만을 다룬다면 아이는 등교를 하게 될지도 모르지만 부모는 그들이 아이와의 관계에서 아이를 대하는 더 나은 방식의 상호작용 과정을 익히지 못할 것이다.

물론 때로는 내용이 중요하기도 하다. 만일 부인이 걱정을 잊기 위해 술을 마신다든지, 남편이 딸을 성폭행했다는 등의 정황이 포착된다면 상담자는 내용을 알아야 하고, 그것에 대해 적절한 조치를 취하는 것이 우선이다. 그러나 상담자들이 내용에만 초점을 맞추게 되면 가족이 좀 더 기능적인 체계가 되는 것을 돕지 못하는 결과가 됨을 인식한다.

⑥ 가족구조

가족의 상호작용은 예측이 가능하다. 그러나 상호작용은 보이지 않는 구조 안에 파묻혀 있기 때문에 사람들은 가족구조를 파악하는 것이 쉽지 않을 수 있다. '자녀를 쫓아가는 엄마'와 '엄마와 거리를 두려는 자녀'와 같은 역동적인 형태는 상호작용의 과정을 설명하는 것이고, 이와 같은 상호작용이 반복적으로 일어나는 것이 구조이다. 상호작용이 구조를 형성하지만, 한편 일단 구조가 형성되고 나면 그 구조에 따라 상호작용이 일어나기도 한다.

가족상담자는 경계선이 너무 경직되거나 분명하지 못할 때 문제가 생긴다는 것을 인식하고 있어야 한다. 경직된 경계선은 외부 체계와의 접촉 범위를 매우 좁게 허용한 나머지 결과적으로 유리(disengagement)를 초래한다.

유리된 하위체계는 독립성을 유지시키기도 하지만, 반면 고립의 문제를 유발할 수 있다. 또한 자율성을 키워 주는 반면 애정과 돌봄을 제한하기도 할 것이다. 밀착된 하위체계는 산만한(융합된) 경계선을 가지며 대단히 높은 수준의 지지를 제공하는 반면 자율성과 독립성을 희생시키기도 한다. 밀착된 부모는 애정이 많고 세심하며 자녀의 말에 경청하지만, 자녀의 의존성이 심화될 수 있으며, 가족 외의 사람들과의 관계에서 문제가 발생할 수 있는 것이다. 밀착된 부모는 그들의 자녀에게 지나치게 빨리 반응하지만, 유리된 부모는 둔감하게 혹은 너무 늦게 반응한다.

경계선의 또 다른 중요한 점은 이것이 상호 관련성이 있다는 측면이다. 자녀와 어머니의 밀착관계는 부부간의 정서적 거리와 관계가 있기도 하다. 남편으로부터 관심을 적게 받을수록 자녀로부터 더 많은 관심을 필요로 할 것이며, 자녀와의 관계에 정신을 쏟게 될수록 남편에게는 더 멀어지는 역동성을 갖는다. 상담자는 이러한 상호 관련된 배열들의 발생을 알아차리면서 가족구조가 가지는 역기능적인 측면을 파악한다.

⑦ 가족 이야기

가족치료 역사의 초기에는 가족의 문제가 어떻게 지속되는가를 설명하기 위해 개인의 차원을 넘어 인간관계들을 살펴보았다. 행동은 상호작용에서 비롯되는 것으로 가장 뚜렷한 상호작용 또한 행동적인 것이다. 이중구속, 문제를 지속시키는 일련의 과정, 혐오감을 갖게 하는 통제, 삼각관계 등과 같은 개념은 모두 행동에 초점을 둔 개념이다. 이와 같이 가족 구성원들은 가족 내에서 어떤 역할을 맡고 있기도 하지만 동시에 가족의 이야기를 만들어내는 사람들이기도 하다. 삶에서의 사건들은 일관성 있는 이야기로 재구성하면서 가족 구성원들은 그들의 경험을 이해할 수 있게 된다.

가족의 삶을 형성하는 것은 단지 행동과 상호작용뿐만 아니라 그들이 만드는 이야기이기도 하다. 즉 아이가 '반항적'이라고 말하는 부모와 아이가 '용기 있다'라고 말하는 부모와는 아이에 대한 반응 자체가 매우 다를 것이다. 즉 아이를 반항적이라고 보는 부모는 아이와의 관계를 진술할 때, 아이에 대한 긍정적 이미지보다 부정적 이미지를 더 쉽게 떠올리게 된다. 이와 같은 특정사건을 중심으로 아이와의 경험이 조직화된다. 이처럼 가족의 상호작용과 사건에 대한 이야기는 순환적인 형태로 연결되어 있다. 즉 사건의 행동은 이야기 형태로 지각되고 조직되며, 이러한 이야기는 행동에 영향을 주는 어떤 기대와 이미지들이 형성된다. 이야기의 중요성을 민감하게 알아차리는 것은 상담자의 치료 작업에 많은 도움이 된다. 상담자들은 상호작용의 과정이나 가족관계의 구조에노 관심을 두겠지만 내담자들이 경험하고 주로 이야기하고 있는 사건 또한 주목해야 한다.

⑧ 성별 차이

초기 가족상담자가 부분과 부분에 기능하는 방법에 대해 설명하는 체계 은유를 적용하였을 때 그들은 가족의 부분보다 가족이 기능하는 방식에 더 큰 관심을 기울였다. 가족은 경계선, 삼각관계 그리고 부모 하위체계와 같은 추상적인 용어로 이해되었으며, 때때로 가족 구성원은 기계의 톱니바퀴와 같이 취급되기도 했다. 가족체계의 부분은 인간이 개별적인 존재가 되도록 하는 것을 결코 멈추지 않지만, 가족이 조직되는 방법에만 열중하는 것은 가족의 심리역동, 정신 병리, 성별과 같은 개인의 책임을 포함하여 가족을 구성하는 개인의 특성을 간과하는 경향이 지적되기도 한다.

성별은 실제에서 나타나는 삶의 이슈이다. 부모 역할이 주로 어머니에 의해 이루어진다는 사회적 기대가 있는 한, 딸들은 어머니와 관련하여 자신의 정체감을 형성하는 반면 아들들은 어머니와는 구분되기 위한 동기를 가지고 다르게 반응할 것이다. 전통적으로 여성은 외부에 대해 좀 더 포용의 범위가 넓은 심리적 경계선을 갖도록 양육되어 왔으며, 이것은 관계의 측면에서 자신의 정체성을 키워가고 공감하는 능력을 계발하며 관계를 더 중시하는 경향을 가지게 된다. 한편 남성은 좀 더 경직된 심리적 경계를 가지는 경향이 있으며 의존욕구를 부인하고 누군가에게 압도당하는 것을 두려워하며 다른 사람과 공감하는 것을 어려워할 수 있다.

현대사회에서 남성이지만 아이를 양육하는 사람 또는 반대로 여성이지만 양육을 담당하지 않는 사람들이 있는 것이 사실이지만, 대체로 자녀를 양육하는 주된 역할자로 여전히 여성이 담당하기를 기대받는 것이 일반적이다. 성별에 대한 인식과 성차별은 가족상담의 상황에서뿐만 아니라 우리의 모든 문화 속에 오랫동안 스며들어 왔다. 성별 문제가 가족생활에 어떻게 영향을 미치고 있는지에 대해 민감해지지 않고서는 공정하고 효과적인 상담자가 되기 어렵다. 성별을 무시하는 상담자는 무의식중에 여성의 경력쌓기에 대해 관심을 적게 보이고, 아이의 문제를 기본적으로 어머니의 책임이라고 생각하게 되며, 외도에 이중적인 기준을 가지고 가족상담이나 치료상황에 남편이 참여하지 않는 것을 자연스럽게 받아들이거나 적어도 남편의 불참을 묵인한다.

가족상담자는 가족치료의 이론적 가설에 내재될 수 있는 남녀차별의 불공평한 측면들을 파악하고 이를 분리해 낼 수 있는 민감성을 지녀야 한다. 예를 들어, '순환적 인과관계'의 개념은 상호 간 행동을 강화시키는 반복된 패턴을 의미하지만 이 개념을 가정폭력, 가정 내 성폭력 혹은 알코올 중독과 같은 문제에 일괄적으로 적용하면서 행위자가 가지는 책임의 문제를 간과해서는 안 된다. '중립성'이란 체계의 모든 부분은 문제에 골고루 기여하고 있지만, 여기에 미치는 보이지 않는 문화적·사회적 힘이 가지는 특성과 영향력의 차이가 있다는 것을 분명히 알고 있어야 한다. '상호보완성'의 원리 또한 마찬가지이다. 남녀관계에서 서로의 역할은 본질적으로 동등한 것임에도 현실에서 나타날 때는 그렇지가 않다. 이러한 모순을 분명히 인식하면서 성별 차이가 만들어내는 가족 내 권력관계와 지위의 불리함의 특성을 무시해서는 안 된다.

⑨ 문화적 요소

가족 행동을 형성하는 요인 가운데 문화적 배경은 강력한 영향력을 행사한다. 상담자가 문화의 다양성에 민감해야 하는 이유 중 하나는 소수 민족에게 다수의 가치와 가설을 강요하는 것을 피해야 하기 때문이다.

문화적 영향은 다른 배경을 가진 가족을 만날 때 가장 극명히 드러난다. 그러나 같은 문화적 배경을 가진 가족을 만난다고 해서 반드시 같은 가치관을 공유할 것이라고 생각해서도 안 된다.

상담자가 문화적 배경이 다른 내담자를 만날 때 특별히 유의해야 할 세 가지 측면이 있다.

첫째, 문화적 차이를 병리적인 것으로 간주하는 것이다. 가족과 이웃 그리고 친척과의 경계가 약한 것이 어느 경우에는 문제가 있는 것으로 보일 수 있지만 또 어떤 문화권에서는 그러한 특징이 일반적일 수도 있다.

둘째, 상담자가 접하는 다양한 문화에 대해 자신이 전문가가 되어야 한다고 생각하는 것이다. 상담자가 만나게 되는 주요 집단의 풍습과 가치에 대해 익숙해지고자 하는 것은 물론 도움이 된다. 그러나 오히려 민족성을 정형화하거나 그들을 이해한다고 과신하거나 혹은 모든 문화를 다 알아야 하는 것보다 더 중요한 자세는 다른 문화에 대한 존중과 호기심이다. 모르는 것은 모른다고 인정하는 자세와 모를 경우는 "내가 알아야 할 (문화적) 차이가 있으면 말해 줄래요?"

라는 질문으로 내담자로부터 배울 수 있다.

셋째, 역기능적인 것이라 생각되는 모든 문화적 규범을 용납하는 것이다. 유능한 상담자는 사람들의 삶의 방식을 존중하면서도 역기능적으로 보이는 것에 대해서는 반드시 질문을 하여야 한다. 한국의 가부장적 문화를 우리가 용납하고 있지 않은 것처럼 아동학대를 아동훈육문화라고 주장하는 일부 문화권의 부모 양육방식을 간과해서는 안 된다.

요약

사회변화에 따라 한부모가족, 무자녀가족, 재혼가족, 비혼모 가족 등의 다양한 형태가 등장하므로 가족에 대한 정의는 '어떠어떠한 가족(the family)'이라는 고정된 시각에서 '가족들(families)'로 새로이 정의된다. 결혼과 가족은 누구와 사느냐보다는 구성원들의 '상호보호와 만족'에 대한 차원과 어떠한 기능을 수행할 것인가가 강조되어야 한다. 또한 가족상담자는 가족에 대한 기본적 이해를 위해서는 가족이 시간적 연속상에서 나타나는 발달단계와 과업들의 특징들에 대한 이해가 있어야 한다. 가족상담 시 가족발달주기상의 미해결된 과제를 살펴보는 것은 유용하기 때문이다.

가족치료라는 것은 가족을 하나의 '전체성'으로 보고 가족의 역기능적 측면을 변화, 제거하기 위해 직접 개입하는 상담접근법으로 사이버네틱스 이론과 일반체계이론의 체계론적 시각을 가족에 적용하고 있다. 즉 가족은 구성원들의 단순한 합이 아니라 그 이상의 관계가 존재하여 가족들마다 가족만의 독특한 상호작용을 하게 된다. 즉 '전체는 부분의 합 이상의 것'으로 바라보며 각 체계, 즉 부분들의 상호작용과 교류의 양상이 포함된 전체를 주목한다. 각 부분들은 체계 내 다른 부분에 대하여 상호의존적 속성으로 한 부분의 변화나 긴장은 전체 체계에 파급 효과를 갖는다. 이러한 시각은 문제에 대한 사정과 개입에 있어서 한 요소의 변화가 체계의 다른 요소의 변화에 기여하며, 다시 전체 체계의 변화에 영향을 미치는 순환적 상호성과 전체성을 볼 수 있도록 해 준다. 이는 새로운 치료방법이라기보다는 새로운 전제를 요구하는 것으로 어떤 문제나 증상이 결코 '병든' 한 개인에게서 나오는 것이 아니며, 한 개인의 문제 또는 증상이 전체 가족체계의 반영임을 알게 한다.

이러한 가족치료의 체계론적 시각은 초기모델로서 구조주의의 한계를 지적하는 구성주의와 사회구성주의 사조의 영향을 받으면서 새롭게 후기가족치료모델로 변화된다. 구성주의와 사회구성주의는 행동의 중재자로서 경험에 대한 해석을 중요시하고 있다. 구성주의가 개인의 주관적인 마음을 강조하는 것이라면 사회구성주의자는 사회적인 해석과 언어와 문화의 상호주관적인 영향을 강조한다. 구성주의가 사람들이 가지고 있는 문제가 단지 그들의 객관적 삶의 조건 때문만이 아니라 그러한 상황에 대한 해석에서도 비롯된다는 것이며 사회구성주의는 다른 사람들과의 상호작용을 통해서 의미가 발생한다는 것이다. 이의 대표적인 모델은 해결중심 모델과 이야기 치료 모델이다.

가족상담치료 상황에서 각 모델에 따른 접근방식이 각각 다르게 다루어질 때에도 가족이라는 단위 중심으로 가족기능을 강화시키기 위한 실용성 있는 개념을 익히는 것이 중요하다. 이러한 임상적 상황에서의 익혀야 하는 기본적 개념들(대인관계 맥락, 상호보완성, 순환적 인과관계, 삼각관계, 내용과 과정, 가족구조, 가족 이야기, 성별 차이, 문화적 요소)을 제시하였다.

가족들의 더할 나위 없는 귀염둥이였던 사람은
성공자의 기분을 일생동안 가지고 살며,
그 성공에 대한 자신감은 그를 자주 성공으로 이끈다.

-프로이트-

제 2 장

가족치료의 발달

가족치료는 1950년대를 전후해서 조현병 환자 가족에 대한 연구와 치료를 시작으로 체계이론의 영향을 받아 발달하게 되었다. 체계이론을 토대로 가족상담자들은 가족 구성원의 문제행동을 개인의 문제로만 보지 않고 가족체계 내의 관계 변화를 통해서 해결하려고 하려고 하였다. 이처럼 가족치료의 발달은 가족문제에 대한 기본 관점의 전환에서 출발하였으며, 이후 사회구성주의적 관점에 따라 가족의 인식과 의미 부여에 초점을 두는 것으로 발전하였다.

가족치료의 발달은 시대적 · 사회적 상황에 의해 영향을 받았으며, 가족운동과 불가분의 관계에 있다. 가족운동은 각기 다른 배경과 목적을 가진 분야들에 의해 독자적으로 발달되었다. 대부분의 가족치료사들은 공유하고 있는 원리에 있어서 공통점을 보이고 있지만, 가족을 개념화하고 치료하는 방식은 무엇에 더 중점을 두는지에 따라 다양하게 나타난다.

본 장에서는 서구의 가족치료의 발달 배경과 발달 과정을 살펴보고, 우리나라에서 가족치료가 어떻게 발전해 왔는지 살펴본다.

1. 가족치료의 발달 배경

가족치료의 발달 배경에는 심리치료 영역의 인식변화, 조현병 환자의 가족연구, 아동지도운동, 집단역동운동, 체계이론의 발달, 사회복지실천현장에서의 적용을 들 수 있다.

1) 심리치료영역의 인식 변화

가족치료의 발달 배경에 있어서 사회·환경적인 요인으로는 1950년대 초 제2차 세계대전 후 전쟁의 후유증으로 가족들은 갑작스러운 변화에 재적응이 어려웠고 정신적인 충격과 어려움으로 정신과를 찾는 환자들도 증가하게 되었다. 이때까지 정신과에서는 개인치료에 초점을 두고 시간과 비용이 많이 드는 정신분석이 정신장애 치료를 위해서는 지배적이었다. 정신분석가들은 환자의 치료를 위하여 개인의 심리내적인 원인들을 분석하면서 가족의 상호작용과 영향력들을 간과하고 있었다. 그러나 정신적인 문제나 갈등의 문제로 고민하는 수요자들의 증가는 개인치료뿐만 아니라 가족치료와 집단치료가 등장하는 배경이 되었다. 또한 비용과 시간 면에서도 더 효과적인 가족치료나 집단치료가 활성화되기 시작하였다. 1970년대 이후 서구 유럽에서는 개인의 심리치료 비용이 의료보험에서 적용되기 시작하면서 장기적인 치료에서 단기중심으로 변화된 것도 비용 면에서 절감할 수 있는 방법들로 가족치료나 집단치료가 더 발달할 수 있는 배경이 되었다(김혜숙, 2016).

개인의 심리문제를 치료하는 주요 이론과 기법으로 정신치료가 전통적으로 사용되어 왔으나 20세기 초반의 결혼생활 문제는 개인의 심리적 문제이기보다는 부부 상호작용의 결과로 나타나는 경우가 더 많았기 때문에 정신치료적 접근으로 다루기에는 한계가 있었다. 따라서 당시에 결혼생활에 문제가 있었던 사람들은 심리치료전문가를 찾기보다는 목사, 의사, 변호사, 교수, 교사 등 정신치료의 주류 밖에서 사람들을 돕는 전문가 집단을 찾아 자신의 어려움을 의논하였다. 당시 정신치료는 환자 가족과의 접촉을 금하는 정신분석 전통을 따랐지만, 주류 밖의 정신건강전문가는 결혼생활의 어려움을 다루기 위해서 부부를 공동으로 만나야 한다고 확신하게 되었다. 이는 부부문제를 상담하는 데 있어서 새로운 이론적 틀과 접근이 필요함을 보여 주었다.

심리치료가 장기간 강렬하고 깊은 탐색을 하는 것과 달리, 초기 결혼 상담은 단기적이며, 과거를 재구성하기보다는 지금-여기의 문제를 주로 다루며 손상된 관계를 회복시키고자 하였다. 결혼상담은 커플의 현실적 문제들을 다루며 문제를 가진 커플의 의식적인 의사결정 과정을 용이하게 하는 도움을 제공하였다. 결혼치료는 배우자 간의 신경증적 상호작용과 맞물린 문제에 초점을 맞추어 보다 광범위한 관점을 제공하였다. 오늘날의 결혼치료자들은 결혼과 가족체제의 맥락에서 남편-아내 관계의 정서적·인지적·행동적 측면을 다루고 있다. 최근의 상담추세는 상담자가 양쪽 배우자를 각각 따로 만나는 일은 점점 적어지고 있는 경향이다. 결혼상담의 초점이 점점 결혼관계의 변화에 맞추어질수록 부부를 함께 보는 합동치료 회기로 진행되어야 한다는 것이 분명해졌다(정성란, 2017)

2) 조현병 환자의 가족연구

가족치료의 발전은 조현병 환자 가족에 관한 연구에서 시작하였다. 그리하여 가족치료의 발달 초기에 조현병이 발현하게 된 가족의 역기능을 설명하기 위하여 여러 개념이 소개되었다. 대표적으로 베이트슨 연구진이 발표한 이중구속, 리즈가 발전시킨 부부균열과 부부불균형, 윈이 소개한 거짓상호성과 거짓적대성, 그리고 보웬의 자기분화 개념이 있다.

조현병에 미치는 가족의 영향에 대한 인식은 프로이트에 의해 처음 시작되었다. 그는 망상증과 조현병의 심리적 요인을 논의하면서 아동기 초기에 부모와의 관계가 중요하다고 주장하였다. 설리번(Sullivan)은 조현병 환자에 대한 연구에서 대인관계에 초점을 두었고 환자의 실제 가족을 대체하는 의사, 간호사, 도움을 주는 사람들로 구성되는 '병원가족(hospital family)'이 치료에 도움이 된다고 제안하였다. 가족치료에서는 인간의 병리적 행동이 한 개인의 내적 요소에 내재되어 있는 것이 아니라 가족관계 안에 문제가 있는 것으로 보고 있다. 즉, 정신과 병원에서 치료를 받은 환자가 치료 후 증상이 좋아진 후에 자신의 가족에게 돌아가면 가족 내의 어떤 기제 때문에 재발되는 경우가 발생한다. 이러한 경우에 환자의 문제 증상은 개인의 문제라기보다 가족의 문제라고 여길 수 있다. 조현병은 가족이라는 환경에 의해 지배받고 영향을 받는다는 연구결과를 공통적으로 보여 준 팔토 알토집단, 보웬집단, 리즈집단, 윈집단은 가족치료가 전문 영역으로 발전할 수 있는 직접적 계기를 마련하였다.

보웬은 1954년 미국 국립정신건강연구소(National Institute of Mental Health, NIMH)에서 윈과 함께 정신질환자 가족의 치료에 대해 연구하기 시작하였다. 그는 입원해 있는 조현병 환자들의 가족이 방문한 날이나 퇴원한 후에 증세가 악화되는 점에 착안하여 환자와 가족을 병원에 함께 입원시켜 치료하였다. 보웬은 원가족과의 정서적 관계를 중심으로 다세대 가족치료 모델을 발전시켰다. 다세대 가족치료 모델에서는 자아분화, 삼각관계, 디세대 정서과정, 출생순위, 정서적 단절, 사회정서 과정과 같은 개념을 토대로 여러세대에 걸쳐 가족이 어떻게 개별성과 연합성의 상호작용을 이루는지에 초점을 두었다.

3) 아동지도운동

아동상담 및 아동지도운동은 정서적 문제들이 아동기에 시작되기 때문에 아동들을 치료하는 것은 정신질환을 예방하는 최상의 방법이라는 신념에 토대를 두고 있다. 물론 아동의 문제들이 해결되면 가족의 문제도 해결될 것이라고 가정하였지만 항상 그런 것은 아니었다. 개인의 성격적인 문제들은 관계에서 생겨나는 문제이며, 다른 문제들도 상호작용적인 것들이다. 결국 아동상담운동에서의 강조점은 초기에 아동과 어머니를 분리해서 치료하면서 자녀와 부모사이의 대화는 개인치료적인 관계를 악화시킬 수 있다는 관점에서부터, 병리는 환자와 가족, 의미 있는 타자들 사이의 관계에 고유한 것이라는 관점으로 바뀌었다. 따라서 치료의 목표는 아동 환자들을 그들의 가족들로부터 떼어놓는 것에서 부모와 자녀 간의 관계를 증진시키는 것으로 바뀌었다. 또한 아동지도운동은 가족치료에 대한 팀 접근법에 기여하였다. 초기 치료프로그램은 팀 작업으로서 정신과 의사, 심리학자, 사회사업가를 중심으로 조직되었다.

1909년 힐리(W. Healy)가 시카고에 '비행청소년 정신질환연구소'를 세운 것을 시작으로 치료사들은 1920년대부터 아동상담소 운동에 관심을 가졌으며, 이는 제2차 세계대전 이후 급격히 발전하였다. 아동상담소에서는 주로 아동기의 심리적 문제와 이러한 문제의 원인이 되는 사회와 가족의 영향에 대한 연구와 임상방법을 제공했다. 상담자들은 문제의 근원이 가족이라고 보았는데 레비(D. Levy)는 부모의 과잉보호에 초점을 맞추었고 프롬 라이히만(F. Fromm-Reichman)은 지배적이고 공격적이며 거부적인 어머니가 조현병의 원인이 된다고 주장하면서 부모-자녀의 병행치료를 함으로써 가족치료의 초석이 되었다(김유숙, 2014).

볼비(J. Bowlby)는 1949년 청소년 문제상담의 보조 수단으로서 부모 합동면접의 유용성을 강조하였다. 볼비는 영국 타비스톡 아동지도상담소에서, 드레이커스(R. Dreikurs)는 시카고의 아동지도상담소에서 가족에 대한 연구와 상담을 전개하여 초기 가족치료 발달에 영향을 미쳤다. 이와 같이 아동지도상담소에서 비행청소년문제를 다루면서 그 부모와 가족 대상의 상담을 시도한 것이 가족치료 발달의 중요한 계기가 되었다(이영분 외, 2020).

4) 집단역동운동

가족치료사들은 가족과 소집단 사이에 유사점이 있음을 발견한다. 그러나 가족치료와 소집단 치료 사이에 약간의 차이점이 있고 기법이 다르게 적용된다(송정아·최규련, 2002). 집단 역동 연구들이 가족치료와 관련되는 이유는 가족이 개인 성격의 복합체이고 동시에 집단 구조의 대표적인 속성을 보인다는 것이다. 집단치료자에 의해 개발된 집중적이고 다양한 방법의 대인관계 탐색의 영향을 받아 가족치료사들은 자연스럽게 집단치료 모델을 적용하게 되었다. 가족 집단치료에서는 소집단 이론과 집단치료 기법을 가족집단에 적용하였다. 가족집단상담에서 치료자들은 의사소통을 촉진시키지만 개인의 목표와 변화를 덜 강조하고 개인의 내적 갈등은 다루지 않는다. 가족치료사들은 개인 구성원의 변화보다는 가족단위의 사회적 기능 수행의 변화를 목적으로 한다. 1970년대까지 가족집단치료는 상당히 정교해지고 체계적이 되었다.

집단치료와 가족치료는 기법면에서 유사하다. 둘 다 여러 사람을 포함하고 개인치료에 비해 더 복잡하며, 사회적 현실과 같은 상황이고, 환자는 치료자에 대해 반응하기보다는 다른 사람에 대해 반응해야 한다. 그리고 치료자는 치료실에서 개인 환자와의 관계보다 비교적 덜 능동적이고 집중하지 않아도 된다. 그러나 집단치료는 단지 가족치료에 부분적으로 적용된다. 가족은 치료집단과 달리 구성원들이 오랜 역사를 지니고 또한 미래를 함께한다. 집단은 낯선 사람으로 구성되나 가족은 친밀한 사람으로 구성된다. 자신을 보여 주는 것도 가족원에게보다는 낯선 사람에게 하는 것이 더 쉽고 안전하다. 계속성과 헌신, 문제 공유면에서도 가족치료는 집단치료와 다르다. 집단치료에서 집단의 구조는 가족구조와 다르다. 치료집단은 온화하고 지지적인 분위기를 주기 위해 계획되고, 서로 도움이 되고 도움을 줄 수 있는 장소가 된다. 집단치료에서는 스트레스를 주는 환경에서 분리시켜 치료하는 반면에 가족치료는 스트레스 상황 자체가 치료대상이 되므로 집단치료에서의 공감적인 안전감은 가족치료의 부분이 될 수 없다. 집단치료에서 모든 환자들은 동등한 권력과 지위를 가질 수 있으나 가족에서는 이것이 적용되지 않는다. 집단치료가 몇몇 초기 임상가에 의해 가족치료모델로 사용되었지만 단지 과정과 내용의 개념 구분과 역할이론만이 가족치료의 주류에 지속적인 영향을 미치고 있다.

5) 체계이론의 발달

1950년대에 출연하여 1970년대에 절정에 이른 가족치료의 초기 모델은 체계론적 사고를 바탕으로 발전되었다. '체계(system)'라는 용어는 그리스어 'synhistanai(함께 두다)'에서 유래한 말로, 가장 근본적으로는 어떤 현상을 보다 큰 전체라는 맥락 속에 넣어 이해하는 것, 즉 그 연관성의 본질을 확인하는 것을 뜻한다. 체계론적 사고를 함축하는 용어는 일반체계이론, 사이버네틱스, 생태체계 이론, 전일론(holism) 등 매우 다양하다. 보웬의 다세대 모델의 기초가 된 자연체계이론도 체계론적 사고를 함축한다. 초점에서는 차이가 있지만, 이 모든 용어의 공통점은 부분이 아니라 전체와 상호연관성을 강조한다는 데 있다.

체계론적 사고는 세계를 모든 현상의 상호 연관성과 상호 의존성으로 파악한다. 이러한 사고는 세계를 분리된 객체로 구성된 기계조직으로 본 기계론적 세계관과는 매우 다른 것이었다. 세계관의 차이는 문제의 원인과 해결을 바라보는 시각, 내담자와 치료자에 대한 시각, 개인이 세상을 인식하는 방식과 의미 등에서 차이가 있음을 가정하는 것이었고(정문자 외, 2007), 이를 통해 기존의 개인 심리치료와는 다른 가족치료가 새로운 분야로 발전할 수 있었다.

체계이론을 가족치료에 적용한 대표적인 학자로는 베이트슨(G. Bateson), 돈 잭슨(D. Jackson), 애커만(N. Ackerman), 윈네(L. Wynne), 보웬(M. Bowen) 등을 들 수 있다. 베이트슨은 1946년 사이버네틱스 이론가인 위너(N. Wiener)와의 만남으로 피드백의 순환적인 개념을 의사소통이론에 적용하여 가족치료에서 의사소통의 중요성을 강조하였다. 돈 잭슨(D. Jackson)은 체계이론의 항상성 개념을 가족들에게 적용하여 치료적 개입을 시도하였고, 애커만(N. Ackerman), 윈네(L. Wynne), 보웬(M. Bowen)은 조현병 환자들을 체계적인 관점에서 연구하였다.

체계이론의 관점에서 접근하는 가족치료사들은 배경 분야가 다양하지만, 기본 원리와 전제는 일관되게 동일하다. 이들은 가족은 인간문제의 근원과 배경이 되며, 체계로서 구조와 과정을 가지고 있다고 본다. 가족의 구조는 삼각관계, 하위체계, 경계 개념들을 포함하며, 과정은 그 핵심개념의 순환성이다. 즉, 가족치료를 체계이론의 관점에서 볼 때 인간의 문제는 반복적인 주기를 지니는 일련의 행동과 그에 대한 반응으로 이해할 수 있다.

6) 사회복지실천현장에서의 적용

사회복지 분야는 1800년대 후반부터 시작한 영국과 미국의 자선사업운동에 뿌리를 둔 이래 소외된 자들의 기본적 필요와 더불어 가족의 정서적 영역을 돌보는 일을 현장에서 계속해 왔다. 그에 따라 이들은 내담자의 필요를 평가하고 도움을 주기 위해 가정방문을 하고 결혼생활 문제와 자녀양육 문제에 직접 개입하는 일들을 계속하게 되었다. 그러므로 가족에 대한 개입은 초기 사회복지실천가에게 가장 중요한 초점이 되었고 가족을 제대로 돕기 위해서는 가정방문을 하여 부모를 함께 상담하는 것이 중요함을 배웠다(최규련, 2012). 초기에는 우애방문원(friendly visitor)으로서 가정을 방문하여 의식주와 같은 기본적 요구를 사정하고 원조했으며, 이와 함께 가족의 심리정서적 문제에도 관심을 기울여 부부갈등이나 자녀양육과 같은 문제를 직접 다루었다. 또한 이민자의 정착을 돕기 위해 인보관(settle house)을 설립하여 개인은 물론 다수 가족을 대상으로 원조를 제공했다. 가족대상 사회복지실천(family casework)은 초기 사회복지사 훈련의 최대 관심사였다. 가족 문제를 완전하고 정확하게 이해하기 위해 부모를 함께 면접하는 것에 중요성을 두었는데 이는 가족생활의 책임을 어머니에게 돌리는 관행과는 매우 대조적인 접근이었다(정문자 외, 2007).

사회사업가들은 가족문제들에 대한 완전하고 정확한 그림을 얻기 위해서 부모와의 동시적인 면담이 중요함을 배웠다. 이것은 시기적으로 보아 어머니들이 가족생활에 책임이 있는 것으로 간주되던 때의 일이며, 전통적인 정신보건전문가들이 동참적 가족회의를 실험하기 오래전의 일이었다. 사회사업가들은 정신의학이 발전하는 데 50여 년이 걸렸던 것, 즉 가족은 단위로 고려되어야만 한다는 사실을 잘 인식하고 있었다. 사회사업훈련은 통해서 가족치료에 입문했던 지도자들 가운데는 사티어(V. Satir), 맥골드릭(M. McGoldrick) 등이 있다(정성란, 2017).

가족과 일하는 사회사업의 경험은 1950년대에 점차 활발해졌으며 이는 소위 복합면접(multiple client interviewing)이라고 불리었다(김규수 · 오현숙, 2006). 이러한 면접에서는 보통 핵가족의 두 사람 이상을 포함시키며, 부모를 함께 보는 것이 흔하게 되었다. 그래서 개인을 혼자 만날 때에는 얻을 수 없었던 새로운 정보를 얻게 되었으며, 같은 문제 상황을 지각하는 데에도 양쪽이 차이가 난다는 것을 알 수 있었다. 이는 개인을 단순히 가족의 맥락 속에서 보려고 했던 전통적인 소극적 자세에서 벗어나게 하는 계기가 되었다.

2. 가족치료의 발달과정

가족치료는 미국에서 제2차 세계대전 후 1950년대를 기점으로 출발하였다. 세계 대전의 영향뿐만 아니라 산업화 과정에서 유발되는 가정문제가 사회문제로 대두되었고, 가정의 해체가 전 세계적으로 급증하면서 가족치료의 필요성이 요구되었다. 1960년대는 가족치료가 합법적인 정신치료로 인정되면서 고통을 겪었던 정신질환자, 빈곤층 가족들을 대상으로 연구와 함께 가족치료의 확대기였다. 1970년대는 각 가족치료학파의 활동이 두각을 나타낸 시기로 가족치료의 정립기이며 혁신기라고 할 수 있다. 이어서 1980년대 이후에는 각 가족치료학파 이론들이 왕성하게 활동하는 전성기를 맞이한다. 이 시기는 가족치료가 유럽과 미국에서 꽃을 피우는 시기로 가족치료의 성장과 전문화기로 구분되며, 또한 통합적인 입장을 내세우는 새로운 국면에 처하게 되었다. 1990년대 이후에 접어들면서 가족치료이론들은 통합기를 맞이하며 포스트모더니즘에 대한 영향과 후기 구성주의 이론들이 등장한 시기라고 할 수 있다(김혜숙, 2016).

1) 가족치료의 발아기(1950년대 이전)

가족치료는 일반체계이론, 인공두뇌학, 생태학 등과 같은 이론의 영향을 받았다. 1930년대의 기독교 상담, 집단적 치료활동, 아동지도활동 등은 부부상담에 영향을 끼쳤으며, 1940년대에 소개된 일반체계이론은 가족치료에 중요한 영향을 끼쳤다. 이와 함께 환류개념인 인공두뇌학 혹은 사이버네틱 이론을 가족치료에 도입하게 되었다.

가족치료는 심리치료의 한 분파로 발전하였다기보다 새로운 세계관과 인식론의 발전에 힘입어 태동하였다(정문자 외, 2007). 가족치료는 20세기의 중반까지 서구를 지배하였던 기계론적 세계관으로 설명할 수 없었던 많은 생명 현상을 설명하기 위하여 발전되었던 체계이론과 사이버네틱스의 영향으로 발전하였다. 가족치료의 태동은 1940년대 미국의 시대적 상황과도 밀접한 연관이 있다. 제2차 세계대전이 한창이었던 1940년대 초반 미국 사회의 최대 관심사 가운데 하나는 전쟁에서 이기는 것이었다. 전쟁기술향상이라는 목적을 달성하기 위하여 다학제적 연구 연구팀이 결성되었고, 기계론적 개념뿐 아니라 기계와 유기체를 함께 연구할 필요성이 절실해졌으며 그 결과 유기체론적 사고에 관심을 기울일 필요성이 대두되었다.

이러한 시대적 분위기에서 가족치료의 태동에 가장 중요하고도 직접적인 영향을 미쳤던 사람은 영국의 인류학자이자 민족학자였던 베이트슨(G. Bateson)이었다. 그는 학습이론을 비롯한 기계론적 모형이 생명현상이나 다양한 문화의 안정기제를 섭렵하기에는 한계가 있음을 지적하고, 사이버네틱스의 원리와 개념을 행동과학 용어로 환원하기 시작하였다. 그의 이러한 공헌은 개별적으로 존재하는 대상이나 실체에 초점을 두는 전통적인 심리치료적 접근에서 벗어나 사람 간의 상호작용이나 관계패턴에 초점을 두는 가족치료의 태동에 직접적인 동인이 되었다.

리치몬드(Richmond)는 가족 결속력의 개념이나 가족과 사회를 상호 간에 영향을 주고받는 체계라고 보았다. 이러한 관점과 영향력은 가족치료의 초석이 되었다. 그는 가족들의 정서적인 연결은 매우 중요하며, 서로 생존하고 발전할 수 있는 능력으로 보았다(서혜석 외, 2012). 애커만(Ackerman)은 가족을 심리적이고 사회적인 단위로 보고 관찰하였면서 소통에 관심을 두었다. 그는 가족항상성을 개념화하였으며, 이 항상성이 깨질 때 가족 내에 문제가 발생한다고 보았다.

2) 가족치료의 형성기(1950년대)

가족치료운동은 1950년대에 시작되었지만 이전에도 정신과의사는 환자가족의 중요성을 인식하여 어느 정도는 가족에 대한 고려를 하였다. 1950년 이전의 치료자는 가족이 개인에게 미치는 영향만을 고려하여 환자를 가족상황에서 분리하여 회복을 시도하였다. 1950년대 가족치료의 주요 대상은 조현병 환자 가족이었다. 영국의 정신과 의사인 래잉(Ronald Laing)은 1950년 중반부터 조현병 환자 가족에 대한 연구를 시작하여 실존주의와 현상학의 영향으로 가족체계의 상호작용과 의사소통의 개념을 발전시켰다. 래잉은 정신분열 개념인 이중구속 개념을 발전시켰지만 그는 어려움을 겪고 있는 긴장된 상태의 경험에 초점을 두었다. 이 시기에는 영국에서도 가족에 관한 연구와 이론에 관심이 고조되면서 가족중심의 이론에 관한 국제적인 교류가 이루어졌다. 이중구속, 유사적 상호관계, 왜곡, 신비화, 연합의 정도, 삼각관계, 가족경계선 등과 같은 개념을 발전시켰다.

미국에서 1950년대의 가족치료연구는 조현병에 대한 새로운 개념을 발전시켰으며, 조현병은 가족체계에서 긴장에 대한 증상적인 반응으로 본 것이다. 여러 연구팀들이 가족체계 내의 각기 다른 측면에 초점을 두고 있지만 모든 가족 연구자들은 가족 구성원들의 관계형성에 관심을 둔 것은 공통점이었다(임은희, 2012).

조현병 환자 가족의 중요성과 가족치료의 결정적 주제로 인식되었던 가족치료는 미국 동부에서는 정신과 의사 중심으로, 서부에서는 연구팀을 중심으로 발달하였다. 동부에서는 리즈(Lidz)가 대표적 인물이었으며, 서부에서는 베이트슨(Bateson), 해리(Haley), 잭슨(Jackson) 등에 의해 발달하였는데 가족환경 내의 조현병적 행동이 발생하는 요인을 설명하면서 가족상황의 이중속박이라는 개념을 적용시켰다.

1950년대에 가족상담에 기여한 대표적인 학자로는 벨(J. Bell), 애커만(N. Akerman), 에릭슨(M. Erikson), 베이트슨(G. Bateson), 잭슨(D. Jackson), 해리(T. Haley), 윈(L. Wynn)이 있다.

리즈는 가족관계의 역기능 문제와 이상심리를 연결시키고 있다. 가족이 발달단계에서 고착과 퇴행을 경험하는데 개인의 발달단계와 같이 가족도 하나의 발달단계에서 다음 발달단계로 넘어갈 때 전환기의 문제를 해결하지 못하고 다음 단계로 넘어가면 가족생활주기의 한 단계 또는 그 이상의 단계에서 고착이 생길 수 있다. 리즈는 가족의 퇴행과 고착의 문제를 결혼분열과 결혼왜곡의 이론으로 제시하였다. 결혼분열은 한쪽 배우자 권력에 의해 그 반대 배우자가 상호 보완적 역할이나 상보적 목적을 달성할 수 없고 가족이 서로 적대시하며 두 집단으로 분열되는 현상이다. 결혼왜곡은 결혼분열과 다르며 '상호성 결여' 또는 '부부불균형'이라는 용어로 많이 알려져 있다. 미온적 결혼관계로 만족은 없으면서도 이혼으로 결혼이 해체되는 것을 원치 않는 형식적 결혼생활의 부부에게서 많이 나타난다. 결혼 생활 파탄의 위험은 없지만 한 사람의 지배성과 비합리성 때문에 다른 배우자가 모든 것을 희생당하거나 양보하고 심각한 장애를 가지고 있는 경우가 대부분이다.

베이트슨은 대화의 역기능을 대화근원 부정, 대화맥락 부정, 대화상대방 부정, 그리고 이중구속 대화 등으로 구분하였다. 벨은 치료적 접근방식을 집단치료에서 가져와서 가족집단치료를 통해 가족이 그들의 문제를 해결하도록 돕기 위해서 개방된 토론을 촉진하며 집단치료사와 마찬가지로 침묵하는 참가자에게 말을 하도록 격려하였다. 치료단계는 아동중심, 부모중심, 가족중심의 세 단계로 각 단계는 가족 특정 인물에게 집중된다.

애커만은 가족의 통제된 불안정성 안에서 각 구성원이 치료받아야 할 증상과 문제는 가족을 둘러싼 체계의 항상성이 관련되어 있음을 강조하였다. 특별히 가족비밀을 다루며 개인의 변화가 가족 전체의 변화를 가져오는 가족개입을 강조하였다.

윈은 인간에게는 자신의 정체성을 유지하는 욕구와 다른 사람과의 관계를 유지하려는 욕구가 있으며 건강하지 못한 가족은 두 가지 상반된 욕구를 잘 다루지 못하고 균형을 유지하는 데 실패한다고 본다. 윈은 의사상호성, 거짓적대성, 고무울타리와 같은 정신의학적 가족치료 용어를 제시하였다.

보르조르메니-내지(Boszormenyi-Nagy)는 가족치료 운동의 핵심역할을 하였는데 가족관계를 강화시키는 주요 개념을 신뢰감과 충성심, 상호 부조로 언급하였다. 맥락적 가족치료는 가족 내의 윤리적 책임을 강조하였는데 가족관계는 가족구성원 간의 윤리적 행동과 각 구성원의 평화와 안녕을 고려해야 한다고 보았다(이현경, 2012).

3) 가족치료의 확대기(1960년대)

1960년대에 가족치료는 정신장애의 새로운 치료방법으로 인식되어 전 가족을 치료하게 되었고 몇 가지 가족치료모델이 발표되었다. 다수의 치료자들은 '지적된 환자(identified patient)'가 가족체계의 희생양이라는 것을 인정하면서도 여전히 개인치료를 선호하였으나 가족치료 선구자들은 체계이론에 기초한 가족의 구조와 상호작용 유형에 초점을 두었다. 그리고 치료대상도 조현병 환자와 그 가족에서 빈곤 가족과 비행청소년 가족, 정신신체화 환자로 확대되었다.

1950년대에 이어서 활동하던 가족치료사들을 살펴보면, 애커만은 개인심리학을 과소평가하던 그 당시 가족치료의 풍토와는 달리 가족들 간의 상호작용뿐만 아니라 사람들의 내면에서 무엇이 일어나고 있는지에 관심을 가졌다. 그는 유전과 환경 사이에 계속 진행되는 상호작용과 개인, 가족, 사회 간의 항상성을 이해하기 위해 가족이 개인에게 미치는 심리적 영향에 초점을 맞추었다. 보르조르메니-내지는 『적극적 가족치료(*Intensive Family Therapy*)』라는 책에서 쾌락과 개인의 이익만으로는 인간이 행동하도록 이끄는 데 충분하지 않으며, 가족원이 그들 관계의 기초를 신뢰와 충성에 두어야 하고, 가족 간의 공언한 권리와 의미 사이에 균형을 가져야 한다고 주장하였다. 잭슨은 MRI에서 가족에 대한 치료방법론을 계속 발전시켜서 행동의 반복성, 항상성, 보완성과 대칭성, 이중구속, 가족규칙, 상호보완적 관계, 대칭적 관계라는 개념을 언급하였다. 보웬은 1960년대에 들어서면서 임상영역을 넓혀 조현병 이외의 문제를 가진 자녀가 있는 가족도 치료하기 시작하였다. 1960년대에 새롭게 등장한 가족치료사로는 경험적 가족치료의 사티어(V. Satir)와 구조적 가족치료의 미누친(S. Minuchin)이 주요 인물 중 한 사람이다.

1960년대 초반에 등장한 미누친은 인상적인 임상가로 주목을 받았다(김혜숙, 2016). 가족들을 지지하고, 부추기며, 자극하고, 당황하게 함으로써 상황이 요구하는 변화 속으로 몰아가는 직관과 카리스마가 있는 치료자였다. 그는 도시에 사는 슬럼가의 빈민가족과 아동 및 비행청소년에 대해 선구자적인 연구를 하여 구조적 가족치료이론을 발달시켰다. 가족문제가 나타나는 사회적 환경이나 맥락을 염두에 두고 실제적인 문제해결을 위한 치료적 접근방법으로 경계의 개념 및 가족 하위체계 간의 상호작용과 신체적 증상으로 나타난 역기능 문제에 관심을 가졌다. 비행청소년과 학업성취 저하 및 학업 부적응과 정신지체장애 및 부부갈등으로 문제 영역을 확대하였다. 이 시기의 가족치료사들은 다른 영역들과 적극적인 유대관계를 통하여 교육과 훈련에 관심을 가지게 되고, 대학과 치료기관의 워크숍을 통하여 임상사례 발표회도 자주 시행하였다. 치료자들은 가족 구조를 사정하고 평가하며, 전문가의 지식과 권위를 내세우고 사회적 보편성과 맥락 안에서 규범과 기준에 따라 행동의 변화를 시도하였다. 가족의 규칙, 역할, 삼각관계. 의사소통, 경계선, 자아분화, 순환관계와 같은 개념을 통해 가족이 기능적인지 역기능적인지를 규정하였다. 치료자들은 가족들을 기능인가 역기능인가로 나누고 치료적인 적극적인 개입을 위하여 전략을 세우고 계획을 세워서 진행하였다.

4) 가족치료의 정립기(1970년대)

1970년대는 체계론적 관점이 가족치료에 적용되어 이론과 기술의 발달에 혁신적 변화가 있었던 시기라고 할 수 있다(김규수 · 오현숙, 2006). 그 전에는 베이트슨이 창시한 의사소통 이론과 보웬의 이론이 주류를 이루고 있다가 체계이론이 도입되면서 전략적 가족치료, 보웬의 가족치료 이론이 도입되어 치료에 이용되었다. MRI(Mental Research Institution)에서도 분노, 우울증, 부부갈등, 성 문제, 가족문제, 정신신체적 질병, 약물중독, 알코올 중독 등과 같은 임상적 문제를 치료하기 위하여 체계적 개념을 기초로 하는 독창적 기법들을 발전시켰다.

이 시기에 의사소통이론과 체계적 접근법이 치료이론에 통합되었고 베이트슨(Bateson)에 의해 출발하여 사티어(Satir) 등에 의해 발전된 의사소통이론과 보웬(Bowen)의 이론 등이 치료에 더 많이 적용되었다(김혜숙 외, 2012). 1960년대에 시작한 미누친의 구조적 가족치료이론은 1970년대 가족치료 현장에서 임상경험을 통한 검증과정을 거치면서 좀 더 충실한 치료기법으로 발전해 나갔다. 또한 1978년 밀워키(Milwakee)에 '단기가족치료센터(Brief Family Therapy Center, BFTC)'를 설립하여 해결중심적 단기치료 모델을 개발한 드 세이저(De Shazer)와 김인수(Insoo Kim Berg)도 이 시기에 연구소를 통해 가족치료의 새로운 가능성을 개척한 학자이다. 1970년대는 협회 차원에서도 가족치료에 새로운 자극을 준 시기로, 미국 부부와 가족치료협회(American Association for Marriage and Family Therapy, AAMFT)와 미국가족치료협회(American Family Therapy Association, AFTA)는 활발한 활동과 급성장을 하는 시기였다.

5) 가족치료의 전성기(1980년대)

1980년대에는 여러 가지 치료모델의 이론, 기법을 통합하여 적용하려는 움직임이 실무분야에서부터 일어났다. 그리하여 절충적이면서 다양한 시도가 모색되었다. 그 대표적인 예가 심리교육모델(psychoeducation model)과 해결중심 모델(solution-focused model)이다. 심리교육모델은 앤더슨(Anderson)에 의해 정신장애환자 부모와 가족의 대처능력과 기능을 최대한 활용하면서 재발을 예방할 목적으로 개발되었다. 해결중심 모델은 드 세이저(Steve de Shazer)와 김인수(Insoo Kim Berg)에 의해 개발되었고 립칙(Lipchik) 등에 의해 이 시기에 더욱 발전된 것으로 문제보다 해결에 초점을 두고 내담자에게 적용될 수 있는 해결방법을 강조하였다.

일반체계이론과 사이버네틱스로 대표되는 체계론적 사고를 바탕으로 발전된 초기의 가족치료 모델은 1970년대에 그 발전이 정점에 이르렀다. 1970년대에 미국에서 특정 기법을 교육하는 훈련 센터는 특정 모델을 배우거나 워크숍에 참석하려는 사람들 때문에 언제나 만원이었다. 그러나 이처럼 특정 모델에 열광하던 분위기는 1980년대 와서 많이 수그러들었다. 순수한 보웬파 또는 미누친파라고 규정하던 분명한 경계는 점차 그 의미가 퇴색되어 갔다. 특정 모델의 훈련만으로는 훌륭한 임상가가 되기에 충분하지 않았음을 인식하게 되면서 그 이상을 요구하는 분위기가 확산되었을 뿐 아니라 가족치료 훈련생 또한 여러 모델을 통합하고 필요에 따라 적절한 모델을 사용할 필요성을 절감하게 되었다. 그리하여 가족치료사는 개인의 선호 또는 내담자나 증상에 따라 특정 모델을 사용하거나 여러 모델을 통합할 필요성을 느끼기에 이른다(정문자 외, 2007).

1980년대 말에는 가족치료 이론과 실제에서 체계이론을 수용함으로써 대부분의 치료사들은 가족을 하나의 체계로 보고 문제의 원인을 가족의 역기능적 상호작용 패턴과 역기능적 구조에 있는 것으로 간주하며, 가족관계를 개선하고 개인과 가족의 기능을 향상시키는 것을 목표로 하였다. 이와 함께 탈근대주의, 구성주의 여권주의, 다문화주의 등의 영향으로 다양한 가족치료 접근법에 변화(서혜석 외, 2012)를 가져오게 되었다.

6) 가족치료의 통합기(1990년대 이후)

1990년대 이후 가족치료는 더 이상 몇몇 나라의 전유물이 아니며, 세계 각국에서 자신들의 지역 실정에 맞는 가족치료의 실천이 이루어지고 있다. 이같은 변화로 1990년대부터는 여러 학파의 구분이나 이론 간의 경계가 무너지고 다양한 접근이 시도되는 점진적이면서도 극적인 변화를 맞게 되었다. 가족치료를 이끄는 지도적 인물들도 1990년대 이전에는 주로 미국인이었던 것과는 달리 여러나라에서 다양한 인물이 배출되었다. 가족치료의 관심영역도 다양화되어서 기존의 가족치료사의 관심영역 이외에 가정폭력, 사회적 맥락, 노화, 종교적인 세계 등으로 넓혀졌다. 치료사들은 각 학파 간의 벽을 허물고 다른 학파들의 의견을 차용하여 자신들의 독특한 접근으로 만드는 데 비교적 적극적이 되어 두 가지 이상의 다른 접근법을 결합시킨 여러 가지 모델이 등장하였다(김유숙, 2014).

1990년대는 가족상담 및 치료 영역에 사회구성주의, 페미니즘, 다문화주의 등 사회사상이 많은 영향을 미치는 시기였다. 자신의 현실에 대하여 의미를 구성하는 과정에 관심을 둔 구성주의와 달리 사회구성주의는 의미를 구성하는 과정에서 상호작용의 영향력을 강조한다. 여성운동의 중심에 선 페미니스트들은 기존의 가족상담 및 치료 모델에 성차별적인 요소들이 내재되어 있다고 주장하였다. 즉, 성역할에 있어서의 불평등과 그 불평등의 영향에 대한 상담자나 심리치료사의 시각이나 태도가 성차별적이라고 보면서 사회 내에 팽배하고 있는 가부장제가 치료과정에 스며들어 있음을 지적하고 이를 극복해야 한다고 하였다. 다문화주의는 1990년대 이후 빠른 세계화와 정보화의 영향으로 인해 민족국가의 경계가 의미를 상실해 가고 있으며 문화와 국적이 다른 사람들이 서로 소통하고, 쉽게 이동하며, 함께 살아가고 있는 추세를 반영하고 있다. 따라서 가족문제가 새로운 양상으로 전개되고 있고 이러한 새로운 도전과 문제를 해결하기 위해 가족상담 및 치료도 지속적으로 변신해야 한다.

이와 같은 현상은 체계적 접근을 하는 선구자들의 사망이나 은퇴에 이어 그들을 대체할 인물이 없었다는 점을 들 수 있으나 가족치료사의 인식의 변화에 보다 직접적인 원인이 된 것은 포스트모더니즘의 영향이라 할 수 있다. 과학적·정치적·종교적 진실을 알아낼 수 있다는 것에 회의를 가지게 되었다는 시대적인 변화와 맞물려 있다. 즉 모더니즘의 한계에서 벗어나려는 노력은 포스트모더니즘의 등장으로 확산되었다. 실재란 객관적으로 '바깥 거기에(out there)' 존재하는 그 무엇이 아니라 개인이 주관적으로 구성하는 의미의 세계라는 믿음이 확산되었던 것이다. 일반체계이론에 대한 믿음은 그 영향력을 잃어가는 대신, 구성주의와 사회구성주의가 포스트모더니즘의 사조 속에 새롭게 등장하였다. 구성주의는 실재란 개인이 주관적으로 구성하는 것임을 강조하며, 사회구성주의는 우리가 경험하는 실제는 사회적이고 언어적 상호작용을 통해 구성된다고 보는 시각이다(정문자 외, 2007).

2000년대에는 1980년대와 1990년대를 거치면서 발전해 온 통합적 관점의 영향으로 인해 가족상담 및 치료이론들이 통합에 있어서 그리고 상담 및 치료기법의 적용에 있어서, 보다 유연함이 필요하다는 주장이 강하게 제기되고 있다(김혜숙 외, 2012). 가족상담 및 치료의 이론적 배경인 기계론과 유기체론, 체계론과 포스트모더니즘, 개인치료와 가족치료의 통합이 필요하고, 치료자의 선호도나 상담상황 그리고 내담자의 상태 및 의견에 따라 다양한 기법들이 적절히 선택되어야 한다는 것이다. 실제로 현재 가족상담 및 치료 영역에서는 개인치료 영역도 인정하면서 체계론에 기초한 전통적 모델과 2차 가족치료라고 하는 혁신적 모델이 공존하는 방향으로 가고 있다.

따라서 더 이상 특정 모델에서 제시하는 주요 개념에 따라 정상성/역기능성을 평가하고 치료목표를 설정하는 것은 의미를 잃어 가게 되었다. 대신 개인이 자신의 가족이나 관계를 어떻게 경험하는지, 자신의 경험의 세계에 어떤 의미를 부여하며 자신의 경험의 세계를 어떻게 구성하는지를 파악하는 것이 문제해결 과정에서 더 중요하게 되었다. 그리하여 치료자는 내담자보다 더 많이 알고 있는 유능한 전문가가 아니라 내담자의 경험 세계를 재창조하는 과정에서 협력해야 할 동반자의 입장이 강조되었다. 가족치료 후기 모델은 해결지향 모델, 해결중심 모델, 이야기 치료, 협력언어체계 모델로 구분할 수 있다.

3. 한국 가족치료의 발달

1) 가족치료의 도입

우리나라는 1970년대부터 미국에서 교육을 받은 사회복지 전공 교수들에 의해서 가족치료가 적극적으로 도입되기 시작했다(이영분 외, 2020; 임은희, 2012; 최규련, 2012). 우리나라에 가족치료가 널리 알려지게 된 것은 1977년 사티어의 『합동가족치료: 이론과 기법(*Conjoint Family Therapy: A Guide to Theory and Technique*)』이 번역되어 출간되면서부터였다. 1970년 이화여자대학교 대학원 사회사업학과에 가족치료 교과목이 개설되었으며, 1980년대 후반부터 1990년대에 이르러 가족치료에 관한 학위논문과 저서, 번역서 등이 출판되기 시작하였고 학회가 결성되어 워크숍이 열리면서 상담실무자들의 가족치료에 관한 관심이 증가하였다. 이는 외국이론과 외국의 저명한 가족치료사들이 우리나라에 들어온 영향도 있지만 이 시기에 부부문제와 이혼, 아동과 청소년문제, 가정폭력, 노인문제 등의 가족문제가 사회문제로 대두되어 가족상담 및 치료의 필요성이 커진 사회적 배경에서 비롯되었다.

1988년에는 한국가족치료학회가 창설되어 활발하게 학회, 워크숍을 실시하고 학회지를 발간하게 되면서 가족치료에 대한 관심이 증가하였다. 이는 외국이론과 외국의 저명한 가족치료사들이 우리나라에 들어온 영향도 있지만 이 시기에 부부문제와 이혼, 아동과 청소년문제, 가정폭력, 노인문제 등의 가족문제가 사회문제로 대두되어 가족치료의 필요성에서 비롯되었다고 볼 수 있다.

2) 가족치료의 확장

1990년대는 가족치료분야에서 자격증 제도를 도입하여 가족치료 전문가를 양성하고 자격증을 가진 전문상담자와 치료사를 배출하기 시작하였다. 초기에는 주로 대학원 상담 및 목회상담 분야, 가족학 분야, 사회복지 분야 등에서 교육을 하였으나 나중에는 대학의 학부과정, 개인연구소, 상담센터 등에서도 이 제도를 도입하여 상담전문가를 양성하고 있다. 이와 함께 다양한 기관에서 가족치료가 확대·실시되었다. 1997년에는「가정폭력방지 및 피해자 보호 등에 관한 법률」이 제정되고 가정폭력상담소와 피해자 보호시설이 설치되어 전화상담과 방문상담을 통해 성폭력이나 가정폭력 피해여성들이 도움을 받을 수 있었다. 이후 성폭력상담소, 가정폭력상담소, 장애인성폭력상담소, 한국청소년상담원 등 가족문제와 직·간접으로 연관되어 있는 기관과 시설의 설립이 이어졌으며, 이러한 기관과 시설은 피해자 상담 및 치료, 보호활동 등과 함께 전문가 양성교육과 훈련을 실시하고 있다. 특히 2005년에 도입된「건강가정기본법」으로 각 시·군·구에 설치된 건강가정지원센터는 가족문제를 국가와 사회의 시급한 문제로 인식하는 중요한 계기가 되었으며, 다문화가족지원센터는 다문화사회로 이행하고 있는 우리나라의 상황에 능동적으로 대처하고 있다.

2000년부터 급성장한 가족치료 분야는 간호학, 가족학, 교육학, 교육심리, 상담학, 목회상담학, 사회복지학, 심리학, 아동가족학 등 다학제와 교류하며 다양한 학회 차원의 가족상담자 자격증을 수료하고 있다. 민간차원의 사단법인에서도 교육이수와 더불어 자격증을 주고 평생교육원차원에서도 가족상담이 개설되어 상당히 보편화되어 있다. 하지만 국가공인가족치료 자격증이 발급되고 있지는 않다.

사회복지사의 전문성을 강화하기 위하여 2020년부터 사회복지사 자격 취득에 필요한 사회복지학 전공 교과목과 사회복지관련 교과목 및 학점 기준강화에 따라 사회복지사 자격증 취득을 위한 선택과목으로 가족상담 및 가족치료가 새롭게 추가되었다. 이는 최근 가정문제의 심각성, 자녀의 학교관련 문제, 다문화가정의 확산 등으로 인해 가족상담 및 치료의 수요가 급증하고 있음을 보여주는 반증이라고 할 수 있다. 그러나 가족상담 및 치료의 현장에서의 확산은 양적인 면이나 질적인 면에서 만족할 만한 수준이 못 된다. 그 이유는 많겠으나 가족상담 및 치료에 대한 일반인의 이해 부족, 전문상담인력의 부족과 예산지원의 미흡, 상담 및 치료기관 협력체제의 미비 등이 대표적이다. 또한 상담자나 심리치료사들의 부족한 전문성과 임상경험, 슈퍼비전의 부실함, 업무량 과다 등의 이유가 된다.

이에, 최근 늘어 증가하고 있는 가족상담 및 치료의 수요에 부응하기 위해서는 법률 및 제도적인 지원, 유능한 가족상담 및 치료 전문가의 양성과 충원, 효과적인 상담 및 치료프로그램 개발, 상담 및 치료전문가 처우개선, 부족한 예산 문제 해결과 함께 가족상담가의 전문성과 자질 향상을 위하여 훈련시스템을 정비하고 학회와 학교, 가족치료기관의 유기적 연계를 통해 필요한 임상훈련이 제공되어야 할 것이다. 그리고 가족상담 및 치료의 확산과 수요창출을 위해서 가족상담의 효과성 연구와 이에 대한 체계적 홍보 노력이 더욱 많아져야 하고, 동시에 가족상담 및 치료전문인력 양상과 기관 배치의 제도화를 위한 관련 학회의 연합적인 노력이 필요하다.

요약

가족에 대한 관심과 연구가 많아지는 상황을 가족치료라고 할 때 가족치료의 발달과 가족운동은 불가분의 관계에 있고, 시대적·사회적 상황에 의해 영향을 받았다. 가족운동은 각기 다른 배경과 목적을 가진 분야들에 의해 독자적으로 발달되었다. 대부분의 가족치료사들이 공통적인 원리를 공유하는 것이 사실이지만 중점을 두는 영역에 따라 가족을 개념화하고 치료하는 방식은 다양하다.

가족치료의 발달 배경에는 심리치료 영역의 인식변화, 체계이론의 발달, 조현병 환자의 가족연구, 아동지도운동, 집단역동운동, 사회복지실천의 영향을 들 수 있다.

첫째, 심리치료 영역의 인식과 변화는 정신분석가들은 환자의 치료를 위하여 개인의 심리내적인 원인들을 분석하면서 가족의 상호작용과 영향력들을 간과하고 있었다. 그러나 정신적인 문제나 갈등의 문제로 고민하는 수요자들의 증가는 개인치료뿐만 아니라 가족치료와 집단치료가 등장하는 배경이 되었다.

둘째, 체계이론의 발달로 가족은 인간문제의 근원과 배경이 되며, 체계로서 구조와 과정을 가지고 있다는 것이다. 구조는 삼각관계, 하위체계, 경계 개념들을 포함하며, 과정은 그 핵심개념의 순환성이다. 이들은 인간의 문제를 반복적인 주기를 지니는 일련의 행동과 그에 대한 반응으로 이해하고 치료하는 것이 공통적이다.

셋째, 조현병 환자의 가족연구를 통해 조현병이 발현하게 된 가족의 역기능을 설명하기 위하여 여러 개념이 소개되었다.

넷째, 아동지도운동은 아동과 어머니를 분리해서 치료하면서 자녀와 부모사이의 대화는 개인치료적인 관계를 악화시킬 수 있다는 관점에서부터, 병리는 환자와 가족, 의미 있는 타자들 사이의 관계에 고유한 것이라는 관점으로 바뀌었다.

다섯째, 집단역동운동을 통해 집단치료자에 의해 개발된 집중적이고 다양한 방법의 대인관계 탐색의 영향을 받아 가족치료사들은 자연스럽게 집단치료 모델을 적용하게 되었다.

여섯째, 사회복지실천의 영향으로 가족치료가 발달하게 되었으며 가족 문제를 완전하고 정확하게 이해하기 위해 부모를 함께 면접하는 것에 중요성을 두었는데 이는 가족생활의 책임을 어머니에게 돌리는 관행과는 매우 대조적인 접근이었다.

가족치료의 발달과정은 미국에서 제2차 세계대전 후 1950년대를 기점으로 출발하였다. 세계 대전의 영향뿐만 아니라 산업화 과정에서 유발되는 가정문제가 사회문제로 대두되었고, 가정의 해체가 전 세계적으로 급증하면서 가족치료의 필요성이 요구되었다. 1960년대는 가족치료가 합법적인 정신치료로 인정되면서 고통을 겪었던 정신질환자, 빈곤층 가족들을 대상으로 연구와 함께 가족치료의 확대기였다. 1970년대는 각 가족치료학파의 활동이 두각을 나타낸 시기로 가족치료의 정립기이며 혁신기라고 할 수 있다. 이어서 1980년대 이후에는 각 가족치료학파 이론들이 왕성하게 활동하는 전성기를 맞이한다. 이 시기는 가족치료가 유럽과 미국에서 꽃을 피우는 시기로 가족치료의 성장과 전문화기로 구분되며, 또한 통합적인 입장을 내세우는 새로운 국면에 처하게 되었다. 1990년대 이후에 접어들면서 가족치료이론들은 통합기를 맞이하며 포스트모더니즘에 대한 영향과 후기 구성주의 이론들이 등장한 시기라고 할 수 있다.

한국 가족치료의 발달은 1970년대부터 미국에서 교육을 받은 사회복지 전공 교수들에 의해서 가족치료가 적극적으로 도입되기 시작하여, 다양한 분야에서 전문가를 양성하고, 보편화되고 있다.

어머니는 인생에서 최초의 인간관계 대상이기 때문에
어머니에게 호감을 갖고 있는 사람은
대개 다른 인간을 보는 감정도 따뜻하다.

-고쿠분 야스타카-

제 3 장

대상관계 가족치료 모델

대상관계 가족치료는 정신분석학의 주요 이론 중 하나로 영국에서 발생하여 영국정신분석학회를 중심으로 발전했다. 프로이트의 정신분석에 근거를 두고 있으며 이후에 프로이트와 입장을 달리한 많은 사람의 생각들이 모아져서 이론을 형성하게 되었다. 대상 관계라는 개념은 프로이트가 제안했는데, 이후 멜라니 클라인(Melanie Klein), 윌리엄 페어베언(William Fairbairn), 도널드 위니컷(Donald Winnicott), 마가렛 말러(Margaret Mahler), 하인즈 코헛(Heinz Kohut) 등에 의해 구체화되었다.

멜라니 클라인(Melanie Klein, 1882~1960)

멜라니 클라인은 1882년 비엔나의 헝가리계 유대인 가정에서 4남매 중 막내로 태어났다. 결혼 후 세 명의 자녀를 두었는데, 산후 우울증과 양육에 따른 부담감으로 결혼생활은 행복하지 못하였다. 1917년 처음으로 프로이트를 만나고, 1919년 헝가리연구회(Hungarian Society)에서 「The Development of a Child」라는 논문을 발표하였다. 1960년 런던에서 숨을 거둔 클라인의 대상관계이론은 어린 시절의 자아발달과 관련되어 있으며, 신체적 대상은 정신적 역동과 관련되어 있다는 것을 기반으로 하고, 초기발달에서 아동은 완전한 대상이 아니라 부분대상과 관계를 맺는다는 주장을 보여 주었다. 대상관계이론을 집대성하여 클라인은 영국정신분석학파라는 한 주류를 만들었는데, 1957년 『*Envy and Gratitude*』와 사후 1961년 출판된 그녀의 마지막 저서 『*Narrative of a Child Analysis*』를 보면 그 이론이 상세하게 제시되어 있다. 또한 그녀의 치료방법은 현대 아동 보호 및 양육에 지대한 영향을 미치고 있는데, 자유롭게 노는 아이들을 보면서 아이들의 무의식적 환상의 삶을 보았던 클라인은 이를 통하여 2, 3세 정도밖에 되지 않는 아이를 분석할 수 있게 되었다.

윌리엄 페어베언(William Ronald Dodds Fairbairn, 1889~1964)

페어베언은 영국의 에든버러(Edinburgh)에서 엄격한 개신교 중산층으로 스코틀랜드의 학자적 전통을 지닌 집안에서 독자로 태어났다. 그는 1930년대와 1940년대에 자신의 임상경험과 정신분석에 관한 새로운 견해를 열정적으로 발표하며 활동을 계속하였다. 페어베언은 클라인(M. Klein)의 이론을 기반으로 하면서도 정신분석이 지니고 있는 본능에 관한 시각을 비판하면서 정신분석적 대상관계(psychoanalytic object relations theory)를 발전시켜 나갔다. 또한 클라인과는 지속적으로 학문적인 교류를 유지하였다. 페어베언의 이론은 그에게서 직접 분석을 받은 건트립(H. Guntrip)이 더욱 정교하게 확립하여 이어졌다.

2차 세계대전을 전후로 영국정신분석학회는 프로이트(A. Freud)를 중심으로 전통적 정신분석의 맥락을 계승하는 그룹, 클라인(M. Klein)을 중심으로 하는 그룹, 그리고 페어베언(W. Fairbairn)과 위니콧(D. Winnicott)을 중심으로 하는 영국 중간학파(British middle school)로 분리되었다. 전통 정신분석학파와 클라인학파는 모두 추동 지향적(drive oriented)으로 내적 실재(internal reality)의 중요성을 강조하였고, 중간학파는 대상 지향적(object oriented)이면서 외적 실재(external reality)를 중요하게 생각하였다.

출처: 김춘경 외(2016). 상담학 사전. 학지사; 한국심리학회(2014). 심리학용어사전.

대상관계이론은 자기심리학, 자아심리학, 애착이론과 함께 정신역동심리치료의 네 가지 주요 이론적 모델 중 하나이다. 프로이트(Freud)가 오이디푸스 시기에 더 초점을 맞추었다면, 대상관계 이론가들은 그 이전의 발달 시기에 초점을 맞춤으로써 개인 심리의 형성 과정에 대한 이해의 폭을 넓혔다. 정신분석에서는 욕구충족을 위해 대상을 필요로 한다고 본 것과는 다르게 대상관계 이론가들은 인간이 대상과 관계를 맺고자 하는 욕구를 기본적으로 가지고 있다고 하였다. 유아는 자신의 환경과 조화로운 상호작용을 할 수 있는 능력이 있으며, 이러한 능력을 바탕으로 초기 양육자와의 관계에서 경험한 대상관계, 즉 양육자의 대상 이미지와 어머니에게 돌봄을 받는 유아의 자기 이미지, 그리고 대상 이미지와 자기 이미지의 관계를 내재화한다고 보았다. 개인은 이러한 내면화된 초기 관계의 유형에 따라 성격 형성과 자아의 발달에 영향을 받는다. 상담 과정에서 내담자는 상담자라는 새로운 긍정적 대상관계를 경험하게 될 때, 내담자의 내적 대상 표상은 더 성숙하게 변화될 수 있으며, 나아가 대상 활용 능력을 갖추어 나갈 수 있게 된다(천성문 외, 2015).

1. 발달배경

대상관계이론(object relations theory)은 프로이트의 정신분석의 한계를 인식하고 그에 대한 반동으로 형성되었다. 대상관계이론은 초기 아동기에 성격구조가 발달하는 과정을 중시하고 있으며 멜라니 클라인(M. Klein)을 위시하여 페어베언(R. Fairbairn), 도날드 위니컷(D. Winnicott), 컨버그(O. Kernberg), 건트립(H. Guntrip), 하인즈 코헛(H. Kohut)과 같은 여러 인물에 의해서 발전되었다.

클라인은 전통적인 정신 분석 원리를 내담자들에게 적용하는 가운데 정신분석의 한계를 인식하고 대상관계이론을 구축하였다. 클라인은 프로이트의 추동

이론에 기초하고 있으면서도 자아발달과 정신병리를 설명하기 위해 내적 대상관계의 중요성을 강조했다. 페어베언은 공격성을 리비도적 욕구의 좌절에 따른 이차적인 파생물로 개념화한 반면, 클라인은 공격성이 선천적이고 생애 초기의 대상관계에서 매우 중요한 역할을 한다고 보았다. 클라인은 대상관계이론이 구축되기 시작하던 초창기에 페어베언 등과 더불어 성격발달 연구에서 선구자적 역할을 하였다.

페어베언은 추동이론에 근거한 프로이트의 성격발달 관점에 한계를 느끼고 자아에 초점을 둔 대상관계 개념들을 이론화하였다. 유아는 원초아 덩어리며 추동이 좌절될 때 자아가 파생되어 나온다는 프로이트의 견해와 달리 페어베언은 충동이 의식적이든 무의식적이든 자아구조 내에 이미 존재하며 이에 자아는 추동에 종속되지 않고 그 자체로 자율성을 갖는다고 주장한다. 자아는 출생 시부터 전체로서 존재하며, 초기 유아적 의존단계에서의 불만족스러운 대상관계로 인해 자아의 분열이 일어난다고 보았다.

코헛은 자기애적 성격장애를 가진 내담자를 주로 분석하면서 임상 경험을 쌓았으며 이를 토대로 자신의 이론을 발전시켰다. 프로이트는 자기애적 성격장애를 병리적인 것으로 간주하고 이러한 성격장애를 지닌 내담자는 분석과정에서 전이발달에 어려움을 겪게 된다고 보았다. 이와 달리 코헛은 자기애를 정상적인 발달과정에서 나타나는 중요한 성격발달 요인으로 보았으며, 단지 자기애가 고착될 경우 자기애적 병리현상이 나타난다고 하였다.

대상관계이론의 주요 학자들은 심리구조, 특히 자아의 발달은 초기 대상관계의 복잡한 산물이며 단순히 추동이 좌절된 결과가 아니라는 견해를 공통적으로 지니고 있다. 성격발달은 자율적으로 동기화된 대상관계의 내재화 과정이라고 파악한다. 즉, 대상관계이론은 타자와의 관계가 내재화되는 것을 토대로 개인의 성격발달과 병리적 현상을 설명하고자 한다. 치료의 일차적인 목표는 초기 관계 경험에서 유래한 대상관계를 수정하는 데 있다. 개인이 어떻게 관계 속에서 자기 자신과 다른 사람들에 대한 표상을 형성하며, 이러한 내면화된 표상들이 자신과 주변 사람들에 대한 지각과 경험, 관계양식과 문제에 어떤 영향을 미치는가를 이해하는 데 유용한 이론적 틀을 제공한다. 특히 상담의 고전적 정신분석에 의해서 잘 치료되지 않았던 자기애성 성격장애와 경계선 성격장애를 이해하고 치료하는 데 크게 기여했다.

그러나 대상관계이론은 각 학자의 이론마다 가정, 원칙, 주요 개념들에 있어서 상이성을 보이고 있어서 통합된 관점을 제시하지 못하고 있다. 이론체계를 설명하는 전문용어들이 매우 다양한 맥락에서 사용되고 있으며 여러 가지 다른 의미를 내포하고 있다. 각 이론은 대상관계의 특정 요소에 초점을 맞추어 이론을 구축해 놓고 있는데 어떤 이론은 분열과 투사적 동일시 같은 심리적 기제를 강조하는 반면, 어떤 이론은 대상관계가 개개의 발달에 영향을 미치는 방식을 강조한다.

2. 주요 개념

대상관계는 사람과의 관계를 의미하는 것으로 프로이트(Freud)이론의 '대상'은 리비도의 충족을 위한 대상이므로 사물을 의미하는 용어로, 본능적인 욕구를 충족시켜 주는 어떤 물질이나 사람 혹은 사건을 의미하였다. 즉, 대상의 의미를 사람과의 관계보다는 개인의 내면세계에 초점을 두면서 인간의 자아는 성적 애착을 위한 내부적 대상이 될 수 있다고 보았다. 반면에 대상관계 가족치료 이론가들은 대상의 개념을 타인과의 관계적 관점에서 이해하였다. 인간의 발달을 다른 사람과의 관계 안에서 보고, 사람은 기본적으로 대상과 관계를 맺으려는 욕구를 가지고 태어난다고 보았다. 특히 유아의 발달에 가장 큰 영향을 미치는 사람을 부모 혹은 돌보는 사람으로 보았으며, 유아가 부모와의 관계를 통해 자아가 형성, 발달되어 감을 강조한다(한재희 외, 2020).

대상, 자기, 표상, 충분히 좋은 엄마 노릇, 대상항상성, 투사적 동일시, 내면화 과정, 분열

1) 대상

대상(object)이란 일반적으로 갈망(desire)이나 행동(action)이 지향하고 있는 사람을 의미한다. 대상은 정서적 에너지, 즉 애정이나 증오 또는 애정과 증오의 좀 더 조절된 결합이 투여된 사람이나 장소, 사물, 개념, 환상 또는 기억이다. 대상은 유아기 때 자신을 돌보아 주던 가까운 사람에 대한 이미지에서 비롯되는 것으로, 이 이미지는 아이가 발달하면서 개인적 경험이 축적됨에 따라 변한다. 어머니를 비롯하여 개인이 관계를 맺게 되는 타자를 총칭하여 대상이라고 하므로 개인과 중요한 타인 또는 중요한 애정 대상과의 관계를 대상관계라고 한다(권석만, 2012).

대상은 내적 대상(internal object)과 외적 대상(external object)으로 구분될 수 있다. 외적대상은 사회환경 내에 있으면서 직접 관찰이 가능한 실재하는 사람, 사물, 장소 등을 말한다. 내적 대상은 외부대상과 관련되어 심리적으로 경험되는 심적 표상(mental representation)을 말한다. 내적대상은 주체에 의해 경험되고 묘사되는 외부 대상 이미지, 생각, 환상, 감정, 기억들을 말한다.

따라서 대상관계(object relation)란 생의 초기 주요 양육자와의 관계에서 경험한 것이 정신적 표상과 상호작용을 내면화하는 것을 의미한다. 내담자의 이미지가 무의식세계에서 상호작용하는 것을 의미하며 대상관계는 유아가 갖는 다른 사람과의 관계를 결정하는 준거틀로서의 기능을 한다(최영민, 2010; 이현경, 2010; 송정애, 2015; Hamilton, 김진숙 외 역, 2007).

2) 자기

자기(self)는 전체로서의 개인이라는 의미로 우리가 경험하고 있는 우리 자신에 대한 기본적인 경험이다. 대상관계는 하나의 정신기관인 자아에 속하는 것이 아니라 오히려 그것들을 모두 자기에 속하는 것이라고 본다. 대상관계는 원본능과 대상들 사이에서 혹은 자아와 대상들 사이에서 발생한다기보다는 자기와 그 대상들 사이에서 결정된다. 자기는 '나'라는 사람과 관련된 의식적이고 무의식적인 정신적 표상을 가리킨다. 대상은 때로는 외적인 사람, 장소 혹은 사물을 뜻하기도 하고 때로는 내적인 이미지를 뜻하는 반면에, 자기는 항상 내적인 이미지를 가리킨다(송정애, 2015; Hamilton, 김진숙 외 역, 2007).

3) 표상

표상(representation)은 어떤 것에 대한 인식, 이미지, 생각, 느낌 등이 포함된 이해의 틀을 의미하는 것으로, 사람이 어떻게 정신적으로 대상을 상징화하는가를 의미하는 것이다. 자기 자신에 대한 이미지와 생각, 정서 등의 전체적인 인식을 자기표상(self-representations)이라고 하고, 다른 사람들에 대한 이미지와 생각, 정서 등의 전체적인 인식을 대상표상(object-representations)이라고 한다. 아이는 성장하는 과정에서 부모와의 대상관계와 상호작용 경험을 통해 자기 자신에 대한 상 혹은 내면화된 이미지인 자기표상을 형성하고, 태어나서 가장 처음 만나게 되는 주요 타자인 부모를 통해 세상 사람들은 어떠하다고 하는 대상표상을 형성하게 된다.

성장하는 과정에서 형성되는 자기표상과 대상표상은 자기 자신이나 타인에 대한 객관적인 지표는 아니다. 어린아이에게 부모는 주요 대상이기 때문에 부모들이 아이에게 어떤 양육을 제공하고 어떤 피드백을 주로 주는가에 따라 자기표상과 대상표상은 달라질 수 있다. 냉랭하고 아이를 귀찮아하는 어머니에게 양육된 아이의 자기표상은 부정적으로 형성될 수 있으며, 어머니라는 존재를 보면서 세상 사람들에 대한 부정적인 대상표상을 형성할 수 있다. 그러나 대상관계는 한 개인의 내면적이고 주관적인 현실을 반영하기 때문에 같은 어머니에게 양육되더라도 다른 형제는 또 다른 그 사람만의 자기표상과 대상표상을 형성할 수 있다. 어떤 자기표상과 대상표상을 갖고 있는가에 따라 타인과 관계를 맺는 대상관계 패턴이 달라질 수 있으며, 어릴 때 형성된 자기표상, 대상표상은 성인이 된 후에 그럴 만한 객관적인 근거가 불충분하더라도 현재의 관계에서 반복 재연되는 특성을 갖는다(정성란, 2017).

대상관계 이론가들은 투사, 동일시, 내재화와 같은 정신 과정들이 자기표상과 어떻게 관련되는지 강조하고 있다. 자기표상은 개인이 타인에 대한 자신의 느낌을 정신적으로 투사하고 그 후에는 내부의 왜곡된 지각을 토대로 다른 사람에게 행동하는 것을 의미한다.

4) 충분히 좋은 엄마 노릇

위니컷은 충분히 좋은 엄마 노릇(good enough mothering)라는 개념을 통해 어머니의 일관성 있고 아이 욕구를 민감하게 헤아리고 반응하는 어머니의 돌봄의 질을 강조하였다. 어머니의 역할이 어떠한 방식으로 이루어지는가에 따라서 유아들의 발달은 달라지게 된다. 유아가 충분한 성숙을 하기 위해서 반드시 안전하고 좋은 환경이 필요하다. 안전하고 좋은 환경 중에서 어머니는 가장 중요한 환경 요인이다. 만일 충분히 좋은 환경, 즉 어머니의 역할이 제공되지 않는 경우에 유아의 발달은 저해받게 된다. 자아의 구조는 충분히 좋은 환경의 제공 속에서 발달하며 그렇지 않은 경우에는 자아의 발달이 제대로 이루어지지 않는다.

충분히 좋은 엄마 노릇이란 충분히 아이를 먹이고 재우며 불안할 때 위로와 공감을 해 주는 엄마의 활동을 의미한다. 아이가 필요할 때 정서적으로 또는 신체적으로 아이와 같이 있어 주거나 놀아주는 엄마의 활동도 포함된다. 엄마가 아이에게 충분히 공감하고 지지하는 돌봄을 제공하는 경우에는 유아는 자유롭게 자신을 탐색하며 자신을 돌보는 대상과의 관계를 적극적으로 맺어가게 된다. 대상과의 관계를 적극적으로 맺고 이를 기반으로 하여 아이는 세상을 탐험하는 활동을 하게 된다. 유아는 다양한 경험과 엄마와 맺었던 관계들은 유아의 자아 구조에 자연스럽게 통합을 이루게 된다. 유아를 돌보는 사람의 '충분히 좋은 엄마 노릇'은 유아의 자아 구조의 내용을 재우면서 동시에 유아가 세상과의 상호작용을 제대로 할 수 있도록 기능을 제공하는 역할을 한다(김용태, 2019).

돌봄의 질이 안정적이고 훌륭할수록 아이는 신뢰감과 안전감을 경험하기 때문에 분리개별화가 가능해지고 통합을 통해 진짜 자기를 발달시키게 된다. 충분히 좋은 엄마를 통해 안전감과 신뢰감을 경험한 아이는 어머니에 대한 좋은 형상들을 내면화하게 되고, 시간이 지나고 더 성장하면 어머니로부터 심리적으로 독립하는 분리개별화가 가능해진다(정성란, 2017). 즉, 어린 시절 어머니-영아의 관계에서 형성된 정신구조가 성인이 된 후에도 지속적으로 영향을 미치기 때문에 아동의 건강한 정서, 행동 발달을 위해서는 충분히 좋은 어머니 노릇과 같은 건강한 환경이 제공되어야 한다(지효숙·황경열, 2014).

5) 대상항상성

말러는 자아의 발달과 성숙은 외부 대상과의 관계와 그 상호작용을 통해서 분리(separation)와 개별화(individuation)를 이룩하면서 발달해 나간다고 보았다. 아이가 어머니와의 상호작용과 관계경험을 하면서 어머니로부터 점점 독립해 나가는 과정을 말러는 심리적 탄생의 과정이라고 하였다. 아이는 외부 대상인 어머니와 자기 자신을 구분하지 못하는 자폐기와 어머니와의 강한 애착을 형성하면서 어머니와 자기 자신을 하나로 지각하는 공생기의 단계를 거친 후, 분리 개별화 단계로 나아간다.

분리 개별화 단계는 분화단계, 연습단계, 화해단계, 대상항상성 단계의 네 가지 단계를 거쳐 발달한다(김용태, 2019). 각 단계별 특징을 살펴보면 다음과 같다.

(1) 분화단계

출생 후부터 10개월 정도 사이에 유아는 처음으로 자신을 엄마로부터 분화(differentiation)하는 과정을 거치게 된다. 이 단계에서 유아는 자신과 대상에 대해서 아무런 구분을 하지 못하게 되고 엄마를 제대로 인식하지 못하게 된다. 인식을 한다 하더라도 자신과 구분하지 못하며 오히려 그 대상을 자신으로 혼돈하는 단계에 머무르게 된다. 점차로 발달이 더 일어나면서 유아는 자신과 엄마를 구분하는 첫 번째 분화를 이루게 된다. 말러는 이를 심리적 탄생이라고 하였으며, 유아는 점차로 자신이 엄마라는 대상과 다른 존재라는 사실을 인식하게 된다.

(2) 연습단계

출생 후 약 10개월에서부터 대략 16개월 사이에 유아가 어머니로부터 심리적으로 분화하기 시작하는 두 번째 단계를 연습단계라고 한다. 연습단계(practicing stage)는 유아가 활발한 움직임을 갖는 것이다. 유아는 기어다니고 올라가고 일어서서 다니는 등 여러 가지 활발한 신체의 움직임을 갖는다. 이러한 신체의 활발한 움직임은 유아로 하여금 전혀 다른 세상을 경험하게 만들어 준다. 유아는 엄마로부터 멀리 떨어지는 경험을 하면서 동시에 엄마에게로 다시 돌아오는 방식으로 활동하게 된다. 멀리 떨어져서 세상을 탐험하고 알고 싶은 강한 욕구가 생기면서 동시에 엄마에게로 돌아가고 싶은 욕구를 가지게 된다. 이러한 두 욕구는 유아들로 하여금 갈등을 경험하게 한다. 연습단계에서 엄마는 안전기지의 역할을 해야 한다. 아이로 하여금 엄마와 충분히 멀어질 수 있도록 적절한 거리를 유지하는 능력을 가지고 있는 한편 아이가 엄마에게로 돌아왔을 때 정서적으로 에너지를 공급할 수 있도록 준비하여야 한다. 아이로 하여금 충분히 엄마로부터 멀어지는 행동을 허용하고 아이가 돌아와서 정서적으로 에너지를 충족하고자 할 때 에너지 공급원이 될 수 있어야 한다.

(3) 화해단계

화해단계는 출생 후 약 17개월에서 24개월 사이로 유아는 자신이 아주 작은 사람이라는 사실을 깨닫게 된다. 유아는 상처받기 쉬운 상태가 되며, 창피한 느낌을 경험하게 되고 낯선 사람을 두려워하는 불안이 다시 찾아온다. 환상이 깨지는 아픔을 경험하면서 유아는 자주 좌절하게 된다. 우울한 감정을 경험하면서 불안정감을 느낀다. 엄마는 이미 자신과 분리된 존재로 지각하게 되고, 엄마라는 대상은 자신을 도울 수 있는 한계가 있는 대상으로 지각된다. 유아가 필요할 때 언제나 도움을 받을 수 있는 대상이 아님을 깨닫게 된다.

따라서 엄마와 유아의 관계는 지금까지와 질적으로 다른 방식으로 이루어진다. 지금까지 엄마는 유아에게 기지의 역할을 하였으나 이제는 하나의 다른 대상으로서 서로 관계를 하는 존재로 유아에게 인식된다. 엄마가 기지(base)에서 대상(object)으로 전환되면서 유아는 분리와 개별화를 급속도로 진행시키게 된다.

(4) 대상항상성 단계

대상항상성 단계는 출생후 약 24개월에서부터 36개월 사이로 유아의 자아는 안정된 상태를 갖게 된다. 즉, 유아가 자신을 돌보는 대상과 안정된 상태로 관계할 수 있는 단계이다. 이 단계에서 유아는 언어의 습득이 가속화된다. 언어의 상징성으로 인하여 외부의 세계와 자신과의 분리와 개별화가 지속적으로 진행되면서 유아는 더욱 복잡한 양상으로 발달하게 된다. 자신과 관련을 맺고 있는 여러 다른 대상에게 여러 가지 모습이 있다는 사실을 알게 된다.

대상항상성 단계에서 엄마의 좋고 나쁜 표상을 통합하기 시작한다(정성란, 2017). 나를 전적으로 지지하고 사랑하기도 하지만 어떤 경우는 나를 혼내고 슬프게도 하고 화를 내기도 하는 대상이 엄마라는 것을 현실적으로 깨닫게 된다는 것이다. 그러나 여전히 엄마를 좋아하면서 좋은 대상과 나쁜 대상을 함께 통합하고 수용하게 됨으로써 유아는 안정된 상태가 된다. 대상항상성을 획득하게 됨으로써 유아는 어머니의 부재를 견딜 수 있게 되고, 어머니가 없더라도 긍정적인 느낌을 내면에 유지할 수 있으며, 지금은 없지만 기다리면 다시 나에게로 돌아올 것이라는 믿음을 가질 수 있게 된다. 대상항상성을 획득하고 분리개별화가 가능해질 때, 비로소 유아는 자기 자신만의 고유하고 독특한 정체감을 발달시킬 수 있게 된다.

6) 투사적 동일시

투사적 동일시(projective identificatiion)에서는 자기의 어떤 측면이 먼저 대상에 투사된다. 그런 다음 개인은 대상 안에서 투사된 자기의 측면을 통제하려고 시도한다. 대상 안에서 자기 자신의 특성을 통제하려고 시도함으로써 개인은 자신의 투사된 측면이 자기에게 속한 것임을 어떤 수준에서 자각하고 있음을 드러낸다. 투사적 동일시는 이해하기 어렵다. 왜냐하면 논리적으로 생각하면 상호배

타적인 정신과정이 동시에 일어나기 때문이다. 투사적 동일시는 자신의 어떤 측면을 대상에게 전가하고 그 측면을 대상을 통해 통제하거나 제거하고자 하는 정신기제이다(Hamilton, 김진숙 외 역, 2007).

투사적 동일시는 다음과 같은 심리적 의미를 갖는 것을 볼 수 있다(최영민, 2010).

- 원하지 않는 자기의 일부 혹은 내적으로 위험한 자기의 일부를 투사하고, 환상 속에서 다른 사람 안에 생생하게 존재하게 하는 방어기제의 기능을 한다.
- 자기 자신의 느낌을 투사받은 사람이 동일하게 느끼게 함으로써 자신이 이해받은 느낌을 받게 되거나 다른 사람과 하나가 되는 느낌을 갖는 소통의 역할을 한다.
- 투사자(projector)는 수용자(recipient)가 자신의 일부를 받아들일 수 있나고 느낄 만큼 자신과 대상이 별개라는 것을 알고 있다. 하지만 자기와 대상의 분화가 아직 충분하지 못하기 때문에 수용자가 자신과 전적으로 동일한 느낌을 공유한다고 느낀다. 즉, 투사적 동일시는 초기 단계의 대상관계의 의미를 갖는다.
- 투사된 원하지 않는 자기의 부분은 수용자 내에서 심리적 과정을 거처 변형된다. 그리고 이렇게 심리적 과정을 거처 변형된 투사물은 투사자에 의해 재내재화되어 심리적 변화를 가져온다. 즉, 투사적 동일시는 심리적 변화의 통로 역할을 할 수 있다.

오그던(Ogden)은 투사적 동일시가 연속적인 세 단계로 구성된다고 설명하였다. 첫 단계는 환상 속에서 자기의 일부를 다른 사람에게 투사하고 그 투사한 부분이 그 사람을 내면으로부터 점거하고 있다고 느낀다. 두 번째 단계에서는 투사한 것을 받은 사람이 투사한 것과 일치되게 생각하고 느끼고 행동하도록 압력당한다고 경험한다. 이것은 사람 사이의 상호작용을 통해서 압력을 느끼는 것이다. 마지막 단계에서는 수용자에 의해 심리적 과정을 거친 후 투사되었던 것이 다시 투사자에게 재내면화된다.

7) 내면화 과정

컨버그는 자신(self)이 형상으로 이루어져 있다고 본다. 대상에 대한 형상들, 자신에 대한 형상들 그리고 자신과 대상 사이에 생기는 정서들과 같은 세 가지 요인은 자신 속에서 체계를 형성하고 있는데 이를 내면화 체계(internalization system)라고 부른다. 유아의 대상에 대한 형상은 초기에 유아가 어떤 방식으로 돌봄을 받았는가에 따라서 내면화하는 형상들이 달라지게 된다. 따뜻한 방식으로 돌보는 사람에 대해서는 따뜻한 형상을 내면화하고, 거부하고 차가운 방식으로 돌보는 사람에 대해서는 차갑고 거부하는 형상을 내면화하게 된다(김용태, 2019).

내면화 과정은 내사, 동일시, 통합을 통해서 형성된다. 내사(introjection)는 외부에 있는 어떤 대상이 유아 내면의 세계로 들어옴을 의미한다. 유아의 초기 발달 과정에는 좋은 대상과 나쁜 대상이 따로 공존하며 외부 대상의 경험들이 유아의 내면에 일정한 형식으로 통합되지 않은 채로 있다가 이후에 안정된 자아구조가 형성되면서 유아는 산재하던 경험의 통합을 이루어나간다. 즉, 유아는 대상의 말과 행동, 감정 그리고 표정들을 일정한 방식으로 조직되지 않은 채로 자기 안으로 던져 놓는 내사를 거치면서 내면화 과정이 일어난다. 이렇게 내적 투사로 인해 한 번 형성된 내면의 형상(image)은 외부의 현실이 바뀌어도 이미 내적 투사되어 정신적 형상으로 남은 그 대상의 이미지를 그대로 유지하려는 경향이 있다. 동일시(identification)는 유아들이 자신의 역할과 대상의 역할이 구분되는 시기에 일어난다. 대상이 하고 있는 역할이 유아에게 좋은 역할로 인식되면서 긍정 정서를 만들어 낼 때 동일시는 일어난다. 역할을 내면화하여 그 역할을 자신의 역할로 간주하는 현상이 동일시이다. 통합(integration)은 자신 속에 간직된 여러 가지 형상이나 역할 그리고 이로 인해서 발생하는 정서를 연관성을 가지고 연결하는 과정이다. 이러한 형상들이 의미 있는 방식으로 조직화되고 연결된다. 일정한 원칙과 원리를 가지고 형상들은 조직화되며 자신 속에서 안정된 상태를 만들어 간다. 통합은 좋은 형상들과 나쁜 형상들이 하나의 원리에 의해서 해석되고 받아들여지는 과정이다. 통합의 과정은 미분화상태, 일차분화, 이차분화, 삼차분화, 수정과 보완의 다섯 단계를 통해서 이루어진다(김용태, 2019).

| 표 3-1 | 학자별 발달단계의 비교

<table>
<tr><th>기간(개월)
분류</th><th colspan="3">0~6</th><th colspan="2">6~12</th><th colspan="2">12~24</th><th>24~35</th><th>36+</th></tr>
<tr><td>프로이트</td><td colspan="6">구강기</td><td colspan="2">항문기</td><td>생식기</td></tr>
<tr><td>에릭슨</td><td colspan="6">신뢰 대 불신</td><td colspan="2">자율성 대 수치심과 의심</td><td>주도성 대 죄의식</td></tr>
<tr><td>클라인</td><td colspan="3">편집</td><td colspan="2">우울</td><td colspan="4"></td></tr>
<tr><td>말러</td><td>자폐</td><td colspan="3">공생애</td><td colspan="2">초기연습</td><td>후기
연습</td><td>대상항상성</td><td></td></tr>
<tr><td>컨버그</td><td colspan="2">미분화</td><td colspan="3">일차분화</td><td colspan="2">이차분화</td><td>삼차분화</td><td>수정과 보완</td></tr>
<tr><td>병리장애</td><td colspan="5">정신이상
(조현병, 자폐증 등)</td><td colspan="2">성격장애
(자기도취,
경계선 등)</td><td colspan="2">신경증
(우울증, 히스테리아, 심신증 등)</td></tr>
</table>

출처: 김용태(2019). 가족치료 이론(2판)-개념과 방법들. 학지사.

8) 분열

분열(splitting)은 자기와 중요한 타인에 대한 상반된 경험을 적극적으로 떼어 놓으려는 것이다. 이러한 상반된 내적 요소들은 의식으로 남아 있지만, 분열에 의해 시간적·공간적으로 떨어져 있기 때문에 서로에게 영향을 주지 못한다. 대상관계이론에서 가장 기본적인 방어기제는 억압과 분열이다. 나쁜 것과 좋은 것은 철저히 분리시켜 나쁜 것은 밖으로 투사하고 좋은 것은 보유하려고 한다. 즉 분열은 좋은 대상과 나쁜 대상으로 나누는 것을 의미한다.

컨버그는 경계선 인격장애의 핵심적인 정신병리는 통합된 자기 개념과 대상 개념을 형성하지 못한 것이라고 보았다. 즉, 좋은 자기와 나쁜 자기 그리고 좋은 대상과 나쁜 대상이 통합되지 못하고 지속적으로 분리되어 있다는 것이다. 그 결과 원시적인 분열을 기본적인 방어기제로 사용하게 된다. 경계선 인격장애 환자들은 통합된 자기 개념이 결핍되어 있기 때문에 만성적으로 외부 대상에 의존하고 혼란스러운 대상관계를 맺는다(최영민, 2010). 유아는 엄마와 공생애 관계에서 심리적 분리를 하게 되는데 이 과정에서 많은 불안과 두려움을 경험한다. 이때 대상인 엄마의 충분한 정서적 지지와 지탱해 주는 환경이 결핍되면 분열을 통하여 고통을 맛보지 않으려 한다. 분열 현상의 흔한 예는 흑백논리이다. 사람을 대할 때 좋은 사람과 나쁜 사람으로 나누어 생각하는 흑백논리를 가지고 있는 사람은 대인관계가 매우 불안정하다. 자신에 대해서도 좋음과 나쁨으로 분리하여 자기를 지나치게 이상화하거나 또는 비하한다. 분열을 통하여 자기가 원하지 않는 자신 안의 부정적 감정은 다른 사람에게로 투사시키고 자기는 부정적 감정을 가지고 있지 않다고 생각함으로써 자아를 유지한다.

3. 치료목표 및 치료과정

대상관계 가족치료에서는 역기능적인 가족관계의 원인을 잘못된 부모노릇과 가짜 자신의 형성, 역기능의 성격장애로 인해 발생된다고 보고 있다. 잘못된 부모노릇은 두 가지 방식으로 생각할 수 있다. 하나는 부모가 아이를 완벽하게 돌보려는 데서 발생하고 다른 하나는 부모가 아이를 돌보지 않는 데서 발생한다. 가짜 자신의 형성은 분열된 자아구조를 통해 갖게 되는 것으로 현실을 왜곡되게 지각하며 왜곡된 지각을 마치 진짜 현실로 믿는다. 가짜 자신을 갖고 있는 사람들은 현실 검증을 할 수 있는 능력이 현저히 떨어지거나 실제로 다른 사람들과 제대로 관계하지 못하게 된다. 역기능의 성격장애로는 조현성 성격장애, 자기애성 성격장애, 경계선 성격장애 등이 있다.

1) 치료목표

대상관계 가족치료의 목표는 온전한 대상관계를 내적으로 구축하고 좀 더 성숙한 차원에서 다른 가족 구성원과의 관계성을 회복할 수 있도록 돕는 데 있다. 개인의 내적 대상관계의 모든 영향은 다양하고 복잡한 역동 안에서 다른 구성원에게 전이되고 있으며 관계중심적 개념은 개인의 정체성이 관계 안에서의 역할중심으로 규정되고 상호 의존성에 초점을 맞추고 있다. 즉, 대상관계 가족치료의 목표는 그 원인에 대한 통찰을 얻어서 분열 혹은 억압되거나 다른 가족 구성원에게 투사시킨 부분들을 통합하여 온전한 대상관계를 형성하도록 돕는 것이다. 다른 이론과 비교해 볼 때 가족에게 행동변화를 위한 구체적 지침을 제공하거나 방향을 제시하기보다는 비지시적이다(이현경, 2010).

대상관계 가족치료는 투사적 동일시를 상담과정에서 중요하게 다룬다. 상담자는 내담자의 투사적 동일시에 포함된 메타 커뮤니케이션을 직면하고 현재와 과거의 대상관계에 대한 통찰을 통하여 내담자를 이해할 수 있다. 투사적 동일시가 일어나기 쉬운 대인관계 환경을 가족치료에서 만듦으로써 내담자의 내적 대상관계를 재구성하는 것이 상담의 근본적인 목표가 된다(송정애, 2015).

2) 치료과정

가족치료의 초기단계에서는 치료 공간의 제공, 가족의 하위체계와 상담실에 앉는 순서, 가족 간에 흐르는 분위기, 치료의 구체화 제안, 치료계획에 관해 안내한다. 가족관계의 무의식적 불안에 대한 탐구, 가족의 방어기제, 가족 중 빠진 가족 구성원 등에 대한 정보와 빠진 이유 등을 묻고 탐색하는 치료적 구조화가 계획되어야 한다. 초기의 치료과정에서 내담자와 상담세션을 계획하며 가족 구성원 개개인과 라포(rapport)를 형성하고 가족과 치료적 동맹을 공고히 한다. 상담자와 관계를 갖기 위해서는 심리적 안아 주기(holding)에 집중함으로써 내담자의 내적 상태를 알아차리고 적절하게 반응하고 공감해 준다(이현경, 2010).

대상관계 가족치료에서는 상담자에게 대리모가 되어야 한다고 권고하지 않는다. 상담자는 내담자를 신체적으로 안아 주거나 해묵은 감정의 상처를 보상하려고 애쓰거나 혹은 다른 식으로 내담자의 원래 부모를 능가하려고 하지 않는다. 그들이 주로 하는 일은 내담자가 치료에서 얻은 통찰을 좀 더 풍부하게 활용하여 자연스러운 성장과정이 전개되도록 도울 수 있는 치료적 환경을 제공하기 위해 인간발달에 대한 이해를 이용하는 것이다. 개인적 관계가 치료의 맥락을 이룬다(Hamilton, 김진숙 외 역, 2007).

대상관계 가족치료 과정은 투사적 동일시를 경험하게 하며 그것을 직면시키며 직면된 관계를 재구성하는 과정이다. 이를 단계별로 나누면, 대상관계 가족치료는 관여하기, 투사적 동일시 경험, 평가와 사례 공식화, 직면, 종결의 단계로 이루어진다.

(1) 관여하기

관여하기는 내담자가 느끼는 부적절한 관계를 다루고 내담자가 변화를 위하여 지속적인 상담을 받을 수 있도록 하는 단계이다. 상담자는 거리가 있는 전문적 관계에서 내담자를 보살피고 헌신하며 집중하는 관계로 변화시킬 수 있어야 한다. 이 경우 치료적 유대관계를 확립하는 것이 매우 중요하다. 치료적 유대관계는 상담자에 대한 충분한 신뢰를 바탕으로 하며 이것이 이루어지지 않을 때 내담자는 상담을 하지 않거나 치료적 상호작용에 참여하지 않게 되는 피상적 상담을 하게 된다. 상담자는 내담자를 관여시키는 방법을 통하여 치료적 유대를 촉진시킬 수 있다. 이 단계의 목적은 문제해결이 아니라 치료적 관계에 내담자를 관여시키는 것이다. 상담에 있어서 관여단계가 잘 이루어지면 다음 단계로 진전될 수 있으며 새로운 변화와 성공을 위한 중요한 기반이 된다.

(2) 투사적 동일시 경험

투사적 동일시 경험 단계에서의 목표는 내담자의 메타커뮤니케이션을 나타나게 하는 것이다. 상담자가 메타커뮤니케이션의 성격을 정확하게 파악하고 적절한 반응을 해야 한다. 상담자는 내담자의 투사적 동일시에서 나타나는 요구방식을 거절할 수 있어야 한다. 요구를 거절하는 것은 내담자를 메타커뮤니케이션에 내포된 위협이나 속박에서 벗어날 수 있게 하기 때문이다. 이때 역전이를 사용할 수 있는데 투사적 동일시로 유발된 역전이는 상담자가 자신의 반응을 자각한 후 통찰함으로써 내담자 가족의 경험에 대하여 더 깊은 수준에서 공감할 수 있고 내담자의 내면세계와 역동을 파악하여 상담하는 데 유용한 단서로 활용할 수 있다.

투사적 동일시는 한 사람이 특정한 상황에서 다른 사람의 행동이나 반응을 유발하는 대인관계행동유형이며, 투사적 동일시에서 투사 대상자는 투사자의 분출된 감정과 일치하는 방식으로 생각하고 느끼고 행동하도록 압력을 받는 관계를 재현한다. 투사적 동일시는 대부분 생의 초기에 발생했던 왜곡된 대상관계의 병리적 결과이며 무의식적이다. 투사적 동일시는 다음의 세 단계를 거쳐서 발생한다.

1단계는 나쁜 것으로 경험된 부분, 혹은 내부에서 자기를 파괴하려고 위협하려는 부분 때문에 자기의 일부분을 제거하고자 하는 소망이 중심이 된다. 2단계는 투사 대상자로 하여금 투사적 환상에 적합한 방식으로 행동하도록 압력을 가한다. 3단계는 투사 대상자가 조정에 의해 유도된 감정들과 반응에 반응하는 것이다(송정애, 2015). 따라서 상담자는 내담자가 투사적 동일시를 할 경우, 투사적 동일시 자체가 내담자를 치료할 수 있는 기회임을 인식하고 적극적으로 해석하고 직면시키며, 내담자의 내적 대상관계를 재구성해 나가야 한다.

(3) 평가와 사례 공식화

평가는 상담자가 내담자의 관계 문제를 나타내고 내담자가 심리치료에 적합한지를 결정하며 치료 과정을 이끄는 데 도움을 주는 작업이다. 이러한 평가를 위해서는 내담자의 특정한 어려움에 대한 이해로 사례 공식화를 촉진하는 평가면담을 시행해야 한다. 대상관계이론을 통한 상담을 위해서는 내담자의 문제에 영향을 끼칠 수 있는 잠재적인 생물학적, 사회적, 심리학적, 문화적, 영적 요인들을 이해하려고 노력해야 한다. 그리고 평가를 통해 대상관계이론 치료에 대해 긍정적인 반응을 도출해 낼 수 있는 특성을 내담자가 보유하고 있는지를 파악할 필요가 있다. 그리고 대상관계이론을 통한 치료의 진행과정을 구상할 경우, 자기표상과 대상 표상에 대해 내담자가 어떠한 경향을 보유하고 있는지를 나타내고 부분 대상관계 및 온전한 대상관계 중 내담자가 어떠한 유형인지를 파악해야 한다(김재현, 2020). 이를 위해 Frankland(2014)는 H.O.R.S.E 면담접근법을 제안하였다. H.O.R.S.E 면담접근법의 5단계는 듣기(Hear), 관찰하기(Observe), 반응하기(React), 종합하기(Synthesize), 실행하기(Execute)로 진행된다.

(4) 직면

직면은 내담자에 대해 관찰한 내용을 상담자가 내담자에게 말해 주는 것을 의미한다. 직면은 어떤 때는 강력할 수 있지만 어떤 때는 부드러울 수도 있다. 어떤 직면은 무비판적이고자 하는 상담자의 의도에도 불구하고 내담자가 비판적으로나 공격적인 것으로 받아들일 수도 있다. 모순되는 내담자의 말을 지적하는 것은 흔히 비판적으로 보인다. 직면에 대해 어떤 내담자는 관심을 보이며 직면의 의미를 탐구하려 하지만, 어떤 내담자는 비판받는다는 느낌을 갖고 자신의 논리를 설명하거나 방어적으로 할 것이다. 어떤 쪽이든 직면은 그 자체로 공격적이거나 비판적이지 않다. 직면을 그렇게 만드는 것은 직면에 대한 내담자의 반응이다. 직면은 글자 그대로 두 가지를 마주 대하게 하는 것인데 상담에서 내담자와 내담자의 어떤 측면을 마주 대하게 하는 것을 뜻한다(Hamilton, 김진숙 외 역, 2007). 따라서 상담자는 내담자가 투사한 부분을 직면할 수 있도록 함으로써 내담자에게 이전과는 다른 관계를 재경험하는 기회를 갖도록 도와주는 작업을 해야 한다.

(5) 종결

종결은 상담의 마무리 과정이 아니라 대상관계의 한 부분으로 경험될 수 있어야 한다. 이제까지 내담자에게 중요한 영향을 미쳤던 대상관계를 놓아버리기 위하여 무엇보다 이를 대신할 내적 대상이 필요하다. 상담자는 내담자와의 관계를 통하여 내담자의 내적 대상을 다루고 이러한 내적 대상 중 일부가 된다. 그리고 투사적 동일시의 과정을 통하여 내담자의 관계패턴을 점차적으로 재조정할 수 있는 내적 대상으로 기능한다. 내담자가 어린 시절 내적 대상을 놓아 주고 부족한 자신을 받아들이게 되면 지금-여기에서 보다 더 여유롭고 성숙한 관계를 경험할 수 있기 때문이다.

내담자와의 강렬한 투사적 동일시 과정에서 상담자가 내담자를 있는 그대로 존중하고 수용하는 경험을 통해서 용서가 내면화된다. 상담 과정에서 상담자는 내담자의 중요한 내적대상이 되어 내담자의 자기에 통합이 된다. 이러한 측면에서 종결은 내담자에게 매우 힘들고 어려운 과정이 될 수도 있다. 상담자와 분리되는 것도 상담과정으로 경험되어야 한다. 상담자와 내담자가 분리되지만 상담자는 내담자의 내부세계의 일부가 됨으로써 초기대상관계의 패턴에서 벗어날 수 있도록 중간대상으로 기능할 수 있게 된다(송정애, 2015).

종결을 통해 지금까지 상담자가 경험한 것을 전체적으로 정리하고 이에 대해 내담자에게 피드백을 제공하고 결과에 대해 함께 해석한다. 이를 통해 상담자는 내담자의 자아 안에 가지고 있는 아픈 상처를 확인할 수 있도록 도와주고, 과거의 경험을 과거의 것으로 돌릴 수 있도록 함으로써 부정적인 경험으로부터 내담자 자신을 분리시켜 자기 표상과 대상 표상을 밝히도록 도움을 주는 것으로 내담자가 어떤 대상관계를 가지고 있는지를 분석한다(김재현, 2020). 즉, 내담자는 이와 같이 통합하는 과정을 통해 성숙한 관계를 경험하고, 자신과 타인을 균형된 방식으로 이해할 수 있게 된다.

4. 치료기법

대상관계 가족치료에서 사용하는 기법들은 이론가들에 따라 다양하지만 주로 사용되는 기법들은 심리적 안아 주기(holding), 담아 주기(containment), 중간대상(transitional objects), 안전한 울타리(boundary), 중립을 유지하기(maintaining neutrality) 등이 있다(김도애 · 남영옥, 2003; 한재희 외, 2018).

1) 심리적 안아 주기(holding)

심리적 안아 주기는 아이를 양육하는 사람, 특히 어머니가 아이를 믿고 인정하고 사랑한다는 심리적 환경을 아이에게 전달해 줌으로써 아이의 존재 가치를 높여 주는 행위를 말한다. 안아 주기를 통해 유아는 전능성을 경험하며 안전하다는 느낌 속에서 건강한 발달을 할 수 있다. 어머니가 안아 주는 데 실패할 때, 유아는 분노와 공포를 경험하게 되며, 유기불안을 이겨내지 못한다. 따라서 치료를 위해서는 신뢰와 애정을 지속적으로 주어야 하는데 특히 문제 행동에 반격하지도 않고 애정을 철회하지도 않아야 하며, 기본적인 규칙이 잘 이행되어 그 안에서 안전감을 느끼게 해야 한다.

상담자는 가족 구성원에게 새로운 경험, 즉 안전한 환경을 제공하도록 하여야 한다. 안전한 환경의 제공은 가족 구성원으로 하여금 자기 자신이 될 수 있도록 돕고 거절당하지 않을까, 비판받을까 하는 걱정을 덜어 줌으로써 상담과 변화에 적극적으로 참여하도록 만든다. 안전한 환경을 제공하기 위해서 상담자는 첫째, 수용하는 말을 한다. 가족 구성원의 말과 감정을 있는 그대로 수용하는 모습을 다른 가족 구성원들도 보게 한다. 둘째, 가족 구성원이 말을 할 때 다른 가족 구성원이 평가하지 못하도록 한다. 셋째, 힘들어하면서 부정적 감정을 표현하는 가족 구성원에게 잘 했다고 칭찬하여 줌으로써 자신의 감정을 있는 그대로 적극적으로 표현할 수 있도록 한다. 넷째, 말을 하고 싶으면 하고, 대답하고 싶지 않으면 안 해도 괜찮다고 말해 줌으로써 마음을 편하게 갖도록 해 준다.

2) 담아 주기(containment)

담아 주기는 상담장면에서 상담자가 내담자 스스로도 인지하지 못하고 투사한 정서를 일정 기간 담아두고 있다가 적당한 시기에 해석하거나 의미 있는 사고로 떠오르게 하는 것을 의미한다.

해석은 현재 호소하는 가족관계 문제의 원인을 과거 가족 구성원의 어린 시절 부모 혹은 자신을 돌본 사람과의 관계와 관련지어 해석, 이해하게 함으로써 문제의 원인을 알게 하는 방법이다. 상담자는 또한 가족 구성원이 상담자에게 투사하는 방식의 관계를 보며 해석할 수 있도록 한다. 가족 구성원은 상담자와 관계를 할 때 자기 안에 형성된 내면적 대상관계의 문맥에서 관계를 하게 된다. 상담자는 가족 구성원에게 내면화되어 있는 내면적 대상에 대한 감정이 상담자에게 투사되어 전달되는 부분이 있는지 인식하고 해석할 수 있어야 한다.

3) 중간대상(transitional objects)

중간대상은 유아가 갖게 되는 최초의 소유물로서, 스트레스 상황에서나 일차적 애정대상으로부터 감정적으로 분리해 가는 과정에서 사용하는 부드러운 담요나 장난감 등의 물건을 말한다. 이것은 위로해 주고 달래주는 어머니에 대한 환각을 유지시켜 자기 충족의 느낌을 제공함으로써 대상상실에 대한 불안과 유기불안을 막아 주는 기능을 한다. 상담자는 내담자의 일차적 대상에서 현실적인 이차적 대상을 인정하고 받아들이기 위한 중간대상으로 기능한다.

4) 안전한 울타리(boundary)

안전한 울타리는 아이들에게 주어지는 넘을 수 없는 규칙이나 한계를 말하며, 이 안에서 아이들은 안전감을 갖고 자유롭게 행동할 수 있게 된다. 대상관계 가족상담자는 가족 구성원이 가진 모든 문제의 해답이 될 수 없기 때문에 상담관계에 있어서 제한선을 설정하는 것이 필요하다. 가족 구성원이 상담자에 대한 기대를 명확히 하고 상담에 대한 기대를 현실적으로 조절해야 한다.

5) 중립을 유지하기(maintaining neutrality)

상담자는 중립을 유지함으로써 가족들의 투사적 동일시 현상을 객관적으로 볼 수 있게 된다. 상담자가 중립을 유지할 수 없으면 상담자는 가족들의 투사적 동일시를 상담자 자신이 갖고 있는 억압된 내용에 의해서 해석하는 일이 생기게 된다. 상담자는 중립 태도를 보임으로써 가족들이 비지시적 상황 속에서 자유롭게 자신들을 표현할 수 있는 분위기를 만들어야 한다. 상담자의 중립 태도는 복잡한 상황을 단순하고 분명하게 만들어서 가족들이 자신들의 무의식을 자유롭게 탐색하고 서로 상호작용이 어떻게 자신들의 무의식과 관련되는지 알아가도록 도와주는 역할을 한다(김용태, 2019).

5. 사례 적용

〈가출청소년 가족에 대한 대상관계 가족치료 사례〉

· **가족구성과 관계**

1) 아버지(53세, 농고 졸): 5남매의 막내로 농고를 졸업하여 공무원생활을 하다가 작은 부인(아들들의 생모)을 통해 아들을 얻은 후 퇴직하고 부동산 중개업을 하고 있음
2) 큰어머니(51세, 무학): 결혼 후 자녀가 없어 작은 부인을 통해 두 아들을 얻음. 현재 가족들과 함께 사는 문제와 일을 그만두어야 하는 것으로 인해 갈등하고 있음
3) 생모(44세, 3개월 전 뇌졸중으로 사망): 아들 둘을 낳아줌으로써 호적에는 동거인으로 되어 있으나 실질적인 부인의 역할을 함
4) 훈이(15세, 중3): 어려서부터 아버지, 생모, 큰엄마의 기대와 애정을 받아옴. 중3부터 성적이 저하되고 가출을 시작함. 밝고 명랑한 성격
5) 석이(14세, 중2): 형에게 가려 가족의 관심을 받지 못하다가 요즘 아버지에게 인정받고 있음. 말이 없으며 착하고 조용함

· **주 내담자 문제**

1) 주 내담자 문제: 아버지의 부정적 자기표상, 부정적 대상표상, 자신의 감정 부정, 대상과의 미분화, 간접적이고 조종적인 의사소통 방식, 신체화 증상

· **상담과정**

1) 총 9회의 가족상담 진행
2) 아버지의 대상관계와 대상표상, 자기표상, 투사, 분열과 통합 등을 주로 다루었고, 그에 따르는 가족의 심리적 환경과 가족 구성원들의 개인내적 역동을 변화시키고자 함
3) 아버지의 대상관계는 유년시절부터 가족과 학교, 직장에서 거부당하는 대상의 역할을 하였고, 가족에게는 거부하는 대상으로서 기능하고 있는 면을 중점적으로 다룸
4) 아버지의 자기표상은 소외당하고 하찮게 여겨지며 결국 버려진다는 열등감이 기저를 이루고 있다고 판단하여 자존감을 높이는 것에 비중을 두고 주로 지지적 기법을 사용함

출처: 김도애 · 남영옥(2003). 가출청소년 가족에 대한 대상관계 가족치료모델의 적용. 상담학연구, 4(1), pp. 147–165.

가족상담에서 주로 아버지의 대상관계를 변화시키고자 한 점이 효과적이었다. 아버지의 자아가 강화됨으로써 아들에게로 향한 투사가 경감되어 아들에 대한 지나친 기대, 그로 인한 실망, 그에 따르는 잔소리와 통제 등이 사라져 훈이가 굳이 반항할 필요를 없앨 수 있었기에 훈이의 행동에 긍정정인 변화가 일어날 수 있었다.

아버지의 지지자로서 큰엄마를 준비시키고 상담자가 하던 역할을 큰엄마에게 연계하도록 한 것이 유효한 전략이었다. 큰엄마가 가진 강한 모성을 바탕으로 그것을 자녀에게뿐 아니라 남편에게까지 확장시키도록 함으로써 부부관계를 정상화시킬 수 있었고 이것이 결국 자녀들에게 긍정적인 영향을 줄 수 있었다.

상담자가 훈이의 가출이나 폭행, 오토바이 타기 등의 반항적 행동을 훈이가 가진 변화의 욕구이자 변화할 수 있는 에너지로 보고 접근한 것은 효과적인 개입이었다. 상담자의 이러한 시각은 아버지에게도 옮겨져 아들의 비행에 반격하지도 철회하지도 않는 반응을 보일 수 있도록 하였고, 결과적으로 훈이가 자신의 공격성을 스스로 조절할 수 있도록 한 원동력이 되었다.

본 상담자례에서 볼 수 있듯이 대상관계이론에 근거한 가족치료는 가족원의 개인내적 역동과 가족관계 측면에 동시에 초점을 두고 가족역동과 문제에 접근한다는 점에서 유용하다. 그리고 내담자가 원가족과의 경험에서 갖게 된 부정적인 자기표상과 대상표상을 현재의 가족 구성원들에게 투사함으로써 나타날 수 있는 가족문제에 접근하는 데 있어 효과적이라 할 수 있다.

요약

대상관계 가족치료는 프로이트의 정신분석에 근거를 두고 있으며 이후에 프로이트와 입장을 달리한 많은 사람의 생각들이 모아져서 이론을 형성하게 되었다. 멜라니 클라인(M. Klein), 윌리엄 페어베언(W. Fairbairn), 도널드 위니코트(D. Winnicott), 마가렛 말러(M. Mahler), 하인즈 코헛(H. Kohut) 등에 의해 발전되었다. 대상관계 가족치료는 타자와의 관계가 내재화되는 것을 토대로 개인의 성격발달과 병리적 현상을 설명하고자 한다. 대상관계 가족치료에서는 역기능적인 가족관계의 원인을 잘못된 부모노릇과 가짜 자신의 형성, 역기능의 성격장애로 인해 발생된다고 보고 있다. 치료의 일차적인 목표는 초기관계 경험에서 유래한 대상관계를 수정하는 데 있다. 즉, 원인에 대한 통찰을 얻어서 분열 혹은 억압되거나 다른 가족 구성원에게 투사시킨 부분들을 통합하여 온전한 대상관계를 형성하도록 돕는 것이다. 대상관계 가족치료 과정은 투사적 동일시를 일으키고 그것을 직면시키며 직면된 관계를 재구성하는 과정이다. 대상관계 가족치료에서 사용하는 기법들은 이론가들에 따라 다양하지만 주로 사용되는 기법들은 심리적 안아 주기(holding), 담아 주기(containment), 중간대상(transitional objects), 안전한 울타리(boundary), 중립을 유지하기(maintaining neutrality) 등이 있다. 이와 같은 치료 과정과 기법을 활용하여 개인이 어떻게 관계 속에서 자기 자신과 다른 사람들에 대한 표상을 형성하며, 이러한 내면화된 표상들이 자신과 주변 사람들에 대한 지각과 경험, 관계양식과 문제에 어떤 영향을 미치는가를 이해하는 데 유용한 이론적 틀을 제공한다. 특히 상담의 고전적 정신분석에 의해서 잘 치료되지 않았던 자기애성 성격장애와 경계선 성격장애를 이해하고 치료하는 데 크게 기여했다.

〈점검해 보기〉

나의 욕구 안아 주기

* 나의 욕구(갖고 싶은 것, 하고 싶은 것, 먹고 싶은 것 등)에 대해 대상에게 듣고 싶은 말과 하고 싶은 말을 기록해 보자.

대상(관계)	
내용	
대상에게 하고 싶은 말	
대상에게 듣고 싶은 말	

나의 감정 안아 주기

* 나의 감정(불안, 두려움 등)에 대해 대상에게 듣고 싶은 말과 하고 싶은 말을 기록해 보자.

대상(관계)	
내용	
대상에게 하고 싶은 말	
대상에게 듣고 싶은 말	

출처: 전미량(2019). 대학생용 자살예방 교육프로그램 개발 및 효과: Winnicott의 대상관계이론을 기반으로. 한남대학교 대학원 박사학위논문.

아이들의 마음의 상처는 어디서 생겼을까?
옆집친구? 선생님? 형제?
아니다. 부모에게 있다.
아이는 성장하는 과정에서 부모와의 관계를 통해 상처를 입게 된다.
부모가 마음의 상처를 입는다면,
그것은 무의식중에 아이의 상처가 되어버린다.
'상처입은 아이'란 상처받은 부모 아래에서 성장한 아이를 말한다.

-요시모토 다카아키, '내 안의 행복' 중에서-

제 4 장

다세대 가족치료 모델

머레이 보웬(Murray Bowen, 1913~1990)

보웬은 테네시 웨이벌리(Tennessee Waverley)의 작은 마을에서 5남매 중 맏이로 태어났다. 그의 아버지 제스 스웰 보웬(Jess Sewell Bowen)은 마을의 행정관이었다. 어린 시절을 웨이벌리에서 보내고 1934년 녹스빌의 테네시(Tennessee in Knoxville)대학교를 졸업하였다. 3년 후인 1937년에는 같은 대학의 의과대학에서 석사학위를 받았다. 그 후 1938년에는 뉴욕시티에 있는 벨뷔(Bellevue)병원에서 인턴생활을 하였고, 1939년부터 1941년까지는 뉴욕의 밸할라에 있는 그래슬랜드(Grassland)병원에 있었다. 수련의 과정을 마친 보웬은 제2차 세계 대전 중인 1941년부터 1946년까지 5년간 군 복무를 하였다. 전쟁 중 그의 관심사가 외과에서 정신과로 바뀌게 되었다. 군인들을 관찰하면서 정신질환이 훨씬 절박하고 가치 있는 목표라고 생각하게 된 것이다.

출처: 김춘경·이수연·이윤주·정종진·최웅(2016). 상담학 사전. 학지사.

가족은 출생 후 처음으로 접하게 되는 환경으로 성장하는 동안 다양한 보호와 교육을 지원하는 체계이다. 인간의 성장과정의 초기인 영유아기는 누군가의 돌봄 없이는 생존할 수 없는 절대 의존적 시기로 가족의 한 구성원으로 아이는 부모에게 기본적인 의식주, 따뜻한 정서적 지원과 돌봄을 제공받으면서, 살아가는 데 필요한 기본적인 지식, 기술, 태도를 습득하는 곳이다. 이러한 과정을 통해 아이는 자신의 성격을 형성하게 되고, 점차 사회의 한 구성원으로 기능하도록 성장한다. 가족의 기본적 기능이 수행되지 못함은 자녀의 다양한 정서적, 행동적 부적응과 관련이 있다. 가족체계뿐만 아니라, 다른 체계들의 영향도 있지만 일생동안 삶에 영향을 미치는 영유아기 가족의 중요성에 대해서 반문하는 사람들은 없을 것이다. 원가족의 영향력은 결혼을 통해 새롭게 가족을 이룬 개인과 그 개인의 현재 가족관계에게도 중요한 역할을 하며 영향력을 행사, 삶의 초기 경험이 되는 원가족의 맥락은 일생 동안 개인의 자아상, 가치, 행동, 태도 등 여러 발달 영역에 지속적으로 영향을 미친다. 원가족과의 관계와 경험은 현재의 가족건강성에 영향을 미치고, 가족건강성은 또한 개개인의 삶에 지속적으로 영향을 미침이 관련 연구들의 분석(이성희 · 김현수 2016)에서 입증되고 있다.

핵가족에 미치는 원가족의 영향력이 서구보다 훨씬 더 큰 상황에서, 원가족과의 정서적 관계를 설명하는 보웬의 다세대 가족치료 이론은 우리나라의 가족관계에도 잘 적용될 수 있는 모델로 보인다.

1. 발달배경

머레이 보웬(M. Bowen) 은 가족치료의 선구자로 기법보다는 이론을 중시하였다. 보웬의 치료는 정신분석학에서 시작되었으며 가족치료학파들 중 인간의 행동과 문제에 대해 가장 포괄적인 관점을 제시하고 있다. 보웬모델의 핵심목표는 자아의 분화 즉 집단으로서의 가족생활에서 비롯되는 강력한 압박 속에서도 자신을 유지시키는 능력을 키우는 것이다.

보웬은 정신의학을 공부하면서 조현병에 관심을 갖게 되어 3년 동안 정신분석훈련을 받았고 그리고 조현병에 정신분석 개념을 적용·시도 후 조현병 환자와 어머니의 관계로 개념을 넓히게 되었다. 1949년에서 54년까지 메닝거연구소(Menninger Institute)에서 연구활동을 하면서 모자 공생관계 가설을 설정하였다. 그 후 NIMH(National Institute of Mentul Health)로 옮겨 가족분과의 첫 책임자가 되어 그곳에서 관찰을 통한 모자 공생관계 연구에서 불안애착(anxious attachment)관계를 발견하였다. 불안한 애착관계를 보웬은 분화가 되지 않아서 생기는 것으로 보고 가족들이 정서적으로 밀착 혹은 융합되어 있는 하나의 유기체라고 생각하고 가족을 치료에 참여시키기 시작하였다. 1959년 NIMH 프로젝트를 끝내고 조지타운대학교로 옮긴 후 장애가 덜 심한 가족을 대상으로 연구를 시작하였는데 놀랍게도 병리적 가족에게서 보이는 것과 마찬가지로 모든 가족은 정서적 융합과 분화라는 연속선상의 한 지점에 놓여 있음을 발견하였다.

보웬모델은 정신분석적 원리 및 실제에 직접적 영향을 받은 임상적 치료모델로 정신역동적 접근법과 체계적 접근법의 가교적 역할을 하지만 정신분석적인 접근에 더 가깝다. 그러나 이분법적 사고를 지양하고 연속적인 사고를 지향한다는 면에서 정상과 비정상적을 이분하는 이분법적인 사고에 기초한 정신분석과는 차별화된다. 또한 일반체계 이론 대신 자연체계 이론에 기반을 두고 있으며, 가족은 자연법칙에 따라 생존하기 위한 불안을 생활 속에서 가지고 있으며 누구에게나 있는 보편적인 현상으로 보았다. 그러나 가족 구성원들이 어떠한 위기 상황에서 불안에 휩싸여 감당하지 못할 때 문제가 발생하는 것으로 보았다.

보웬모델은 개인으로서의 기능과 가족 간 관계형성의 연관성을 이해하는 데 공헌하였으며 정서모델에 기초하고 있다. 인간은 가족 안에서 정서적으로 얽혀 지내고자 하는 연합성과 가족으로부터 독립하고자 하는 개별성의 역동성에 의해 행동하게 된다는 것이다. 가족은 분화되지 않은 자아덩어리로 가족들이 감정이라는 덩어리로 얽혀 있는데 개인의 독립과 성장을 위해 가족의 미분화된 자아상으로부터 벗어나는 것이 중요하다. 여러 세대를 관통하는 가족의 이러한 정서적 과정을 이해하고 불안을 완화할 수 있는 개인의 분화 수준을 높이는 것이 치료의 핵심이다. 또한 보웬은 나머지 가족 구성원에게 영향을 미칠 수 있는 한 사람의 변화에 의해서 전체의 변화가 시작될 수도 있다고 하였다. 그의 이론은 게린(Guetrin), 포카티(Fogarty), 카터(Kautto), 프라모(Framo), 맥골드릭(McGoldrick) 등에 의해 더욱 발전, 확장되었다.

2. 주요 개념

보웬의 다세대가족치료 모델은 현재의 역기능적인 패턴을 보기 위해서 개인의 핵가족뿐만 아니라 원가족과의 관계망을 강조한다. 대부분의 사람이 부모 곁을 떠나 독립적으로는 살지만 부모와의 미해결된 정서적·감정적 반응은 자신들의 핵가족 안에서 반복되는 유형으로 나타나고 있기 때문이다. 보웬은 서로 연동적인 여섯 가지의 개념을 통해 여러 세대에 걸쳐 관계망을 형성하는 가족이 어떻게 개별성과 연합성의 상호작용을 이루는가를 기술하고 있다.

자아분화, 삼각관계, 다세대 정서 과정, 출생순위, 정서적 단절, 사회정서 과정

1) 자아분화

자아분화(differentiation of self)는 보웬 모델의 핵심 개념으로 가족과 정서적으로 밀착되거나 가족에게 의존하지 않고 한 개인으로서 자율적으로 기능할 수 있는 능력이다(Bowen, 1978; Kerr & Bowen, 1988). 자아분화는 한 개인이 가족의 융합에서 벗어나서 자기 자신의 정서적 자주성을 향해 나아가는 긴 과정이며 세대를 걸쳐 재생산된다. 개인의 자아분화 수준은 가족 간 상호작용의 결과로 결정되며 개인에게서 나타나는 부적응 행동과 증상들은 낮은 분화수준에서 기인하는 것으로 본다.

자아분화는 자아강도(ego strength)에 비유할 수 있는 개념으로 정신내적 개념과 대인관계적 개념을 포함한다.

정신내적 기능에서 자기분화는 자신의 감정을 지적 과정과 구분하고 어떤 상황에서 감정과 이성 중 어느 것을 앞서게 할 것인지 결정하는 능력이다. 자기분화 수준이 낮으면 감정에 따라 행동하며, 자기분화 수준이 높으면 강한 정서적 경험을 하더라도 논리적 사고와 이성을 사용할 수 있다.

대인관계 측면에서 자아분화는 개인이 사회적 관계에서 타인과 친밀하면서도 자율적일 수 있는 능력을 말한다. 즉, 타인과 분리된 느낌을 경험하면서도 관계를 잘 유지할 수 있는 능력이다. 자기분화 수준이 낮으면 타인에게 의존적이고 정서적으로 밀착된 관계를 잘 맺게 된다. 타인의 관계에서 자율성을 유지하기 어렵고, 상대에 대한 감정적 의존욕구가 크고 상대가 이를 만족시켜 주지 못할 때 불만과 두려움이 고조되면 이러한 경험으로 분화수준이 더 낮아지게 된다. 반면, 자기분화 수준이 높으면 관계 내에서 신뢰와 성실, 상호존중 등의 경험을 할 수 있는 능력으로 정서적으로 친밀한 관계를 맺으면서도 독립적으로 생각하고 느끼고 행동할 수 있다.

또한 자아분화 수준은 거짓 자아(pseudo self)와 진짜 자아(solid self)의 비례로 나타난다. 자기분화는 감정과 사고, 친밀함과 분리됨 사이의 균형을 맞추는 정도로 가족 구성원들이 분화되지 못하고 융합되어 있으면, 진짜 자아보다 거짓 자아로 혼합된다. 진짜 자아는 타인의 관계나 외부 영향으로부터 쉽게 변화되지 않는 생활원리와 신념으로 구성된 자아이다. 거짓 자아는 자신이 스스로 고민하고 진실을 파악한 것이 아니라 주변의 상황이나 타인의 압력에 쉽게 굴복하는 비일관 된 가치와 신념과 생활원리로 구성된다. 불안이나 변화를 경험할 때 정서적 반응의 지배를 받으며 충동적 행동화가 일어나고 개인의 변화를 시도하는 능력을 상실하게 된다. 융합된 가정에서는 거짓 자아의 기능으로 인하여 동조, 반항, 회피가 일어난다(Bowen, 1978).

이론적으로 자아분화에는 네 개의 개념으로 볼 수 있는데, 이는 분화가 잘 된 사람과 분화가 덜 된 사람들의 특징에서 나온 것으로 정서적 반응성(emotional reactivity), 나-위치(I-position), 정서적 단절(emotional cut-off), 정서적 융합(fusion with others)이다.

기능적 자아분화는 감정, 사고 기능과 자신과 타인의 융합과 분화의 정도에 따라 0～100이라는 연속선에서 네 가지로 구분되고 있다. 보웬이 이론적으로 제시하고 있는 각 구분에 따른 개인의 자아분화수준의 특성은 다음과 같다.

(1) 아주 낮은 분화수준(0~25)

- 사고와 감정을 구분하는 능력이 결핍되어 있고 대부분 감정의 지배를 받는 수준이다.
- 자아개념이 아주 약하고 자신의 욕구, 감정을 인식할 수 있는 능력이 희박하다.
- 다른 사람의 말, 태도, 감정에 지나치게 반응하는 감정적 반사행동을 한다.
- 만성적 불안 상태이며, 타인과 아주 강한 융합관계를 갖는다.
- 스트레스 상황에서 적응이 어려우며 심한 역기능적 행동을 한다.

(2) 낮은 자아분화 수준(25~50)

- 여전히 지적체계보다는 감정체계에 영향을 더 받는 수준이다.
- 융합은 심하지 않으나 자아정체감이 약하다.
- 타인에게 인정받으려고 많은 에너지와 관심을 쏟으며 타인의 반응에 너무 민감하며 쉽게 유동적이며 좌절한다.
- 감정의 직접적인 표현으로 행동이 충동적으로 나타난다.
- 타인과 정서적으로 강한 밀착관계를 형성하려고 한다.
- 신체적·정서적·사회적 역기능 상태를 초래할 수 있다.
- 불안과 두려움을 벗어나고자 약물, 알코올에 의존하는 경향이 있다.

(3) 어느 정도 높은 자아분화 수준(50~75)

- 감정체계보다 지적체계가 더 작동하기 시작하는 수준으로 감정과 이성의 상호작용이 가능하다.
- 만성적 불안이 낮으며 목표지향적 활동을 한다.
- 타인과 융합되지 않으면서도 친밀한 관계를 유지할 수 있다.
- 비교적 합리적으로 대처하며, 신념, 확신, 원칙에 의해 타인과 관계를 맺는다.

- 신체적 · 정서적 · 사회적 역기능 현상이 일어날 수 있으나 쉽게 회복이 가능하다.
- 분화수준 65~75 정도에서는 심리적 역기능 현상은 쉽게 보이지 않는다.

(4) 아주 높은 자아분화수준(75~100)

- 발견되기 쉽지 않은 수준으로 감정체계와 지적체계의 완전한 분화를 이룬다.
- 자신에 대한 진정한 자신감, 믿음상태가 지속된다.
- 어떤 상황에서도 다른 사람의 신념, 가치를 있는 그대로 존중하고 수용한다.
- 타인과 정서적으로 친밀감을 교류하며 자아정체감이 확실하다.
- 타인과의 관계에서 늘 현실적으로 사고하고 객관적으로 볼 수 있다.
- 스트레스 상황에서도 역기능적이 아니라 현명하고 실제적으로 대처한다.
- 불안감정을 잘 다룰 수 있는 능력이 있으며, 실제로 그렇게 한다.
- 어떤 상황에서도 행동이 자율적이며 책임감이 있다.

〈참고자료 2-1〉

가족 구성원의 분화수준 척도를 알아 볼 수 있는 지표

- 가족들의 감정적인 관계체계에서 자신이 얼마나 의사결정을 하는지 주관적으로 느끼는 정도
- 자기 스스로 의사결정을 하면서도 가족에게 민감하게 반응할 수 있는 정도
- 자신의 감정과 느낌에 따라 스스로 행동할 수 있으면서도 동시에 가족의 한 구성원으로 느낄 수 있는 정도
- 불일치, 적대감정, 소외에 직면하면서도 자신에게 솔직하게 대할 수 있는 정도
- 다른 사람과의 관계에서 자신의 정체성을 잃지 않으면서도 친밀감을 유지할 수 있는 정도
- 감정적인 반사행동을 하지 않고 이성적으로 반응하여 행동할 수 있는 정도

2) 정서적 삼각관계

삼각관계(triangle)를 맺는 데 가장 큰 영향을 미치는 것은 불안(Guetrin et al., 1996, 최선령 외 공역, 2005)이다. 불안이 높아지면 다른 사람과 정서적으로 가까워지려고 하거나 반대로 상대방으로부터 전해지는 압박 때문에 정서적으로 거리를 두려고 한다. 불안에 의해 반응할수록 친밀감과 거리감 중 어느 한쪽으로 치우치는 경향을 보이게 된다. 삼각관계는 가족구조 안에서 두 사람 간의 스트레스를 해결하는 방법으로서, 자기분화정도가 낮으면 삼각관계 형태가 좀더 강해진다.

두 사람이 불안할 때 한 사람(제3자)이 개입하게 되면 불안이 세 사람에게 분산되므로 불안이 감소된다. 이러한 제3자의 개입이 일시적이거나 갈등 해소에 도움이 된다면 삼각관계는 고착되지 않는다. 그러나 제3자가 계속 관여가 되면 이러한 삼각관계는 문제를 악화시킨다. 즉 삼각화를 통해 불평을 털어놓거나 위로를 찾는 정도는 나쁘지 않지만, 지속적인 삼각화는 문제를 우회함으로써 두 사람의 관계가 악화되고 손상될 우려가 있다.

예를 들어 남편과의 관계에 불만이 있는 아내가 자녀 중 한 명에게 관심을 쏟게 되고 같이 시간을 보내는 것을 통하여 더 이상 남편에게 매달릴 필요가 없게 된다. 이로써 남편과 아내가 함께 나눌 관심사와 기회는 점점 줄어들고 딸은 엄마의 욕구에 맞춤으로써 개인의 독립성 발달에 손상을 주게 된다.

이러한 삼각화는 가족관계 내에서만 일어나는 것이 아니라 친구, 사회, 일, 술, 스포츠 등에 이르기까지 확대될 수 있다. 삼각관계에 포함되어 있는 사람은 가족관계를 포함한 인간관계에서의 문제에 직면하지 못하고 회피하며 문제의 근본인 해결이 불가능하며, 가족 구성원들에게 만성적인 역기능을 초래한다.

3) 핵가족 정서체계

핵가족 정서체계는 가족 내에서 반복되는 패턴으로 한 세대의 가족에서 보이는 정서적 기능으로 설명된다. 핵가족에서 형성되는 가족 간의 정서적 유대감은 이미 자신들의 원가족에서부터 형성된 것을 반복한다. 분화수준, 불안 정도, 정서적 단절 정도, 융합 그리고 가족체계의 스트레스 정도 등은 핵가족의 정서를 알려 주는 지표이다(이현경, 2010).

스트레스가 없는 상황에서는 핵가족 정서체계는 크게 두드러지지 않는다. 그러나 핵가족 융합이 심한 경우 가족의 내부 또는 외부 스트레스 상황은 가족의 불안을 급격히 상승시켜 서로에 대한 정서적 반응을 격렬하게 만들고 가족 내 역기능을 발생시킨다. 일반적으로 핵가족 융합의 결과로서 세 가지 유형의 증상이 드러날 수 있다(Bowen, 1978).

첫째, 배우자의 역기능이다. 가족의 불안이 한쪽 배우자에게 집중되어 흡수될 때 그 배우자에게 우울증이나 두통 등의 만성적인 신체적 또는 정서적 역기능이 초래되기도 한다.

둘째, 만성적인 결혼갈등이다. 부부간의 정서적 거리와 과잉애착이 반복적으로 일어나는 역기능 유형이다.

셋째, 자녀의 역기능이다. 가족불안이 특정 자녀의 손상된 기능으로 흡수되어 발생하는 유형이다. 이 경우 자녀에게 나타날 수 있는 심리적·사회적 역기능으로 가출, 비행문제, 왕따, 정서장애 등의 증상이 나타난다.

4) 다세대 정서과정

다세대 정서과정은 부모가 자신의 미분화를 다음 세대에 전달하는 과정으로 정서적 문제가 여러 세대를 걸쳐 영향을 미치고 있음을 설명하는 개념이다. 보웬은 가족의 지나친 정서적 반응이나 융합(fusion, 감정과 지성의 기능이 혼란되어 지성이 감정의 부속물이 되는 것을 뜻한다. 가령 남편이 아내와 융합의 상태에 있게 되면, 남편은 스스로 생각할 수 없고 언제나 아내에게 상의를 하게 된다. 또 남편의 감정은 아내의 감정의 거울이 되어 버리게 된다)을 기술하기 위해 미분화된 가족자아 집합체라는 말을 사용하였다.

분화가 이루어지지 않은 가정에서는 자녀가 정서적으로 과잉 관여하거나 부모로부터 정서적 단절을 하려는 반응적 행동을 나타낸다. 부모와 정서적으로 단절된 사람이 결혼하면 부부간에 융합을 이루게 된다. 어느 세대에서나 가족과 융합이 심한 자녀는 자아분화 수준이 낮아지고 만성적 불안이 심해지고 융합이 덜 될수록 자아분화 수준이 높고 불안이 적다.

이러한 특징이 여러 세대를 걸쳐 계속되면 조현병이나 만성적 정서장애가 발생한다. 가족의 역기능이나 만성적인 질병을 보면 개인의 문제라기보다 이렇게 가족 안에서 세대를 통해 전달되는 가족의 문제로 이해된다.

5) 출생 순위

보웬은 환경이 각각 다른 가정에서 출생했음에도 같은 출생순위의 사람들은 비슷한 성격을 가지고 있다는 토먼(Toman)의 연구를 바탕으로 출생순위별 성격 특성을 가족투사과정이나 자아분화 개념을 적용하여 설명하였다. 특히 맏이나 막내 혹은 특별한 위치에 있는 자녀는 투사나 삼각관계 형성에 잘 연루되는 것으로 보고 있으며, 배우자와의 상호작용에 있어서도 원가족에서의 형제위치와 관련이 있는 것으로 본다. 즉 출생순위는 가족의 정서체계 안에서 특정한 역할과 기능을 하게 되는 것으로 결혼적응과 가족생활 유형의 반응을 예측할 수 있게 한다.

6) 정서적 단절

정서적 단절은 세대 간의 불안을 처리해 나가는 방법을 가리키는 것으로 부모로부터 격리 혹은 부모로부터 멀리 달아나는 것, 부모가 중요시하는 것을 부정 혹은 거부하는 것(Bowen, 1976)으로 나타난다.

부모와 자녀 간의 융합이 심할수록 단절하려는 경향이 높다. 부모에게서의 해결하지 못한 정서적 애착의 정도는 자기 자신의 삶과 다음 세대에서 다루어야 하는 미분화 수준과 유사하다. 부모와의 미해결 과제가 많을수록 타인과의 관계에서 어려움이 많다. 정서적 단절을 경험하는 사람은 자기 자신을 고립시키고 가족과 정서적 관계를 피하고 가출하려는 경향이 심하며, 자기 출신의 원가족의 중요성을 부인하는 것으로 나타난다.

자신의 부모에게서 벗어나기 위한 목적으로 결혼을 한 사람은 결혼을 통해 부모에게서 벗어나지만 진정한 독립을 얻을 수 없다. 새로운 핵가족과도 정서적으로 융합하게 됨으로써 부모와 함께 있던 문제를 반복한다. 정서적 단절은 자녀가 부모로부터 멀리 떠나지 않더라도 정서적 거리를 두거나 같이 살면서도 부모에게서 격리된 행동을 보이거나 부모에게 무관심한 태도를 보일 때도 적용된다.

7) 사회정서 과정

보웬은 가족기능에 영향을 미치는 사회적 영향에 많은 관심을 보였다. 사회정서 과정은 가족에서의 정서과정과 유사하다. 가족에 대한 기본이론을 사회에 확대시킨 것으로 사회가 불안하면 가족의 역기능이 표출되는 것으로 본다. 만성적 사회불안의 증가가 있게 되면 사회적 분화기능이 저하되면서 높은 범죄율의 사회적 증상이 더 심해진다. 이렇듯 사회의 불안이 증가되면 사회적 기능 수준은 낮아지고 가족은 사회적 정서과정의 영향으로 가족 구성원들의 기능 분화수준이 낮아지게 된다. 즉 사회의 정서적 과정이 가족 내의 정서적 과정에 영향을 주는 것으로 사회의 폭력이 증가하면 가족 내 폭력도 증가하게 되는 것이다.

커와 보웬(Kerr & Bowen, 남순현 외 공역, 2005)은 성차별, 계급 및 인종편견 등이 불행한 사회정서 과정의 사례로 개인이나 가족의 자아분화수준이 높으면 높을수록 이러한 부정적인 사회적 영향에 잘 대처할 수 있는 것으로 보았다.

3. 치료목표 및 치료과정

최적의 가족 발달은 가족 구성원의 자아가 잘 분화되어 있고, 불안 수준이 낮으며 부부 각자 자신이 태어난 가족과 정서적으로 좋은 관계를 맺고 있을 때 가능하다. 가족 구성원 간 정서적 유대와 적절한 응집력을 지니는 동시에 개인의 자율성과 독립성을 잘 유지하고 특히 부모와 자녀 간 심리적 분화가 중요하다. 반면, 건강하지 않은 가족 발달에서는 가족 구성원의 자아가 잘 분화되지 않고, 불안 수준이 높으며, 자녀가 정서적으로 과잉 관여이거나 부모로부터 정서적 단절을 하려는 반응적 행동이 나타난다.

보웬 가족치료의 근본 목표는 미분화된 가족 자아덩어리로부터 개인이 분화될 수 있도록 자아분화 수준을 높이고 이를 통해 가족의 정서체계를 변화시킨다. 개인의 분화수준이 높아지면 가족에 퍼져 있는 정서적인 힘(불안)에 대해 덜 반응적이 되기 때문이다. 분화 수준을 높이기 위해서는 불안을 스스로 통제하고 다루는 방법을 알아야 하고, 불안의 정체를 파악하여 이해하는 것이 필요하다. 이것은 삼각관계를 해체하고 해결할 수 있는 중요한 요인이다. 이런 과정을 통해 감정 반사행동을 하지 않게 되고 분화수준은 올라가게 된다.

보웬의 가족치료 모델의 목표는 내담자에 의해 제시된 임상적 문제가 무엇이든 간에 다음과 같이 두 가지로 정리할 수 있다(Nichols & Schwartz, 1995).

첫째, 자아분화수준을 높여 탈삼각화 시키고 가족체계를 변화시키는 것이다.

둘째, 자아분화 수준을 높여 감정 반사적 행동을 중지하고 이성적으로 대처할 수 있도록 내담자를 지원하는 것이다.

그런데 분화 수준이 갑자기 변화하기 어렵기 때문에 우선 내담자의 스트레스 정도와 상황을 사정하고 그 스트레스를 낮추도록 하는 개입을 먼저 하는 것이 적절하다(Murdock, & Gore, Jr., 2004). 이렇게 내담자 가족의 스트레스를 낮추는 개입을 한 후 분화 수준을 높이기 위한 상담을 진행한다.

자아분화 수준을 높이기 위한 상담 방법은 가족평가를 통해 내담자 스스로 자신이 원가족과 정서적으로 분화되지 못한 상태라는 점과 부모와 삼각화 관계에 있다는 등 분화 수준을 깨닫게 하는 과정이 중요하다. 가족상담자는 이러한 통찰 과정을 통해 내담자가 원가족과의 분화 정도를 깨닫게 되도록 원조하고 원가족과 미해결된 갈등이 현재의 관계에도 영향을 미친다는 것을 깨닫도록 한다(Nichols & Schwartz, 1995; 김영애 역, 2017). 그리고 내담자가 가족체계에서의 탈삼각화을 이루고 자아분화 수준을 높일 수 있도록 한다.

상담의 단위는 주로 개인이거나 부부가 된다(Kerr & Bowen, 1988, 남순현 외 공역, 2005). 가족 중 한 사람이 자아분화 수준이 높아지면 가족의 변화를 일으킬 수 있다고 보기 때문에 개별단위로도 치료한다. 중요한 것은 문제 증상이 아니라 가족의 얽혀진 정서체계로 보기 때문이다. 부부문제라면 자녀를 참가시키지 않고 부부만으로 이루어지고, 설혹 자녀문제라도 자녀를 빼고 상담을 진행하기도 한다. 전형적인 보웬의 상담과정은 두 사람의 성인과 상담자로 구성되며, 가족 수와 상관없이 삼각관계를 변화하는 데에 관심을 둔다.

전체적인 상담의 과정을 정리해 보면 다음과 같다.

첫째, 우선 가계도를 통해 정확한 가족정서체계(개인력, 핵가족력, 확대가족력)를 평가하여 현재의 문제를 다세대체계의 맥락에서 분석한다.

둘째, 주요 가족원과 관련한 불안과 정서적 반응성의 수준을 경감시킴으로써 가족 내 불안수준을 낮춘다.

셋째, 맞물린 삼각관계 중에서 가장 핵심적인 삼각관계 유형을 찾아낸다.

4. 치료기법

보웬 모델에서는 사람을 변화시키려 하지 않고, 문제해결에도 관심을 두지 않는다. 치료란 자기 자신과 관계에 대해 학습할 기회를 제공하여, 문제에 대한 책임을 깨닫게 하는 것으로 본다. 치료는 적극적인 탐색과정으로 상담자는 포괄적인 가족치료 이론을 토대로 가족 구성원이 서로 비난하지 않고 가족 문제의 발생에 각자 차지하고 있는 역할을 찾도록 돕는다(Nichols, 김영애 역, 2016).

보웬 모델에서는 가족문제를 여러 세대를 통해 반복되고 있는 과정과 구조에 초점을 맞추어 파악한다. 과정은 원가족에게서 전수되고 있는 정서적 충동에 속박된 반응유형이며 구조는 서로 맞물려 있는 연동적인 삼각관계 유형이다.

주요 기법으로는 가계도, 탈삼각화, 질문, 실험, 코칭, '나-입장' 취하기, 가족의 이야기를 다른 이야기로 대치하기 등이다.

1) 가족평가(진단): 가계도 활용

보웬 모델에서는 내담자의 가족체계에 대한 통찰을 돕는 것을 일차적인 목표로 삼기 때문에 특별히 기법을 강조하지는 않는다. 가족 문제가 확대가족의 역사 속에서 어떻게 전달되고 있는가와 가족문제를 유발한 자신의 역할을 깨닫게 하기 위하여 가계도를 활용하여 가족평가를 하도록 한다.

가계도는 최소한 3세대에 걸쳐 확대가족을 도표화함으로써 현재 나타난 문제의 기원을 나타내 주는 것이다. 다세대의 맥락에서 가족의 정서적 과정이 약해지고 강해지는 것을 파악하는 데 유용한 도구로 상담자는 가계도를 다양한 방법으로 사용할 수 있다. 첫째, 가족에 개입하기 위해서, 둘째, 가족의 문제를 재구성하고 재조명하기 위해서 셋째, 가족체계의 방해요인을 제거하기 위해서 넷째, 가족 패턴을 명료화하기 위해서 다섯째, 가족과 이전 세대를 연결하여 그들에게 힘을 부여하여 미래에 독립적이고 자유롭게 하기 위해서 등이다.

(1) 가족유형 탐색의 내용

가족의 문제가 여러 세대에 걸쳐 전달되어 현재의 증상을 일으킨다고 가정하므로, 개입에 앞서 문제를 일으킨 다세대 정서과정의 기본 유형을 찾는 것이 무엇보다 중요하다. 평가는 신체적·정서적·사회적 증상에 초점을 두어 제시된 문제력과 증상이 그 사람의 관계에 미치는 영향에 대한 파악이다. 초기면접은 1회 이상의 회기를 통해 현재의 증상과 관련된 가족의 역기능을 측정하며, 평가는 개인력, 핵가족력, 확대가족력의 순서로 이루어진다(Kerr & Bowen, 남순현 외 공역, 2005).

① 개인력: 호소문제 관련 정보 탐색

먼저, 증상을 가진 개인이나 관계에 초점을 맞춘다. 언제 증상이 발병했는지, 재발했는지 등의 날짜를 확인한다. 증상의 발발은 가족의 정서적 기능이나 스트레스 사건과 시간적 관련성이 있기 쉽다. 그러한 관련성을 파악한다면 문제를 완화시킬 수 있는 단서를 얻을 수 있다. 한편 문제를 바라보는 관점이 가족원마다 다를 수 있으므로 문제에 대한 가족원의 인식이 각각 어떠한가에 대한 평가도

놓치지 않도록 해야 한다.

② 핵가족력: 핵가족 과정 탐색

핵가족의 평가는 남편과 아내가 처음 만났을 때부터의 핵가족 형성과정, 연애시절 전후로 이들의 경력, 연애동기와 결혼동기, 구혼, 신혼생활환경, 결혼기간 동안의 별거나 이혼고려가 있었는지, 상담이나 심리치료를 받은 적이 있는지 등을 파악한다. 증상과 관련된 역기능, 문제를 둘러싼 핵가족의 순환과정, 가족의 스트레스 수준과 불안 수준 등을 탐색한다.

③ 확대가족력: 확대가족(원가족) 정서과정 탐색

확대가족의 평가는 모계와 부계를 모두 살펴보면서 현재의 핵가족의 위치를 알아보는 데 목적이 있다. 가족의 관계유형, 정서유형, 반성불인의 형성과정과 투사과정 등을 탐색하여 문제의 본질과 관련된 정서과정과 역기능과 관련된 체계 유형을 찾아낸다.

(2) 가계도 작성법

가계도 작성을 통하여 가족 내의 상호작용과 인간관계 유형의 반복을 예측하고 사건의 우연의 일치에 대해서도 체계적 견해를 가지도록 한다. 삼각관계를 파악하여 그러한 삼각관계의 유형이 한 세대에서 다음 세대로 어떻게 계속되는지 살펴봄으로써 그들을 변화시킬 전략을 설계한다. 가계도 작성법은 다음과 같다.

첫째, 가족구조를 도식화하여 생물학적, 법적 관련사항을 도표로 묘사한다.

둘째, 가족 구성원의 기본적 정보(연령, 출생 및 사망시기, 직업, 교육수준)와 가족의 역할, 중요한 가족사건 등에 관한 정보를 덧붙인다.

셋째, 가족의 보고와 상담자의 직접적 관찰에 근거하여 각 가족 구성원의 관계를 도식화한다.

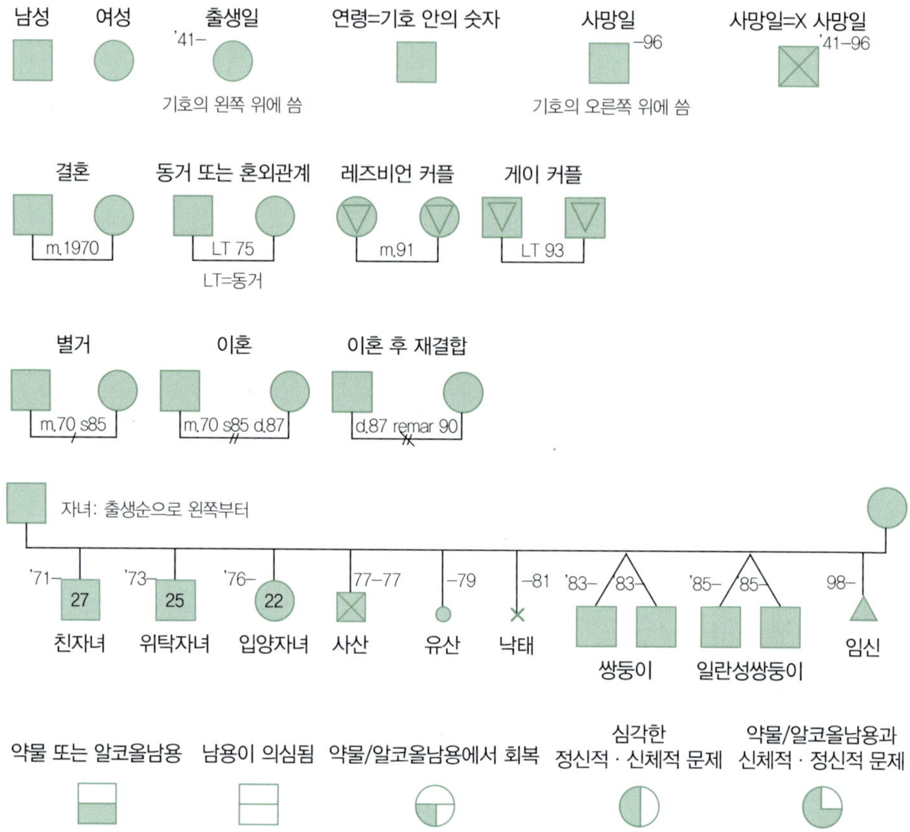

| 그림 4-1 | 가계도의 표준기호

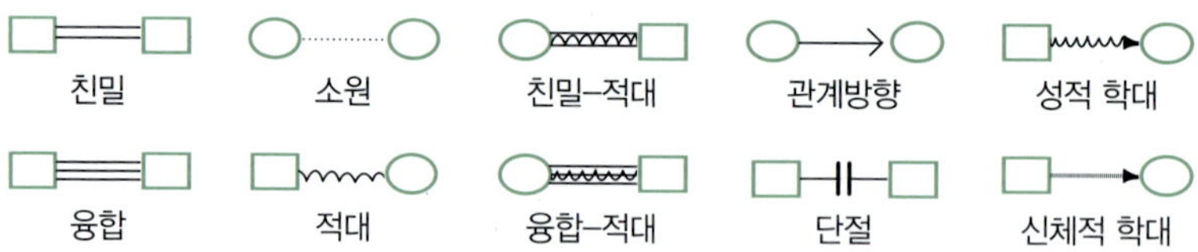

| 그림 4-2 | 대인관계 상호작용을 나타내는 기호

출처: 김미애·김영호(2009). 가계도를 활용한 역기능 가족에 대한 가족치료 사례연구.

2) 개입방법

(1) 탈삼각화와 치료적 삼각관계

분화의 수준이 낮으면 불안이 생겼을 때 이를 합리적으로 생각하여 목표를 가지고 행동하지 못하기 때문에 즉흥적이고 즉각적인 행동을 하게 된다. 자신의 불안을 다른 사람에게 의존하여 낮추려 하면서 삼각관계를 형성한다. 즉 삼각관계 형성의 근본적인 원인은 자신의 불안을 해소하기 위해 제삼자를 개입시켜 안정감을 찾는 과정이다.

탈삼각화는 다세대 간의 삼각관계를 맺고 있는 사람을 거기에서 해방시키는 것이다. 탈삼각화 기법은 원가족에게 돌아가 원가족을 이해하도록 과제를 내 주기도 하고 원가족의 가계도를 활용하며 얻어신 정보에 의하여 자아분화의 문제를 깨닫게 하는 기회를 포착하면서 변화를 구축한다. 가족 간의 정서적 긴장이 정서적 쟁점이 될 때 불안을 이해하며 삼각관계를 인식하도록 하면서 상담을 한다(이현경, 2010).

상담자는 가족들이 가지고 있는 삼각관계와 다른 종류의 삼각관계를 만들기도 하면서 탈삼각화를 이룬다. 보웬은 불안한 가족이나 부부를 면담할 때도 치료적 삼각관계를 강조한다. 상담자는 가족정서체계에 융합되거나 갈등적 삼각관계에 개입되지 않도록 주의하며 차분하고 객관적인 태도를 지키기 위해 노력한다. 치료목표인 가족원의 분화와 불안의 감소를 성취하기 위해서 상담자는 가족에게서 탈삼각관계로 남아 중립성을 유지해야 한다. 상담자가 주체성 있는 자기 입장을 가질수록, 가족도 자신의 입장을 분명히 하게 된다.

상담자의 중립성은 매우 중요한 요인이다. 상담자가 부부 중 한쪽 편을 들지 않으면서도 양쪽과 접촉을 유지한다면 각 배우자의 분화 수준은 높아진다. 이인

관계가 안정화되면 상담자가 외부인으로 회귀하며 탈삼각화가 이루어진다. 만약 상담자가 배우자 중 한쪽과의 정서적 접촉을 하지 않으면 이인구조로 전락되어 또 다른 삼자의 개입으로 삼각관계를 형성하게 된다. 상담자가 부부와 더불어 삼각관계를 만들지만 상담자가 과잉 기능하거나 정서적으로 반응하는 삼각관계의 정서과정에 사로잡히지 않는 중립적인 위치를 지킴으로써 다른 두 사람의 관계에 변화를 가져오게 된다.

> 남편의 귀가 시간이 늦어질 때 여지없이 부부싸움을 하고, 그럴 때마다 아내는 자신의 아들에게 불만을 호소하는 것으로 해소한다. 어머니의 불평을 들을 때마다 아들은 엄마를 위로하고 아버지를 비난하는 편에 서게 된다. 아들이 독립할 나이가 되자 어머니는 우울 증상을 보였고 이를 치료하기 위해 상담자는 아들과 어머니의 융합된 관계에서 탈삼각화를 목표로 하였다. 늘 어머니에게 위로와 충성을 보였던 아들의 반응에서 더 이상 어머니의 동조와 불평의 해결사 노릇을 하지 않도록 한다. 아들의 탈삼각화적 위치 변화로 어머니는 남편에게로 향하게 되고 오랫동안 잠재되어 있던 부부관계 내의 정서적 문제가 드러난다. 비로소 부부는 자신들의 본질적인 문제인 부부관계 개선을 위한 상담에 초점을 맞출 수 있게 된다.

(2) 과정질문

질문은 보웬의 중요한 기법으로 내담자의 감정과 느낌을 인식하도록 하고 자신을 객관적으로 바라보게 함으로써 사고를 촉진한다. 과정질문은 자신의 내면세계 및 다른 사람과의 관계에서 어떤 일이 일어나고 있는지 탐색하도록 만드는 질문이다.

> "그때 당신의 기분이 어떠했나요?"
> "무엇이 당신을 그토록 힘들게 합니까?"
> "언제부터 그런 기분이 들었나요?"
> "남편의 말에 당신은 어떤 태도를 취했나요?"
> "당신의 딸이 데이트하러 나갈 때 어떤 생각이 드는가요?"

감정을 진정시키고 정서적 반응에 의해 발생하는 불안을 경감시키며, 사고를 촉진하기 위한 질문으로 가족원들이 문제에 대해 어떻게 지각하며 어떠한 방식으로 상호작용하는지를 알아보기 위한 방법이다. 즉 과정질문은 반응적인 불안을 감소시키며, 다른 사람이 나의 속을 얼마나 상하게 했는가에 대해서가 아니라 내가 문제에 어떻게 참여했는가에 대해 생각하기 시작하도록 돕는 방법이다.

(3) 코칭

코칭은 내담자가 직접 가족 문제를 해결하도록 상담자는 뒤에서 지지하고 조언하는 역할을 수행하는 것이다. 상담자는 전문적인 코치의 역할을 하게 되는데 중립적이고 객관적인 입장에서 조언을 하며 이를 통해 개인의 분화를 도와야 한다. 상담자는 객관적 자세를 가지고 교사, 조언자, 협력자 등의 역할을 하면서 내담자가 자기입장을 분명하게 정리하고 분화된 방향으로 체계에 영향을 미치도록 도와야 한다.

코칭은 가족관계에서의 자기이해 증가, 나-입장 취하기, 자기에게 초점두기를 통한 사랑에 대한 발전을 목표로 한다.

① 관계실험

관계실험은 주요 삼각관계를 구조적으로 변화시키기 위해 사용한다. 내담자들이 평소 자신의 충동에 따라 자동적으로 반응하지 않을 때 어떠한 상황이 전개되는지 경험하도록 돕는 방법이다. 이러한 방법을 통해 문제가 해결되는 경우도 있으나, 그 주요 목적은 정서적 충동에 따라 반응하지 않을 수 있는 능력을 발견하는 데 있다. 즉 관계실험의 목표는 가족들로 하여금 체계과정을 인식하고 그 과정 내에서 자신의 역할을 깨닫도록 학습시키고, 상대방의 요구를 회피하거나 무조건 항복하지 않고 그 대안을 찾게 하는 것이다(Nichols, 김영애 역, 2016).

> 정서적으로 쫓아가는 자와 거리를 두는 부부관계에서 의존하려는 사람에게는 상대방에 대한 의존을 자제하고 요구하기를 중지하고 정서적으로 연류되려는 압력을 감소시키고 자신과 상대방의 관계에 어떤 일이 발생하는지를 보게 한다.

② 나-입장 취하기

나-입장(I · Position) 취하기는 핵가족 내에서 고정된 삼각관계에서 벗어나 진짜 자기로서 기능하는 것이다(이영분 외, 2020). 이는 상대방의 행동을 비난하거나 지적하기보다 자신의 감정에 초점을 맞추어 표현하도록 하는 방법이다. 서로 정서적 충동에 따라 반응하려는 경향을 막는 가장 직접적인 방법 중 하나는 자신의 입장을 피력하도록 하는 것이다. 상담자는 내담자가 삼각화된 상대방에게 의존했던 패턴에서 벗어나 자기 위치를 지킬 수 있도록 코치함으로써 분화수준을 향상시킨다.

"당신은 너무 게을러요." → "나를 좀 더 도와줬으면 좋겠어요."
"당신은 왜 그렇게 어지르고 다녀요?" → "당신이 벗어놓은 옷이나 본 책을 그때그때 정리했으면 좋겠어요"
"당신은 아이들을 망쳐놓고 있어요." → "아이들에게 좀 더 엄격했으면 좋겠어요."

③ 자신에게 초점 맞추기

성인이 된다는 것은 자신의 감정과 행동에 대해 책임을 지는 것이다. 자기초점은 다른 사람들이 그들의 책임에서 벗어나게 하는 것이 아니라 그들이 자신의 삶에 통제를 하게 하는 방법이다. 자기초점은 무력한 피해자로서가 아니라 좀 더 많은 행동을 선택할 수 있게 해 주는 것이다(Nichols, 김영애 역, 2016).

"이 상황에 당신의 책임은 몇 퍼센트가 있다고 생각하나요? 그리고 상대방은 몇 퍼센트의 책임이 있다고 생각하나요?"
"당신의 목표는 무엇인가요? 그 목표를 달성하기 위해 무엇을 하였나요? 그 외에 또 무엇을 해야 할까요?"

(4) 다양한 객관적 기법

보웬은 직면 방식보다 초점을 바꾸어 덜 개인적이고 덜 위협적으로 만드는 객관성을 증가시키는 방법을 강조한다. 내담자가 논쟁이나 방어를 하지 않고 가족 속에서 자신의 몫과 기능을 인식하도록 돕는다. 이를 위해 감정보다 생각에 대한 질문을 더 많이 하고, 부부가 서로 이야기하기보다는 한 사람씩 돌아가면서 상담자에게 이야기하고 다른 사람은 관찰하고 경청하도록 하기 등이 있다. 또한 비슷한 문제를 가진 다른 가족의 이야기를 해 주거나 비디오테이프, 영화 등의 자료를 사용하여 개인과 가족을 교육시키기도 한다.

5. 사례 적용

IP: 여, 이샛별, 7세, 초등학교 1학년.
아버지: 고졸, 41세, 공무원.
어머니: 고졸, 39, 주부.
제시된 문제: 늘 어른들의 비위를 맞추려 하는 아이. 매일 밤 오줌 싸는 행동.

출처: 김미애·김영호(2009). 가계도를 활용한 역기능 가족에 대한 가족치료 사례연구, 복지상담학연구, 4(1), pp. 79-99.

IP의 어머니는 언어구사력이 지나칠 정도로 뛰어나고 아이답지 않은 행동을 하는 아이에게 정이 가지 않는다고 하였다. 예를 들면 아침에 일어나면 아이가 앞치마를 두르고 어머니가 해야 할 설거지와 세탁기도 돌려놓고 엄마가 일어나기를 기다리고 있다는 것이다. 또한 남편과 불편한 대화를 주고받는 날이면 아이는 어김없이 엄마 옆에서 아버지를 구체적으로 비난하면서 엄마 편을 들고 그리고 하루도 빠짐없이 아이는 이불에 오줌을 싸고 있다.

7세 여아가 부부사이에서 일어나는 갈등사이에서 전형적인 희생양으로서 이끌려 들어가 삼각관계 속에서 심리적 고통을 당하는 경우였다. 아이는 부모의 갈등 속에서 심리적 평형을 이루기 위해 부모가 기뻐할 일을 찾고 실행하고 있다. 아이가 어머니가 해야 할 부엌일과 세탁일을 도맡아 하면서 어머니가 자신을 버리지 않도록 힘에 겨운 노력을 함으로써 자신의 유기불안을 간접적으로 표현하고 있으며 또한 아버지를 비난한 후 끊임없는 불안과 죄책감으로 시달리고 있었다.

이와 같은 심리적 불안과 고통이 매일 밤 '오줌 싸기'라는 증상으로 표현되고 있는 것이다. IP의 어머니는 가계도 분석을 통하여 전체 가족의 심리적 맥락을 인식하며, 아이의 오줌 싸기가 부모의 삼각관계에 연루되어 희생양이 되어가는 과정에서 보여 주는 증상의 한 단면인 것을 자각하였다. 그때부터 적극적으로 남편과 함께 상담에 참여함으로써 부부관계의 변화를 위한 실질적인 노력을 하기 시작하면서 점차 IP의 '오줌 싸는 행동'이 멈추었다.

요약

보웬 이론의 유용성은 우리가 다른 사람들과 어떤 관계를 맺는가에 영향을 미치는 정서적 영향력을 설명하는 것에 있다. 우리가 서로를 이해하는 데 가장 치명적인 장애는 정서적 충동에 따라 반응하려는 경향이다. 모든 인간관계에서 그렇듯 이러한 경향은 양방향적인 성격을 띤다. 한 사람이 정서적 충동에 따라 행동을 하게 되면 상대방도 무엇을 말하려고 하는지 경청하기보다는 똑같이 충동적으로 반응한다. 보웬 이론은 이러한 반응성을 기술하고 그 기원을 자아분화의 결여에서 찾으며 정서적 충동에 대한 자기통제로 나아가는 방법을 설명하고 있다. 이것은 가정 내에서 관계를 폭넓게 발달시키고 자기 신념에 방어적 태도를 취하지 않고 경청하는 방법을 학습함으로써 가능한 것이다. 분화수준의 향상은 개인들이 스스로 책임을 지도록 하는 과정으로 관계 속에서 불안이 생기더라도 불안이라는 감정을 인식하면서 감정적 반사행동을 하지 않는 것이다.

이를 위해 가족의 가계도 파악은 중요한 개입방법이다. 가계도를 파악해 봄으로써 다세대적 정서체계가 현재의 가족관계와 개인의 기능에 어떻게 영향을 미치고 있는지를 객관적으로 보는 것이다. 적어도 3세대 이상의 가계도 분석으로 문제를 일으키는 나세대 징시과정의 반복되는 패턴을 찾아본다. 개인 역사, 현재 가족 역사, 확대가족 역사의 평가를 통하여 가족과의 융합문제, 미분화문제, 정서적 단절, 현재 가족의 정서체계, 삼각관계 등을 파악해 본다. 감정에 지배되지 않은 차분한 분위기에서 나와 연관된 가족관계의 역사를 직면하고, 현재 문제와의 관련성을 깨닫는 작업으로 탈삼각화를 통하여 분화수준을 높이도록 한다.

지시적이거나 체계적인 치료기법이 거의 없는 보웬의 가족치료 모델에서 내담자의 통찰을 통한 자기분화 촉진을 이루는 기법이 있다면 원가족과의 분화수준을 통찰하게 도와주는 과정질문과 코칭이다. 과정질문은 정서적 반응으로 생긴 불안을 낮추고 사고를 촉진하기 위한 질문으로, 감정을 가라앉히고 가족관계에 자신이 어떤 방식으로 참여하였는가를 생각해 볼 수 있도록 하는 질문이다(Nichols & Schwartz, 1995). 과정질문을 통해 내담자는 원가족과의 분화수준이나 삼각화 현상에 대해 생각할 기회가 생기고 가족체계를 이해하고 깨닫는 과정에서 새로운 기능적인 체계로 변화하려는 동기를 갖게 되고 또 그렇게 노력할 수 있게 된다. 보웬 모델을 활용하는 가족치료사가 질문하는 대부분이 과정질문으로 이루어졌다고 볼 수 있다. 또한 코칭은 치료자의 중립적이고 객관적인 조언을 통해 내담자의 자기분화를 돕는다.

〈점검해 보기〉

자아분화 척도

* 자신이나 다른 사람들과의 관계에 대한 귀하의 생각이나 느낌을 묻는 질문으로 자신의 생각이나 행동, 느낌에 가장 가깝다고 판단되는 번호에 ∨표를 한다.

항목	매우 그렇다	조금 그렇다	조금 그렇지 않다	대체로 그렇지 않다	전혀 그렇지 않다
1. 사람들은 내가 감정을 잘 통제하지 못하는 편이라고 말한다.	1	2	3	4	5
2. 배우자가 나를 비난하면, 한동안 마음이 괴롭다.	1	2	3	4	5
3. 나는 결정을 내리도록 도와줄 사람이 옆에 없으면, 종종 확신이 안 선다.	1	2	3	4	5
4. 누군가와 논쟁을 벌이는 와중에도, 나는 감정에 치우치지 않고 내 입장을 분명히 할 수 있다.	5	4	3	2	1
5. 나는 감정이 격해졌을 때에는 제대로 생각하기가 어렵다.	1	2	3	4	5
6. 나는 살면서 만나는 대부분의 사람들에게 인정을 받고 싶어 한다.	1	2	3	4	5
7. 내 자존심은 다른 사람들이 나를 어떻게 생각하느냐에 따라 달라진다.	1	2	3	4	5
8. 나는 어떤 일이 일어나도 별로 흔들리지 않는다.	5	4	3	2	1
9. 배우자가 이해하지 못할까 봐, 내 속마음을 솔직히 드러내지 못한다.	1	2	3	4	5
10. 때때로 나는 감정의 기복이 너무 심하다고 느낀다.	1	2	3	4	5
11. 다른 사람이 나를 비판하는 것에 대해 지나치게 민감하다.	1	2	3	4	5
12. 나는 뭔가 결정을 내릴 때, 다른 사람들이 그것을 어떻게 생각할지 걱정이 된다.	1	2	3	4	5
13. 다른 사람이 뭐라 하든 개의치 않고 대부분 내 생각대로 한다.	5	4	3	2	1
14. 배우자가 나한테 너무 많은 것을 바란다는 느낌이 들어 부담스러울 때가 있다.	1	2	3	4	5
15. 나는 스트레스가 오래 계속되면, 이성보다 감정에 따라 행동하게 된다.	1	2	3	4	5
16. 누군가에게 화가 나면, 쉽게 그것을 풀지 못한다.	1	2	3	4	5
17. 큰일을 시작할 때, 나는 주변 사람들로부터 많은 격려를 받아야 안심이 된다.	1	2	3	4	5
18. 스트레스를 받는 상황에서도, 내 감정을 부인하지 않고 합리적으로 반응할 수 있다.	5	4	3	2	1
19. 배우자와 함께 있을 때, 때로 나는 가슴이 답답하거나 숨이 막힐 것 같은 때가 있다.	1	2	3	4	5
20. 나는 중요한 결정을 내려야 할 때도 즉흥적으로 처리하는 일이 많다.	1	2	3	4	5
21. 나는 예민한 편이어서 다른 사람으로부터 상처를 잘 받는다.	1	2	3	4	5
22.나는 사람들에게 말부터 해 놓고 나중에 후회하는 일이 많다.	1	2	3	4	5
23. 아직도 나는 부모님이나 형제자매와 다투고 나면, 기분이 엉망이 된다.	1	2	3	4	5

항목	매우 그렇다	조금 그렇다	조금 그렇지 않다	대체로 그렇지 않다	전혀 그렇지 않다
24. 나의 말이나 의견이 남에게 비판을 받으면 잘 바꾸는 편이다.	1	2	3	4	5
25. 대부분의 경우 내 감정이나 생각 따위로 고민하지 않고 단호하게 행동할 수 있다.	5	4	3	2	1
26. 배우자가 나를 너무 구속하지 않으면 우리 부부관계는 더 좋아질 것 같다.	1	2	3	4	5
27. 나는 화가 나면 물불을 가리지 않고 행동하는 편이다.	1	2	3	4	5
28. 배우자를 포함한 가까운 사람과 말다툼을 하고 나면, 하루 종일 그 일을 생각한다.	1	2	3	4	5
29. 스트레스를 받아도 나는 별로 흔들리지 않는다.	5	4	3	2	1
30. 나는 대수롭지 않은 일에도 화를 잘 내는 편이다.	1	2	3	4	5
31. 나는 배우자가 내 생각이나 기분을 인정해 주지 않으면 마음이 불편하다.	1	2	3	4	5
32. 나는 화가 나면 혼자 해결하지 못하고 누군가가 해결해 주기를 바란다.	1	2	3	4	5
33. 누군가가 압력을 가해도, 내 감정과 신념을 분명히 드러낼 수 있다.	5	4	3	2	1
34. 나는 사라면시 집을 나가고 싶은 충동을 자주 느꼈다.	1	2	3	4	5
35. 나는 차근차근 따져 생각하기보다 느낌과 감정에 따라 행동한다.	1	2	3	4	5
36. 나는 누군가에게 무시를 당하면 자존심이 상한다.	1	2	3	4	5
37. 내 의견이 배우자나 주위 사람과 비슷해야 안심이 된다.	1	2	3	4	5
38. 나는 자기주장이 강하고 지배적인 사람을 대할 때에도, 분명한 사고와 편안한 마음을 유지할 수 있다.	5	4	3	2	1

자기분화 차원	하위요인	문항수	문항
심리내적 차원	정서적 반응	9	1, 5, 10, 15, 20, 22, 27, 30, 35
	자기입장	8	4, 8, 13, 18, 25, 29, 33, 38
대인관계 차원	타인과의 융합	7	3, 7, 12, 17, 24, 32, 37
	정서적 단절	5	9, 14, 19, 26, 34
심리내적 + 대인관계 차원	정서적 융합	9	2, 6, 11, 16, 21, 23, 28, 31, 36
총 자기분화		38	위 문항 전체

* 미혼인 경우 질문의 내용 중의 배우자를 중요한 타인, 파트너, 이성친구 등으로 변경하여 응답할 수 있다. 점수가 높을수록 총 자기분화 수준은 높으며, 정서적 반응, 타인과의 융합, 정서적 단절, 정서적 융합은 낮은 반면, 자기입장은 높다.

* 일반적으로 평균을 사용할 수 있다. Bowen의 제안에 따른 0~100점 사이의 백분위 점수로 환산하기 위한 계산방법: 백분위 점수 = 원점수(범위 0~190) × 100/190 (예, 원점수의 총점이 110점으로 나온 경우: 100점 만점의 자기분화 점수는 57.9점이 됨 즉, 110(원점수) × 100/190 = 57.9점)

출처: 정혜정·조은경(2007). 한국형 자기분화척도개발과 타당성에 관한 연구, 가족과 가족치료 15(1), 한국가족치료학회. pp. 19-46 일부 재구성.

나는 무엇인가.
내가 대수롭지 않게 여기는 것, 내가 주의를 기울이는 것, 모두가 나 자신이다.
어둠으로 내려앉는 것, 빛 속으로 다시 떠오르는 것, 모두 나 자신이다.
배반과 충성심, 실패와 성공 모두 나 자신이다.
나는 나의 무지이고 통찰이며, 의심이고 확신이다. 또한 두려움이자 희망이다.
온전함이란 완전함을 의미하지 않는다.
그것은 부서짐을 삶의 총체적인 부분으로서 끌어안는다는 뜻이다.

-파커 J. 파머의, '모든 것의 가장자리에서' 중에서-

제 5 장

경험적 가족치료 모델

버지니아 사티어(Virginia Satir, 1916~1988)

사티어는 가족치료학파의 창시자들 중 유일한 사회복지사이자, 여성이다. 그녀는 위스콘신 대학교에서 교육학을 전공하고 6년간 초등학교 교사로 근무하였으나, 1948년 다시 시카고 대학교 대학원에서 사회사업을 전공하였다. 사티어는 사회복지사로서 사회에서 소외된 사람들을 치료하면서 그녀 나름의 독창적인 치료방법론을 형성하게 되었는데, 특히 여성 조현병 환자를 상담하던 중 환자의 가족을 함께 만나야겠다는 생각을 하게 되었다. 또한 복지관에서 알코올 중독자와 노숙자들을 만나면서 언어에 국한되지 않고 몸소 체험할 수 있는 경험적 치료방법이 치료적 효과가 훨씬 크다는 것을 깨닫게 되었다(김영애, 2015). 1962년 MRI(Mental Research Institute)에 합류하여 의사소통 가족상담에 대하여 체계적이고 심층적인 연구를 수행하였으나 1960년 중반에 인간 성장 운동에 더 깊은 관심을 기울이게 되었다. 그 후 캘리포니아 빅서(Big Sur)에 있는 에살렌 연구소(Esalen Institute)를 이끌며(한재희 외, 2013), 인본주의적 개념을 바탕으로 경험적 과정에 초점을 둔 성장 모델(growth model)을 발전시켰다.

사진 출처: 정문자 등(2012). 가족치료의 이해. 학지사. p. 172.

우리는 가족 속에서 태어나 성장하고 결혼하며 다시 자녀를 낳아 양육하는 과정을 거친다. 이를 통해 가족은 공동체적 성격을 갖게 되며, 서로 정서적인 관계로 상호 영향을 주고 받는다. 가족의 정서적 관계를 이해하기 위해서는 가족을 한 단위(unit)로 한 전체성(wholeness)의 개념으로 바라보는 체계론적 시각이 유용한데, 이것은 가족원 개인의 특성에 초점을 두기보다는 가족의 상호작용 과정에 초점을 둔다는 의미이다. 따라서 개인이 갖고 있는 성장과 성숙에 대한 욕구 충족은 자신이 속한 가족체계 내에서 의사소통 형태와 규칙 또는 규범 등이 어떻게 이루어져 있고 또한 얼마만큼 정서적으로 수용 또는 경험하고 있는지에 따라 달라질 수 있다.

정서적 체계로서 가족이 건강하다는 것은 가족원 각자 자신의 위치에 따른 역할이 정확하게 이해되고, 각 개인의 자율성이 존중되면서도 전체로서의 가족유대감이 유지되며, 가족규칙은 상황에 따라 변할 수 있는 융통성을 지니고 있지만 명확하고 공정하며, 가족 구성원 간 의사소통이 자유롭고 직접적이며 명확하게 이루어지는 것을 의미한다.

이와 같은 의미로 경험적 가족치료는 한 개인의 성장을 위해 가족들이 서로 협력하는 과정과 기술을 강화하도록 돕고, 개인 또한 스스로 선택하고 그 결과에 책임지는 것을 인식하도록 함으로써 가족 개개인과 가족체계의 건강을 증진하는 데 활용되고 있다. 가족을 안정된 상황에 머물게 하는 것이 아니라 성장시키는데 목표를 두고 있는 경험적 가족치료 모델은 가족의 정서적 기능이 그 어느 때보다도 강조되고 있는 현대 사회에서 잘 적용될 수 있는 모델이다.

1. 발달배경

경험적 가족치료 모델은 1960년대에 유행했던 인본주의와 실존주의, 현상학 등의 이론과 게슈탈트 치료의 영향을 받아 형성되었다. 이는 가족치료의 초기 대표 이론인 정신분석이론과 행동주의가 갖고 있는 결점에 대한 반동으로 인간의 성장 잠재력과 문제해결력을 존중하며, 자아가치와 성숙 및 성장을 중시하는 인본주의의 심리학의 이론을 토대로 구성되었다. 또한 실존주의와 현상학의 영향으로 자발성과 자유, 창의성, 지금-여기에서의 개인의 주관적인 감정과 욕구, 행동을 중시하며, 게슈탈트 치료의 영향으로 상담 장면에서 상담자와 가족 사이에 바로 그때 경험하는 상황과 느낌을 중시하고 현재 충만함을 경험하는 것 그리고 이를 가족이 공유함으로써 치료적 변화가 촉진되고 가족이 성장하는 것을 강조하고 있다.

이외에 경험적 가족치료 모델은 참만남집단, 의사소통이론, 예술치료, 심리극 등 다양한 이론과 기법의 영향을 받아서 가족조각, 빈의자기법, 심리역할극, 가족그림, 신체접촉 등의 다양한 표현 기법을 활용하고 있으며, 이러한 기법들을 통해 상담자와 가족구성원 그리고 가족구성원들 사이에서 매 순간 일어나는 지금-여기에서의 상황을 경험하고, 성장이 촉진되도록 도울 수 있다고 보았다.

대표적인 경험적 가족치료 모델의 상담자로는 워터커와 사티어를 들 수 있다. 이들은 상담 장면에서 상담자와 내담자가 느끼는 감정을 중요시하고 내담자의 성장을 지향하는 데 있어 공통점을 가진다. 또한 상담 과정에서 내담자의 정서적 경험과 상담자의 활력이 상담의 효과에 중요한 영향력을 미친다고 여기며, 특히 상담자가 온정적이고 지지적이며, 적극적으로 솔직하게 자신을 개방하는 것이 치료적 변화를 촉진하는 데 중요한 요인이라고 여긴다.

그러나 구체적인 방법에서 두 사람은 차이를 나타내고 있다. 워터커는 임상적 경험을 통해 정신질환자의 기본적 원인이 가족임을 확신하였고, 이에 따라 상담의 초점을 내담자뿐만 아니라 가족의 성장에 맞춰야 한다고 주장하였다. 이를 위해 상담자는 내담자 가족과 자발적이면서도 창의적인 만남을 지속적으로 행해야 하는데, 주로 상담자가 온전한 인격을 갖추고 개방적이면서도 진실하다면 특별한 기법을 사용하지 않아도 가족의 잠재적인 성장을 이끌어 낼 수 있다고 하였다. 워터커는 이러한 자신의 상담적 접근방법을 '상징적 가족상담'으로 정의(김유숙, 2015)하였으나, 실제 이 임상기법은 체계화되어 있지 않아 그 뒤 상담자들이 뒤를 이어가기 어려운 단점을 갖고 있었다.

반면 사티어는 워터커와 같은 관점을 갖고 상담을 하였으나, 워터커와 달리 잘 훈련된 기법으로 상담과정을 계획하고 구조화하였다. 특히 성장 모델(growth model)을 발전시켰는데, 이는 상담자와 가족이 함께 힘을 모아 가족의 상호교류를 촉진하고, 이를 통해 성장을 자극하는 것이다. 가족 간 상호교류 촉진을 위해 사티어는 가족 구성원의 자존감과 자기가치 그리고 가족 내 의사소통의 질과 양상, 가족의 행동과 규칙 등에 관심을 가졌다.

또한 경험주의 치료와 체계이론 그리고 애착이론을 바탕으로 1980년대 존슨

(Susan Johnson)과 그린버그(Leslie, S. Greenberg)에 의해 단기치료로 개발된 정서중심적 부부치료(Emotionally Focused Theray: EFT)는 부부의 행복과 불화에 정서적 의사소통이 중요한 역할을 하고, 애착과 관련된 정서에 초점을 둔 치료 방법이 관계 회복 과정에 유용하다는 지지를 받고 있다. 이를 활용하는 상담자는 부부의 다양성을 존중하고 그들에게 의미 있는 것이 무엇이며, 그들이 친밀한 관계를 어떻게 보고 있는지 등 부부로부터 기꺼이 배우려는 개방적인 자세를 취한다. EFT 역시 '지금 여기'에서 나타나는 반응에 초점을 두며, 처음에는 개인 내적 경험을 다루다가 점차 부부 상호작용을 다루고 그 속에서 상대 배우자의 움직임을 따라가면서 이들의 상호작용을 점진적으로 촉진시킨다 (정민자 외, 2012). 이러한 상담 과정에서 부부는 자신에 대해 이전과 다른 방식으로 경험을 하고 새로운 방식으로 상호작용하면서 변화가 일어나는 것을 경험하게 된다.

본 장에서는 이 중에서도 우리나라에서도 많이 알려진 사티어 모델을 중심으로 경험적 가족치료를 소개하고자 한다.

2. 주요 개념

1) 이론적 신념과 가정

사티어는 다음(정은, 2009, 최규련, 2012, 김영애, 2015)과 같은 인간에 대한 이론적 신념과 가정을 근거로 경험적 가족치료 모델을 이끌어 나갔다.

첫째, 변화에 대한 신념과 가정이다. 외적 변화는 한계가 있을 수 있지만 내면의 변화는 누구에게나 언제든지 가능하다. 즉 변화는 누구나 가능한 것이기 때문에 변화를 환영하고 기대하는 것이 필요하다. 우리는 과거를 변화시킬 수 없으나 그 사건으로 인한 영향력은 바꿀 수 있다.

둘째, 관계에 대한 신념과 가정이다. 사회적 질서는 구성원의 동등한 가치를 인정하는 데서 시작된다. 사람 간의 관계, 관심사는 다르지만 동등한 가치를 지니고 있기 때문에 수용되어야 한다. 건강한 인간관계는 평등한 가치 위에 세워진다.

셋째, 성장에 관한 신념과 가정이다. 인간은 누구나 서로 다른 상황과 문화, 환경, 문제를 갖고 있지만, 모두 성공적으로 대처하고 성장하는 데 필요한 내적 자원과 적응력을 갖고 있다. 따라서 상담의 주요 목표는 성장과 가능성의 개발에 있다.

넷째, 문제와 자아존중감에 관한 신념과 가정이다. 행동이 역기능적이고 파괴적이라 해도 그 행동은 생존하고 어려움을 극복하기 위한 외적인 표현이다. 따라서 문제의 존재보다는 문제에 대한 대처방식이 인간에게 중요한 영향을 미치며, 이 대처방식은 자존감의 수준을 드러나게 한다. 자아존중감이 높은 사람은 상황에 전인적으로, 일치적인 방식으로 대처한다.

다섯째, 감정에 관한 신념과 가정이다. 사고와 감정은 같이 연관되어 있으며 인간은 감정의 지배를 더 많이 받는다. 그러나 사람은 내면의 감정을 선택하고 지배하고 사용하는 것을 학습할 수 있다. 성숙한 사람은 자신이 감정의 주인이 되어 감정을 소유하고 책임지는 행동을 한다.

여섯째, 인간의 유사성과 차이점에 대한 신념과 가정이다. 모든 사람은 유일한 존재로서 각기 고유한 개성을 가지면서 인간으로서 공통적인 유사성을 갖고 있다. 우리는 차이점을 발견하기보다 차이점을 수용하는 것을 배워야 한다. 우리는 유사성을 근거로 함께 어울릴 수 있고 차이점을 근거로 이해하고 극복하는 과정을 통하여 성장할 수 있다.

일곱째, 과거 및 부모 수용에 대한 신념과 가정이다. 과거에 대한 수용과 감사, 용납은 현재를 관리하고 발전시킬 수 있는 능력을 향상시킨다. 부모에 대한 수용과 감사, 인간적 이해는 현재 문제해결의 열쇠이고 성장의 출발점이 된다. 비록 역기능적이라 할지라도 부모는 성장기에 경험했던 익숙한 패턴을 반복하고 자신이 처한 상황에 가장 적합한 방법으로 최선을 다하였음을 인정해야 한다.

이와 같이 사티어는 인간에 대해 긍정적이고 미래지향적인 태도를 갖고 가족의 건강한 교류(의사소통)를 촉진하여 올바른 성장을 자극하는 데 중점을 두고 있다.

2) 주요 개념

사티어는 오랜 임상활동을 통해 인간의 문제와 관련된 다양한 역기능을 발견하였다. 역기능이란 적절하게 기능하지 못하고, 문제해결 능력이 낮아서 발달적, 상황적 위기에 잘 대처하지 못하는 것이다. 사티어가 발견한 개인과 가족의 역기능은 인간의 자아존중감, 가족규칙, 의사소통 및 대처유형, 지역사회와의 연계성에서 나타났다(정문자 외, 2012). 여기에서는 사티어 모델의 핵심인 자아존중감, 가족체계, 가족규칙, 의사소통 및 대처유형을 중심으로 살펴보고자 한다.

자아존중감 및 자기가치감, 가족체계, 가족규칙, 의사소통 및 대처유형

(1) 자아존중감 및 자기가치감

자아존중(self-esteem)이나 자기가치(self-worth)는 개인이 자신의 가치에 대해 스스로 내리는 판단, 신념, 느낌, 이미지(김영애, 2008)로 자기 자신에게 가지는 애착, 사랑, 신뢰, 존중을 뜻한다. 우리 내면에는 항상 사랑과 인정받고자 하는 욕구와 자기가치와 자아존중에 대한 원초적 욕구가 있으며 이러한 욕구가 충족될 때 자기가치와 자아존중을 학습하고 발전시키게 된다.

사티어는 자아존중과 자기가치를 에너지 자원으로 간주하였다. 인간은 일상생활의 유지를 위해 에너지가 필요한데, 보통 자신에 대해 신뢰하고 사랑할 때 강한 에너지가 만들어져 주어진 상황에 현실적이고 유연하게 대처할 수 있게 된다는 것이다. 그러므로 사티어 모델은 개인의 낮은 자아존중감을 높여서 자신의 가치를 인정하고 자신이 가진 자원과 장점을 발견하여 활용함으로써 문제에 적절히 대처하고 성장할 수 있게 한다. 자아존중감은 사티어가 문제를 진단하는 중요한 기준이 되며 치료목표가 된다.

자아존중감이 높은 사람은 자신의 내면에 대해 잘 알고, 표현을 잘하며, 자신의 가치를 존중하기 때문에 다른 사람도 존중할 줄 안다. 또한 자기조절을 할 수 있는 능력이 있으며, 난관에 봉착했을 때 낙담을 하지만 곧 회복하며, 자신의 실수를 방어하지 않으려는 특성 등을 갖고 있다. 반면 자아존중감이 낮은 사람은 자기를 잘 모르기 때문에 삶이 무색무취하고 지루하며, 자신의 결점을 타인에게 투사하려는 경향이 높고 공격적이다. 또한 자각이 둔하거나 또는 지나치게 예민하며, 다른 사람과 비교하고 판단하는 특성 등을 갖고 있다(김영애, 2008). 사티어는 자아존중감을 자신, 타인, 상황의 3요소로 설명하고 이들은 의사소통 유형 및 대처방식과 밀접하게 연관된다고 하였다.

(2) 가족체계

사티어는 가족이 항상성을 유지하기 위해 지나치게 외부의 영향이나 가족 구성원의 발달과정에서 오는 변화를 거부하게 되면 가족은 닫힌 체계(closed system)로서의 증상을 갖게 되며, 지나치게 열린 체계(open system)가 되면 가족의 응집력이 낮아져서 구성원 간의 연결이 잘 이루어지지 않는다고 하였다.

구체적으로 가족의 역기능을 유발하는 닫힌 체계(closed system)의 가족은 경직된 의사소통 규칙을 주로 갖고 있다. 이 체계에서 솔직한 자기표현은 불가능하다. 대개 억압과 복종, 신경증적 의존, 권력과 죄책감에 지배되며, 비난과 회유 그리고 간접적이며 불명료한 의사소통 특징을 보여주는 경우가 많다. 이러한 닫힌 체계는 가족체계에 변화가 올 때 바로 균형이 깨지기 쉬우며, 가족은 서로 경계하고 적대적으로 된다. 또한 서로 이중적 메시지를 전달하여 상호 간의 불신감, 좌절감, 거절로 인한 좌절감 저하, 자기가치에 대한 의심 등을 경험하게 된다. 반면 열린 체계(open system)의 가족은 서로의 욕구에 적응하는 융통성 있는 규칙을 갖고 있고, 현실적이다. 이 체계에서는 가족 간의 차이점을 자연스럽게 받아들이고, 정직한 자기표현이 허용되기 때문에 대화는 솔직하고 개방적이며, 즐거움과 성취뿐 아니라 슬픔, 상처, 분노 등 모든 감정을 서로에게 이야기할 수 있다.

따라서 가족은 외부와 적절한 경계선을 형성하며 지나치게 열리거나 닫히지 않은 상태에서 하나의 가족체계를 유지해 나가는 응집력을 형성하는 것이 매우 중요하다.

(3) 가족규칙

가족규칙은 가족체계를 조절하고 유지하는 역할을 한다. 그러나 가족상담에서 언급되는 가족규칙은 특정한 규칙을 구성원들에게 지나치게 요구하거나 규칙의 허용범위가 너무 제한되어 체계와 구성원 모두에게 부정적 영향을 끼칠 때 붙이는 명칭(김영애, 2015)으로, 역할과 관련된 기대, 생각과 감정, 반응, 태도 등이 포함된다. 사티어는 가족 내에서 누가 무엇을 근거로 가족규칙을 만들었으며, 그 규칙들이 가족 구성원에게 어떠한 영향력을 미쳤는지 그리고 그 규칙을 어길 때 가족 구성원들이 어떻게 반응하는가 등을 매우 중요하게 살펴보았으며, 이를 가족의 진단과 치료에 활용하였다. 가족규칙의 사례는 다음(김영애, 2008)과 같다.

〈참고자료 5-1〉

가족규칙 사례

· 집안의 일을 집 밖에서 이야기해서는 안 된다.
· 부모나 어른의 말을 거역해서는 안 된다.
· 부모에게 걱정을 끼쳐서는 안 된다.
· 가족과 떨어져서는 절대 안 된다.
· 무엇이든 부모와 의논한 후에 결정해야 한다.
· 사람은 겸손해야 한다.
· 어떻게 하든 성공해야 한다.
· 내가 살고 봐야 한다.
· 감정을 가볍게 드러내면 안 된다.
· 거짓말해서는 안 된다.
· 꼬치꼬치 캐물어서는 안 된다.
· 행동보다 말이 앞서면 안 된다.
· 예의 바르게 행동해야 한다.
· 어떤 경우이든 약속과 시간은 반드시 지켜야 한다.
· 네 마음대로 아무나 친구를 사귀면 안 된다.

이와 같이 가족들은 저마다의 언어, 행동에 있어 필요한 규칙을 갖고 있으며, 이것은 처음부터 명확하게 만들어지는 것이 아니라 반복적인 일상의 상호작용 경험을 통하여 만들어져 어려움에 대처하거나 극복하는 행동유형의 일부분이 된다. 사티어는 가족 내에 형성된 규칙이 가족 개개인의 자아존중감에 어떻게 영향을 미치는지를 파악하였다. 즉 가족규칙이 비합리적이고 경직된 가족은 의사소통도 역기능적이고 가족원의 자아존중감 또한 낮은 것으로 나타나기 때문에, 가족의 변화를 위해서는 바로 역기능적인 가족규칙을 변화시켜야 한다고 하였다.

(4) 의사소통 및 대처유형

의사소통(communication)은 사람들이 메시지를 교환할 때 사용되는 모든 암시와 상징을 포함하는 상호작용으로서 언어적 의사소통과 비언어적 의사소통을 모두 포함한다. 사티어는 오랜 임상경험을 통해 가족들이 긴장과 스트레스를 받을 때 자주 사용하는 의사소통에 관심을 가졌다. 가족 간의 의사소통은 단순히 자신의 생각이나 의사를 전달하는 상호적 교류의 방식이 아닌 일종의 생존 방식으로 원가족에서 습득된 것이다. 따라서 의사소통은 개인이 인간관계의 긴장과 갈등을 처리하는 과정에서 타인이나 상황에 대해 대처하는 독특한 방식(한재희 외, 2013)이 될 수 있다. [그림 5-1]과 같이 특히 자아존중감이 위협받을 때 자기를 보호하고 생존하기 위한 전략으로 사용하는 것을 공식화하여, 회유형, 비난형, 초이성형, 산만형으로 명명하고 이러한 역기능적 의사소통 유형은 낮은 자아존중감과 깊이 연관된다.

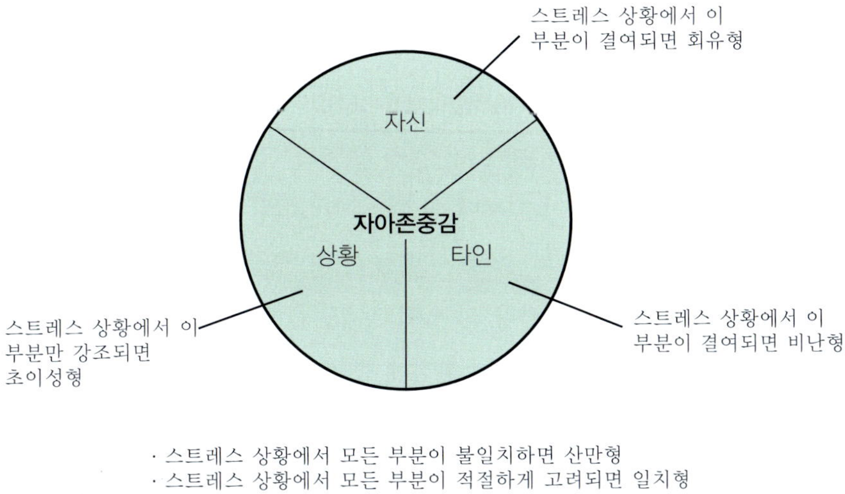

| 그림 5-1 | 사티어의 의사소통 유형

출처: 김유숙(2014). 가족치료 이론과 실제, 학지사, p.329에서 발췌

네 가지의 역기능적 의사소통 유형과 기능적 의사소통 유형인 일치형의 특징들을 구체적으로 살펴보면 다음과 같다.

① 회유형

회유형(placating)은 자신의 느낌이나 생각보다는 타인이 화내지 않게 하기 위해 기분을 맞추려고 애쓰는 유형이다. 이들은 자기가치나 자신의 감정보다는 다른 사람이 기분 상하지 않게 하는 데 열중한다. 무조건 다른 사람의 의견에 동조하거나 비굴한 자세를 취하고, 문제가 생기면 자기에게 책임이 있다고 생각하여 잘못을 빌고 비난도 감수하는 등 지나치게 착한 행동을 한다. 이들은 대부분의 문화나 가족들로부터 붙임성이 있고 매우 적절한 행동을 하는 것처럼 보이고, 실제 타인에 대한 섬세한 돌봄과 민감한 정서는 이들의 자원(배경희·한영란, 2015)이 될 수도 있다.

이들이 주로 하는 말은 동의하는 말이나 "모두가 제 잘못입니다", "죄송합니다, 용서해 주세요", "나는 생각하지 마세요. 당신 하고 싶은 대로 하세요" 등이다. 이들의 태도와 행동은 구걸하고 간청하고 사죄하는 저자세이다. 이러한 태도는 분노를 스스로 억압하기 때문에 엄청난 에너지가 필요하고 심한 불안감이 자주 유발(배경희·한영란, 2015)된다. 이들의 내면 경험으로는 "나는 힘이 없다", "나는 아무 것도 아닌 것 같다"고 느끼나 감정을 억제하고 걱정과 불안이 많아 우울, 신경과민, 편두통, 변비, 소화장애 등의 증상을 나타낸다. 이들이 지니고 있는 내면의 주된 신념은 "나는 항상 좋은 사람이어야 한다", "나는 모든 사람에게 칭찬을 받아야 한다" 또는 "나는 가치가 없다" 등이다. 즉 회유하는 사람은 다른 사람과 상호작용하는 상황과 타인을 중요하게 생각하지만 실제 자신의 감정은 존중하지 않는 특징이 있다.

② 비난형

비난형(blaming)은 회유형과 정반대 유형이다. 이들의 자원은 자기주장과 에너지, 지도력을 들 수 있다. 그러나 비난형은 약해서는 안 된다는 의지를 가지고 자신을 보호하고 다른 사람이나 환경을 괴롭히거나 나무란다(김유숙, 2015). 이들은 자신을 힘이 있고 강한 사람으로 인식하게 하려고 노력하며 다른 사람은 무시하고 오로지 자신만을 생각하는 사람이다. 따라서 이들은 고집이 세고, 자기주장이 강하며 체면을 중시하고 복종과 충성을 요구하며 욕하고 잘 싸우는 모습을 잘 보인다(배경희·한영란, 2015). 그러나 이들의 내면은 외로움과 긴장감으로 가득 차 있으며 실패자라는 패배감을 가지고 있다. 또한 짜증을 느끼고 폭력과 편집증, 반사회적 행동을 하기도 한다.

이들이 주로 하는 말은 비난이나 공격하는 말로 "네가 제대로 하는 것이 있냐?", "너 때문이야", "뭐가 문제야", "나는 잘못이 없어" 등이다. 이들의 태도와 행동은 비난하고 적대적이고, 통제하려 하고 명령하며, 심판적 자세이다. 이들이 보이는 증상으로 근육긴장, 통증, 혈액순환 장애, 고혈압 등을 나타내며, 자신과 상황의 두 요소는 존중되나 타인은 무시되고 있다.

③ 초이성형

초이성형(super-reasonable)은 자신이나 다른 사람을 과소평가한다. 지나치게 상황만 강조하며 기능적인 것에 대해 합리적으로 언급하고 자료와 논리를 중요시한다. 이들에게 규칙과 옳은 것 그리고 정보와 논리는 절대적으로 중요한 요인들이다. 이 유형은 문제가 발생하면 감정에 치우쳐 일을 그르칠 수 있다는 강박적인 생각에 다른 사람과 거리를 두고 지나치게 이성적으로 상황에 초점을 맞추게 된다. 이들은 가능하면 결함이 보이지 않도록 뜻을 알 수 없는 말로 자세히 설명하는 경우(김유숙, 2015)가 많다.

이들의 태도와 행동은 완고하고 냉담하며 경직되어 있고, 권위적이다. 그러나 이들의 내면은 자기통제의 상실에 대한 두려움이 높고, 따뜻한 감정교류를 원하나 쉽게 상처를 받고, 텅 빈 느낌의 소외감을 느끼는 경우가 많다. 이들이 보이는 증상으로는 지나친 긴장과 집착, 강박증, 사회적 위축, 자폐증을 들 수 있다. 이들이 갖고 있는 자원은 지성과 지식 추구, 끈기 있는 문제해결 의지이다.

④ 산만형

산만형(irrelevant)은 초이성형의 정반대 유형으로 자신, 타인, 상황 모두를 무시하기 때문에 접촉하기가 가장 어려운 유형이다. 이들이 갖고 있는 자원은 유머, 즐거움, 자발성, 창의적인 데 있다. 그러나 이 유형은 위협에 직면하면 그것을 무시하고 마치 위협이 존재하지 않는 것처럼 행동하므로 주위를 혼란시킨다. 그들의 행동과 말은 다른 사람의 행동이나 말과는 무관하다. 초점이 없기 때문에 말의 의미나 내용이 없으며 혼자 바쁘고 산만하다(김유숙, 2015). 이들은 생각과 말, 행동이 자주 바뀌고 동시에 여러 가지 행동을 하여 주위를 혼란시키며, 또한 지나치게 즐거워하거나 익살맞은 행동을 하여 의사소통을 심도 있게 하지 못하도록 만든다.

이들이 주로 하는 말은 동문서답식의 말이나 관계없는 말, 뜻이 통하지 않는 말을 하고 "날 내버려 두라, 무슨 상관이야, 왜 그렇게 심각하냐" 등의 말을 한다. 이들의 내면은 아무도 나를 걱정해 주지 않으며, 나를 받아들이는 곳이 없다고 생각하여 무서운 고독감과 소외되는 것에 대한 두려움을 갖고 있다. 또한 타인의 인정을 갈구하면서 자신의 무가치함을 느낀다.

⑤ 일치형

일치형(congruent)은 기능적인 의사소통 유형으로 개인의 내면적 감정과 생각이 표출되는 내용과 일치한다. 이들은 매우 솔직한 의사소통을 하며, 인식한 감정을 단어로 정확하며 적절하게 표현한다. 이들은 신체 자세와 목소리 음조, 표정이 자연스럽고 말과 일치되어 있다. 생기가 있고 솔직하고 창의적이며 적절한 행동을 한다. 일치형은 신체적으로나 심리적으로 건강한 상태에 있는 것으로 사티어 모델에서 가장 바람직한 의사소통이다. 일치형의 의사소통을 하는 사람은 자기가치감이 높고, 원만하며, 생동감 있고, 창의적이며 문제해결 능력이 있다. 자신과 타인의 상황 모두를 존중하고 변화에 대해 융통성이 있으며 자신이 하고 있는 일에 대해 알고 그 결과에 대해서도 받아들일 준비가 되어 있다. 필요한 경우 자기 행동에 대해 사과한다(배경희 · 한영란, 2015). 사티어는 이러한 일치형 의사소통 유형의 자질은 천성으로 주어지는 것이 아니라 성숙을 통하여 이루어지는 것으로 설명하고 있다.

〈참고자료 5-2〉

새벽에 귀가한 대학생 딸에게 어머니가 화를 내면서 야단칠 때 딸이 보인 반응이다.

- 회유형: (고개를 숙이고 손을 비비면서) 엄마, 제발 용서해 주세요. 제가 정말 잘못했어요. 제가 시간을 잘 봤어야 했는데… 모든 게 다 제 잘못이에요.
- 비난형: 엄마가 이렇게 자꾸 뭐라 하니까 집에 들어오기 싫잖아요. 제가 늦게 들어오는 건 다 엄마 때문이라구요.
- 초이성형: 엄마, 이건 그냥 무조건 야단칠 일이 아니구요. 제 나이가 몇인데, 제가 왜 늦었는지에 대해 이성적으로 생각 좀 해 보세요.
- 산만형: (다른 곳을 쳐다보며) 이런, 엄마가 화나셨나 봐. 누가 엄마를 화나게 한 거예요?
- 일치형: (엄마의 눈을 바라보면서) 늦는다고 연락드렸어야 했는데 시험 준비에 정신이 없어 깜빡했어요. 저 기다리시느라 잠도 잘 주무시지 못하셨죠? 다음에는 아무리 정신없어도 꼭 미리 연락드려 걱정을 하지 않도록 하게 할게요.

※ 출처: 정문자 외 3인(공저). 가족치료의 이해, 학지사. p.180 재인용.

3. 치료목표 및 치료과정

1) 치료목표

사티어의 경험적 가족상담은 의사소통이 손상될 때 나타나는 증상을 가족문제라고 보았다. 손상된 의사소통은 가족 구성원 각자의 성장에 대한 자유를 막고 건강, 행복, 자아존중감을 촉진시키는 가족 환경에서 자랄 수 있는 기회를 갖지 못하게 한다. 상담자는 발견, 알아차림, 이해, 새로운 방법을 찾아내는 과정의 작업을 통해 내담자들이 생존태도와 같은 의사소통 유형을 좀 더 일치적인 유형으로 변화하도록 도움을 줄 수 있다. 이와 같이 사티어의 가족상담은 문제의 해결을 위해 병리적 행동들을 없애기보다는 변화에 초점을 맞추고, 가족 구성원인 개개인이 스스로 긍정적인 자아존중감을 갖도록 돕는 것(김유숙, 2006)이 상담목표의 핵심이라 할 수 있다.

특히 사티어는 가족의 문제를 새로운 시각으로 볼 수 있도록 도움으로써 새로운 해결방법을 이해하고 발전시켜 변화를 가져오도록 한다. 즉 가족을 안정된 상황에 머무르게 하는 것이 아니라 성장 모델에 근거하여 가족을 성장시키려는 목적을 우선으로 두고 있다. 따라서 사티어의 가족상담은 개인과 가족 구성원 모두의 성장, 개인의 경험 확대, 증상 완화와 사회적 적응, 통합력 증진, 외적 행동과 내적 경험의 일치, 폭넓은 선택의 자유, 의존성 탈피 등을 목표로 한다. 이를 위해 상담자는 가족의 문제를 기초로 하여 가족 구성원 자신들의 의사소통 방식이나 행동을 스스로 인식할 수 있도록 도와준다. 이를 통해 가족 구성원 자신의 행동과 선택에 책임을 지고, 일치적인 표현과 태도를 통해 자아존중감을 높이도록 한다. 따라서 내담자는 새로운 의사소통 방법이나 감정 표현에 대한 기술을 학습하고 자신과 상대방을 존중하는 방식을 체험할 수 있는 기회를 갖게 된다. 사티어의 경험적 가족치료 모델에서 지향하는 상담의 목표를 세부적으로 구체화하면 다음 〈표 5-1〉과 같다.

| 표 5-1 | 사티어의 경험적 가족상담 목표

상위목표 (개인의 성장에 대한 목표)	1. 내담자의 자아존중감이 증진되도록 돕는다. 2. 내담자가 좀 더 나은 선택을 할 수 있도록 돕는다. 3. 내담자가 좀 더 책임감 있는 사람이 되도록 돕는다. 4. 내담자가 일치적인 상태가 되도록 돕는다.
하위목표 (가족체계에 대한 성장목표)	1. 가족에게 새로운 희망을 가질 수 있도록 하며 과거의 꿈을 자각하도록 하거나 새로운 꿈을 형성하도록 한다. 2. 가족 구성원들에게 새로운 대처방법으로 상황을 보고 다루도록 가르침으로 어려움에 대처하는 극복능력을 강화하고 발전시킬 수 있도록 한다. 3. 가족이 공유하는 특성이 있으면서도 가족 구성원들의 개체성이 존중되고 독립적으로 성장할 수 있게 한다. 4. 적절한 의사소통을 할 수 있는 능력과 가족 구성원 간의 조화능력을 향상시킨다. 5. 문제의 내용에 초점을 맞추기보다 대처하는 방식에 초점을 맞추게 하여 일치적인 대처방식을 취할 수 있게 돕는다. 6. 증상은 생존과 보호를 위해 만들어진 것임을 알게 하고, 결핍된 것을 다른 방법으로 충족시킬 수 있게 한다. 7. 심각한 위기 상황에 처했을 때 가족응집력을 높여 위기를 성장의 기회로 삼게 한다.

출처: 김영애(2015). 통합적 사티어 모델: 이론과 실제. 김영애가족치료연구소. pp. 84-86 재구성.

2) 치료과정

사티어의 경험적 가족상담은 변화의 과정이라 할 수 있다. 또한 경험이라는 말에서 볼 수 있듯이 이론의 역할을 높이 평가하지 않고 유용하지도 않다고 생각한다. 상담자에게 있어 힘은 정서적 경험으로서, 가족과 함께 웃고 울고 분노하며 가족의 당혹감과 혼란, 좌절감을 함께 느끼고 나누며 참만남을 이룬다. 가능하면 상담자들은 자기 모습을 있는 그대로 보여 줌으로써 모든 구성원들에게 자신을 개방할 수 있도록 분위기를 조성(송정애, 2010)한다. 즉 경험적 가족상담은 이론과 기법이 아닌 개방성과 자발성을 필요로 하며, 가족에 깊게 관여함으로써 가족을 변화시킬 수 있다는 신념에 입각한 직관적 방법을 강조한다.

상담자는 인간은 본질적으로 건강하며, 만일 문제가 있을 때도 문제를 해결할 자발성과 자유를 주면 비상한 창의력으로 생산적인 계획과 결과를 산출할 수 있다는 믿음을 가진다. 그러므로 상담의 주된 작업은 방어를 깨고 경험을 개방하여 가족원들이 자발적으로 감정을 표현하게 하는 것이다. 가족들은 상담자의 이런 도전과 자극에 불안해할 수 있다. 그러나 상담자들은 자주 이 방법을 사용하는데 이로 인한 위험을 줄이기 위해서는 숙련된 상담기술이 필요하고, 온 가족이 함께 있을 때 구성원을 자극하는 것이 안전하다. 그리고 가족이 하나의 팀으로 구성되어 있기 때문에 개인의 경험 확대를 위하여 가능한 한 많은 가족원이 치료에 포함되어야 한다고 주장한다. 그러면 큰 집단 안에서의 경험 확대와 변화가 전체 가족원의 변화에 더 큰 영향을 미치게 된다.

이와 같이 상담자는 치료적 변화가 경험의 확대와 증가에서 비롯되는 것이기 때문에 지적 반응이나 문제의 원인에 초점을 둘 필요가 없다고 믿는다.

경험적 가족상담의 치료 과정은 다음 〈표 5-2〉와 같다.

| 표 5-2 | 경험적 가족상담의 과정

단계	세부단계	주요 내용
초기 접촉 단계	초기 면담	· 상담과정 진행에 초점을 두고 내담자의 이야기를 경청한다. 이때 상담자는 가족으로부터 비난을 벗어나게 하고 가족 개개인의 문제점을 느낄 수 있도록 질문하고 개인의 고유한 생각을 존중하면서 들려준다.
	가족 생활력 조사	· 정보수집과 체계적 관점에서 가족의 문제를 관찰한다. · 가족생활력 조사를 통하여 가족의 불안을 조정해 주고 생활과정에서 내리는 결정으로 어떤 결과가 가족들을 힘들게 하는지를 알게 한다.
진단과 개입	진단	· 가족체계의 개방성, 폐쇄성, 가족 구성원의 자기존중감과 개별적 가치를 알 수 있게 한다. · 가족 내의 의사소통 유형과 가족에게 영향을 미치는 가족규칙에 관심을 갖도록 한다.
	개입	· 가족의 역기능적인 의사소통 유형을 관찰하고 그 행동요소를 확인할 수 있도록 한다. · 가족 간의 친밀감의 표현, 능력, 위기상황에 대한 정보수집, 상호작용 행동탐색과 적절한 방법을 선택할 수 있도록 한다.
종결	통합	· 새로이 알게 된 사실과 행동이 통합되며 가족과 상담자는 면담과정, 복적, 목표를 향한 새로운 학습과 변화를 재검토하고 상담자는 실현된 것을 지지해 준다.
	종결	· 가족은 새롭게 이룬 긍정적인 능력을 자신의 것으로 확고히 할 수 있도록 하고 새로운 방향에 대한 검토와 통합이 이루어지도록 한다.

출처: 송정애(2010). 가족상담의 이론과 실제. 양지사. p. 83.

4. 치료기법

1) 원가족 체계

사티어는 원가족 도표(family of origin map)를 통하여 가족의 역동성과 가족관계를 쉽게 이해하고 평가하며 이를 가족재구성에 활용하였다(정문자, 2007). 이를 통해 가족원의 성격, 자아존중감, 의사소통 유형, 가족규칙, 가족의 역동적 관계, 세대 간의 유사성과 차이점, 원가족 삼인군(아버지, 어머니, 자녀)에서의 학습된 경험 등을 파악할 수 있다. 원가족 삼인군 치료의 목적은 기능적인 삼인군의 특성을 갖게 하는 데 있다. 즉 내담자가 원가족 삼인군에서 배운 역기능적 대처방법에 집착하기보다는 죄의식을 느끼지 않으면서 가족규칙과 부모의 규제에서 벗어나 개별성을 갖도록 돕는 것이다(정문자 외, 2012). 내담자의 역기능적 대처 유형은 자신과 중요한 사람과의 상호관계에서 배우고 터득한 결과이며 내담자가 현재를 살고 있지만 과거의 인생 초기 방식이 거의 지배적이어서 불완전한 지각에서 벗어나지 못하고 있다고 보았다. 사티어는 내담자가 과거를 잘 활용하여 현재를 통찰하고 자신의 삶에 선택과 자유를 가질 수 있도록 하고, 역기능적인 가족규칙과 대처방식에서 벗어나 의식적인 선택과 감정관리를 하게 하고, 일치형 의사소통을 하며 궁극적으로 자아존중감을 높이고 성장하도록 하였다.

2) 가족조각

가족조각(family sculpture) 기법은 1973년 캔터(Kantor)에 의해 개발된 것으로 사티어(Satir), 덜(Duhl) 등에 의해 널리 활용되고 알려지게 되었다. 가족조각이란 가족 구성원들과 물건 등을 사용하여 가족들이 생각하고 느끼는 대로 가족 간의 정서적 관계를 몸으로 표현하는 기법이다. 즉 공간개념을 활용해 가족체계를 상징적, 비유적으로 묘사함으로써 개인의 특정한 사람에 대한 내적 감정과 생각이 시각적으로 표면화되고(김유숙, 2006), 참여한 사람들이 함께 가족의 의사소통 유형, 감정, 가족규칙, 대처방식, 관계 등을 파악하여 경험할 수 있다.

이 기법을 사용하는 목적은 가족원 각자가 자신의 내면적 감정을 경험하고 실제의 자신과 가족의 역동성을 시각적으로 파악하여 새로운 대처방법을 찾아보게 하기 위한 것이다. 가족조각 기법의 장점은 과도한 말과 방어적 태도 및 비난을 통한 투사 등을 차단하게 하는 것이다. 구체적으로 상담자는 상담 중 "가족에 대해 더 잘 이해하기 위해 색다른 방법을 사용해도 괜찮을까요?"라고 묻고, 가족의 동의를 얻게 되면, 가족 전원을 일어나도록 한다. 일반적으로 가족들은 지금까지 경험하지 않은 새로운 방식에 대한 부담과 두려움을 갖기 때문에 상담자는 이 기법이 가족을 이해하는 데 유용한 방법이라는 사실을 잘 설명할 필요가 있다. 그 후 상담자는 가족 중 한 명에게 "가족원 한 사람 한 사람을 찰흙 덩어리라 생각하고 당신이 느끼는 대로 그들의 자세나 위치를 만들어 보세요"라고 요구한다. 조각을 하는 동안 가족은 이야기하거나 웃지 않는다는 원칙을 세우며, 가족조각을 다 하면 만든 사람도 어딘가에 들어가 자세를 취하도록 지시한다. 그 후 그 자세를 1분 정도 유지하면서 가족들은 내면의 감정과 만나는 경험을 하게 된다. 상담자는 가족 개개인에게 조각을 하는 동안 어떤 느낌이 들었는지 물어보고, 이때 감정적 피드백이 교환되도록 격려한다(김유숙, 2006). 흔히 조각을 통한 감정적 피드백이 끝난 후, 가족에게 이상적으로 바라는 관계를 나타내는 조각을 다시 한번 하도록 권한다.

경직된 가족이나 가족 전체의 힘이 미약한 가족에게는 소도구를 사용하거나 동물, 자연, 자동차 등의 은유적 이미지로 표현하게 하는 등 여러 가지 변용이 가능하다. 긴 밧줄을 사용하여 서로에게 갖는 관심만큼 힘껏 줄을 당겨보라고 할 수 있으며, 기찻길과 같은 칸을 만들어 상대방과의 관계가 어느 정도 친밀하다고 느끼는지 앞으로 나아가 보도록 할 수도 있다.

조각기법은 가족들로 하여금 응집력을 갖게 하며, 가족 구성원 각자가 가족의 중요한 구성원임을 깨닫게 해 주는 효과를 보여 준다. 이것은 상담자의 관심과 활용능력, 가족의 참여범위, 상담 상황에 따라 다르게 활용될 수 있다. 그러나 조각기법은 매우 상징적이고 은유적인 것이므로 이러한 과정은 잘 훈련된 전문가에 의해서 신중하게 이루는 것이 바람직하다. 상담자는 가족조각 기법을 어떻게 활용할 것인가에 대한 명료한 생각을 갖고 이 기법을 사용하는 것이 바람직하다.

3) 역할극

역할극은 개개의 가족 구성원이 다른 사람의 역할을 바꿔 수행할 수 있는 기회를 갖는 것으로, 가족의 입장을 잘 이해할 수 있는 효과가 있다. 이것은 실제 경험을 바탕으로 현재의 느낌을 표현할 수 있도록 한다. 과거의 사건이나 바람 또는 미래 사건에 대한 감정을 직접 표현하게 함으로써 가족들에게 생생하게 경험할 수 있는 기회를 제공한다. 예를 들어, 부모에게 어린 시절의 장면을 상상하게 한 후, 아버지에게 자신이 지금의 아들만 했을 때 같은 문제를 겪는 것을 상상하라고 한 후 아들이 되어 역할극을 하게 할 수도 있으며, 어머니는 어렸을 때 자신이 좋아했던 것을 역할놀이로 표현하도록 할 수 있다.

상담에 참여하지 않은 사람을 표현하고자 할 때 게슈탈트의 그때-거기(there - then) 기법을 사용하기도 한다. 만일 돌아가신 어머니에 대해 이야기하고자 할 때 빈 의자를 어머니로 의인화하여 이야기를 하게 할 수 있다. 이 기법은 좌절, 억압, 권태, 위험 등의 감정으로부터 그들을 해방시켜 주는 효과가 있으며 역할극을 통하여 다른 사람의 입장을 이해하게 하는 데 있다. 이러한 역할전환은 다른 사람을 통해 자신을 조명하며 자신의 모습에 새로운 이해를 하고 서로의 관계에 변화를 가져올 수 있도록 한다. 상담자는 적절하게 역할극을 통해 가족의 문제를 재구성하여 상황을 변화시키는 데 활용(배경희 · 한영란, 2015)할 수 있다.

4) 재정의

재정의(reframing)는 부정적 의미를 긍정적으로 바꾸기 위하여 행동과 감정, 사고에 감추어진 긍정적 의미를 제시하는 것이다. 이는 내담자가 긍정적인 측면에서 자신이나 다른 사람의 행동을 볼 수 있도록 하여 문제에 새로운 의미를 부여하는 것이다. 이로써 내담자로 하여금 행동을 조절할 수 있다는 생각을 갖게 해 주어 긍정적으로 변화할 수 있다는 희망과 기대감을 갖게 하는 것이다. 사티어는 부정적인 문제나 상황을 긍정적인 것으로 전환시키는 재정의에 탁월한 능력을 가지고 있다.

5) 빙산 탐색(심리내적 경험에 대한 탐색)

빙산 탐색은 사티어가 뒤늦게 개발한 기법으로 개인을 빙산에 비유하였다. 즉 개인의 외적으로 드러나는 행동에만 상담의 목표를 두는 것이 아니라 수면 아래 드러나지 않고 있는 심리내적 경험을 이끌어 내는 방법이다. 이 기법은 실제로 개인 중심의 성장모델로 많이 사용되고 있으며, 이러한 변화는 개인이 갖고 있는 열망, 기대, 감정의 수준 등 다양한 수준에서 다르게 인식 또는 경험을 하는 데 초점을 맞추고 있다(한국버시니아사티어연구회 역, 2000).

사티어가 발견한 경험의 빙산층들은 상호의존적이지만 순차적으로 작용하지 않으며, 주로 동시에 서로 영향을 미치고 있다고 하였다. 빙산에는 수면 위에 나타난 부분인 행동(behavior)과 대처방식(coping)을 1차 수준으로, 수면 아래의 부분인 감정(feeling), 지각(percepting), 기대(expectation), 열망(yearning)으로 구성되는 2차 수준, 그 아래의 자기(self)의 3차 수준으로 인간의 심리 내적 경험을 구분하였다(최규련, 2012). 빙산 탐색은 아래로 내려갈수록 인간에게 중요한 것이라고 보았으며 상담과정에서 이 빙산을 활용하여 과거에 자신과 다른 사람에게 가졌던 그리고 다른 사람이 자신에 대해 가졌던 기대와 열망, 지각, 감정에 대한 처리 문제와 대처방식, 행동 등이 현재에도 문제로 남아 있거나 충족되지 못한 부분에 초점을 두어 질문하고 각 가족 구성원이 진정으로 중요하게 여기는 것이 무엇인지를 알고자 하였다.

이 기법을 통하여 삶에 대한 강한 사랑과 감사, 변화와 성장 가능성에 대한 신념을 가지고 빙산 탐색 과정을 실현하며 과거의 역기능적 의사소통 패턴 대신에 일치형 패턴으로 변화 가능하도록 하여 자아존중감이 향상되도록 주안점을 두었다. 변화가 일어나려면 상담자는 수면 아래의 내적인 경험의 수준을 변형시켜야 한다. 이 과정에서 내면의 감정을 자각하고 느끼면서 이를 표현하고 자신에 대한 현실적인 기대를 가지게 하는 것이 중요하다.

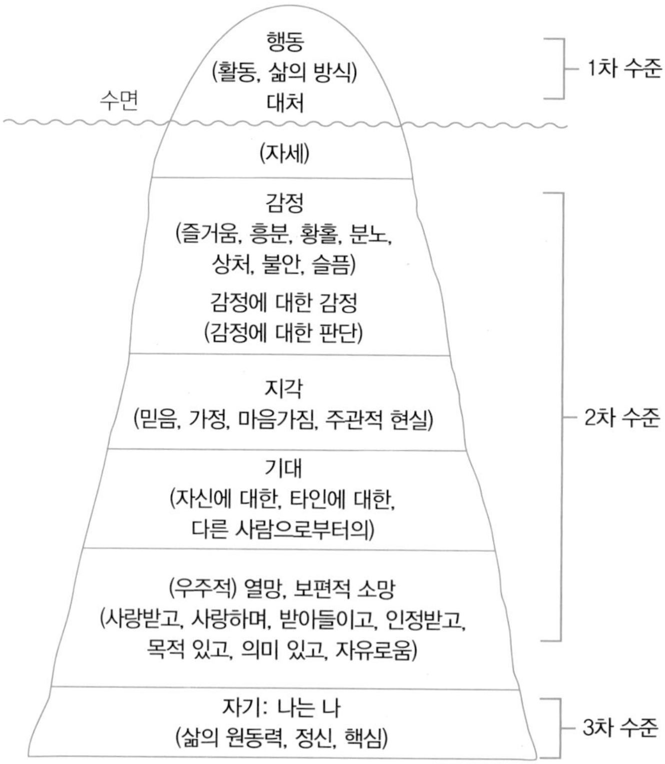

| 그림 5-2 | 빙산에 비유한 인간의 심리내적 경험

출처: Benmen, 1995; 김유숙(2015). 가족상담 3판. 서울: 학지사. p. 273 재인용.

빙산 탐색을 위한 주요 질문 방법은 다음과 같다(배경희 · 한정란, 2015; 정은, 2009; 최규련, 2012).

(1) 행동에 대한 탐색

빙산 위에 나타난 어떤 사건에 대하여 내담자가 보고 들은 것은 무엇이고 보고 들은 것에 대하여 어떤 의미를 부여하는지 알아본다. 또한 내담자의 과거 또는 현재의 행동에 대한 대처방식(회유형, 비난형, 초이성형, 산만형 중 어떤 대처양식을 활용했는가?)을 알아본다.

〈행동에 대한 대처질문〉

- 그런 여러 힘든 상황에 어떻게 대처했나요?
- 남편에게 화가 나는 상황에서 어떻게 행동합니까?
- 상대방이 비난할 때 당신은 어떻게 하시나요?
- 반복되는 대처유형이 어떻게 나타납니까? 그 의도는 무엇인가요?

(2) 감정에 대한 탐색

내담자의 행동 이면에 있는 감정이 어떤 것인지 알아본다. 감정은 과거의 경험에 뿌리를 내린다. 비록 현재 감정은 현재 사건에 의해 드러나는 것으로 보이지만 현재의 사건, 사람, 경험에 부여하는 의미 중 대부분은 과거의 학습, 경험, 해석, 평가의 정도에 기초한다.

내담자의 행동 이면에 있는 감정이 어떤 것인지, 그 사건에 대해 느끼는 감정은 무엇인지 탐색한다. 기쁨과 흥분, 분노와 두려움, 슬픔, 무기력, 좌절, 아픔에 대한 감정 등 부정적인 감정과 긍정적인 감정도 탐색한다.

〈감정질문〉

- 그 상황에서 느끼는 감정이 어떤 것인가요?
- 지금 마음의 상태는 어떠세요?
- 그와 관련되어 다른 감정을 느꼈나요?
- 상처받았다고 느낄 때 자신에 대하여 어떻게 느끼시나요?
- 화나는 감정에 대해 좀 더 자세히 설명해 주시겠어요?
- 무시당한다고 느낄 때 어떤 감정이 일어나나요?

(3) 지각에 대한 탐색

지각은 보통 자신이 갖고 있는 믿음, 습관, 신념, 가치, 고정된 시각에 의하여 자신이 갖는 주관적 해석이다. 똑같은 상황도 보는 사람에 따라 다르게 지각하는 것은 당연하므로 지각체계는 정확하다기보다는 제한적이다. 지각에 대한 탐색을 통해 내담자의 왜곡된 생각이나 신념, 그 사건의 대처방식에 대한 자신의 감정과 내담자의 해석을 재해석하는 경험을 하게 하여 새로운 정보를 제공하거나 보완하는 역할을 한다.

〈지각에 대한 질문〉

- 그 상황에 대해 어떻게 이해하고 판단되나요?
- 그 때 어떤 생각이 드시나요?
- 가족과 함께 사는 것은 당신에게 어떤 의미인가요?
- 배우자의 목소리를 들을 때 무슨 생각이 드나요?

(4) 기대에 대한 탐색

기대에 대한 탐색은 자신에게 갖는 기대, 자기가 다른 사람에게 갖는 기대, 그리고 다른 사람들이 나에게 갖는 기대는 무엇이었는가 등으로 구분한다. 그리고 충족되지 않은 기대에 대하여 어떻게 대처해 왔으며, 만족함을 경험했던 기대도 살펴본다. 상담자는 특히 내담자의 충족되지 않은 특정한 기대와 보편적인 열망 즉 친밀감, 인정받기, 수용받기, 사랑 등을 확인하며 과거에 충족되지 못했거나 이루지 못한 기대를 채울 수 있는 방법 등을 탐색하여 개발하는 것이 중요하다.

〈기대에 대한 질문〉

- 무엇을 바라십니까?
- 상대방의 무엇이 변화하면 당신이 편안해질 것 같습니까?
- 남편에 대한 나의 기대는 무엇인가요?
- 남편이 나에게 갖는 기대는 무엇인가요?
- 과거와 현재 충족되지 않은 기대는 무엇인가요?
- 이 기대를 갖는 것이 당신에게 어떤 도움을 주는가요?

(5) 열망에 대한 탐색

열망은 모든 사람이 가진 보편적 욕구이다. 서로 사랑하고, 사랑받고, 인정받고, 힘을 키우면서 삶의 의미와 목적을 찾고자 하는 소망이다. 상담자는 내담자에게 열망에 대한 관심을 핵심으로 질문하고 내담자는 그 질문을 통하여 잊었던 자기를 지각하여 삶 속에서 충족되는지를 살펴본다. 열망이 충족되면 높은 자아존중감과 일치적인 존재방식과 스트레스 상황에서도 건강하게 대처하는 자기와 타인을 존중하는 삶의 자원을 갖추게 된다.

〈열망에 대한 질문〉

- 당신이 정말 원하는 것은 무엇입니까?
- 삶의 의미를 어떻게 느끼시나요?
- 부인의 기대 밑에 있는 간절한 소망은 어떤 것인가요?
- 당신의 열망을 충족하기 위하여 다른 사람들과 어떻게 관계 맺고 있나요?
- 그들이 사랑을 주면 받아들이겠어요?
- 당신 자신을 용서하고 나면 어떤 열망이 충족될 것 같나요?
- ㅇㅇ가 어떻게 하는 것이 당신을 인정(사랑, 수용)하는 것인가요?

(6) 자기에 대한 탐색

제일 마지막 깊은 경험의 수준은 자기와 영성이다. 내담자 자신을 지탱하게 하는 생명력은 무엇인지, 자신의 고유한 생명력, 정신, 영혼, 본질, 자신의 에너지의 근원은 무엇인가를 탐색하도록 돕는다. 자기에 대한 긍정적인 자아상을 가지고 자신을 존중할 만하다고 여기는지 탐색한다.

〈자기에 대한 질문〉

- 자기 자신을 사랑할 수 있나요?
- 자기를 인정할 수 있는가요?
- 어떤 순간이 자신에 대해 정말 편안하다고 느끼는 순간인가요?
- 이제는 사랑을 할 수 있을 만큼 충분히 자신을 신뢰하시나요?
- 자신의 생명력과 삶을 지탱하게 하는 본질이 무엇인가요?
- 당신은 자신의 삶에 대하여 어떻게 감사히 여기나요?
- 세월이 흐르면서 자신을 보는 것이 어떻게 변했나요?

빙산 탐색 기법을 활용하는 과정에서 어떤 경우는 내담자가 죄책감을 갖거나 상처를 받을 수 있고 저항을 보일 수도 있다. 상담자는 내담자의 감정을 진심으로 느끼고 공감하며 내담자가 성장에 방해가 되는 것을 과감히 버리고 긍정적 자원을 활용하도록 격려하고 따뜻하게 지지하는 것이 필요하다.

5. 사례 적용

IP: 20대 미혼여성, 3녀 1남 중 3녀. 직장인으로서 대학에 다니고 있음. 집에서 독립하여 혼자 살고 있음.

내담자의 주 호소 문제: "이성관계도 어렵고, 직장생활도 모두 어려워서 우울해요."

- 개인적 문제: 직장의 대인관계에서 주도적이지 못한 자기가 싫다. 나의 반응으로 친구가 나를 싫어할까 봐 불안하다. 지난 일을 늘 되새김하는 내가 싫다.
- 가족적 문제: 지금도 나를 사랑, 인정해 주지 않는 어머니가 원망스럽다. 어머니의 의사소통 방식과 살림방식이 싫다.
- 대인관계적 문제: 이성교제의 조기종료와 그에 대한 후회감, 직장의 대인관계에서 주도적이지 못한 자기가 싫다. 직장 일도 발등에 불이 떨어지면 하거나 미루는 내가 싫다.

출처: 황경애(2010). 사티어 변형 체계적 치료(STST)를 적용한 미혼여성의 상담사례 연구. 한국가족치료학회지, 18(2), pp. 109-134.

IP는 사티어의 치료기법인 빙산 탐색을 통하여 어린 시절의 감정과 만나게 되었으며, 어머니의 원가족을 분석하여 어머니의 역기능적인 의사소통 방식의 배경, 내담자가 이성·대인관계에서 부정적으로 투사하게 되는 면과 내담자가 어머니와의 관계에서 부정적으로 해석하는 면이 겹치는 것에 대한 내담자의 통찰력을 강화, 지각체계 및 감정의 변화를 가져오게 하였다. 또한 내담자의 의사소통 능력 탐색과 건강한 경계선 형성을 위한 분석, 내담자의 긍정적 자원과 경험에 대한 탐색, 내담자 중심의 접근, 긍정적 재해석 등을 사용하였다. [그림 5-2]와 같이 지속적으로 빙산 질문 기법을 사용하여 내담자의 의사소통 방식이 일치적인 의사소통 방식으로 변화할 수 있도록 하고, 자기의 현재를 소중히 여기고 자신의 미래를 준비하는 태도를 갖도록 선택을 하는 도움을 주었다.

| 그림 5-3 | 내담자 빙산의 변화

출처: 황경애(2010). 사티어 변형 체계적 치료(STST)를 적용한 미혼여성의 상담사례 연구. 한국가족치료학회지, 18(2), p. 128.

요약

경험적 가족치료는 즉각적이고 지금-여기에서의 경험을 중요시하는 인본주의 심리학에 뿌리를 두고 있으며 철학과 기법의 측면에 있어서 게슈탈트 치료, 현상학, 형태치료, 참만남집단, 예술치료, 심리극 등 다양한 치료의 영향을 받았다.

사티어는 주요 개념으로 자아존중감, 가족체계, 가족규칙, 의사소통 및 대처유형을 제시하였으며, 인간의 역기능과 문제의 근원을 인간의 자아존중감의 결여, 경직되고 비합리적인 가족규칙, 의사소통 및 대처유형의 문제로 보았다. 이 치료의 목적은 내담자의 자아존중감을 높이고, 자기 인생에 대한 선택권을 스스로 갖도록 하며, 가족의 규칙을 합리적, 현실적, 인간적이도록 바꿈과 동시에 내담자의 의사소통 유형을 일치적으로 만드는 것이다.

이 모델은 이해보다 경험에 강조를 두고, 이론과 기법보다는 상담자의 자세와 능력을 중요시한다. 그러므로 다른 치료 모델에 비해 상담자의 통찰과 감성적인 면이 많이 요구되고 있으며, 치료적 도구로서 상담자 자신의 활용이 매우 중요하므로 상담자가 먼저 능력, 자신감, 일치성을 가져야 한다.

〈점검해 보기 1〉

사티어의 자아존중감 검사

1. 아래 문장에 점수를 매겨보자.
(항상 그렇다=4, 그렇다=3, 가끔 그렇다=2, 안 그렇다=1, 전혀 안 그렇다=0)

이 검사는 자기 주관식 검사로, 지나치게 높은 점수 혹은 낮은 점수가 나오면 자신에 대한 객관적인 점검이 필요하다.

- 나는 높은 지위를 얻어 사람들로부터 인정받고자 한다 (　　)
- 나는 우유부단하고 결단력이 부족하여 좋은 기회를 놓치곤 한다 (　　)
- 나는 다른 사람을 자주 비판한다 (　　)
- 나는 다른 사람과 나 자신을 비교한다 (　　)
- 나는 나 자신을 있는 그대로 받아들이지 못한다 (　　)
- 나는 조금이라도 상황이 안 좋아지면 최악의 상황을 상상한다 (　　)
- 나는 돈을 많이 소유할 때 안전감, 자신감, 자기가치감, 그리고 힘을 느낀다 (　　)
- 나는 사람들과 깊고 친밀한 관계를 맺는 것이 어렵다 (　　)

- 나는 나의 능력을 평가절하한다 (   )
- 나는 외부적인 조건을 통해 사람들로부터 인정받으려 한다 (   )
- 나는 어려운 일이 닥치면 무력감, 좌절감, 두려움 때문에 쉽게 주저앉곤 한다 (   )
- 나는 완벽해야 한다 (   )
- 나는 인생을 잘 살아갈 수 있는 자원과 능력이 부족하다고 느낀다 (   )
- 나는 많은 사람으로부터 사랑과 인정을 받아야만 한다 (   )
- 나는 스트레스를 받으면 부적절하게 반응한다 (   )
- 나는 문제를 직면하지 않고 회피한다 (   )
- 나는 일이 뜻대로 되지 않으면 불행하다고 느낀다 (   )
- 나는 내가 불행하게 되는 것이 다른 사람들 때문이라고 믿는다 (   )
- 나는 내가 변화할 수 없다고 믿는다 (   )
- 나는 다른 사람들이 원하는 것을 우선 들어주려 한다 (   )
- 나는 다른 사람들보다 항상 능력이 부족하다고 느낀다 (   )
- 나는 배우자 또는 자녀가 내가 기대하는 모습대로 되어주기를 바란다 (   )
- 나는 나 자신이 항상 불만스럽다 (   )
- 나는 흑백논리가 강하다 (   )
- 나는 상황이나 감정의 영향을 많이 받는다 (   )
- 나는 과거에 잘못한 것이 많으므로 미래에도 잘 안될 것 같다는 불안감이 든다 (   )
- 나는 자주 우울하다 (   )
- 나는 내가 여성(남성)인 것에 만족하지 않는다 (   )
- 나는 실패했다는 자괴감에 자주 빠지곤 한다 (   )
- 나는 다른 사람들이 나를 싫어할 때 불안해진다 (   )
- 나는 매우 예민하여 쉽게 상처받는다 (   )
- 나는 평소에 많이 긴장한다 (   )
- 나는 실패했을 때 나 자신을 수용할 수 없다 (   )
- 나는 중요한 인물과의 관계를 통해 나의 가치가 더 높아질 수 있다고 믿는다 (   )
- 나는 자랑할 만한 것이 별로 없다고 생각한다 (   )
- 나는 좋지 않은 일이 벌어질 때 세상이 끝난 것처럼 느껴진다 (   )
- 나는 사람들이 내가 원하는 대로 행동하지 않으면 화가 난다 (   )

출처: 김영애(2008). 사티어 빙산의사소통, 김영애가족치료연구소, pp. 77-79.

2. 자신의 자아존중감을 높일 수 있는 "나의 가치 선언문' 작성해 보기
   이 선언문에는 자신의 장점, 자신을 사랑하는 점, 자기에게 의미가 있었던 경험 등에 대해 적고, 자신을 즐겁게 하는 사진이나 기분 좋게 만드는 문구를 적어도 좋다. 이를 작성해 보고 다른 사람과 공유하며 이야기를 나눠 본다.

〈점검해 보기 2〉

사티어의 의사소통 유형검사

* 이 검사는 자기진단 검사로서 자신의 유형이나 태도를 자각하지 못한 상태에서 답을 하게 되면 정확한 결과를 얻기 힘들다. 때로는 심각하게 일치하지 않는 의사소통을 하는 사람이 일치적 의사소통을 한다고 답을 쓰는 예도 있다. 따라서 자신의 유형이 일치적 의사소통을 한다고 답을 쓰는 예도 있다. 따라서 자신의 유형이 일치적 점수로만 나온 검사지는 자신의 의사소통 방식에 대해 이해를 하지 못한 사람일 수도 있다. 이런 경우에는 주위 사람들에게 솔직한 피드백을 받아보는 것이 바람직하다.

다음 글을 읽고 자신에게 해당되는 문항의 괄호 안에 ㅇ표시를 해보시오.

1. 상대방이 불편해 보이면 눈치를 보고 비위를 맞추려 한다. [a]
2. 일이 잘못되면 문제의 원인을 누군가에게 돌리곤 한다. [b]
3. 상대방이 잘못됐다고 생각하면 따지려 한다. [c]
4. 생각이 자주 바뀌고 동시에 여러 가지 행동을 하는 편이다. [d]
5. 타인의 평가에 구애받지 않고 내 의견을 말한다. [e]
6. 관계나 일이 잘못되었을 때 자주 내 탓으로 돌린다. [a]
7. 다른 사람들의 의견을 무시하고 내 의견을 주장하는 편이다. [b]
8. 나는 이성적이고 차분하며 냉정하게 생각한다. [c]
9. 다른 사람들로부터 정신이 없거나 산만하다는 소리를 듣는다. [d]
10. 나는 부정적인 감정을 느끼거나 의견이 달라도 솔직하게 표현한다. [e]
11. 지나치게 남을 의식해서 생각이나 감정을 표현하는 것이 두렵다. [a]
12. 내 의견이 승인받지 못하면 화가 나서 언성이 높아진다. [b]
13. 내 견해를 분명하게 표현하기 위해 객관적인 자료를 자주 인용한다. [c]
14. 상황에 부적절한 말이나 행동을 자주 하고 딴전을 피우는 편이다. [d]
15. 다른 사람이 부탁해도 내가 원하지 않으면 거절한다. [e]
16. 나는 사람들의 표정, 감정, 말투에 신경을 많이 쓴다. [a]
17. 타인의 결점이나 잘못을 잘 찾아내어 비판한다. [b]
18. 실수하지 않으려고 애를 쓰는 편이다. [c]
19. 곤란하거나 난처할 때는 농담이나 유머로 그 상황을 바꾸려 하는 편이다. [d]
20. 나에 대해 편안하게 느낀다. [e]
21. 타인을 배려하고 잘 돌보는 편이다. [a]
22. 명령적이고 지시적인 말투를 자주 사용하기 때문에
    상대가 공격받았다는 느낌을 받을 때가 있다. [b]
23. 불편한 상황을 그대로 넘기지 못하고 시시비비를 따지는 편이다. [c]

24. 불편한 상황에서는 안절부절못하거나 가만히 있지 못한다. [d]
25. 나는 모험하는 것을 두려워하지 않는다. [e]
26. 다른 사람들이 나를 싫어할까 두려워서 위축되거나 불안을 느낄 때가 많다. [a]
27. 나는 사소한 일에도 잘 흥분하거나 화를 낸다. [b]
28. 나는 현명하고 침착하지만 냉정하다는 말을 자주 듣는다. [c]
29. 한 주제에 집중하기보다는 화제를 자주 바꾼다. [d]
30. 나는 다양한 경험에 개방적이다. [e]
31. 나는 타인의 요청을 거절하지 못하는 편이다. [a]
32. 자주 근육이 긴장되고 목이 뻣뻣하며 혈압이 오르는 것을 느끼곤 한다. [b]
33. 나의 감정을 표현하는 것이 힘들고, 혼자라는 느낌이 들 때가 많다. [c]
34. 분위기가 침체되거나 지루해지면 분위기를 바꾸려 한다. [d]
35. 나만의 독특한 개성을 존중한다. [e]
36. 나 자신이 가치가 없는 것 같아 우울하게 느껴질 때가 많다. [a]
37. 타인으로부터 비판적이거나 융통성이 없다는 말을 듣기도 한다. [b]
38. 목소리가 단조롭고 무표정하며 경직된 자세를 취하는 편이다. [c]
39. 나는 불안하면 호흡이 고르지 못하고 머리가 어지러운 경험을 하기도 한다. [d]
40. 나는 누가 내 의견에 반대해도 감정이 상하지 않는다. [e]

합계: [a:　　] [b:　　] [c:　　] [d:　　] [e:　　]

해석: 유형별로 합산하여 높은 점수가 나오는 영역일수록 그 사람이 주로 사용하는 의사소통 방식이다. 그러나 상황이나 대상에 따라 다른 의사소통 유형을 사용할 수도 있다.

〈유형별 문항〉

a. 회유형: 1, 6, 11, 16, 21, 26, 31, 36
b. 비난형: 2, 7, 12, 17, 22, 27, 32, 37
c. 초이성형: 3, 8, 13, 18, 23, 28, 33, 38
d. 부적절 산만형: 4, 9, 14, 19, 24, 29, 34, 39
e. 일치형: 5, 10, 15, 20, 25, 30, 35, 40

출처: 김영애(2008). 사티어 빙산의사소통. 김영애가족치료연구소. pp. 127-129.

우리가 알고 있는 것은 가족생활에서 일어나는 각각의 시나리오는 생활 속에서 하나의 실험이라는 점이다. 확실한 것은 실험에는 실수가 있을 것이고, 실수 때문에 갈등과 해결 그리고 성장이 있을 것이라는 점이다.

-미누친-

제 6 장

구조적 가족치료 모델

살바도르 미누친(Salvador Minuchin, 1921년~2017년)

미누친은 아르헨티나에서 태어나서 자랐다. 미누친은 이스라엘군의 군의관으로 근무하였으며 이후 미국으로 건너와 나단 애커만(Nathan Ackerman)과 함께 뉴욕에 있는 유태인 지도연구소에서 아동 정신과 의사로서 훈련을 받았다. 그후 미누친은 1952년 다시 이스라엘로 돌아가 가족들과 흩어진 아동들을 위해 일하였으며 이로 인해 가족의 중요성을 깨닫게 되었다. 1954년 다시 미국으로 건너간 미누친은 윌리엄 알라산 화이트(William Alansan White)연구소에 정신분석 훈련을 시작하였다. 미누친은 1965년~1976년까지 필라델피아 아동지도클리닉의 소장으로서 가족치료 훈련을 맡아서 했다. 1981년 뉴욕으로 이사한 이후 자신의 센터를 열었으며 이후 센터이름을 미누친가족센터(Minuchin Center for the Family)로 개칭하였다. 미누친은 1996년에 센터에서 은퇴를 하였으며, 센터를 중심으로 현재까지도 가족치료에 구조적 접근을 활용하고 있다.

출처: 김영애 외 공역(2006); 오제은(2013).

구조적 가족치료는 가족 내 복잡한 상호 교류에 질서와 의미를 부여하는 분명한 틀을 제공한다. 구조적 접근은 가족 안에서 무엇이 일어나야 가족이 기능적이 되는지에 관하여 구체적이고 개념적인 지도(map)를 임상가들에게 제시해 주는 접근이다. 구조가족치료에서 보는 한 가족 구성원에게 나타난 문제는 그 사람이 속한 가족구조의 부산물로 본다.

미누친과 그 동료들이 가족치료의 창시자로 간주되지는 않았지만 구조적 접근은 대중성에 있어서 가장 영향력 있는 치료모델로 입증되어 왔다. 특히 다양한 문제가족을 대상으로 한 치료, 즉 미성년 자녀의 비행문제가 있는 가족, 거식증 환자가 있는 가족, 약물중독자가 있는 가족, 사회경제적 지위가 낮은 가족 그리고 알코올 중독자 가족 등에게서 구조적 가족치료를 통한 치료 효과가 입증되었다.

미누친에 의하면, 가족은 두 가지 기능을 담당하고 있는데, 가족 구성원을 심리사회적으로 보호하는 기능(보호기능)과 문화에 대해 적응하고 문화를 전달하는 기능(소통)이다. 미누친은 빠르게 변화하는 사회 속에서 내적으로는 가족 구성원을 보호하고 외적으로는 소통하는 기능이 균형을 이룰 때 가족은 개인뿐만 아니라 사회적 치유까지도 함께 만들어 갈 수 있는 단위로 보았다.

최근 한국사회는 이혼, 다문화 사회진입 등에 따른 다양한 가족유형과 다양한 가족생활 주기 출현에 따른 다양한 가족문제가 발생하고 있으며, 구조적 가족치료가 제시했던 사회와 가족, 가족과 개인 그리고 개인과 개인 간 관계중심의 상호적 시각은 우리나라의 가족문제를 해결할 수 있는 모델(오제은 역, 2013)이라 볼 수 있다.

1. 발달배경

구조적 가족치료는 살바도르 미누친(S. Minuchin)에 의해서 개발된 이론으로서 진단과 치료를 위한 명확한 지침을 제공하는 아주 기본적인 구조와 체계를 가지고 가족을 묘사하기 때문에 1970년대 가족치료 분야에서 가장 영향력 있는 치료적 접근이었다.

미누친은 중산층을 위한 가족치료 이론들이 빈곤가족들에게는 적합하지 않다는 생각하에 빈곤가족을 위한 새로운 개념과 기법이 필요한 것으로 보았다. 이로 인해 미누친은 1960년대 뉴욕에 있는 윌트윅 학교에서 비행청소년들을 교정하는 정신과 의사로 일을 하면서 저소득층의 많은 가족과 접하면서 구조적 가족치료 이론과 개념들을 개발하게 되었다. 미누친은 이 때의 임상경험과 새로운 개념의 성공적인 적용의 결과로 『빈민가의 가족들(*Families of the Slums*, 1967)』이라는 책을 출판하였다.

미누친의 동료들 중에는 몬탈보(Braulio Montalvo), 로즈만(Bernice Roseman), 헤일리(Jay Haley) 등이 있으며 미누친은 이들과 함께 가족치료 경험의 전수, 구조적 가족치료 기법을 활용하여 성공적인 가족치료 훈련 프로그램을 개발하기도 하였다.

미누친은 1956년에서 1976년까지 필라델피아 아동지도 클리닉의 소장을 역임하였으며, 이후 1981년까지 가족치료 훈련과정 책임자로서의 역할을 하였다.

미누친은 1981년 뉴욕에 가족치료센터를 설립하였고 이후 뉴욕센터는 미누친의 정년퇴임을 기해 가족치료분야에서 그의 공헌을 기리기 위해 미누친 가족치료센터로 이름을 개칭(김영애 외 공역, 2006)하고 구조적 가족치료의 선두주자로서 실습과 훈련을 이끌어가고 있다.

구조적 가족치료는 실천적이며 절충적인 접근법으로 이론상 어떠한 가족에 대해서도 환경 체계에 대해 적응장애를 일으키고 있는 경우 유효하게 작용하며, 치료과정도 비교적 간단하고 실제적이어서 가족치료 분야에서 많이 활용되고 있다는 평가를 받는다.

2. 주요 개념

가족구조, 가족체계와 하위체계, 경계선, 위계질서

구조주의 가족치료 이론을 구성하고 있는 중요 개념은 가족구조, 가족체계와 하위 체계, 경계선, 위계질서를 들 수 있다.

1) 가족구조(family structure)

가족치료에서 구조는 가족원 간에 존재하는 인간관계의 규칙으로 보이지 않는 가족내에서의 일련의 기능적 요구를 의미한다. 또한, 가족구조는 가족끼리의 상호작용방식과 연속성, 반복, 예측되는 가족행동 등을 조직한다는 것을 의미(양정숙, 2016)하며, 가족은 나름대로 고유한 구조를 가졌다고 할 수 있다. 즉 가족구조는 '가족 구성원이 상호작용 방식을 조직화하는 것으로서 하나의 보이지 않는 기능적 유형'을 말한다. 가족구조는 반복적이고 체계화되어 있어서 일어날 수 있는 일련의 행동을 예측가능하게 해 주는 행동 양식이다. 가족의 상호교류 패턴을 유심히 관찰하면 누가, 언제, 어떻게, 누구와, 얼마나 자주 관계를 맺는지, 그래서 그들의 관계는 얼마나 친밀한지를 파악할 수 있다.

구조적 가족치료에서는 가족구조를 두 가지 체계의 구속 원리가 지배하는 것으로 본다(김순옥 외, 2012). 첫 번째 원리는 모든 가족은 성인이 아동보다 더 큰 권위를 행사하는 위계구조를 갖는다는 점이다. 부모가 자녀보다 더 큰 권한을 갖는 위계구조를 확립할 때 가족 구조가 기능적인 구조를 유지할 수 있다. 두 번째 원리는 가족구조는 그 가족만의 독특한 구조를 가진다는 점이다. 가족 구조는 가족의 역사에 기반을 두어 각 가족원의 역할, 규칙, 스타일을 규제한다. 이를 기반으로 가족원의 행동이 지속적이고 반복적이 되면 예측가능하며, 이러한 예측 가능성이 있을 때 기능적이라는 것이다.

구조적 가족치료에서는 치료기법으로 가족치료사가 보다 적극적으로 가족에 개입하여 가족구조를 사정하고 새로운 구조로 변화시키는 기술을 사용한다. 이를 위하여 구조적 가족상담에서 가족치료사는 가족구조를 명료화하기 위한 방법으로 가족지도(Family map)를 사용하기도 한다(양정숙, 2016). 가족지도는 가족 구조를 파악하기 위한 비언어적 방법으로 교류의 개선뿐 아니라 사정의 목적으로도 사용되며 상담자가 지도를 만들어 가족구조의 수정을 위해 활용한다.

2) 가족체계(family system)

체계는 상호작용하는 관계에 있는 부분들이 모인 집합체로 각 체계는 다른 체계들과 함께 하위체계와 상위체계로 구성되며 이들 체계들이 모여 전체 체계를 형성한다(Bertalanffy, 1968;김혜숙, 2016 재인용).

가족체계는 상위체계인 사회의 하위체계이며 동시에 가족 구성원 개개인에게는 상위체계가 된다. 가족체계는 상위체계로서 가족체계 안에는 부부, 부모, 부모-자녀, 형제자매 등과 같은 다양한 하위체계가 있다.

가족치료사는 가족의 구조를 파악하기 위해 하위체계의 종류와 특성에 대해 파악하게 되는데, 하위체계는 세대(generation), 연령(age), 성(gender), 일반적 기능(신체적 능력, 지적능력, 사회적 능력, 책임 등) 등에 따라 형성되고, 각 개인은 하위체계 안에서 각기 다른 권력과 역할과 고유의 기능을 수행하면서 상보적인 관계를 맺는다.

구조주의 가족치료에서는 각 하위체계가 고유의 역할과 기능을 충실히 하는 가족을 건강한 가족으로 본다. 가족이라는 전체 체계가 잘 유지되고 기능하기 위해서는 체계 간의 상호작용이 원활해야 하며, 각 하위체계가 필요한 자원을 확보하고 서로가 기대하는 역할을 적절히 수행할 때 원만하고 기능적인 가족관계를 형성할 수 있으므로 건강한 가족으로 기능하기 위해서는 하위체계의 기능이 중요하다.

3) 경계선(boundary)

경계선은 체계와 체계를 구분하는 눈에 보이지 않는 선으로 가족원 개인과 하위체계의 안팎을 구분하는 선이며 가족원 사이에 허용되는 접촉의 양과 종류를 규정한다. 즉 경계선은 누가 어떻게 상호작용 과정에 참여하는가를 규정하는 규칙으로 구조주의 가족치료에서 경계선의 개념은 매우 중요하다.

가족의 기능이 원활하게 수행되려면 체계 간의 경계선이 명확해야 하며 가족 내 경계선의 명확성은 가족기능을 평가하는 척도가 된다. 미누친은 가족 구성원의 인간관계를 규정하는 규칙을 3가지 개념인 경계선, 제휴, 권력으로 설정하였고 이에 따라 가족구조의 특성이 이루어진다고 하였다.

경계선의 종류는 다음과 같이 명확한 경계, 혼돈된 경계, 경직된 경계 등 세 가지로 구분할 수 있으며 이것에 따라 가족구조의 특성이 이루어진다.

① 명확한 경계선(clear boundary)

건전한 가족으로서 가족 구성원들 간에 질서가 있고 정확한 상호작용을 하며 융통성이 있다. 명확한 경계선을 가진 가족의 특성은 서로 보살펴 주며 서로에 대한 개별성과 독립성을 인정한다. 또한 부모와 자녀는 각 개인이며, 서로에게 독립성과 자율성을 허용함으로써 가족 내 역할이 분명하고 누가 누구를 위해 희생하지 않으며 '우리'라는 집단의식과 함께 '나 자신'의 감정을 잃지 않는다.

②혼돈된 경계선(diffused boundary)

혼돈된/애매한 경계선의 가족은 가족구성원들과 가족체계 간의 상호작용 규칙이 애매하기 때문에 모든 문제에 관하여 서로가 지나치게 얽혀서 필요 이상으로 관여하게 된다. 이를 망상형/밀착된 가족(enmeshed family)이라고 하는데 이들은 서로를 지원하고 염려해 주지만 서로에 대한 독립과 자율성을 인정하는데 부족하다. 부모가 자녀에게 너무 허용적이고 헌신적이어서 자녀는 부모에게 의존적이고 거리감이 없어서 자녀와 부모와의 세대 간 경계가 모호하게 된다.

③경직된 가족(rigid boundary)

경계선이 경직된 가족은 가족 간의 상호교류가 잘 이루어지지 않고 뿔뿔이 흩어져 버려서 관계가 잘 성립되지 않는 유리된 가족(disengaged family)이다. 경직된 경계선(rigid boundary)은 가족 상호 간 의사소통이나 애정, 접촉 등의 제한으로 서로에게 소외감이나 거리감을 느끼게 되고 소속감의 결핍과 도움과 격려, 지지를 필요로 하는 기회를 살피는데 둔하여 문제의 해결도 어려워지게 된다.

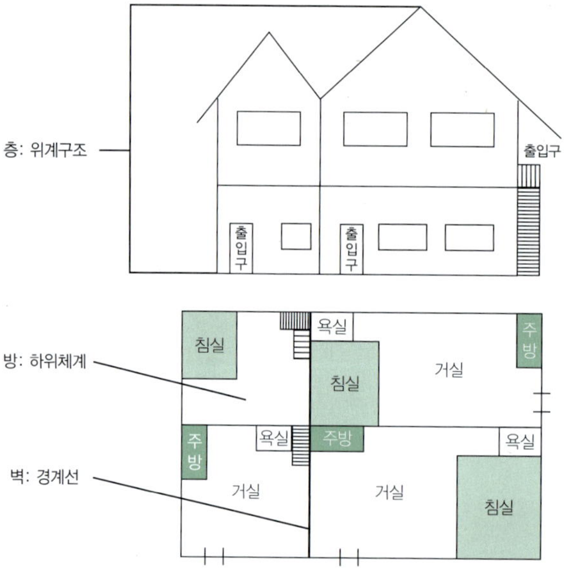

| 그림 6-1 | 가족구조

출처: 홍성례 외(2014). 사회복지실천기술론 인용.

4) 위계질서

가족의 위계 구조는 집으로 보면 '층'에 비유할 수 있다[그림 6-1]. 여러 층과 방으로 이루어진 집과 마찬가지로 가족체계가 건강하게 기능하기 위해서는 효율적인 위계구조가 가족 내 권력에 기반을 두어야 한다(양정숙, 2016).

구조적 가족치료에서는 가족체계 내의 상위체계와 하위체계 간 위계질서가 있는 가족을 건강한 가족으로 본다. 가족의 위계질서는 가족체계 안에서 권위와 책임이 누구에게 있는가에 대한 것이다. 미누친은 가족체계 안의 위계질서에 따라 경계선을 그림으로 제시하였다 .[그림 6-2]에서 볼 수 있듯이 기능적인 가족은 부부의 권력이 비슷하고 부모와 자녀들 간의 위계질서가 분명하지만 역기능적인 가정에서는 부모-자녀가 결탁하여 연합(Coalition)이나 삼각관계(Cotriangulation), 또는 우회(detouring)관계를 이룬다. 기능적인 가족은 부모가 주도적이고 위계질서가 분명하며 부부간의 연합을 이루고 있지만, 역기능가족에서는 부모-자녀가 연합하거나 자녀가 가족의 규칙을 정하고 부모의 지시를 무시하여 더 큰 권위를 행사한다 [그림 6-2].

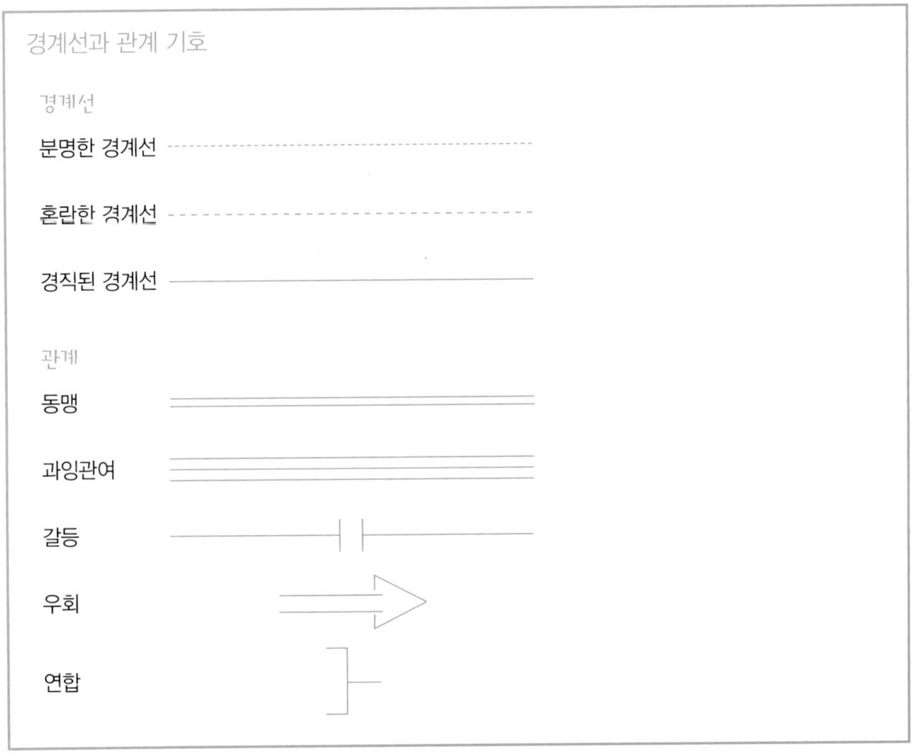

| 그림 6-2 | 가족의 구조적 지도 기호

출처: Nichols(2006). 정혜정 외 공역, 2016 재인용.

3. 치료목표와 과정

미누친의 구조적 가족치료는 세 가지 전제를 기본으로 한다(오제은 역, 2013).

첫째, 개인의 정신생활은 전적으로 내적 작용인 것은 아니며, 또한 개인은 자신의 상황에 영향을 미치기도 하고, 영향을 받기도 하며 끊임없이 반복되는 상호작용을 겪는다.

둘째, 가족구조를 변화시키면 가족체계 구성원의 행위와 내부의 정신적 과정을 변화시킬 수 있다.

셋째, 가족치료사가 내담자(IP)나 내담자의 가족과 함께 치료 작업을 하게 될 때 가족치료사의 행동은 곧 그 상황의 일부가 된다.

이상의 전제는 구조적 가족치료는 상황이 내적 과정에 영향을 미치고 상황의 변화가 개인에게 변화를 가져오며, 치료사의 행동 또한 이러한 변화에 있어서 중요함을 의미한다.

1) 치료목표

구조적 가족치료는 가족구조의 중요성을 강조하는 이론으로 개인과 가족의 문제는 역기능적 가족구조에 의해 지속되는 것으로 본다. 따라서, 구조적 가족치료의 치료목표는 역기능적인 가족구조를 재구조화하여 가족문제를 해결할 수 있도록 하는 것이다. 역기능적인 가족의 가족구성원들이 보이는 문제의 원인은 가족구조와 관련된 것으로 보고 가족원이 문제와 관련된 가족구조를 바꾸도록 가족치료사가 돕고 새로운 가족구조를 유지하게 하는 것이다.

가족구조를 재구조화하기 위한 치료 목표를 세분화하면 다음과 같이 네 가지로 정리할 수 있다(김순옥 외, 2012).

첫째, 효과적인 가족의 위계구조를 창조하는 것이다. 이는 상위체계와 하위체계 간의 위계질서를 창조하는 것으로 부모가 자녀보다 상위의 권위구조를 가져야 한다.

둘째, 부모 하위체계가 서로 협력관계가 이루어지도록 한다. 기능적인 가족은 부모가 서로 지원하고 자녀에 대해 일관된 모습을 보임으로써 부모- 자녀 간의 관계가 건강하고 가족 상호작용이 기능적으로 이루어진다. 부모가 협력관계를 보일 때 자녀들끼리 건강한 형제 하위체계를 형성할 수 있다.

셋째, 가족체계 내 부모 하위체계와는 별도로 부부 하위체계가 분리되어 존재하도록 한다. 구조적 가족치료에서 핵가족의 가족구조는 부부의 사랑을 근간으로 하는 부부체계의 확립과 유지를 위해 독립적인 영역과 시간 확보를 중요한 것으로 본다. 부모 하위체계가 자녀의 성장과 발달을 지원하기 위해 형성되는 것이라면, 부부 하위체계는 부부 두 사람의 친밀감과 사랑을 증진시키기 위해 형성된다.

넷째, 경계선과 관련된 재구조화는 내담자 가족의 역기능적 특성에 따라 재구조화에 대한 목표를 결정하도록 한다. 경계선이 경직되어 분리된 가족은 경계선을 유연하게 만들어서 가족원 간의 상호작용을 촉진시켜 가족원의 상호 보살핌과 지원을 제공할 수 있도록 개입한다. 반면에 서로 경계선이 밀착되어 모호한 가족은 경계선을 강화하여 개인이나 하위체계가 분화되도록 개입한다.

2) 치료과정

구조적 가족치료과정은 가족사정을 위한 별도의 회기를 갖기보다는, 각 회기마다 가족구조 사정(가설설정) → 목표 설정 → 상담적 개입의 과정을 반복하면서 가족구조의 변화를 시도한다(김유숙, 2010). 이를 위해 가족치료사는 다음과 같이 지도력을 가지고 가족에 합류하는 단계, 가족 밑바탕에 깔린 구조를 파악하는 단계, 구조를 변화시키기 위해서 개입하는 단계 등을 통해 가족의 변화를 유도한다(이효경, 2012;양정숙, 2016).

① 상담자의 합류 단계

합류는 라포와 비슷한 개념으로 가족치료사가 가족과 인간적인 관여를 하는 것을 의미한다. 라포가 치료적 관계의 정서적인 면을 의미한다면, 합류는 가족치료사의 행동을 의미하는 개념이다. 합류는 가족구조의 재구조화 작업을 위해 가족치료사가 가족들을 있는 그대로 수용하고 상호교류를 하면서 가족체계와 좋은 관계를 형성하는 단계이다.

가족치료사는 합류를 통해 외부인이 아닌 가족원의 일원이 되어 가족 간 상호작용의 핵심주제를 파악하고 가족구성원이 느끼는 고통이나 슬픔을 함께 느끼며, 가족의 역사, 사랑, 갈등, 아픔과 같은 정서를 느껴 보는 단계이다.

가족치료사가 가족을 존중하고 기능적인 측면을 부각시켜줄 때 가족은 안전감을 느끼고 변화과정에 참여하려는 의지를 갖게 될 가능성이 커진다(정문자 외, 2012) .

② 가족 구조 확인 단계

가족치료사가 가족과 합류한 이후 가족의 상호교류 유형을 관찰함으로써 가족의 구조를 파악하는 단계이다.

가족의 구조를 파악한다는 것은 하위체계에 따라 제대로 기능하는지, 위계구조와 경계선은 어떠한지 사정하고 평가하는 것이다(김순옥외, 2012). 가족의 구조를 사정하고 평가하기 위해서는 치료장면에서 부부체계, 부모-자녀체계 간의 상호작용 형태, 경계선이 어떠한지 관찰이 필요하다. 또한, 가족구조와 관련된 기초 정보- 가족원 수, 성별, 연령, 종교, 직업, 소득, 교육수준, 현재 제시된 문제, 스트레스 상황 등- 에 대해 질문함으로써 확인할 수 있다. 동시에 가족이 선호하는 상호작용 유형, 대안적인 유형, 가족체계의 동맹, 연합, 가족체계의 융통성 및 재구조화 능력, 각 가족원에 대한 가족체계의 감정 및 가족의 분리 상태, 가족환경에서 생활 지지 체계 및 스트레스의 원인 분석, 가족 발달주기와 관련된 발달과업의 적절한 수행 여부 등을 파악한다.

가족구조는 실연을 통해 확인할 수 있는데, 가족치료사가 치료실에서 가족들에게 자신들의 상호작용을 실제로 행동해 보이도록 함으로써 부모체계, 부모-자녀체계 간 경계선의 유형과 구조를 파악할 수 있게 된다.

③ 가족구조 재구조화 단계

가족구조 재구조화는 가족의 역기능적 구조를 변화시키는 것을 말한다. 가족의 역기능적 구조라 함은 부모 상위체계와 자녀 하위체계 간의 경계선이 모호하거나 경직된 경우, 상위체계와 하위체계 간의 위계구조가 잡히지 않는 특성을 가진 구조이다. 가족을 재구조화한다는 것은 가족의 경계선을 조정하고 하위체계가 제 기능을 하도록 강화시켜주며, 위계구조를 적절히 확립하도록 돕는 것을 말한다. 이를 위해 가족치료사는 먼저 가족구조를 확인한 다음 재구조화 단계를 시작하거나 가족구조의 확인과 가족구조 재구조화를 동시에 진행하기도 한다.

가족구조 재구조화를 위해 가족치료사는 내담자 가족이 가진 문제와 증상, 가족구조에 대한 가족원의 관점과 가족원들이 믿는 신념체계에 도전을 한다. 가족원들이 체계의 변화를 거부하며 안정성을 유지하려는 가족의 항상성을 유지하고자 하나 가족치료사는 이러한 항상성을 깨뜨려 불균형 상태를 만들고 도전하여, 가족원이 변화를 위한 동기를 갖게 하는 여러 치료 기법을 사용한다(최규련, 2011). 예를 들면 혼란하고 애매한 경계선을 가진 가족은 가족치료사가 분명한 경계선을 가지도록 도전을 하게 되면 마음이 불안함을 느끼게 된다. 이 가족은 서로 밀접하게 의존하고 돌보는 것이 사랑이라고 믿고 있기 때문에 가족원들 간 적절한 자율성과 독립성을 인정하는 것은 가족이 서로 사랑하지 않는다고 믿는다. 가족치료사는 경계선에 대한 가족의 믿음이 가족들의 문제와 어떻게 관련이 있는지 이해하고 깨닫게 함으로써 경계선을 바꿀 수 있도록 한다.

이와 같이 가족치료사는 가족의 경계선 설정, 부모와 자녀 체계 간의 상호작용 재구조화 등 여러 가지 방법을 통해 가족의 역기능을 변화시키도록 한다. 이를 위해 질문과 실연, 관찰, 자리배치, 스트레스상황 등을 통해 가족구조를 확인한 다음 재구조화 한다.

4. 치료기법

미누친은 가족치료들은 세 가지 역할을 수행해야 한다고 하였다(박태영 외, 2019). 첫째, 인도자로서의 역할로 가족치료 시 인도자로서 가족에 합세해야 한다. 둘째, 밑에 깔려 있는 가족구조를 발견하고 평가해야 하는 역할이다. 셋째, 이러한 가족구조를 변경시킬 수 있는 분위기를 만드는 역할이다.

이 절에서는 구조적 가족치료의 대표 기법으로서 가족진단, 가족 상호작용의 재구성, 경계선 만들기, 균형 무너뜨리기, 가족신념에 도전하기를 중심으로 살펴보았다.

1) 가족진단하기

가족진단은 가족치료를 실시하기 전에 가족구조를 파악하여 그것을 기호로 표시하는 가계도(genogram) 및 가족지도(family map)를 그려보는 기법으로 가족지도를 그림으로써 치료사는 치료 방향에 대한 중요한 시사점을 가질 수 있다.

가족지도는 구조적 가족치료에서 빈번하게 사용되는 비언어적 기법이다(김유숙, 2012). 이 기법은 때로는 교류의 개선뿐만 아니라 사정 목적으로도 사용된다. 가족 구성원이 치료 장면에서 교류하는 경우 각각 어떤 장소에 위치하는가는 그 가족의 구조를 반영하는 경우가 많다.

가족치료현장에 온 가족들은 대개 자신의 가족문제에 대해 어느 한 성원의 문제로 이해하는 경향이 있다. 그러나, 가족치료사는 어느 한 성원의 문제로 인해 가족문제가 발생한 것이기보다는 가족의 역기능적인 상호작용의 결과로써 가족

문제가 발생한 것으로 본다(최선화 외, 2018). 또한, 가족치료사는 가족 전체가 변화함으로써 가족 구성원 모두에게 도움이 되도록 가족 문제를 진단한다.

2) 가족 상호작용의 재구성

미누친의 가족치료는 '가족역사'를 조사하지 않는다. 이는 가족의 역동은 가족 구성원들의 상호작용 방식에서 나타나기 때문이다.

미누친은 치료 상황에서 유연성, 보완성, 경쟁, 공감, 가족 내의 계급, 혼란 등을 찾고자 했다(오제은 역, 2013). 누가 먼저 이야기를 시작하는가? 그 권위자는 외부 사람들을 상대하도록 임명된 사람인가? 누가 누구에게 동의하는가? 지지가 많은가, 아니면 분쟁이 많은가? 등을 찾고자 했다.

이와 같이 구조적 가족 치료의 목표는 가족의 상호작용 패턴을 변화시켜서 바람직한 가족구조를 만들어 내는 데에 있다. 이러한 목표 달성을 위해 기존의 가족 간 상호작용 패턴을 변화시키는 것이며 이를 가족 상호작용의 재구성이라고 한다.

가족치료사가 가족 상호작용의 재구성을 실현하기 위해서 구체적으로 활용하는 기법으로 체계의 재편성, 증상의 초점화, 구조의 수정 등을 들 수 있다(김유숙, 2012). 체계의 재편성은 가족을 바람직한 위치로 직접 움직여 가족의 상호작용에 변화를 시도하는 것을 말한다. 증상의 초점화는 증상을 바라보는 가족의 시각을 달리하여 상호작용 유형을 변화시키려는 것이다. 또한 구조의 수정은 구조적 가족치료의 독특한 기법으로, 가족의 상호작용 유형에서 나타나는 경계선, 제휴, 권력에 직접 개입하여 변화를 초래하려는 시도이다.

3) 가족 상호작용의 창조

가족이 의미 있다고 생각하지 않거나 또는 치료 장면에서 가족이 자발적으로 드러내지 않는 정보를 수집하기 위한 기법을 가족 상호작용의 창조라고 부른다(김유숙, 2012).

구조적 가족치료에서는 치료를 필요로 하는 시점에 있는 가족들의 문제는 가족들이 주로 사용하는 상호작용이 역기능적이라는 전제를 하고, 기능적인 가족으로 변화하기 위해서는 역기능을 보이는 가족구조가 변화해야 한다고 본다. 그러나 가족치료현장에 오게 된 가족이 생각하는 치료 동기와 목표는 문제행동을 하는 가족성원의 문제를 개선하기 위해서이므로 가족구조에 문제가 있다는 가족치료사의 말을 인정하기 어렵다. 이 과정에서 가족치료사는 이처럼 가족이 가족치료에 대해 가진 기대의 차이에서 상담에 필요한 정보를 끌어내 그것을 치료적으로 활용할 수 있도록 정보를 수집하는 기법이 바로 가족 상호작용의 창조가 된다. 이는 가족치료사가 치료에 유익하다고 생각되는 정보를 얻기 위해서 치료자가 의도적이고 계획적으로 가족 간에 어떤 상호작용을 촉진시키는 것을 의미한다. 동시에 가족 상호작용의 창조는 가족 상호작용을 재구성하기 위한 기초가 된다. 가족 상호작용의 창조를 위한 기법으로는 가족구조화, 실연화, 가족 내의 과제 설정이 있다.

(1) 가족구조화

치료자가 가족 상호작용에 어떤 영향을 주기 위해 가족에게 관여하는 방법을 의도적으로 구조화하는 경우가 있다. 치료자가 치료목표에 도달하기 위해서 의도적이고 계획적으로 시도하는 치유적 관여를 가족구조화라고 한다.

(2) 실연(enactment)

실연은 가족이 경험하고 있는 문제를 치료자가 보다 정확히 이해하기 위해 가족들로 하여금 문제 상황을 치료사 앞에서 실제로 행동을 통해서 연기해 보도록 요구하는 것이다. 이는 내담자 가족들이 치료자 앞에서 가족의 문제나 갈등상황을 직접 행동으로 표출하도록 하는 것이다. 이것은 직접적이어서 가족의 실생활의 상호작용이 그대로 드러날 가능성이 있으므로 가족구조를 이해하는데 효과적이다.

미누친과 피쉬(Minuchin & Fisch, 1981)에 따르면, 실연기법을 실시하기 위해서 두 가지 요령에 따라 실시한다.

첫째, 가족이 자연스러운 상태에서 행하는 상호작용을 관찰한 후 역기능적인 상호작용을 찾고 그중 특별히 강조해서 살펴볼 부분을 결정한다.

둘째, 찾아낸 역기능적 상호작용 양상을 어떤 시나리오를 가지고 다시 실연해 낼 것인지를 생각하고, 실연상황과 그 상황 안에서 각 가족 구성원들이 수행해야 할 역할들을 생각한다. 가족들이 이러한 상황을 수행하는 동안 치료자는 가족 주변에서 관찰하고, 치료자가 구상한 각본대로 가족이 역할을 수행하도록 옆에서 코치한다. 치료자는 가족 구성원들을 조직함으로써 실연을 촉진시킬 수 있다(김혜숙, 2016). 예를 들면, 통제불능인 자녀로 인해 힘들어하는 어머니에게 그 상황을 재현하게 했을 때, 아버지가 끼어들어 감으로써 아이를 통제하는 방식으로 역기능적인 상호작용을 보이게 되면, 치료자는 아버지와 어머니가 서로 아이양육에 대한 일관된 합의점을 찾게 하는 것이다. 이와 같이 가족들이 실연기법을 경험하는 것은 문제를 가진 개인중심의 사고에서 가족이 역기능적인 상황에 놓여 있다는 인식의 변화에 도움이 된다.

(3) 가족 내 과제 설정

가족 내 과제 설정은 치료자가 가족이나 어떤 특정 상호작용에 관여하는 과제를 내주는 것이다. 지시된 과제는 언제, 어디서, 누구와, 어떻게 상호작용해야 하는 것인가를 명확히 설명해야 한다. 이러한 과제의 목적은 목표와 관련된 상호작용의 개선을 다지기 위한 것이다.

3) 경계선 만들기(boundary making)

경계선 만들기는 가족 구성원들 간 가족 체계 내에서 경계선이 모호하거나 너무 밀착된 경우, 이를 수정하기 위해 개입하는 기법이다. 이는 가족 구성원들이 가족 체계 내에서 적절한 위치에 있도록 가족 구성원들 사이에 적절한 경계를 만들어 주어 각자가 독립된 존재로서 기능하게 하는 기술이다. 가족이 건강한 기능을 하기 위해서는 하위체계 간의 분명한 가족경계가 만들어져야 한다.

4) 균형 무너뜨리기

가족 내 하위체계들 간의 역기능적인 균형을 깨뜨리는 기법으로 가족체계 내 하위 체계 간의 관계를 재배치하는 기법이다. 이를 위해 가족치료사는 의도적으로 일부 가족 구성원의 편을 들기도 한다.

5) 가족신념에 도전하기

가족치료사들이 가족 구성원들의 현실지각 체계에 도전하는 기법이다. 가족 구성원들이 현실을 바라보는 관점을 바꾸게 되면 가족들 간에 서로 관계를 맺는 방식 역시 바꿀 수 있다고 보고 가족들의 상호 관계 유형을 변화시키는 기법이다. 사실 가족들이 가족치료사에게 말하는 '사실'은 부분적으로는 역사적인 사실이고 부분적으로는 구성된 것이다. 가족들이 공유하고 있는 구성된 사실들에는 한 가족이 가지고 있는 이해나 편견이 있다.

5. 사례 및 적용

> **IP:** 결혼 9년차 부부.
> (부인: 공황장애, 36세 / 남편: 39세). 해외에서 7년 넘게 NGO 단체에서 근무.
> **제시된 문제:** 아내는 몇 년 전에 공황장애 진단받고 정신과 약을 복용 중. 1년 전부터 증상악화로 일상생활이 불가능. 남편이 휴직 후 부인케어를 위해 귀국. 부인은 혼자서 외출을 할 수 없을 정도로 극심한 고통 호소.

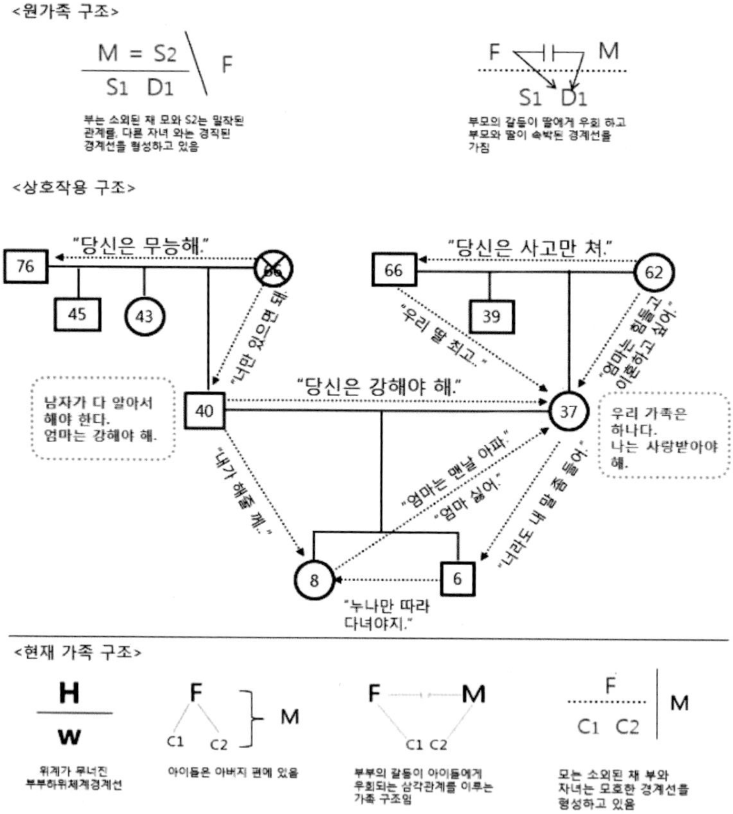

| 그림 6-3 | 원가족 · 상호작용 · 현재가족구조

출처: 이화자(2016). 공황장애 아내의 부부치료 사례연구: 구조적 가족치료 이론 및 취약성-스트레스 모델을 기반으로. 가족과 가족치료, 24(4), pp. 573-598.

1) 사례 개요

공황장애를 가진 아내의 문제로 남편이 상담을 의뢰하였으며 상담 초기단계에서 가족을 사정할 당시 부부관계는 아주 좋은 편이라고 하였다. 일상생활이 어려울 정도로 고통을 호소하는 아내의 치료만을 위하여 왔다고 했으나 상담진행 과정에서 부부의 경계선을 해석한 결과, 남편은 주도적인 편으로 아내와의 대화나 상호작용에서도 냉정을 유지, 아내는 친절하고 수용적이며 남편에 대해 의존적이고 순응적인 것으로 보였다. 남편은 독립적이고 무심, 긴장수준이 높아 경직된 경계선을 보였으며, 아내는 남편의 말을 비난없이 들으며 내적 긴장과 불안이 내재된 위축된 심리가 증상으로 나타난 것으로 보였다.

남편의 원가족의 경우, 남편의 부모님의 관계는 불화가 심하고 아버지는 무심하고 경제적 역할을 담당하지 못하여 모가 경제적 활동을 했으며 남편이 어릴 때부터 어머니를 도와 경제적 활동을 해왔다. 이후 남편이 청소년기에 어머니가 몸져 누움으로써 어머니 간병과 경제적 역할을 동시에 맡았으며 이는 결혼 후에도 남편이 자신의 어머니처럼 아내가 비슷하게 체력적, 심리적으로 취약하여 집안일과 자녀 양육까지 대부분의 생계와 생활을 거의 혼자 감당하는 구조로 남편의 원가족과 현재 부부관계의 가족구조가 유사한 구조로 보인다.

아내의 원가족의 경우, 친정부는 경제적으로 문제를 자주 일으켰으며, 이에 대한 친정엄마의 남편에 대한 불만을 자녀에게 잦은 넋두리와 잔소리로 풀고, 남편과 싸울때마다 딸에게 불안한 메시지를 반복해서 주는 등 부모의 역기능적인 상호작용과 의사소통 방식으로 인해 아내는 어릴 때부터 순응적이고 기쁨을 주는 착한 딸로 눈치를 보며 경계선이 모호한 속박 구조 속에서 스트레스와 압박감을 받아왔다.

결혼 이후 아내는 남편의 신념인 엄마역할에 대해 "당신은 강해야 해"라는 강요, 낯선 오지에서의 생활이 심약하고 취약한 스트레스를 더욱 강화시켜 공황발작에서 공황장애로 증상을 보이게 된 것이다.

2) 개입

첫째, 아내의 공황장애에 영향을 미친 요인은 가족구조의 상호작용, 즉 남편과 자녀의 역기능적인 관계방식으로 인한 상호작용의 문제가 반복, 악화되고 있음을 확인하였다.

둘째, 아내의 공황장애를 감소시키기 위하여 구조적 가족치료이론에 기반한 4단계 치료모델을 응용, 개입하였다. '치료자의 자기사용'을 중시 여기고 가족 구성원과의 원활한 합류와 근본적인 문제 규명하기, 구조적으로 초점을 맞추어 탐색하기, 대안적인 상태 및 관계방식을 모색하여 재구조화기 등의 치료 기법을 적용, 공황장애 증상황을 완화하고 부부관계를 새롭게 향상시켰다.

셋째, 공황장애 아내의 증상의 재구조화 과정에서 스스로의 위격을 확립함으로써 주체적인 자신의 모습을 회복하게 하고, 오랜 기간 동안 부부간의 갈등요소들이 누적된 스트레스로 인한 속박된 구조의 모호한 경계선에서 벗어나 아내와 모의 위상을 찾을 수 있게 하였다.

3) 결론

공황장애 아내의 문제를 해결하기 위해서는 가족 구성원 전체가 함께 문제를 인식하고 변화해야 한다. 특히 구조적 가족치료의 기본 개념인 효과적인 상호작용방식의 변화를 통한 부부관계 회복, 가족체계의 상호작용 패턴을 재구조화하는 것이 아내의 공황장애를 완화시킬 수 있는 효과적인 개입 기법임을 입증하였다.

요약

최근 한국사회는 이혼, 다문화 사회진입 등에 따른 다양한 가족유형과 다양한 가족생활 주기 출현에 따른 다양한 가족문제가 발생하고 있으며, 구조적 가족치료가 제시했던 사회와 가족, 가족과 개인 그리고 개인과 개인 간 관계중심의 상호적 시각은 우리나라의 가족문제를 해결할 수 있는 모델이라 볼 수 있다.

구조적 가족치료는 가족 내 복잡한 상호 교류에 질서와 의미를 부여하는 분명한 틀을 제공한다. 구조적 접근은 가족 안에서 무엇이 일어나야 가족이 기능적이 되는지에 관하여 구체적이고 개념적인 지도(map)를 임상가들에게 제시해 주는 접근이다. 구조가족치료에서 보는 한 가족 구성원에게 나타난 문제는 그 사람이 속한 가족구조의 부산물로 본다.

구조적 가족치료 목표는 첫째는 역기능적 증상의 감소, 둘째, 가족 교류의 역할을 수정하고, 더 적합한 경계를 개발함으로써 체제 내의 구조적 변화를 일으키는 것이다.

미누친은 가족치료사들은 세 가지 역할을 수행해야 한다고 하였다. 첫째, 인도자로서의 역할로 가족치료 시 인도자로서 가족에 합세해야 한다. 둘째, 밑에 깔려 있는 가족구조를 발견하고 평가해야 하는 역할이다. 셋째, 이러한 가족구조를 변경시킬 수 있는 분위기를 만드는 역할이다.

위와 같은 가족치료사들의 역할에 따라 구조적 가족치료의 치료 기법은 가족합류와 적응하기, 가족상호작용 다루기, 경계선 만들기, 균형 무너뜨리기, 가족신념에 도전하기 등이 있다.

걱정해서, 걱정이 없어지면, 걱정이 없겠네.

-티벳 속담-

제 7 장

합리적 정서행동치료 모델

알버트 엘리스(Albert Ellis, 1913~2007)

알버트 엘리스는 REBT를 개발한 미국심리학자이다. 1934년 뉴욕 시립대학교에서 경영학을 전공, 형과 함께 사업을 시작하였다. 틈틈이 단편소설, 연극, 만화, 시, 에세이 등 28세가 될 때까지 거의 24편의 원고를 썼으나 출판을 하지 않았다. 대신 "성적 자유를 위한 사례"라는 논문을 쓰기 위한 자료를 수집하는 과정에서 알버트 엘리스는 자신이 글쓰기뿐만 아니라 상담을 좋아한다는 사실을 발견, 1942년에 콜롬비아 대학교의 임상심리학 프로그램에 입학하였다. 이후 1943년 석사학위를 받은 직후 가족 및 성상담에서 파트 타임으로 개인치료를 시작하였다. 1947년 콜롬비아대학교에서 박사학위를 수여받은 이후 엘리스는 정신분석이 가장 효과적인 치료법이라고 믿고 정신분석을 훈련받기에 이른다.

1940년대 후반에 그는 Rutgers University와 New York University에서 가르쳤으며 Northern New Jersey Mental Hygiene Clinic에서 선임 임상 심리학자로 일했다. 그러나 정신 분석에 대한 회의를 느끼게 된 엘리스는 자신이 가족이나 성문제가 있는 사람들을 상담할 때 효과가 있었던 원리를 상담현장에 적용하기에 이르른다. 1955년에 엘리스는 정신분석을 포기, 대신에 사람들의 비이성적인 신념에 맞서고 이성적인 신념을 채택하도록 설득하여 사람들의 행동을 바꾸는 데 집중하였다. 엘리스는 1957년 REBT에 관한 첫 번째 책인 『신경증 환자와 함께 사는 방법(*How to Live with a Neurotic*)』을 출판했으며, 2년 뒤에는 합리적생활연구소(the Institute for Rational Living)를 조직, 다른 치료사에게 자신의 원리를 가르치는 워크숍을 개최하였다. 1960년에 엘리스의 첫 번째 성공작인 『사랑의 예술과 과학(*The Art and Science of Love*)』이 출간되었으며, 이후 REBT, 성과 결혼에 관한 80권의 책과 1,200개 이상의 기사를 출판하였다. 엘리스는 2007년 7월 사망할 때까지 개인, 가족 및 그룹에 대한 심리치료 및 심리평가에 대한 전문적인 훈련프로그램을 제공하는 뉴욕 알버트엘리스연구소(AEI)의 명예회장을 역임했다.

사진 및 내용 출처: https://albertellis.org. 2020. 12. 01. 검색.

가족치료는 가족을 관계라는 맥락 속에서 가족 간의 상호작용을 어떻게 이해하는가에 따라 치료적인 접근이 달라진다. 인지행동 가족치료는 가족들이 가지고 있는 문제에 대하여 행동치료이론에 근거하여 치료적 접근을 하는 것을 말한다.

인지행동 가족치료는 사람들의 행동을 어떻게 해석하느냐의 준거틀에 따라 반응방식이 달라진다는 관점인 인지치료와 사람의 행동은 강화와 처벌, 소거 등 외부 자극에 따라 달라질 수 있다는 행동주의 관점을 포함한다(천성문 외,

2015). 따라서, 인지행동 가족치료는 가족 구성원이 경험하는 심리적 문제의 원인은 어떤 상황이나 외부에서 주어진 자극을 합리적이지 못한 방식으로 지각하고 받아들이기 때문에 발생한다고 본다.

인지행동 가족치료에서는 가족 간 좋은 관계를 유지하기 위해서 가장 중요한 것은 서로 불만족스러운 행동을 주고받는 것을 최소화하는 것이다. 이를 위해서 가족들은 가족 간 갈등해결기술을 습득해야 하며, 특히 가족 상호 간의 의사소통기술과 대화방법을 중요한 기술로 본다.

인지행동치료의 대표적인 접근법은 알버트 엘리스(Albert Ellis)의 합리적 정서행동치료(REBT), 아론 벡(Aaron Beck)의 인지행동치료, 매켄바움(Meichenbum)의 인지행동수정 등이 있다.

1. 발달배경

인지행동치료(Cognitive Behavioral Therapy, CBT)는 1960년대 초에 등장하여 1980년대에 상담 및 심리치료 영역에서 급속한 발전을 이룰 정도로 치료적 접근 방식에서 중요한 위상을 정립한 접근법이다.

인지행동치료는 하나의 단일한 이론이라기보다는 인간에 대한 관점과 심리적 문제의 발생 및 치유과정에 대한 주요 원리들을 공유하는 여러 개별적 이론들의 집합체라고 보는 것이 더 적절하다〈표 7-1〉.

| 표 7-1 | 인지행동치료모델의 이론적 배경

인지이론	행동주의이론	인지행동치료
· 인간의 경험과 사회적 상호작용의 결과로 인지능력이 발달함	· 인간의 행동, 정서, 사고는 외부 환경이나 자극에 의해 학습된 결과	· 비합리적 신념에 의한 행동과 정서의 문제 초래
· 정보의 투입, 전환, 산출로 이어지는 메커니즘	· 구체적으로 관찰할 수 있는 행동에 초점	· 적응적이고 합리적인 믿음과 사고로의 전환을 위한 인지적 개입
· 정보 조직화, 정보의 내적 표현	· 정확한 문제 규정, 변화목표, 개입과정 강조	· 새로운 적응적 행동 양식의 학습
· 인지 과정의 오류가 정서 및 행동문제를 초래함	· 대표이론: 파블로프의 고전적 조건화, 반두라의 사회적 학습이론(관찰학습, 사회적 모델링)	· 학습을 위한 연습과 실연 등 행동주의적 훈련
· 논박과 소크라테스적 질문을 통해 인지적 오류를 수정함		· 행동의 변화에 따른 긍정적인 피드백 경험
		· 긍정적인 피드백으로 긍정적 사고 및 행동의 강화

출처: 김정진(2014). 재인용.

인지행동치료에 공헌한 대표적인 이론가들의 경우, 실제는 정신분석적 상담이론을 공부한 사람들이나 상담과정에서 기존의 정신분석적 이론의 한계를 극복하고자 새로운 이론체계로 인지행동치료를 정립하게 되었으며(이장호 외, 2005) 현재 20개 이상의 심리치료 접근들이 개발되었다.

인지행동치료가 본격적으로 가족문제에 적용되기까지는 많은 시간이 필요하였고, 많은 인지행동치료학자와 그 밖에 임상가 및 체계이론가들의 공헌이 있었다. 대표적으로 울프(Wolpe), 존슨(Johnson), 마스터(Masters)는 고전적 조건화 방법들을 처음으로 가족문제(광장공포증, 성기능장애, 불안장애)에 시도, 적용하였으며 체계적 둔감화를 발표했다. 또한 패터슨(Patterson)은 행동주의적 방법론을 부모훈련에 적용했으며 체계이론가인 미누친(Minuchin)과 함께 가족체계이론을 연구하여 인지행동주의적 가족치료 발전에 기여하였다.

인지행동치료의 대표적 이론가로는 합리적 정서행동치료(REBT)의 알버트 엘리스(Albert Ellis), 인지치료의 아론 벡(Aaron Beck), 인지행동수정의 매켄바움(Meichenbum)이 있으며, 골드프리드(Goldfried)의 체계적·합리적 재구성과 마호니(Mahoney)의 개인과학, 몰츠비(Maultsby)의 합리적 행동치료, 라자러스(Lazarus)의 중다모델치료, 쉰(Suinn)과 리차드슨(Richardson) 의 불안관리훈련, 렘(Rehm)의 자기통제치료, 귀다노(Guidano)와 리오티(Liotti)의 구조적 심리치료 등이 있다(Dobson, 1988; 이장호 외, 2005; 김춘경 외, 2016 재인용).

최근 인지행동 치료는 수용(acceptance), 마음챙김(mindfulness), 인지적 탈융합(cognitive defusion), 수용과 변화의 변증법, 가치, 영성, 관계 등을 강조하는 새로운 치료기법들로 변증법적 행동 치료(Dialectical Behavior Therapy, DBT), 함수분석 심리상담(Functional Analysis Psychotherapy), 통합적 부부행동치료(Integrative Behavior Couple Therapy), 마음챙김인지치료(Mindfulness-Based Cognitive Therapy, MBCT), 수용전념치료(Acceptance & Commitment Therapy, ACT), 마음챙김을 활용한 중독치료, 수용과 마음챙김 기법을 활용한 범불안장애 치료에 이르기까지 현장에서 다양하게 활용되고 있다(천성문 외, 2015).

특히 합리적 정서행동치료(REBT)는 1950년대 알버트 엘리스(Albert Ellis)가 발전시킨 성격이론이며 최초의 인지행동치료 중 하나로 오늘날에도 각광 받고 있는 중요한 인지행동 접근이다. 이론 정립의 초기과정에서 엘리스는 합리적 치료(rational therapy, 1955)라 명명하였으나 1962년에는 합리적-정서적 치료(rational-emotive therapy:RET,1962)로 개칭하였고, 최근에는 정서와 행동 모두를 중시하는 이론의 기본철학을 반영하여 합리적 정서행동치료(Rational Emotive Behavior Therapy)로 불리고 있다(천성문 외, 2021). 알버트 엘리스의 합리적 정서행동치료(REBT)는 인지적, 정서적, 행동적 이론 접근을 토대로 하는 종합적 교육방식, 상담 및 심리치료라고 할 수 있다. 이 이론에서는 인간의 문제는 외부사건이나 상황에 의해서 발생하는 것이 아니라 자신에게 일어난 사건에 대해 인간이 가지고 있는 신념, 생각, 평가, 해석, 철학에 의해서 생긴다는 전제에서 출발한다고 보았다.

본 장에서는 인지행동치료에서 많이 알려진 알버트 엘리스(Albert Ellis)의 합리적 정서행동치료(REBT)를 중심으로 인지행동 가족치료를 살펴보고자 한다.

2. 주요 개념

인간관, 합리적 사고, 당위주의, 비합리적 사고(신념), 자기 수용, 심리적 문제의 발생

1) 인간관

엘리스(Ellis)는 인간은 양면성이 있는 복합적인 존재라고 생각한다. 합리적이며 이성적 사고를 할 수도 또는 비이성적·비합리적인 사고를 할 수도 있다고 본다. 즉, 자신을 보호하고 사랑하며 자신을 성장시키는 자아실현 욕구를 가지고 있으면서도 동시에 자신을 스스로 파괴하고, 성장 가능성을 피하려는 경향성도 가지고 있는 존재라고 생각한다. 이와 같이 엘리스의 REBT 이론은 인간 본성에 대한 긍정적 시각을 가지고 있다. 엘리스의 인지행동이론에서 기본적으로 가정하는 인간의 본성을 다음과 같이 정리할 수 있다(Ellis, 1976; Ellis & Dryden, 1987; 이형득, 1992; Corey, 2001; 천성문 외, 2015; 이무영 외, 2020 재인용).

첫째, 인간은 생득적으로 비합리적 사고를 하는 경향성이 있다.

둘째, 인간은 외부의 어떤 상황보다는 자기 스스로 정서적 장애를 일으키는 여건을 만든다.

셋째, 인간은 비합리적 사고를 바꾸기 위해 노력하는 생득적 경향성도 가지고 있다.

넷째, 인간은 자신의 인지적, 정서적, 행동적 과정을 변화시킬 수 있는 능력이 있다.

다섯째, 인간은 성장과 자아실현 경향성이 있다.

여섯째, 인간은 자신에게 정서적 장애를 일으키는 신념을 만들어 낸다. 그리고 자신이 만든 정서장애를 유지하려고 한다.

일곱째, 인간의 사고, 정서, 행동은 서로 영향을 미친다.

여덟째, 인간은 자기와 대화할 수 있고(self-talking), 자기를 평가할 수 있으며(self-evaluating), 자기를 유지할 수 있는(self-substaining) 존재이다.

종합해 볼 때, 인간의 감정과 행동은 모두 인지에서 나온다는 관점을 취한다. 따라서 인지행동치료에서 인간은 합리적이고 올바른 사고를 할 수 있는 존재일 뿐만 아니라 비합리적이고 올바르지 못한 왜곡된 사고도 할 수 있는 존재이다. 따라서, 이러한 인간관은 인지행동치료에서 인간이 실수할 수 있다는 것을 인정하고 계속 실수를 하면서도 더 평화롭게 사는 것을 배우는 창조물인 자신을 수용하도록 돕는다.

2) 합리적 사고

합리적 사고는 도덕적으로 바람직한 사고, 규범적으로 온당한 사고, 논리적으로 흠결이 없는 사고를 뜻하는 것이 아니다. 합리적 사고와 비합리적 사고를 구분하는 데는 세 가지 기준이 적용된다(이장호 외, 2005).

첫째, 합리적 사고는 융통성이 있다. '모든', '항상', '반드시', '꼭', '결코', '당연히'와 같은 단어는 절대적인 의미로 사용되기 때문에 융통성이 없어서 합리적이지 않다고 본다.

둘째, 합리적 사고는 현실성이 있다. 대부분의 사람들이 '인정을 받아야만 가치 있는 사람이다'라는 생각을 하게 되는데 이는 '모든 사람에게 인정을 받을 수 있다'라는 것은 거의 불가능한 일이므로 합리적이지 않다고 본다.

셋째, 합리적 사고는 기능적 유용성이 있다. 이 기준은 사람들이 가진 생각이 현실을 행복하게 사는 데 얼마나 도움이 되는지와 관련된 것으로 한 개인이 가진 생각이 그의 삶을 유쾌한 것으로 만드는 데 도움이 된다면 합리적 사고이다.

종합해 볼 때, 합리적 사고는 어떤 개인이 가지고 있는 신념이 자신이 가지고 있는 목표달성에 도움을 줄 수 있으며, 자신의 행동을 효과적으로 통제할 수 있게 된다는 것이다. 엘리스는 사람들이 명확하게 유연하게, 그리고 과학적으로 생각하도록 노력할 것을 강조한다.

3) 당위주의

인간은 자신에게 주어진 상황을 긍정적으로 생각하느냐와 부정적으로 생각하느냐에 따라 전혀 다른 정서적·행동적 결과를 낳는다. 이와 같이 사고, 감정, 행동은 상호 밀접하게 관련되어 순환적인 관계를 이룬다. 비합리적 신념에 의한 부적절한 감정, 역기능적인 행동은 또 다시 다른 비합리적 생각을 촉발하는 악순환을 되풀이한다.

인간은 근본적으로 불완전한 존재이므로, 인간에게 당위성을 강조하는 것은 비합리적이다. 대체적으로 비합리적인 신념의 뿌리를 이루고 있는 것은 다음과 같이 세 가지 당위성과 관련되어 있다(노안영 외, 2002).

첫째, 자신에 대한 당위성(I must)
둘째, 타인에 대한 당위성(Others must)
셋째, 조건에 대한 당위성(Conditions must)

이러한 당위주의는 다음과 같이 비합리적 사고를 파생한다.

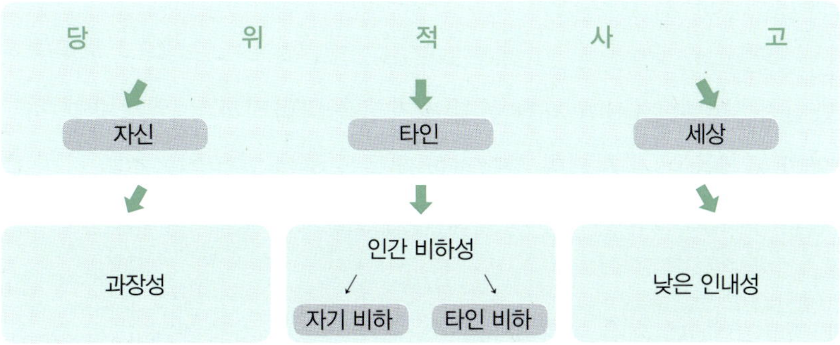

| 그림 7-1 | 당위적 사고에서 파생한 비합리적 생각의 요소

출처: 박경애(2014). 상담심리학. 공동체. p. 204.

〈당위주의〉

① 자신에 대한 당위성(I must)
자신에 대해 당위성을 강조한다. '나는 훌륭한 사람이어야 한다', '나는 실수 또는 실패해서는 안 된다', '나는 항상 적절하게 행동해야 한다' 등 인간은 당위적 사고에 매여 있는 경우가 많다. 그리고 이러한 자신에 대한 당위적 사고가 실현되지 않을 때 자기파멸이라는 생각을 갖게 된다.

② 타인에 대한 당위성(Others must)
자신과 밀접하게 관련되어 있는 사람, 예를 들면 부모, 자식, 남편, 부인, 친구, 직장동료, 친구 등에게 당위적인 행동을 기대하는 것이다. '자식이면 마땅히 부모에게 효도를 다 해야 한다', '부인은 마땅히 남편의 말에 복종해야 한다' 등 가까운 타인에게 바라는 당위적 기대가 이루어지지 않을 때 인간에 대한 불신감을 가지게 된다. 그리고 이러한 불신감은 인간에 대한 회의를 낳아 결국 자기비관이나 파멸을 가져오게 된다.

③ 조건에 대한 당위성(Conditions must)
주어진 조건에 대해 당위성을 기대하는 것을 말한다. 예를 들면, '나의 가족은 항상 서로 사랑해야 한다', '나에게 주어진 일은 3D(dangerous, dirty, difficult)가 아니어야 한다', '내 방은 항상 깨끗해야 한다' 등 자신에게 주어진 조건에 대하여 당위적 사고를 가지고 임하는 것이다. 그러나 현실 생활에서는 자신이 바라고 원하는 것처럼 지속되는 당위적인 조건은 거의 없다. 그럼에도 불구하고 많은 사람들은 흔히 이러한 당위적 조건을 기대하면서 그렇지 않은 경우에 화를 내거나 부적절한 행동을 한다.

4) 비합리적 사고(신념)

비합리적 사고는 자신이 가진 신념이 자신을 바람직하지 않은 방향으로 이끌고 다양한 문제를 야기 시키며 부적절한 행동을 하게 되는 것을 의미하며 엘리스는 비합리적 사고(신념)는 정서장애의 원인으로 보았다.

엘리스는 1956년 처음으로 장애를 겪고 있는 내담자들에게 흔히 볼 수 있는 비합리적 신념 열한 가지를 정리하여 제시하고, 이를 과장된 형태로 확대되지 않도록 하고 신념을 선호 또는 바람의 형태로 바꾸었을 때 심리적 어려움이 상당수 줄어들었다고 설명하고 있다. 비합리적 신념은 세 가지 강요적이고 요구적인 상위개념으로 묶을 수 있는데 이는 다음과 같다(서수균·김윤희 공역, 2007; 이무영 외, 2021 재인용).

첫째, 나는 어떤 상황에서든 주어진 일을 반드시 잘 수행해야만 하고 중요한 타인에게서 인정받아야 한다. 그렇지 않으면 나는 부족하고 사랑받을 수 없는 사람이 된다-(자신).

둘째, 사람들은 어떤 상황에서든 나를 반드시 공정하게 그리고 친절히 대해야만 한다. 그렇지 않으면 그들은 몹쓸 인간이다-(타인).

셋째, 세상 일은 항상 반드시 내가 원하는 대로 되어야 하고, 대부분 즉각적인 만족이 뒤따라야 하며, 내가 힘들게 세상을 변화시킬 필요가 없어야 한다. 그렇지 않다면 이는 정말 끔직하고 참을 수 없는 일이며, 그런 상황에서 내가 행복해진다는 것은 전적으로 불가능하다-(세상/조건).

〈비합리적 신념〉

1. 나는 내가 만나는 모든 사람에게 사랑이나 인정을 받아야 한다(타인에 대한 당위성).
2. 나는 완벽할 정도로 유능하고 합리적이며 가치 있고 성공한 사람으로 인식되어야 한다(자신에 대한 당위성).
3. 어떤 사람들은 나쁘고 사악하고 악랄하기 때문에 가혹하게 비난과 벌을 받아야 한다(타인에 대한 당위성).
4. 내가 원하는 대로 일이 되지 않을 때 이는 매우 끔찍하고 내 인생에서 큰 실패를 의미한다(조건에 대한 당위성).
5. 인간의 불행은 외적인 사건에서 비롯되고, 사람들은 자신의 슬픔과 장애를 통제할 능력이 없다(조건에 대한 당위성).
6. 위험하거나 두려운 일들이 내게 일어나 큰 해를 끼칠 것이 항상 걱정된다(조건에 대한 당위성).
7. 인생의 어려움이나 자기 책임감은 직면하기보다 피하는 것이 보다 용이하다(조건에 대한 당위성).
8. 나는 다른 사람들에게 어느 정도는 의존해야 하며 나를 돌봐 줄 수 있는 사람들이 주위에 있어야 한다(타인에 대한 당위성).
9. 자신의 과거사가 현재 행동의 중요한 결정요인이며, 과거에 일어났던 중요한 일이 자신의 인생에 영향을 미쳤던 것처럼 그것이 또한 유사한 영향을 미친다(조건에 대한 당위성).
10. 나는 타인의 문제나 고통을 나 자신의 일처럼 아파해야 한다(자신에 대한 당위성).
11. 모든 문제에는 완벽한 해결책이 있으므로 그 해결책을 찾아야 한다. 만약 완벽한 해결책을 찾지 못한다면 큰 혼란이 발생할 것이다(조건과 자신에 대한 당위성).

출처: Ellis(1989); 천성문 외(2015); 홍성례 외(2014) 재인용.

5) 자기수용(self-Acceptance)

REBT에서는 정서적 문제는 조건적 자기수용을 가진 사람들에게서 흔히 발견된다고 보았다. 여기서 말하는 조건적 자기수용은 인간으로서 근본적으로 갖는 가치 때문이 아니라 성취 또는 성공 여부에 따라 자신에 대한 가치 수준을 평가하는 것이다. 예를 들면, 조건적 자기수용을 하는 사람은 '내가 하고 있는 것이 곧 나 자체이다', '실패한다면 나는 가치 없는 사람이다' 등과 같이 왜곡된 신념을 갖고 있으며 이로 인해 실패나 실망의 경험은 자존감 추락의 원인으로 작용한다. 따라서, REBT에서는 상담자들이 내담자로 하여금 자기 자신이 아닌 자신의 생각과 행동을 평가하도록 가르친다.

6) 심리적 문제의 발생

엘리스는 개인의 심리적 문제에 영향을 끼치는 요인들을 생물학적·사회적 요인에 따른 정서적 혼란으로 보았으며, 이를 A-B-C 이론으로 설명하였다(천성문 외, 2015). A-B-C 이론은 REBT 이론과 실제의 핵심내용으로 내담자의 감정과 사고, 사상, 행동 등을 이해할 수 있는 유용한 틀을 제공하였다.

A-B-C 이론을 적용한 REBT의 과정은 흔히 ABCDE 모형으로도 불린다. 즉 개인의 심리적 문제는 A(선행사건, Accident) 자체보다는 그에 대해 가지고 있는 내담자의 B(신념체계, Belief system), 그로 인한 결과 C(결과, Consequences)로 인해 발생하는 것으로 설명할 수 있다.

따라서 REBT의 치료과정은 [그림 7-2]와 같이 클라이언트의 정서적 어려움을 해결하기 위해서는 왜곡된 비합리적 신념을 논박을 통해 인지 정서, 행동적인 변화가 이루어지도록 하는 것이다.

A 선행사건(Activating event): 클라이언트에게 노출되었던 문제의 장면이나 선행사건
B 신념체계(Belief system): 선행사건에 대한 내담자의 관점이나 태도, 사고방식
C 결과(Consequence): 선행사건으로 일어난 정서적 행동적 결과
D 논박(Dispute): 내담자의 비합리적인 사고에 대해 사리에 맞는지 검토해 보라고 치료자가 촉구하는 과정
E 효과(Effect): 논박하여 합리적인 신념으로 바뀐 뒤에 느끼게 되는 수용적이고 긍정적인 감정의 결과

A 촉발경험

여자친구가 다른 사람이 생겨서 나와의 관계를 끊고 싶다는 소식을 전해 왔다.

B 경험에 대한 비합리적 신념

'나는 정말 보잘것없는 인간임에 틀림없어.'
나는 앞으로 이 여자친구만 한 사람을 결코 만날 수 없을 거다.'
'그녀가 나를 원하지 않는 것을 보면 아마 나를 원하는 사람은 아무도 없을 것 같다.'
'말도 안 된다. 어떻게 내게 이런 일이 일어날 수가 있나!'
'나쁜 년! 그년이 내게 이렇게 해서는 절대 안 된다.'
'세상이 이렇게 불공평하고 더럽게 굴러가는 것을 도저히 참을 수 없다.'

C 고통스러운 정서적 결과

우울 적대감

D 비합리적 신념에 대한 논박

'이 여자가 나와의 관계를 끝내고 싶어 한다고 해서 내가 보잘것없는 인간이라든가 또는 다른 사람과 좋은 관계를 결코 맺을 수 없을 거라든가 혼자서는 절대 행복할 수 없을 거라는 근거는 어디에도 없다.'
내가 원하는 대로 일이 잘 안 풀리는 것이 뭐가 그렇게도 끔찍한 일인가?'
'세상일이 어떻게 좋기만 하겠는가?'
그녀가 나를 거절했다고 해서 내가 못난 사람이(혹은 그녀가 몹쓸 사람이) 되어야 하나?'

E 새로운 정서적 결과 혹은 효과

슬픔: '우리가 좋은 관계를 맺어 왔지만 이렇게 끝나게 돼서 아쉽다. 문제가 있긴 했지만 나는 이제 훌훌 털어버리고 새로운 여자친구를 찾아 나서겠다.'
속상함: '그녀가 다른 남자를 만날 거라니 속상하다. 하지만 이 일이 참을 수 없을 만큼 끔찍한 일은 아니다.'

| 그림 7-2 | 정서장애에 대한 합리적정서행동치료의 ABC 이론

출처: 서수균·김윤희 공역(2007). 합리적 정서행동치료. 학지사. p. 64.

3. 치료 목표 및 치료 과정

1) 치료 목표

REBT 상담은 내담자의 비합리적 신념을 합리적 신념으로 바꾸어 수용할 수 있는 합리적 결과를 갖게 하는 것이다. 또한, 내담자가 더 현실적이고 실현가능한 인생철학을 습득함으로써 정서장애와 자기-패배적 행동들을 최소화하는 것을 목표로 한다. 또 다른 중요한 상담목표는 인생에서 잘못된 것에 대해 자신 또는 타인을 비난하는 경향을 감소시키고 차후의 어려움을 다루는 방법을 배우는 것이다(조현춘 외, 20003).

REBT 상담자가 내담자와 함께 추구해야 할 상담목표를 제시하면 다음과 같다(Ellis & Dryden, 1997; 김종운, 2019; 노안영, 2019; 박경애, 2014; 천성문 외, 2015 재인용).

① 자기와 사회에 대한 관심(self & social-interest): 정서적으로 건강한 사람은 자기 자신에게 관심을 가질 수 있고, 관계적인 맥락 속에서 인간에 대한 관심을 가지고 있다.

② 자기 지향(self-direction): 정서적으로 건강한 사람은 다른 사람의 지지를 좋아할 수는 있으나 이를 요구하지는 않는다. 또한 자신의 삶에 대한 책임감이 있고 자신의 문제를 독립적으로 해결할 수 있다.

③ 관용(tolerance): 성숙한 개인은 다른 사람의 실수를 수용할 줄 알고, 이를 경멸하지 않는다.

④ 불확실성의 수용(acceptance of uncertainly): 정서적으로 성숙한 사람은 인간이 무한한 가능성과 기회를 가진 세계에 살고 있다는 것을 인정하며 거기에는 어떤 절대적인 확실성은 없다는 것을 인정한다.

⑤ 몰두(commitment of uncertainly): 건강한 사람은 자신을 둘러싸고 있는 일상적인 일 뿐만 아니라 최소한 한두 가지 정도의 창조적인 활동에 몰두하고 관심을 가지고 있다.

⑥ 과학적 사고(science thinking): 성숙한 사람은 객관적이고, 합리적이다.

⑦ 자기수용(self-acceptance): 건강한 사람은 자기 자신이 살아있다는 사실 자체, 그리고 끊임없이 삶을 스스로 즐기고 행복과 기쁨을 창조할 수 있는 어느 정도의 힘을 가졌다는 사실 때문에 자기 자신을 받아들이고 좋아한다.

⑧ 모험하기(risk-taking): 정서적으로 건강한 사람은 모험을 할 수 있다. 내담자로 하여금 인생에서 자신이 진정으로 원하는 것이 무엇인가를 곰곰이 생각해 보고 모험을 시도하고 인생을 개척할 수 있도록 돕는다.

⑨ 비이상주의(nonutopianism): 성숙하고 건강한 사람은 이 세상에서 자기 자신이 얻고자 하는 모든 것을 다 얻을 수는 없다고 인식한다. 또한 모든 고난을 완전히 회피할 수 없다는 사실을 인식할 수 있도록 돕는다.

⑩ 유연성(flexibility): 건강한 사람은 사고가 유연하고, 변화에 개방적이며 다른 사람들에 대해 고집스럽지 않은 관점을 가지고 있다.

2) 치료자의 역할

치료자는 치료현장에서 내담자의 치료를 위한 몇 가지 구체적인 과제(조현춘 외 공역, 2003)를 단계별로 수행해야 한다.

첫째 단계는 내담자에게 내담자 자신이 많은 비합리적 신념을 구체화해 온 것을 보여 준다. 이를 통해 내담자는 자신의 비합리적 신념과 합리적 신념을 구분해내는 것을 배운다.

둘째 단계는 내담자들이 비합리적으로 생각함으로써 자신의 정서장애를 능동적으로 유지시키고 있음을 보여 준다.

셋째 단계는 내담자들이 사고를 수정하고 비합리적인 생각을 포기하도록 돕는 단계이다. 이 단계에서는 치료자가 내담자로 하여금 자기 비난 과정의 악순환을 이해할 수 있도록 돕는다.

넷째 단계는 미래에 내담자가 또 다른 비합리적인 신념의 희생자가 되는 것을 피할 수 있도록 인생의 합리적인 철학을 발전시키도록 격려하는 것이다.

3) 치료자와 내담자의 관계

치료자는 REBT에서 중시하는 완전한 수용 또는 관용을 내담자와의 관계에서 적용한다. 이는 치료자가 내담자를 대할 때 내담자의 비합리적인 사고나 자기 파괴적인 행동들을 거짓 없이 직면시키려고 하면서도 동시에 내담자들을 인간으로서 평가하기를 거부하는 것이다. 사실 관계중심적인 다른 심리치료와 달리 REBT는 인간적 온정이나 공감적 이해를 중시하지는 않는다. 그럼에도 불구하고 REBT 치료자들은 지나친 온정은 자제하되 불완전한 존재로서의 내담자를 수용한다.

4) 치료 과정

치료자는 먼저 내담자와 친밀한 치료 관계를 형성해야 한다. 치료과정은 A-B-C 이론을 적용한 ABCDE모형을 중심으로 구조화된 형식을 사용한다. 이 과정에서 내담자들은 자신이 사용해 온 비합리적 신념을 평가하고 논박하는 것을 통해 치료가 종결된 이후에도 자신의 삶에 이러한 치료과정을 적용할 수 있도록 준비하게 된다. ABCDE모형을 중심으로 치료과정을 단계별로 살펴보면 [그림 7-3]과 같다(김종운, 2019; 박경애, 2014; 이장호, 2005; 천성문 외, 2015).

1단계 상담자는 내담자에게 문제점을 질문한다.
↓
2단계 문제점을 규명한다.
↓
3단계 부적절한 부정적 감정을 알아본다.
↓
4단계 선행사건(A)을 찾아내고 평가한다.
↓
5단계 이차적 정서 문제를 규명한다.
↓
6단계 신념체계(B) – 결과(C)의 연관성을 가르쳐 준다.
↓
7단계 비합리적 신념(iB)을 평가 · 확인한다.

| 그림 7–3 | REBT의 치료과정

출처: 천성문 외(2015).

① 합리적 정서행동 치료의 기본 철학 및 논리를 내담자가 믿도록 설명하고 설득한다. 상담자들은 자신이 경험한 사건 자체가 자신들에게 정서적으로 고통을 주고 있다고 생각한다. 따라서, 치료자는 합리적 정서행동치료의 기본 철학과 논리에 대해 구체적인 설명을 통해 상담과정에 익숙해지도록 돕는다.

② 내담자가 호소하는 문제, 즉 부적절한 정서적이고 행동적인 결과를 탐색한다. 내담자가 호소하는 부적절한 정서, 예를 들면 불안, 공포, 두려움 등은 무엇이며, 행동으로 나타난 결과는 무엇인지 탐색한다.

③ 선행사건을 탐색한다. 앞서 내담자가 호소한 부적절한 정서적이고 행동적인 결과와 관련된 반응을 일으킨 사건이 무엇인지 탐색한다.

④ 비합리적 신념을 확인한다. 치료과정에서 내담자의 자기 보고 및 치료자의 관찰을 통해 내담자의 비합리적 신념을 발견하고 규명한다.

⑤ 비합리적 신념에 대해 논박을 한다. 치료자는 내담자가 경험한 부적절한 정서와 관련된 신념이 비합리적이며 근거가 약하다는 것을 논박을 통해 밝힌다. 이 단계에서 치료자는 주로 질문을 통해 논박을 한다.

⑥ 합리적 신념에 대해 확인한다. 치료자는 내담자가 논박을 통해 합리적 신념의 실례를 제시하거나 시범을 보인다.그리고 내담자가 합리적 신념과 자기 언어의 합리성을 자신의 논리로 치료자에게 설명해 보도록 한다.

⑦ 합리적 신념을 적용한다. 비합리적 신념을 합리적 신념으로 대치하기 위한 인지적 연습을 반복하게 한 후 부적절한 정서나 행동을 유발하는 상황에서 자기 언어로 적용할 수 있도록 한다. 즉 하고 싶은 행동을 하기 전이나 도중에 합리적 신념과 자기 언어를 진술하면서 행동하도록 한다.

4. 치료기법

REBT 상담자들은 중다양식적이고 통합적인 입장을 취한다. 다양한 인지적·정서적·행동적 기법들을 내담자에게 맞춰 적용하나 정서적 기법보다는 인지적 기법과 행동적 기법을 강조한다. 여기서는 엘리스가 기술한 중요한 인지적·정서적·행동적 기법들을 다음과 같이 간략하게 살펴보았다(남미애 외, 2014; 엄명용 외, 2015; 조현춘 외 공역, 2003; 홍성례 외, 2014 재인용).

1) 인지기법

REBT 치료자들은 치료과정에서 대개는 강력한 인지적 방법을 사용한다. 치료자들은 내담자에게 스스로에게 계속해서 말하고 있는 것이 비합리적인 신념에 기초한 것임을 보여 주기 위하여 논박, 논쟁, 도전, 해석, 설명, 교수 등의 기술을 사용한다.

(1) 비합리적 신념을 논박하기

REBT에서 가장 많이 사용되는 인지적 방법이다. 이는 내담자의 비합리적 신념을 적극적으로 논박해서 이 도전을 스스로 받아들이는 방법을 가르친다. 내담자들이 비합리적 신념을 버릴 때까지 또는 적어도 강도가 약화될 때까지 구체적인 당위들, 예를 들면, "~해야 한다", "당연히 ~해야 한다" 등을 검토하고 그에 대한 반박을 내담자가 스스로에게 할 수 있도록 가르친다.

(2) 인지적 과제

내담자에게 집에 가서 해올 과제를 부여하는 것으로 내담자들이 자신의 문제 목록표를 만들고, 절대적 신념을 찾고, 내면화된 자기메시지의 일부인 당위를 밝혀내는 과제를 제시한다. 부정적으로 내면화된 언어를 가지고 있는 경우에는 긍정적인 말로 바꾸어 오게 하거나 합리적정서행동치료에 관한 책을 읽어오게 하는 등 과제를 제시한다.

(3) 내담자의 언어를 변화시킴

이 기술은 내담자들의 부정확한 언어, 당위적인 진술 등이 왜곡된 사고과정의 원인이 되므로 이 부분을 변화시키는 기법이다.

내담자가 가지고 있는 당위적 진술문을 바꾸어 새로운 자기 진술을 사용하도록 학습하는 것이다. 내담자들이 당위적인 진술 대신에 "~하고 싶다" 등으로 새로운 진술로 바꿈으로써 내담자들 스스로 자신의 언어패턴을 변화시키는 것이다.

(4) 유머의 사용

REBT에서는 사람들이 너무 진지하게 생각하거나 생활 사상들에 대한 균형감각이나 유머감각을 잃으므로 정서적 혼란이 생긴다고 본다. 따라서, 치료자들은 내담자에게 문제를 일으키는 과장된 사고를 반박하기 위해 유머를 사용한다. 유머는 내담자가 고집스럽게 유지하고 있는 생각들이 불합리하다는 것을 보여 주고, 내담자로 하여금 그들 스스로를 덜 진지하게 생각하도록 돕기도 한다.

2) 정서기법

REBT는 때때로 심리치료에서 정서적 측면의 중요성에 대해 소홀히 한다는 비판을 받기도 하나 사실상 정확하지는 않다. REBT는 부적절한 정서의 원인으로 비합리적 사고로 보고 있으므로 사고를 먼저 분석하고 다룸으로써 정서를 조절하는 것이며 정서를 무시하는 것이 아니기 때문이다(박경애, 2014). 이러한 연유로 논박에서도 인간의 정서를 중요시하는 기법을 많이 활용한다.

(1) 합리적-정서적 상상(Rational Emotive Imagery)

이 기법은 새로운 정서 패턴을 확립하도록 설계된 강렬한 정신 훈련이다. 내담자는 그들이 실제 생활에서 생각하고 느끼고 행동하고자 하는 바로 그 방식으로 생각하고 느끼고 행동하는 자신을 상상하게 한다. 이 기법은 부정적인 상상법, 긍정적인 상상법 두 가지로 구분이 된다.

① 부정적인 상상법(Negative Rational Emotive Imagery, NREI)

내담자로 하여금 눈을 감고 자신들이 문제 상황(A)에 처해 있는 모습을 상상해 보게 한다. 이후 대체로 경험할 수 있는 정서적인 결과(C)를 느껴 보게 한다. 이후 내담자가 경험한 C를 보고할 때 정서적 결과와 연관되는 자신 안에 내재된 자기언어에 집중하게 한다. 이를 건설적인 정서로 바꾸어 보게 한다.

② 긍정적인 상상법(Positive Rational Emotive Imagery, PREI)

내담자가 문제 상황에 있는 자신을 상상해 보게 한다. 그러나 행동과 느낌을 다르게 하는 자신의 모습을 그려 보게 한다. 예를 들면, 실제로는 사람들 앞에서 말하는 것에 대해 공포심을 느끼는 내담자로 하여금 반대로 여유 있게 사람들 앞에서 발표하는 것을 그려 보게 한다. 이후 치료자는 내담자에게 "그렇게(반대로 상상한 모습처럼) 되기 위해 어떤 이야기를 스스로 자신에게 던졌나요?"라고 질문을 한다.

(2) 역할 연기(role-playing)

역할 연기는 내담자가 문제행동과 관련된 장면에서 어떤 느낌이 발생하는지를 알기 위하여 그 장면에서의 행동을 시도해 보게 하는 것이다. 역할 연기에는 정서적 요소와 행동적 요소가 있다. 이 기법은 그 장면과 관련된 불쾌감의 밑바탕이 되는 비합리적 생각을 파악하는 데 중점을 둔다.

(3) 수치심-공격 연습(Shame-attacking exercise)

이 기법은 주위 사람이 어떻게 생각할지에 대한 두려움 때문에 하고 싶은 행동을 하지 못하는 내담자에게 실제로 그 행동을 해 보도록 하는 기술이다. 그 결과, 주위 사람들이 내담자가 생각한 것보다는 내담자에게 관심이 없음을 알게 된다. 따라서 다른 사람의 반응에 연연하지 않고 자신이 하고 싶은 것을 할 수 있도록 한다.

3) 행동기법

REBT는 행동치료의 한 형태이므로 대부분의 행동기법을 그대로 활용하나 REBT에서의 행동기법과 행동치료에서의 행동기법은 그 기본가정이 다르다(노안영, 2011). 행동치료는 행동의 변화가 주요한 목적이지만 REBT는 행동의 변화뿐만 아니라 생각, 더 나아가 정서까지도 변화시키는 데 더 강조점을 둔다.

(1) 조작적 조건형성

치료자가 내담자에게 조작적 조건형성의 원리를 적용하는 것으로 적절한 보상과 제재를 활용하는 것이다.

(2) 체계적 둔감법

비현실적인 불안이나 공포를 가진 사람에게 적용하는 것으로 불안을 일으키는 사건과 이완반응을 연합시켜 단계적으로 극복하도록 돕는 기법이다. 이를 위해 내담자에게 가장 덜 위협적인 상황에서 가장 위협적인 상황까지 상황들을 순서대로 제시하면서, 불안자극과 불안반응 간의 연결이 없어질 때까지 불안을 일으키는 자극들을 반복적으로 이완상태와 연결 짓는 것이다.

(3) 이완 기법

근육이완은 치료가 아니라 불안을 일시적으로 감소시키기 위해 근육의 수축과 이완, 깊고 규칙적인 호흡, 즐거운 사고나 심상 등을 훈련함으로써 일상생활에서 유발되는 스트레스에 대처할 수 있도록 가르치는 것이다. 특히 불안이 높은 내담자, 위기상황의 내담자 등에게 효과적이다.

(4) 모델링

모델링은 내담자가 부적절한 정서적 혼란을 경험하고 있는 문제에 대해 자신과는 다르게 생각하고 느끼며 행동하는 사람들의 생각, 느낌, 행동을 시범을 보인다. 또한, 관찰학습과정을 통해 내담자가 시행착오학습을 거치지 않고 원하는 행동을 학습할 수 있도록 하게 하는 것이다.

5. 사례 적용

IP: 여: 지수(가명)29세. 중소기업 마케팅 부서 근무.
남: 형석(가명) 33세. 작은 반도체 회사 근무.
결혼한 지 1년 된 신혼부부. 자녀없음.
제시된 문제: 이혼을 고려하고 있음.
남편의 경우, 부담스러운 결혼생활에 대한 회피욕구가 매우 강한 상태로 야근이나 출상을 핑계로 외박이 잦고, 아내는 미혼이나 마찬가지인 생활을 6개월 이상 해왔다고 주장.

출처: 윤화영(2010). 사례연구: 이혼을 고려하고 있는 신혼부부. 인지행동치료, 10(1), pp. 1-20.

지수(부인) 씨의 경우, 세 딸 중 셋째이다. 어릴 때부터 집안의 문제를 해결하는 해결사로서 아버지의 칭찬과 격려를 많이 들었고 병약한 어머니 대신 아버지의 아내 역할을 맡았다. 지수 씨에 따르면 지수 씨는 아버지의 권유로 결혼을 서두르게 되었고 아버지에 대한 부담감 등 '복잡한 감정이 혼수품과 함께 결혼 생활에 따라오게 된 것 같았다'고 했다. 이러한 부담감을 떨치기 위해 남편 형석 씨를 위해 많은 헌신과 희생을 했다고 한다. 반면, 남편 형석 씨에 대해서는 '책임감은 부족하고 문제해결보다는 도망가기 급급한 사람'인 것 같다고 했다. 그럼에도 불구하고 시댁에 인정받기 위해 남편과 본가의 눈치를 보느라 애쓰고 지쳐가는 자신이 너무 암담하다고 하였다.

형석(남편) 씨의 경우, 아버지가 일찍 돌아가셨고, 누나가 위로 셋인 집안의 귀한 아들로 성장했다. 집안에서 유일한 남자였지만 유일하게 궂은일을 하지 않은 특별한 사람이었는데, 결혼 후 요구 조건이 너무 많은 아내가 부담스럽다고 한다. 아내 입장에서 희생하고 맞추려 했다는 상황에 대해서는 남편은 의견을 묻고 의사결정해서 지시해달라는 요청이 너무 귀찮고 지겹다고 했다. 부부 성관계에 대해 충실하지 않은 아내의 태도에도 매우 화가 나 있었다.

치료자가 부부관계에 대한 평가 결과, 갈등의 문제는 두 사람의 개인력 속에서 반복해 온 역할수행에 대한 역기능적 비합리적 신념, 의사소통패턴과 왜곡된 사고로 확인되었다. 특히 부부생활을 어렵게 하는 남편의 자동적 사고는 '아내는 결혼생활에서 혼자만 애쓴다고 한다', '아내는 희생과 헌신이라는 이름으로 나를 얽어매려고 한다' 등이었고, 부인의 자동적 사고는 '남편은 늘 아이처럼 피하려고만 한다', '남편은 뒤통수를 치곤 한다' 등이었다.

치료자는 부부에게 인지행동치료모델에 대해 설명하면서 부부간의 고통스러운 정서에 초점을 두되 이러한 정서의 변화를 위해 현재 당면하고 인식한 문제들을 해결하는 구체적이고 현실적인 방법들을 실천하고 기존의 역기능적인 방법들의 반복을 반증할 만한 경험적 정보들을 찾아야 한다고 설명을 하였다. 또한 인지적 왜곡에 대한 구체적인 설명과 서로 간에 하고 있는 의사소통의 방식에 대해 설명하였다.

총 10회기를 통해 남편과 아내의 자동적 사고에 대해 인지적 재구성을 다루었으며 치료동기와 성과에 대한 기대를 재확인하면서 기법으로는 행동실험, 의사소통문제해결을 위한 치료회기 중 녹음내용 모니터링, 치료 종결을 바꾸고 역할 바꾸기 기법 등을 적용하였다. 종결에 이르러서는 건강한 배우자의 역할과 서로에 대한 기대감을 가지는 것으로 종결하였다.

요약

인지행동 가족치료에서는 가족 간 좋은 관계를 유지하기 위해서 가장 중요한 것은 서로 불만족스러운 행동을 주고받는 것을 최소화하는 것이다(김지영 외, 2017). 이를 위해서 가족들은 가족 간 갈등해결기술을 습득해야 하며, 특히 가족 상호 간의 의사소통기술과 대화방법을 중요한 기술로 본다.

본 장에서는 인지행동치료에서 많이 알려진 알버트 엘리스(Albert Ellis)의 합리적 정서행동치료(REBT)를 중심으로 인지행동 가족치료를 살펴보았다. 알버트 엘리스의 합리적 정서행동치료(REBT)는 인지적·정서적·행동적 이론 접근을 토대로 하는 종합적 교육방식, 상담 및 심리치료라고 할 수 있다. 이 이론에서는 인간의 문제는 외부사건이나 상황에 의해서 발생하는 것이 아니라 자신에게 일어난 사건에게 대해 인간이 가지고 있는 신념, 생각, 평가, 해석, 철학에 의해서 생긴다는 전제에서 출발한다고 보았다.

REBT 치료는 내담자의 비합리적 신념을 합리적 신념으로 바꾸어 수용할 수 있는 합리적 결과를 갖게 하는 것이다. 또한, 내담자가 더 현실적이고 실현가능한 인생철학을 습득함으로써 정서장애와 자기-패배적 행동들을 최소화하는 것을 목표로 한다. 엘리스는 개인의 심리적 문제에 영향을 끼치는 요인들을 생물학적·사회적 요인에 따른 정서적 혼란으로 보았으며, 이를 A-B-C 이론으로 설명하였다.

A-B-C 이론은 REBT이론과 실제의 핵심내용으로 내담자의 감정과 사고·사상·행동 등을 이해할 수 있는 유용한 틀로 ABCDE 모델을 제공하였다.

〈점검해 보기〉

비합리적 신념 검사

다음은 Jones(1968)가 개발한 당신의 비합리적 신념을 알아보기 위한 것입니다. 다음 보기를 참고로 하여 응답하시오.

〈보기〉

전혀 그렇지않다		그저 그렇다		매우 그렇다
1	2	3	4	5

번호	문항	점수				
1	나는 모든 사람으로부터 사랑받고 인정받아야 한다.	1	2	3	4	5
2	나는 철저히 유능하고 적절하고, 성취적이어야 한다.	1	2	3	4	5
3	어떤 사람들은 사악하고 나쁘기 때문에 비난받고 처벌받아야 한다.	1	2	3	4	5
4	내가 바라는 대로 일들이 잘 되지 않으면 끔찍하다.	1	2	3	4	5
5	불행은 외적 요인에서 비롯되기 때문에 나는 불행을 거의 통제할 수 없다.	1	2	3	4	5
6	나는 위험스럽고 두려운 일이 발생할까 봐 걱정하며 그런 생각을 떨쳐 버릴 수 없다.	1	2	3	4	5
7	어려움에 직면하고 책임감을 갖는 것보다 피하는 것이 보다 쉽다.	1	2	3	4	5
8	나는 나보다 더 힘 있는 누군가에게 의존해야 한다.	1	2	3	4	5
9	과거는 나의 현재 행동의 가장 중요한 결정요인이다.	1	2	3	4	5
10	인간의 문제에는 항상 옳고, 정확하고 완전한 해결책이 있다. 만약 그러한 해결책을 찾아내지 못하면 끔찍하다.	1	2	3	4	5

*채점 방식: 10문항의 총점을 구한다.
*해석 방식: 이 검사는 10점에서 50점까지의 총점 범위를 갖는다.
35점 이상: 매우 비합리적인 신념을 가지고 있음
25점~35점: 보통
25점 이하: 매우 합리적인 신념을 가지고 있음

출처: Lichtenberg, Johnson, & Arachtingi(1992). Physical illness and subscription to Ellis's irrational beliefs. Journal of Counseling & Development, 71.pp. 157-163; 노안영·강영신(2002). 성격심리학. 학지사. pp. 452-453.

모든 일을 하기에 가장 좋은 때는 언제인가? '지금'
가장 중요한 사람은 누구인가? '함께 있는 사람, 바로 당신 앞에 있는 사람'
모든 때에 해야 할 가장 중요한 일은 무엇인가?
'당신 곁에 있는 사람과 행복하게 잘 지내기'

-틱낫한(2002), 거기서 그것과 하나 되시게, '세 가지 훌륭한 답' 중에서-

제 8 장

현실치료 모델

윌리엄 글래서(William Glasser, 1925~2013)

윌리엄 글래서는 1925년 오하이오주 클리블랜드에서 태어나 공업전문학교를 졸업하고 19세에 화공기사(chemical engineer)가 되었으나, 심리학에 관심을 기울이면서 23세에 임상심리 전문가가 되었다. 그 후 다시 오하이오주 클리블랜드에 있는 Case Western Reserve University에서 의학을 공부하고, 28세가 되던 해에 정신과 의사가 되었다. UCLA와 로스앤젤레스의 재향군인병원에서 정신과 수련의 과정과 전문의 과정을 밟았는데, 그동안에는 전통적인 정신분석치료방법으로 훈련받을 수밖에 없었다. 그러나 정신분석치료의 이론과 기법, 그리고 효과에 불만족을 느끼게 되면서부터 오늘의 현실요법을 발전시키게 된 것이다. 그는 개인상담 이외에도 재활센터와 청소년 감화원 등에서 정신치료를 하였으며, 1963년부터 캘리포니아주의 공립학교들을 위한 자문위원으로서 학급실정에 맞는 현실요법을 적용한 치료적 접근으로 '낙오자 없는 학교 만들기'를 위해 광범위하게 일을 했다. 1967년에 현실요법을 위한 연구소를 로스앤젤레스에 개설하였으며, 초기의 연구소 활동은 미국과 캐나다에 국한되었으나, 현재는 아일랜드, 유고슬라비아, 호주, 일본, 노르웨이와 한국 등을 비롯한 전세계로 확장일로에 있다. 그의 현실요법연구소(1996년 5월에 '윌리엄 글래서 연구소'라고 명칭을 바꿈)에서는 의사, 간호사, 심리학자, 목회자, 사회사업가, 법률가, 교사들을 위한 현실요법 집중훈련과정에 필요한 교재와 기타 정보를 제공한다.

출처: 현실치료 기초연수과정 자료집(1999). 한국심리상담연구소.

우리의 삶이 행복해지기 위해서는 행복한 사람들과 좋은 관계 맺기가 하나의 큰 축이다. 삶의 만족도에 미치는 인간관계의 중요성은 늘 강조되고 있다. 누구든 여러 관계에서 문제가 생기기 마련인데 그 이유는 주로 네 가지 형태로 나타난다(김인자, 2002).

첫째, 상대가 원하지 않은 행동을 내가 강요하기 때문이다.
둘째, 내가 원하지 않는 것을 상대가 강요하기 때문이다.
셋째, 서로가 원하지 않는 것을 서로에게 강요하기 때문이다.
넷째, 내가 원치 않는 것을 내 스스로에게 강요하기 때문이다.

즉 관계가 깨어지는 이유는 상대에게든 나에게든 원치 않는 것을 강요하는 것에 있다. 결국 우리의 삶이 행복해지기 위해서는 행복한 사람들과 좋은 관계를 맺고 유지하는 것으로 좋은 인간관계를 맺게 되면 마음이 편안해지고 기쁨에 차고 문제해결이 용이해진다. 현실치료 모델에서는 개인의 성장과 좋은 가족관계, 나아가 좋은 학교와 좋은 이웃을 만드는 데에 있어서 자기 자신의 통제력을 회복하며, 좌절 극복과 심리적 욕구충족 방식에 대한 미래지향적인 행동변화의 구체적인 절차로 접근하고 있다.

1. 발달배경

현실치료 모델은 윌리엄 글래서(William Glasser)가 개발한 심리·사회적 및 행동 개입의 한 형태이다. 1960년대 글래서가 현실, 책임, 옳고 그름의 세 가지 개념을 토대로 소개한 상담접근이다. 현실치료라는 용어가 공식적으로 사용된 것은 1964년 4월 발표된 「Reality therapy: A realistic approach to the young offender」라는 논문을 통해서였다. 1965년에는 이 접근에 대한 기존의 개념들을 수정 발전시켜 『*Reality Therapy: A New Approach to Psychiatry*』를 출판하였다.

인지행동적 관점과 개입전략에 기초하여 개발되었으며, 내담자의 자기결정을 강조하면서 결과보다는 과정을 중요시한다. 상담 장면에서 내담자의 변명을 인정하지 않는다. 이는 내담자가 사랑과 인격에 근거하여 성공적 자아정체감(자신을 긍정적으로 인정하는)을 발전시키는 데 도움을 주는 상담 방법이다. 현실치료 상담가들은 클라이언트의 감정보다는 행동에, 과거보다는 현재와 미래에 초점을 둔다. 이들은 문제에 대해 책임 있는 행동과 대안적 해결을 강구하도록 격려한다. 이들은 내담자의 변명(excuses)을 용납하지 않으며, 동정도 하지 않으며, '왜'라는 질문도 거의 하지 않는다.

내담자가 과거의 사건, 선천적 기질, 주변 환경 탓을 하지 않고 그 대신 자신이 선택하고 결정한 것에 대한 책임을 질 수 있도록 격려한다. 또한 다른 사람에게 피해를 주지 않으면서 자신의 욕구를 충족하고 행복을 증진시키는 방법을 발견하도록 조력한다. 현실치료 상담모델에서는 다양한 인지행동적 전략을 적용하여 내담자가 자신의 욕구를 자각하고, 보다 나은 삶의 구성요소를 인식하며, 삶의 질을 향상시키기 위한 목표와 과정을 구체화할 수 있도록 도와준다.

글래서는 초기이론에서 모든 사람이 상호 관계성과 존중감의 두 가지 기본욕구를 지니고 있다고 보았다. 두 가지 욕구는 서로 관련되어 있는데, 자신과 타인의 욕구를 정확하게 인식하고자 하는 행동은 자신의 가치를 느끼게 하고 타인과 친밀한 관계를 맺을 수 있도록 해 준다. 이러한 초기개념은 이후 수정·보완되어 발전되었다. 초기에 비해 윤리적 문제와 공정성을 덜 강조하고, 치료과정에서의 옳고 그름의 중요성을 지나치게 고집하지 않으며, 인간의 기본적 욕구를 다섯 가지로 제시하였다. 인간관계의 갈등은 상대를 통제하려는 데서 시작되는 것이며 만약 상대방을 통제하려는 충동을 제거할 수 있다면 가족들은 지금보다 훨씬 강해질 것으로 보고 있다. 또한 인간은 누구나 스스로의 삶의 주인이 될 수 있고 자신이 삶의 주인이 될 때에 행복을 느낄 수 있다. 오늘날 현실치료 상담모델은 개인상담, 집단상담, 가족상담 등 다양한 장면에 적용되고 있다. 학교, 교정기관, 재활 프로그램 등에서 활용하고 있으며, 약물이나 알코올 중독문제를 치료하는 데 널리 활용되고 있다.

2. 주요 개념

현실치료 모델은 사람들이 스스로 인생의 방향을 설정하고 좀 더 효율적인 행동선택을 하도록 도와주는 방법이다. 즉 과거에 어떤 일이 일어났거나 어떤 환경 조건에 처해 있음에도 불구하고 연연하지 않고, 자신의 행동을 주도적으로 선택하여 책임지고 효율적으로 자신의 욕구를 충족시키면서, 현재와 미래를 즐겁게 살아나갈 수 있도록 돕는 데에 역점을 둔다.

주요 아이디어를 보면, 내담자의 책임성에 중점을 두는 것, 정신적인 문제가 정신질환이기보다는 욕구에 대한 좌절로 재정의되는 것, 과거보다는 현재를 다루는 것에 우선권을 두는 것, 상담의 환경 관여(involvement)에 중점을 두는 것, 생각이나 느낌보다는 구체적인 행동에 초점을 맞추는 것, 통찰과 무의식에서 떨어져 나와 현재에 강세를 두는 것이다.

선택이론, 기본적 욕구, 전행동, 지각체계, 행동체계

1) 선택이론

현실치료 모델은 선택이론이라는 심리학적 이론을 바탕으로 하고 있다. 선택이론은 모든 생물체의 심리적·신체적 행위들을 설명해 주는 생물학적 이론으로 모든 행동은 외부의 자극에서 그 동기를 얻게 된다는 자극-반응 이론과 대비해 행동이 내적으로 동기화된 것으로 본다. 구체적으로 말하자면 모든 행동은 우리에게 생래적으로 부여된 다섯 가지 기본적 욕구 중에 하나 또는 그 이상을 충족시키기 위해, 그 상황에서 선택한 최상의 시도로 본다.

선택이론은 인간은 누구나 자신의 삶의 주인이 될 수 있으며 또한 자신의 삶을 통제할 수 있을 때 행복감을 느낀다고 본다. 선택이론에서는 우리가 행동하고 생각하는 모든 것, 좋은 것과 나쁜 것, 효율적인 것과 비효율적인 것, 정상적인 것과 비정상적인 것들 모두가 우리 내면의 강한 욕구를 충족시키기 위한 선택으로 본다.

(1) 인간의 기본적 욕구(basic need)

인간을 움직이게 하는 강렬한 힘은 생리적인 기본적 욕구에서 비롯된다. 기본적인 인간의 욕구는 신뇌(new brain)에 자리한 네 가지의 심리적이고 정신적인 욕구인 사랑과 소속의 욕구, 힘에 대한 욕구, 즐거움에 대한 욕구, 자유에 대한 욕구, 구뇌(old brain)에 자리한 생존에 대한 욕구 등의 다섯 가지가 있다.

① 사랑과 소속에 대한 욕구(love & belonging need)

사랑하고, 나누고, 협력하고자 하는 인간의 속성을 말한다. 일반적인 소속의 욕구의 예는, 자기 자신의 가족을 형성하기를 원해 결혼하고 싶어 하거나 친구를 사귀고 싶어 하는 것, 또는 학생이나 청년들이 또래집단에 들고 싶어 하거나 가정주부들이 계모임에 가담하고 싶어 하는 것 등이다.

② 힘에 대한 욕구(power need)

경쟁하고, 성취하고, 중요한 존재이고 싶어 하는 속성을 의미한다. 힘에 대한 욕구에 매력을 느끼게 되면 종종 소속에 대한 욕구 등 다른 욕구와 직접적인 갈등을 경험하게 된다. 즉, 사랑과 소속에 대한 욕구를 만족시키기 위해 결혼을 하지만, 가끔 부부 사이에서 힘에 대한 욕구를 채우고 싶어 서로 통제하려고 하다가 결과적으로 부부관계를 파괴시키는 원인이 되기도 한다.

③ 자유에 대한 욕구(freedom need)

이동하고 선택하는 것을 마음대로 하고 싶어 하는 속성이다. 자유의 욕구란, 각자가 원하는 곳에서 살고 대인관계와 종교활동 등을 포함한 모든 삶의 영역에서 어떠한 방법으로 삶을 영위해 나갈지를 선택하고 자신의 의사를 마음대로 표현하고 싶어 하는 욕구를 말한다. 그러나, 자기 욕구 충족을 하는 데 있어서 다른 사람의 자유를 침범하지 않도록 타협을 통하여 이웃과 함께 살 수 있는 절충안을 찾아야 한다.

④ 즐거움에 대한 욕구(fun need)

많은 새로운 것을 배우고, 놀이를 통해 즐기고자 하는 속성을 말한다. 글래서는 즐거움에 대한 욕구는 기본적이고 유전적인 지시(instruction)라고 말한다. 이 즐거움의 욕구를 충족시키기 위해 때로는 생명의 위험도 감수하면서 자신의 생활 방식을 과감히 바꾸어 나가는 예를 볼 수 있다. 생명을 걸고 암벽을 타거나 자동차 경주를 하려는 것과 같은 위험한 활동을 택하는 것은 그 좋은 예라 할 것이다.

⑤ 생존에 대한 욕구(survival need)

살고자 하고, 생식을 통한 자기확장을 하고자 하는 속성을 의미한다. 이 욕구는 척추 바로 위에 위치한 구뇌(old brain)로부터 생성된 것으로서, 호흡, 소화, 땀, 혈압 조절 등 신체구조를 움직이고 건강하게 유지하도록 하는 중요한 과업을 수행하고 있다. 구뇌의 기능은 우리가 생존하는 데 없어서는 안 되는 요소이지만, 우리가 일상생활을 영위하는 데 지배적인 힘을 직접 발휘하지는 못한다.

이러한 인간의 욕구(need)는 기본적이고 본질적인 것이지만, 욕구를 충족시켜 주는 구체적인 대상인 바람(want)은 각 개인에 따라 독특하고 고유하다. 이 바람들은 비현실적일 수도 있고 변할 수도 있으며, 서로 갈등을 일으키기도 한다. 현실에서 얻고 있는 것이 바람을 충족시켜 주지 못할 때 욕구 좌절을 경험하며, 이때의 불균형과 고통이 행동의 동기가 된다.

〈참고자료 8-1〉

욕구충족의 Quality 점검기준

1. 기분좋다.
2. 유용하다.
3. 나의 욕구(want) 충족이 된다.
4. 타인의 욕구(want) 충족을 방해하지 않는다.
5. 파괴적이지 않다.
6. 항상 발전지향적인 변화를 추구한다.
7. 나의 양심, 신의 뜻에 위배되지 않는다.

출처: 현실치료 중급연수과정 자료집(2003). 한국심리상담연구소.

(2) 전행동(total behavior)

모든 행동에는 목적이 있는데, 원하는 것과 얻고 있다고 지각한 것 사이의 간격을 줄이고자 고안된 것이다. 행동체계는 활동(acting), 생각(thinking), 감정(feeling), 신체반응(physiology)의 네 가지 요소로 구성되어 있다. 우리는 특정 행위를 보았을 때 전행동의 한 부분으로 보지 않고 하나의 분리된 행위로 이해하는 경향이 있다. 그러나 겉으로 드러나는 것만 다를 뿐이며 모든 행동은 항상 네 가지 구성요소가 모두 포함되어 있는 전행동이다.

전행동의 구성요소 중에서 활동요소에 대해서는 거의 완전한 통제력을 가지고 있다. 사고요소에도 어느 정도의 통제가 가능하나, 감정요소의 통제는 어려우며, 신체현상요소에 대해서는 더더욱 통제력이 없다. 그러므로 우리가 전행동을 변화시키고자 할 때, 활동과 사고를 먼저 변화시키면 감정이나 신체현상도 따라오게 된다. 즉, 적극적인 활동에 많이 관여할수록 좋은 생각과 유쾌한 감정과 더욱 쾌적한 신체적 편안함이 따를 것으로 본다.

인간은 그들이 원하는 것을 얻고 싶어질 때 전행동(활동하기, 생각하기, 느끼기, 신체현상)을 통해 자신이 원하는 것을 얻으려고 노력한다. 또한 화내는 것, 우울해하는 것, 죄책감을 갖는 것과 같은 부정적인 활동들도 실은 우리가 원하는 것을 찾으려고 주어진 그 순간에 자신이 취한 최선의 노력이며 선택이라고 보고 있다. 그러므로 현실치료 상담에서는 개인의 행동 변화는 활동하기에서부터, 그리고 개인의 환경변화는 그의 환경이나 타인의 행동을 변화시키기보다는 변화를 원하는 자신의 활동하기에서 출발하는 것이 훨씬 현실적이라고 본다. 이와 함께 개인의 행동이 선택임을 상기시키고 느낌 표현이 명사이건 형용사이건 모두 동사 어휘로 표현하고 있다.

(3) 지각체계(perception system)

개인이 인지하는 현실세계는 감각체계와 지각체계를 통해 인식한다. 지각체계는 사물을 객관적이고 있는 그대로 바라보는 지식여과기(knowledge filter)와 각자가 가지고 있는 가치를 부여하는 가치여과기(valuing filter)로 구성되어 있다. 이를 통해 각자가 이상적이라고 믿고 또한 욕구를 즉시 채워 줄 수 있는 수단들을 좋은 세계(quality world)에 보관하는 작업을 한다. 그런데 이렇게 지각된 세계(perceived world)와 각자가 원하는 좋은 세계(quality world)와 맞지 않을 때 그것들을 머리 속의 저울(comparing place)에 올려놓고 비교하게 되고, 저울의 기울어진 차이를 줄이려는 욕구 때문에 다시 행동하게 되는 것이다.

선택이론을 자신의 삶에 적용할 수 있게 됨으로써 외부세계나 타인에게 문제의 책임을 전가시키지 않으며, 자신의 선택의 권리와 의무를 인지하고 현실 안에서 욕구를 충족시켜야 함을 깨닫게 한다. 개인은 책임 있는 행동을 선택함으로써, 자신의 욕구를 충족하면서 또한 타인의 욕구충족 역시 방해하지 않고 자신의 삶을 통제하도록 한다.

(4) 행동체계(behavior system)

행동체계란 행동단위들이 독립된 별개의 행동들을 생각해내는, 즉 조직, 재조직 과정을 통해 유용한 하나의 행동을 조직화하는 것이다. 끊임없이 진행되는 창의적인 재조직화는 가끔 잘 조직된 새로운 행동을 유발시키는데, 그러한 행동들이 삶의 통제력을 얻는 데 도움을 준다고 판단되면 개인은 즉시 그 행동을 시도하는 것이다. 재조직 체계가 창조해내어 제공한 행동들이 지금 현재 가지고 있는 행동들보다 효과적이지 않을 경우에는 자기파괴적인 행동들을 유발하기도 하며, 또 계속하여 재조직하기도 한다.

새로운 행동들은 대개 단순하고 불연속적이지만, 시간이 지나 그것들이 합쳐지고 현실 세계에 대처하는 방법을 재형성하게 되면 각각의 행동은 인성을 형성하게 된다. 우리는 어렸을 때부터 끊임없이 행동을 조직, 재조직해오고 있다. 왜냐하면 그것만이 욕구를 충족시키는 데 필요한 수 많은 행동들을 배울 수 있는 유일한 길이기 때문이다. 즉, 출생 직후부터 욕구를 충족시키는 데 필요한 수많은 행동들을 배우는데, 개인적이고 독특한(unique)방법으로 끊임없는 조직과 재조직을 함으로써 자신이 현명하다고 여겨지는 창의적인 아이디어를 전행동에 옮기고, 그렇게 하면서 인성의 기초를 만들어 가는 것이다. 전인생에 걸친 변화의 과정인 재조직화는, 새롭게 활동하고 생각하고 느끼는 방식을 창조하게 하여 각기 독특한 인간이 되도록 한다.

〈참고자료 8-2〉

선택이론의 열 가지 축

1. 우리가 통제할 수 있는 유일한 사람은 우리 자신뿐이다.
2. 우리가 다른 사람에게서 받거나 줄 수 있는 것은 정보뿐이다. 어떻게 그 정보를 활용할 것인가 하는 것은 우리나 다른 사람들의 선택이다.
3. 모든 지속적인 심리적인 문제는 관계의 문제이다. 고통, 탈진, 약함 그리고 어떤 만성질병 같은 많은 문제들의 부분적 원인은 관계의 문제에 있다.
4. 문제 있는 관계는 언제나 현재 인생의 일부분이다. 관계를 살펴보기 위해 멀리 갈 필요가 없다. 이것은 과거나 미래의 관계가 아니다. 이것은 언제나 현존하는 것이다.
5. 과거에 고통스럽기 짝이 없는 어떤 일이 일어났다는 것은 지금 우리가 서 있는 현 시점과 큰 관계가 있다. 그러나 이 고통스러운 과거를 재경험하는 것은 우리가 원하는 것을 얻도록 하는 데 기여하는 바가 없다. 중요한 것은 현재의 관계를 향상시키는 것이다.
6. 우리는 다섯 가지의 생래적 욕구를 따라가고 있다. 생존, 사랑과 소속, 힘, 자유 그리고 즐거움이다. 이 욕구들은 충족되어야 한다. 이 욕구들은 지연될 수는 있지만 부정될 수는 없다. 우리가 결정할 수 있는 것은 언제 욕구들을 충족시키는가 하는 것이다.
7. 우리는 이 욕구들을 좋은 세계의 그림들을 만족시킴으로써만 충족시킬 수 있다. 우리가 아는 모든 것들 중에서 어떤 그림들을 이 세계에 넣을 것인가하는 것이 가장 중요하다.
8. 우리가 태어나서 죽을 때까지 할 수 있는 일은 행동하는 일이다. 모든 행동은 전행동이고 분리될 수 없는 네 부분(활동, 생각, 느낌, 신체반응)으로 이루어져 있다.
9. 모든 전행동은 대체로 동명사로 이루어져있다. 예로 우울로 고통받거나 우울한 것이 아니고 우울하기를 선택하거나 우울해하고 있는 것으로 본다. 이로써 개인적인 자유를 얻을 수 있는 폭을 넓히도록 한다.
10. 모든 전행동은 선택된 것이지만 우리는 활동과 생각에서만 직접적인 통제가 가능하다. 그렇지만 우리는 우리들의 느낌과 신체반응을 어떻게 우리가 활동하고 생각하는가를 통해 간접적으로 통제할 수 있다.

출처: 김인자 역(2000). 행복의 심리. 한국심리상담연구소. pp. 407-412 발췌 요약.

2) 현실치료 상담의 특징

현실치료 모델은 다른 상담방법과 비교해 볼 때, 신경증적 행동, 정신병적 행동, 정신신체화행동이나 중독증적인 행동도 모두 자신의 욕구충족을 위한 최선의 선택으로 간주한다. 과거보다 현재와 미래를 중요시하고 전이 및 역전이의 필요성을 인정치 않으며, 내담자의 무의식과 꿈의 해석보다는 의식세계에서의 현실지각을 중요시하며, 자기욕구 충족을 위한 행동의 효과성을 냉철하게 자기평가(self-evaluation)하면서 자기욕구를 충족하는 새롭고 합당한 방법을 찾도록 상담자가 교육적인 도움을 주는 과정이다.

현실치료와 전통적인 정신분석치료의 특징을 비교하면 다음 〈표 8-1〉과 같다.

| 표 8-1 | 전통적 정신분석치료와 현실요법 간의 기본적 차이점

	전통적 정신분석치료	현실치료
정신질환	개념을 도입, 진단적 분류를 기초로 치료가 이루어짐	개념 자체를 용납하지 않음
과거사	탐색이 치료의 불가결한 요소	현재에 초점, 미래를 향해 노력
치료자	중요인물의 감정 전이, 해석 필요	그대로의 자신, 따뜻한 인간적 위치
무의식	이해와 통찰이 중요, 전이, 꿈, 자유연상을 통해 해석	무의식적 갈등, 원인에는 관심없음 행동에 대한 무의식적 변명 불허
도덕성	정신질환은 병이라는 전제하에 내담자의 도덕적 문제, 책임 회피	행동의 도덕성과 책임성 강조
가르침	좀 더 나은 행동을 가르치는 것은 중요하지 않음	좀 더 효과적인 방법으로 자신의 욕구를 채우도록 가르침

출처: 현실치료 기초연수과정 자료집(1999). 한국심리상담연구소.

3. 치료목표 및 치료과정

1) 치료 목표

현실치료에서의 목표는 내담자가 책임질 수 있고 만족한 방법으로 자신의 심리적 욕구인 사랑과 소속감, 힘, 자유, 즐거움을 달성하도록 돕는 것이다. 일차적으로 내담자가 정말로 원하는 것이 무엇인지를 그의 기본욕구를 바탕으로 파악한 후 이를 효율적인 방식으로 충족하도록 돕는다.

결혼과 가족상담에서도 각 구성원들이 불만족한다는 것은 구성원의 바람 또는 심리적 사진첩, 그들의 행동 또는 가치들에 대한 불일치가 있거나 공통점들이 부족하다는 것이다. 따라서 상담의 목적은 가족 구성원들이 앞에서 말한 요소들의 공통점을 늘릴 수 있도록 도와주는 데 있다. 그렇게 함으로써 가족 구성원 간의 적응, 화목, 행복을 키워나가도록 한다. 이러한 욕구달성은 현실적이고(realistic), 책임감 있게(responsible), 옳은(right) 방법으로 충족되도록 한다.

2) 치료 과정

현실치료는 크게 두 과정, 즉 상담환경 가꾸기와 내담자를 행동을 바꾸는 절차로 인도하는 과정으로 구성되어 있다. 상담이라는 예술은 이 두 과정을 조화롭게 엮어 내어 내담자로 하여금 그들의 삶을 스스로 평가하고 바람직하게 방향 선택을 결심하도록 함께 작업하는 것을 의미한다.

(1) 상담 환경 가꾸기

상담과정에서 상호에 대한 강요가 있어서는 안 된다. 내담자가 상담과정에서 욕구 충족을 위한 창의적이고도 새로운 행동양식을 시도해 볼 수 있어야 한다. 비판, 불평, 비난과 같은 부정적 발화법을 지양하고 내담자와 상담자 모두에게 편안한 환경을 조성한다. 상담자는 지지적인 환경을 만들어야 하며, 그 안에서 내담자들의 삶을 변화하도록 해야 한다.

이러한 환경을 만들기 위한 일관성의 원칙이 있다.

첫째, 친근감을 가지고 내담자의 이야기를 경청한다. 상담자는 내담자가 그들의 욕구를 충족할 수 있는 바람직한 방법을 찾는 데에 도움을 줄 수 있는 사람이라고 믿을 수 있게 해야 한다.

둘째, 내담자의 과거사는 그것이 현재 상황을 설명하는 데 도움이 되지 않는

한 이야기하는 것을 허용하지 않는다.

셋째, 내담자의 느낌이나 신체반응을 전행동과 분리시켜 이야기하는 것을 피한다. 이는 전행동의 요소에서 활동하기(acting)나 생각하기(thinking)를 할 때 반드시 질문하기가 포함되어야 함을 강조하는 것이다.

넷째, 무책임한 행동에 대한 변명을 허용하지 않는다.

다섯째, 벌하거나 비판하지 않으면서 내담자의 행동 선택에 대한 필연적인 결과 깨닫기를 해야 할 것이다.

(2) 상담과정: WDEP 체계

- Wants: 내담자가 충족시키길 원하는 특정 욕구를 명확히 한다.
- Doing and Direction: 내담자가 욕구를 충족하기 위해 현재 행하고 있는 행동양식에 대해 알아본다.
- Evaluation: 내담자의 현 행동양식을 평가한다.
- Planning: 좀 더 효과적인 행동양식으로 갖게 하기 위한 계획을 세운다. 변화를 위한 효과적인 계획을 세우기 위해서 SAMIC 시스템을 참고한다.

4. 치료기법

현실치료 상담은 현실, 현재 행동을 변화시키는 방법으로 (R)WDEP 체계로 제시되고 있다. 따라서 치료기법은 크게 ① 상담환경 가꾸기로서 내담자와 관계 맺기 기술, ② 내담자의 행동변화를 일으키는 절차로서의 질문기법이 있다.

1) 상담자의 태도: 관계맺기(R)

(1) 주의를 기울이는 행동하기

다른 상담과 마찬가지로 얼굴 표정, 수용적 자세, 언어적 행동, 비언어적 행동, 바꾸어 말하기 등의 기술들은, 상담자-내담자 관계를 증진시킨다.

(2) AB 법칙(AB-CDEFG)을 실시하기

- 항상 침착하고 예의 바를 것(Always be Calm & Courteous)
- 항상 신념을 가질 것(Always be Determined)
- 항상 열성적일 것(Always be Enthusiastic)
- 항상 확고할 것(Always be Firm)
- 항상 진실할 것(Always be Genuine)

(3) 판단 보류하기

상담자가 전문적인 관계를 유지하려면 판단을 보류하는 것은 중요하다. 판단을 보류한다는 것은 내담자의 파괴적인 행동을 묵과하라는 것이 아니라 일단 내담자의 행동을 자신의 욕구를 충족시키기 위한 최선의 노력으로 보아야 한다는 것을 의미한다. 즉 상담자는 판단하거나 비난하지 말고 1차 수준의 지각을 통해 이해하여야 한다.

(4) 예상하지 않은 행동을 하기

내담자가 그의 또 다른 내적 바람을 보게 하여 잠시나마 고통을 제쳐두도록 도와 준다. 내담자는 좌절과 갈등을 겪고 있기 때문에 상담을 받으러 온다. 우호적인 환경을 조성하는 데 도움이 되는 지침은 때론 예상하지 않은 방식으로 반응하는 것이다. 예로 “왜 술을 먹으세요?”라기 보다는 “술을 먹지 않고도 즐거운 시간을 보낸 적이 언제입니까?"의 질문을 해 본다. 즉 내담자가 안 보는 쪽으로 보도록 도와주기이다.

(5) 건전한 유머 사용하기

웃음은 인간의 고통을 치유하는 최상의 묘약으로 현실치료상담에서는 유머를 적극 권장한다. 글래서는 상담할 때도 수시로 유머를 사용하여 상담하는 이도 상담받는 이도 그들의 만남을 즐겁게 기대하도록 한다. 그러나 유머는 적대적인 것이 아니라 선량한 것이어야 하며 우월한 것이 아니라 평등해야 하며 강요된 것이 아니라 순수한 것이어야 한다. 또한 적당한 시기에 사용되어야 한다.

(6) 자기답게 상담하기

상담자가 진취적이면 진취적으로, 부드럽고 조용하면 조용하게 가장 자기답게 상담하는 것을 의미한다.

(7) 요약하기와 초점 맞추기

"부모로부터 간섭받고 싶지 않고 너 자신만의 시간을 가지면서 혼자 있고 싶구나"와 같이 내담자의 바람을 요약해 준다. 요약들은 초점을 맞추어야 하는 필요와 연결되는 것이며, 초점맞추기는 한 가지 또는 그 이상의 요점들, 주제, 비판적인 사고 등을 강조하는 것이다.

(8) 자기선택에 대한 결과를 책임지게 하기

결과를 허용한다는 것은 한 가지 행동이 다른 행동에서 나온다는 것을 의미한다. 이때는 비처벌적으로 이루어져야 한다.

(9) 침묵을 허용하기

효율적인 상담자는 침묵을 깨려는 절박감을 느낄 필요가 없다. 침묵은 내담자가 자기의 생각을 모으게 하고 통찰을 얻게 하고 심리적 사진첩의 사진과 지각을 명백하게 하며 계획을 시작하게 하는 것이다.

(10) 윤리적이기

진실한 내담자와의 관계는 상담자의 높은 수준의 윤리적 행동에 기초한다. 내담자와의 이해관계에 대한 갈등, 이중적인 관계, 협회 가입의 강요를 하지 않는다.

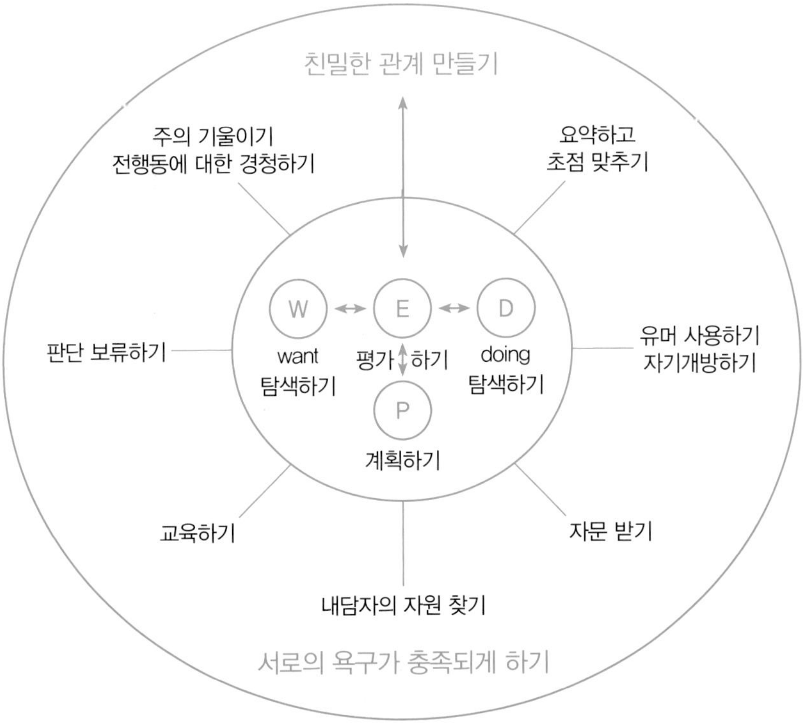

| 그림 8-1 | W. Glasser의 현실치료 상담사이클

출처: 좋은학교, 가고싶은 학교, 폭력없는 학교만들기(2005). 한국좋은인간관계학회, 연차대회자료집.

2) 행동변화를 이끄는 절차: 질문하기

질문하기는 현실치료 상담에서 내담자의 행동변화를 이끄는 주요 기법이다. 효과적인 질문은 내담자의 내적 세계(바람, 욕구, 지각)를 이해하도록 돕는다. 또한 내담자가 자신의 행동에 초점을 맞추고 그러한 행동을 평가하고 계획하도록 해 준다.

(1) 바람 Ⓦant: 바람, 욕구, 지각을 탐색한다. (what do you want)

① 무엇을 원하는가요?

상담자는 내담자들이 무엇을 원하는지부터 탐색해야 한다.

"당신은 무엇을 원하는가?"라고 질문하여 내담자가 원하는 것, 가지고 있는 것, 얻지 못하고 있는 것을 탐색한다. 내담자로 하여금 이제까지 희미하게 알았던 자신의 내면세계에 존재하는 욕구와 바람을 확실하게 파악하도록 돕는다. 내담자 마음속의 사진들이 내담자 자신이 원하는 것을 얻을 수 있는 가능성은 높아지기 때문이다. 또한 그것을 얻는 방법과 방해하는 것이 있는지 상세히 말하도록 도움으로써 실제로 그들이 행동체계 내에 효과적인 행동을 실제로 소유하고 있거나 재조직해 낼 수 있다는 결론에 도달하게 한다.

② 진정으로 원하는 것이 무엇인가요?

원하는 것을 얻는다면 무엇을 갖게 되는 것인가? 삶은 어떻게 변할까요?라고 물음으로써 진정으로 원하는 것(내재해 있는 바람)에 대해 묻는 것이 매우 유용하다.

이 질문은 상담자가 내담자로 하여금 성취할 수 있는 현실적인 그림과 바꿀 수 있도록 도움을 주는 것이다. 내담자가 그들의 '진정한 바람'이 무엇인지를 알아낼 때, 그들이 충족시키고자 하는 욕구가 드러나게 된다.

③ 사람들이 당신에게 원하는 것이 무엇이라고 생각하는가요?

이 질문은 내담자가 자신에게 영향을 끼치고 있다고 믿는 세상을 어떻게 보는가를 알 수 있게 한다. 주위 사람들과 내담자가 원하는 것의 일치 혹은 불일치를 알아봄으로써 내담자 자신의 마음속의 사진(바람)에 내포되어 있는 근본적 욕구가 무엇인지를 확실하게 보도록 돕는다. 가족, 친구, 학교 동료 사회 등의 기대를 조사하며 또한 이러한 기대에 부응해서 살기 위해 기꺼이 하고자 하는 것과 하고 싶지 않은 것이 무엇인가를 질문하도록 한다. 또한 내담자들에게 그들의 내면 세계에 있는 몇 가지 사진을 충족시키기 위해 노력하는 자신들의 의지를 보도록 돕는 질문 또한 도움이 된다.

- 너의 학교생활에 대해 부모님이 무엇을 기대하시지?
- 부모와 너가 모두 원하는 것은 무엇인가?
- 배우자가 원하는 것은?
- 이 사람들이 너에게 기대하는 것이 아니라 너의 진짜 바람은 무잇이니?
- 당신이 바라는 것과 그들이 바라는 것이 일치한다면 가족관계나 직장생활이 어떨까요?
- 배우자(부모)가 당신에게 많은 걸 원하고 있는데 해 줄 수 있는 것이 무엇일까요?

④ 당신은 어떤 시각으로 바라보고 있나요?

내담자에게 높은 수준의 지각(가치)으로 상황을 보는지 아니면 낮은 수준의 지각으로 상황을 보는지를 묘사해 보도록 질문한다. 탐색의 과정에서 이러한 질문은 대단히 중요하다. 이러한 질문에는 내담자가 자기가 겪는 아픔을 다스릴 수 있다는 것, 그들의 삶을 더 나은 방향으로 바꿀 수 있다는 점의 메시지가 들어 있는 것이다. 또한 내담자와 상담자의 관계를 형성하는 데 도움을 주며, 앞으로의 질문을 수월하게 해 주는 것이다.

- 아들을 어떻게 생각하세요? 그를 볼 때 무엇을 보세요? 받아들일 수 있는 것은 무엇이고, 속이 상하는 것은 무엇입니까?
- 당신의 삶에서 무엇인가를 바꾸어 보고 싶은 게 있나요? 할 수 있는 게 뭐가 있을까요?
- 부모님과 선생님을 바라보는 시각을 바꾸고 싶니?
- 아들에 대하여 가지고 있는 당신의 견해를 바꾸고 싶으세요?

⑤ 당신은 상담자에게 무엇을 바랍니까?

상담자인 당신이 무엇을 제공해야 하는지, 내담자들에게서 무엇을 원하는지 또한 상담자가 상황을 어떻게 바라보는지에 대해 내담자에게 물어본다.

(2) 행동 Ⓓoing: 전행동과 행동방향을 탐색, 현재 행동에 초점을 맞춘다. (what are you doing)

내담자의 바람을 정확하게 파악했다면 상담자는 이제 행동을 탐색하는 질문을 한다. 이는 상담자가 상담초기에 내담자에게 상담의 전반적인 방향, 즉 내담자가 어디로 가고 있는가를 탐색하도록 도와주는 절차이다. 즉 "당신은 그것을 얻기 위해 무엇을 하고 있습니까?"이다. 이 질문은 내담자로 하여금 스스로 무엇을 하고 있는지, 어디로 가고 있는지를 탐색하게 한다. 이 질문은 내담자로 하여금 스스로를 돌아볼 뿐만 아니라 과거에는 생각하지도 않았던 자기 행동을 바라보게 한다. 이때 상담자는 현재 상황과 관련되지 않은 과거의 사건에 대해 이야기하지 않도록 한다. 또한 상담자는 내담자의 감정이나 신체적 증상을 현재 행동과 사고를 관련시킨다. 현재 행동에 초점을 둘 때, 현재 행동에 대해 의식적인 통제가 가능하게 되고, 선택할 수 있는 힘과 삶을 변화시킬 수 있기 때문이다.

- 최근에 가장 즐겁게 보냈던 시간을 회상해서 말해 보십시오.
- 배우자(자녀)와 유쾌하게 웃었던 때를 생각해 본 후 말해 보십시오. 그때 배우자(자녀)는 그리고 나는 무엇을 하고 있었습니까?
- 삶의 기쁨과 열정을 느꼈던 때를 생각해 본 후 말해 보십시오. 그때 무엇을 하고 있었습니까?
- 가장 최근에 성취감을 맛보았던 때를 생각해 본 후 말해 보십시오. 그때 무엇을 하고 있었습니까?
- 최근에 자유로움(해방감)을 느꼈던 때를 생각해 보고 말해 보십시오. 그때 무엇을 하고 있었습니까?
- 지난 일주일 동안 당신이 책임을 맡아 일을 할 때 어떻게 하였는지 생각해 보고 말해 보십시오.
- 당신이 지속적으로 맺고 있는 관계에 근거하여 "대체적으로 갈등이 없다."라고 말하고 싶은 관계에게 당신이 취하고 있는 행동이 무엇인지 말해 보십시오.

(3) 평가 Ⓔvaluation: 자신의 행동을 스스로 평가하도록 한다. (evaluate what you are doing)

내담자의 바람과 행동을 파악한 후에는 자신의 행동이 과연 문제해결에 도움이 되었는지를 스스로 평가하도록 한다. 즉 자신의 행동과 욕구와의 관계를 점검해 보는 것이다. 현실치료상담에서 가장 핵심이 되는 부분으로 내담자의 행동 변화를 위해 그들 스스로 자기평가를 하게 하는 단계이다.

여기서 상담자는 내담자의 행동에 대해 판단적이어서는 안 되며, 가치판단을 할 때에도 내담자에게 책임을 강요해서는 안 된다. 상담자는 내담자에게 "지금 무엇을 하고 있는가?", "원하는 곳으로 가고 있는가?", "내담자의 행동은 자신을 위한 것인가?", "올바른 선택을 하고 있는가?"와 같은 질문을 하여 자극한다. 즉 내담자 스스로 원하는 것을 성취할 가능성과 자기 행동이 어떤 효과를 가져올 것인지를 스스로 판단하거나 결심하도록 만드는 것이다. 상담자의 이러한 질문을 통하여 내담자가 스스로 자신의 행동과 수행능력을 평가하도록 하는 것이다.

- 지금의 행동이 당신에게 도움이 됩니까? 그렇게 하면 기분이 좀 나아지세요?
- 당신이 지금 하고 있는 것은 당신이 진정으로 원하는 것을 얻는 데 도움이 되는가요?
- 당신이 행동하는 것이 규칙에 어긋납니까?
- 당신이 원하는 것이 현실적이거나 실현 가능한 것입니까?
- 그런 식으로 보는 것이 당신에게(배우자에게, 자녀에게) 도움이 됩니까?
- 불만을 토로하는 것이 어떻게 도움이 됩니까?
- 상담의 진행과 당신 인생의 변화에 대해 어떻게 약속을 하시겠습니까?
- 도움이 되는 계획입니까?

(4) 계획 Ⓟlanning: 행동 변화에 대한 계획을 세운다. (make a plan)

행동 변화에 대한 계획은 상담과정의 핵심이다. 상담자는 내담자에게 새로운 정보를 제공하고, 내담자가 원하는 것을 위한 가장 효과적인 방법을 발견하도록 도와준다. 내담자는 상담에서 현실적이고 책임 있는 계획을 세우는 방법을 배우도록 한다.

이러한 계획은 내담자의 기본적 욕구를 충족할 수 있어야 하며, 계획은 매일이 아니더라도 정기적이고 지속적으로 할 수 있는 것이어야 한다. 계획은 내담자의 동기나 능력의 한계를 넘어서는 안 된다. 긍정적 행동을 포함하고, 일상적으로 매일 할 수 있는 것이 좋다. 좋은 계획은 단순하고, 이해하기 쉬워야 한다. 상담자는 내담자의 계획 실행 전에 피드백을 하는 것이 좋다. 내담자가 스스로의 계획을 실행하기 위해서는 기록을 하도록 하여 계획을 확고히 하는 것이 좋다. 상담자는 내담자가 계획 실행에 대한 책임을 지도록 하게끔 계약함으로써 도와준다.

SAMIC3/P: 내담자가 세우는 계획은 다음의 구성요소를 가질 때 효과적이다(Wubbolding, 1991).

첫째, S(Simple) 계획은 이해하기 쉬우면서도 구체적이어야 한다.

둘째, A(Attainable) 계획은 내담자의 능력만으로도 수행할 수 있어야 한다.

셋째, M(Measurable) 계획을 달성했는지 여부-행동양식이 변화했는지-를 객관적으로 측정할 수 있어야 한다.

넷째, I(Immediate & Involved) 계획은 빠른 시간 내에 수행될 수 있어야 한다.

다섯째, C(Controlled) 타인의 행동 양식과는 상관 없이, 내담자가 독립적으로 수행할 수 있어야 한다.

여섯째, C(Consistent) 계획은 일관성이 있어야 한다. 좋은 계획은 정규적인 근거로 반복할 수 있어야 한다.

일곱째, C(Committed) 계획은 반드시 이행한다는 약속이 있어야 한다. 확고한 의지로 계획을 수행할 수 있도록 한다.

여덟째, P(Planner) 이상의 모든 계획의 구성요소는 계획자의 책임이다.

· 원하는 방향으로 움직이기 위해 전과 다르게 어떤 행동/생각을 할 준비가 되어 있나요?
· 무엇을 하려는지 명확하게 알고 있습니까?
· 실현 가능합니까?
· 목표가 달성된 것을 어떻게 알 수 있을까요?
· 즉시 시작할 수 있습니까?
· 통제하고 있나요? 그 일에 전념하고 있나요?

〈참고자료 8-3〉

현실치료 상담사례 평가질문들

1. 내담자의 친구 되기를 위하여 무엇을 하였는가? (상담환경 조성을 위하여 따른 지침들)
2. 내담자가 원하는 것(want)은 무엇인가? 진정으로 원하는 것(real want)은 무엇인가? 지각(perception)은 어떠한가? 내담자는 어떤 면에서 좌절(frustration)을 느끼고 있는가?
3. 내담자는 지금 어떻게 지내고 있는가(doing)? 자신이 원하는 것을 얻기 위해서 무엇을 하고 있는가? 그는 자신의 욕구를 충족시키려고 하고 있는가?
4. 내담자가 자기평가(self-evaluation)를 할 수 있도록 상담자는 어떤 질문을 하였는가?
5. 어떤 긍정적인 계획(plan)을 하였는가? 이 계획은 'SAMIC'한 기준들에 맞는 것인가?
6. 내담자로부터 어떻게 약속(commitment)을 얻어내었는가? 내담자는 그 약속을 말로 어떻게 표현을 하였는가?
7. 내담자가 변명을 하였을 경우, 상담자는 어떻게 대처하였는가?
8. 심리적 욕구(소속과 사랑, 성취와 인정, 즐거움, 자유)의 영역 중에서 내담자가 효율적으로 행동하는 부분은 어느 영역이며, 비효율적으로 행동하는 부분은 어느 영역인가?
9. 이 상담에서 상담자의 강점(strength) 무엇인가?
10. 이 상담을 다르게 한다면 어떤 대안이 있겠는가?
11. 이 내담자와의 다음 상담을 위하여 상담자는 어떤 계획을 세우고 있는가?

출처: 현실치료 중급연수과정 자료집(2003). 한국심리상담연구소.

5. 사례 적용

IP: 남편(61세), 아내(59세), 결혼 37년차, 남편의 폭력으로 집은 나간 지 1년 된 부부로 재판이혼 소송 중인 부부를 대상으로 10회기 상담 실시(1회기 상담시간 90분).

현실치료 모델 적용 10회기 구성 내용:

1회기: 원함과 바람 탐색으로 상담동기 강화
2회기: 인간의 기본적 욕구에 대한 이해
3회기: 자신과 배우자의 욕구충족방식에 대한 이해
4회기: 지각된 세계, 좋은 세계에 대한 이해, 갈등해결을 위한 현실적인 행동찾기
5회기: 전행동에 대한 이해
6회기~8회기: 성장을 위한 갈등해결방식 찾기
9회기~10회기: 서로가 원하는 것을 표현, 계획하고 실천하기 등으로 구성

출처: 류도희(2013). 이혼 소송 중에 있는 가정폭력부부의 결혼만족도 증진을 위한 현실치료 부부상담 사례 연구. 한국가족관계학회지, 18(2). pp. 23-49.

현실치료 모델을 적용한 부부상담을 통해 가정폭력의 원인을 서로 상대방에게 돌리는 경향이 강한 역기능적인 부부관계를 변화시키기 위해 현실치료의 WDEP 질문기법을 생활에 적용하는 기술과 부부상담목표를 3R(Responsibility, Reality, Right)에 준하여 세우고 부부가 상호작용하는 방법을 배우게 되면서 따지고 비난하던 의사소통유형에서 상대방의 입장에서 문제를 보게 되었고, 자신의 욕구충족이 중요하듯이 상대방의 욕구충족도 중요하다는 것을 인지하게 되었다. 이를 통해 자신의 생각과 느낌을 솔직하게 표현하면서 갈등 해결을 폭력이 아닌 대화를 통해서 하게 되었다.

이러한 변화에 영향을 미친 요인을 보면, 인간의 기본욕구에 대한 이해가 부부갈등의 요인으로 작용하였음을 인지할 수 있게 되었고, 현실치료의 자기평가적인 질문들이 자신에 대해 끊임없이 탐색하도록 조력하였다. 또한 부부 각자가 배우자의 행동에 대한 비난보다는 자신의 행동을 돌아보고 행동변화를 위한 최선의 선택을 스스로 할 수 있는 힘을 갖게 하며, 새로운 상호작용 방법을 찾도록 함으로써 폭력행동의 감소와 전반적인 결혼만족도를 증가시켰다.

요약

현실치료 모델은 윌리엄 글래서(William Glasser)가 창안한 상담기법이다. 내담자의 행동을 이해하기 위해 선택이론의 기본개념이 되는 인간의 다섯 가지 기본적 욕구, 전행동, 좋은 세계를 이해하도록 한다. 이러한 개념으로 내담자의 마음을 들여다보며, 현재 내담자가 하고 있는 행동이 그가 원하는 것을 얻는 데에 도움이 되는가에 초점을 맞춘다. 현실치료 모델에서는 효율적이든 효율적이 아니든 모든 선택한 행동이 자신에게 있다는 내부통제의 개념을 강조한다. 현실치료 전문가는 따뜻하고 수용적인 상담분위기 속에서 상담을 진행하지만 내담자가 주변 사람을 포함한 환경의 탓으로 혹은 그것으로 인한 희생자라는 변명을 받아들이지 않으며, 효율적인 행동을 실행하도록 돕는다. 현실치료 상담가는 내담자가 스스로 자신의 행동을 변화하는 것이 바람직하고 가능하다는 것이 인식하게 함으로써 내담자가 효율적인 행동을 계획하고 실천을 할 수 있도록 한다.

이 모델에서는 가족들로부터 문제를 다루겠다는 약속을 받아낼 시도를 하고, 이를 위한 실행계획을 위한 행동을 하도록 독려하는 것을 강조한다. 상담가들은 가족들의 결정을 돕기 위해 그리고 문제의 해결과 더 효과적인 의사소통을 위해 (R)WDEP 공식을 배우도록 한다.

〈점검해 보기〉

욕구강도 프로파일

* 이 프로파일은 객관적인 정답을 나타내고 있는 것은 아니다. 원한다면 여러 번 다시 해 보고 수정할 수도 있다. 중요한 점은 욕구강도 프로파일을 잘 이해할수록 상대방과의 관계를 더 잘 이해할 수 있게 된다는 점이다. 글래서 박사는 주관적으로 자신과 파트너와의 욕구를 잘 분석해 보고 생각해 볼 기회를 가지기를 권장한다.

1-전혀 그렇지 않다 2-그렇지 않다 3-보통이다 4-그렇다 5-아주 그렇다

1	돈이나 물건을 절약하는가?
2	돈으로 살 수 있는 것에 각별한 만족을 느끼는가?
3	자신의 건강 유지에 관심을 가지고 있는가?
4	균형 잡힌 식생활을 하려고 노력하는가?
5	성적인 관심을 많이 지니고 있는가?
6	매사에 보수적인 편인가?
7	안정된 미래를 위해 저축하거나 투자하는가?
8	부득이한 경우가 아니면 모험을 피하고 싶은가?
9	외모를 단정하게 가꾸는 데에 관심이 있는가?
10	쓸 수 있는 물건은 버리지 않고 간직하는가?
11	나는 사랑과 친근감을 많이 필요로 하는가?
12	다른 사람의 복지에 관심이 많은가?
13	타인을 위한 일에 시간을 내는가?
14	장거리 여행 때 옆자리의 사람에게 말을 거는가?
15	사람들과 함께 있는 것을 좋아하는가?
16	아는 사람과 가깝고 친밀하게 지내는가?
17	파트너가 내게 관심을 가져 주기를 바라는가?
18	다른 사람이 나를 좋아해 주기를 바라는가?
19	다른 사람들에게 친절하게 대하는가?
20	파트너가 나의 모든 것을 좋아해 주기를 바라는가?
21	내가 하는 가사, 직업에 대해 사람들로부터 인정받고 싶은가?
22	다른 사람에게 충고나 조언을 잘하는가?
23	다른 사람에게 무엇을 하라고 잘 지시하는가?
24	경제적으로 남보다 잘살고 싶은가?
25	사람들에게 칭찬 듣는 것을 좋아하는가?
26	내 밑에서 일하는 사람이 문제가 있을 때 쉽게 해고하는가?

27	내 분야에서 탁월한 사람이 되고 싶은가?
28	어떤 집단에서든 지도자가 되고 싶은가?
29	자신을 가치 있는 인간이라고 느끼는가?
30	내 성취와 재능을 자랑스럽게 여기는가?
31	사람들이 내게 어떻게 하라고 지시하는 것이 싫은가?
32	내가 원하지 않는 일을 하라고 하면 참기 어려운가?
33	다른 사람에게 어떻게 살아야 한다고 강요하면 안 된다고 믿는가?
34	누구나 다 인생을 살고 싶은 대로 살 권리가 있다고 믿는가?
35	인간의 자유로운 선택능력을 믿는가?
36	내가 하고 싶은 일을 하고 싶을 때에 하는가?
37	누가 무어라고 해도 내 방식대로 살고 싶은가?
38	인간은 모두 자유롭다고 믿는가?
39	파트너의 자유를 구속하고 싶은 생각이 없는가?
40	나는 열린 마음을 지니고 있다고 믿는가?
41	큰 소리로 웃기 좋아하는가?
42	유머를 사용하거나 듣는 것이 좋은가?
43	나 자신에 대해서도 웃을 때가 있는가?
44	뭐든지 유익하고 새로운 것을 배우는 것이 즐거운가?
45	흥미 있는 게임이나 놀이를 좋아하는가?
46	여행하기를 좋아하는가?
47	독서하기를 좋아하는가?
48	영화 구경 가기를 좋아하는가?
49	음악 감상하기를 좋아하는가?
50	새로운 방식으로 일하거나 생각해 보는 것이 즐거운가?

* 체크한 점수를 각 영역별로 합한다. 즉 1번~10번까지는 생존의 욕구의 영역이며, 11번~20번까지는 사랑과 소속의 욕구의 영역이며, 21번~30번까지는 힘(성취)의 욕구 영역, 31번~40번까지는 자유의 욕구, 41번~50번까지는 즐거움의 욕구 영역이 된다. 사람마다 각각의 영역에 대한 욕구강도가 다르며 이러한 욕구를 충족하기 위한 방식도 다르다. 이 다섯 가지의 기본욕구가 골고루 충족될 시 인간은 행복한 상태가 된다. 그러나 자신이 가지고 있는 가장 강한 욕구영역에서의 충족은 더 중요하다. 각자가 가지고 있는 욕구강도의 영역에서 훼손이 클 시 인간은 불행감을 느끼게 된다. 우리는 이 욕구를 충족하기 위해 원하는 것, 바라는 것이 생긴다. 대부분의 사람이 이 욕구충족을 상대방, 특히 배우자나 친밀한 관계 속에서 추구하며 바로 이 부분이 기대가 되고 갈등의 원인이 된다. 현재 갈등이 되는 관계에서 어떤 욕구 충족이 안 되고 있는지를 점검해 보고 타협의 여지는 없는지 검토해 보도록 한다.

다른 것들을 보는 당신의 시각을 변화시켜라. 그러면 실제로 그것들이 변화하게 될 것이다.

-웨인다이어-

제 9 장

해결중심 가족치료 모델

스티브 드 세이저(Steve de Shazer, 1940~2005)와 김인수(Insoo Kim Berg, 1934~2007).

1970대 캘리포니아 팔로알토에 있는 MRI(mental research institute)에서 드 세이저는 이론연구, 조사연구, 저술활동을 하였고, 그의 부인인 김인수는 치료자들을 위한 교육훈련과 저술활동을 하였다. 1978년 미국 위스콘신 주 밀워키에서 드 세이저와 김인수는 단기가족치료센터(Brief Family Therpy Center, BFTC)를 설립하여 MRI에서의 교육과 치료경험을 살려 해결중심 가족치료모델을 발전시켰다. 특히 그들은 유일하게 정신분석훈련을 받지 않은 최면치료자로 1960년대에 세계적으로 잘 알려진 밀턴 에릭슨(Milton Erickson)의 영향을 많이 받았다. 드 세이저의 대표적인 저서 『단서, 단기치료에서 해결책 찾기(*Clus, Investigation Solutions in Brief Therapy*)』는 1988년 해결중심 가족치료이론의 기초가 된 기적질문 등 다양한 해결중심 질문법과 적용한 사례를 잘 설명하고 있다. 주로 임상가로 알려진 김인수는 1991년 저서 『가정보호, 단기치료 워크북(*Family Preservation. A Brief Therapy Workbook*)』으로 자신의 임상 경험을 세상에 널리 알렸다.

출처: 김혜숙(2016). 가족치료-이론과 기법(3판). 학지사.

해결중심 가족치료는 MRI의 전략적 치료 모델을 토대로 성장하였다. 두 모델은 기본적인 병리를 강조하지 않는다는 점은 일치하지만, 전략적 가족치료는 주로 가족과 개인을 둘러싼 문제의 결과에 초점을 맞추고 해결중심 가족치료는 가족이 가진 예외적인 해결방법에 중점을 둔다. 해결중심 가족치료에서는 기존의 관점과는 다른 입장에서 문제해결을 시도하였다. 문제가 무엇인가를 파악하기보다는 가족이 원하는 해결이 무엇인가에 초점을 두어 가족을 도우려 하였다(김유숙, 2014). 해결중심 가족치료는 과거보다 현재와 미래를 중시하고, 인간의 장점과 자원을 문제해결에 활용하는 해결중심 단기치료 모델을 가족상담에 적용시킨 것이다.

현재 해결중심 가족치료는 포스트모더니즘 시대정신과 강점 접근의 사회복지 관점과 같은 맥락의 이론기반과 철학을 갖고 있고 효과성과 경제성 면에서도 인정받으면서 대표적인 혁신 모델로 평가받고 있다.

1. 발달배경

해결중심 가족치료는 1978년 설립된 밀워키의 단기가족치료센터를 중심으로 시작되었다. 해결중심의 메카인 단기가족치료센터는 1968년 캘리포니아, 팔로 알토에 있는 MRI에서 설립되었으며, 워크랜드, 피시, 와츠라윅, 보딘이 계속하여 발전시켰다.

MRI의 핵심인물은 드 세이저와 김인수이며, 드 세이저는 해결중심이론의 주요 개발자로서 임상보다는 연구와 집필에 주력하고 있었으며 팔로알토에서 MRI집단과 함께 일하며 그들의 단기적 접근에 영향을 많이 받았다. 해결중심 치료는 MRI의 전략적 치료에 토대를 두어서 단기상담이고, 문제의 피드백 연쇄과정과 시도되었던 문제해결책에 초점을 두고 문제를 실용적으로 해결하는 방법을 찾는 것이 공통점이다. 그러나 해결중심 모델은 문제중심 모델인 MRI 전략적 치료에 비해 에릭슨의 내담자 자원활용과 현재와 미래에 초점을 맞추는 접근원리에 더 충실하고, 사회구성주의의 영향을 받은 철학에 바탕을 두었다는 차이가 있다(최규련, 2012).

드 세이저는 해결중심 가족치료는 가족이 자신들의 일상생활을 영위하면서 발생되는 욕구를 충족시키기 위하여 치료에 가지고 온 것을 활용하는 것이 치료의 핵심이라고 보았다. 이와 같은 견해는 문제의 원인이라고 생각하는 부적응을 고치려 하거나 문제의 원인을 제거하기 위해 노력할 필요가 없다는 에릭슨의 영향을 받은 것이다. 드 세이저는 에릭슨이 치료한 사례를 수백 회 반복해 보면서 분석과 연구를 거듭할 정도로 그의 영향을 많이 받은 것으로 알려졌다. 이처럼 드 세이저는 에릭슨의 철학과 전략 등에서 많은 영향을 받았으며, 이를 통하여 해결중심 치료라는 새로운 기법을 개발하였다. 드 세이저와 김인수는 20여년간 계속적으로 가족치료 모델을 단순화·실용화하기 위한 노력을 거듭해 왔다. 특히 해결방안의 개념을 보다 구체적이며 직접적으로 표현할 수 있는 전략을 발전시키려고 노력하였다. 그리고 보다 나은 자신들의 접근방법을 개발하기 위하여 계속적으로 사례분석, 효과측정을 위한 추적조사 연구, 언어학적 분석 등의 연구를 지속하였다. 또한 김인수도 해결중심 접근 이론발전에 기여함과 동시에 임상감각이 뛰어나므로 전 세계적으로 치료사들을 훈련시켰으며 이 모델을 알코올 중독에도 적용시켰다. 드 세이저와 김인수가 사망하자 이들의 제자로서 외상과 학대를 받은 내담자를 위한 치료에 해결중심 모델을 적용해왔던 돌란(Y. dolan)이 뒤를 이어 해결중심 모델을 알리고 있다(김유숙, 2014).

이 외에 립칙(E. Lipchick)과 와이너 데이비스(M. Weiner-Davis)는 밀워키의 단기가족치료센터에서 각각 독자적으로 활동하였으며, 특히 립칙은 밀톤 에릭슨(Milton Erikson)에게 직접 훈련을 받아 치료자의 치료적 질문을 개발하는 데 기여하였다. 또한 밀워키와는 관련없이 네브라스카에서 독자적으로 활동하는 오 헬론(Bill O'Hanlon)도 이론의 형성과 치료기술개발에 기여한 가족치료사이다. 오 헬론은 1989년 밀톤 에릭슨의 견해를 확장시켜 해결중심적 접근방법을 개발하였으며 드 세이저에 의한 해결중심적 개념을 확장시키는 데 공헌하였다. 현재 해결중심 가족치료는 효율성, 효과성, 경제성 등을 인정받으면서 가족치료 분야에 새로운 전기를 마련하고 있다(임은희, 2012).

2. 주요 개념

해결중심 가족치료는 문제보다는 해결중심의 입장을 지지하기 때문에 문제가 어떻게 발생되었느냐, 즉 원인에 관해서는 거의 관심을 가지 않는다. 인간관계에서는 분명한 원인과 결과란 없기 때문에 문제의 원인을 밝히기보다는 문제가 해결된 것을 어떻게 알 수 있는가를 인식할 수 있는 것이 더욱 중요하다고 보는 것이다. 해결중심 가족치료는 인간에 대한 긍정적인 철학을 가고 있다. 즉, 어떤 가족에게도 일상생활에서 성공했던 여러 가지 경험이 있다고 믿는다. 가족이 이러한 경험을 근거로 문제를 해결할 수 있는 잠재능력이 있다는 사실을 인정하고 그것을 확대하거나 강화함으로써 가족 스스로가 자신의 실체를 완성해 나간다고 보고 있다(김유숙, 2014). 해결중심 가족치료는 전통적인 가족치료 모델과 다른 가정과 철학적 가정과 철학관점을 가지고 있다.

가정, 기본 원리, 철학 및 관점, 치료자와 내담자의 관계 유형

1) 가정

해결중심 가족치료는 몇 가지 신념과 가정들이 있다. 이것은 통합된 모델로서 사람들이 어떻게 변화하고, 어떻게 그들이 원하는 목표를 달성하며, 어떻게 치료자와 내담자가 대화를 나누고 또 어떻게 치료자와 내담자가 상호관계 속에서 해결방안을 구성할 수 있는지를 명확히 제시해 준다. 해결중심 가족치료에서 추구하는 가정은 다음과 같다(De Shazer, 1985; Berg, 1991; Berg & Miller, 1992, 가족치료연구모임 역, 2001; 최규련, 2012).

첫째, 변화는 항상 일어나고 있으므로 이 변화를 긍정적인 방향으로 이끄는 것이 효과적이다.

둘째, 문제의 원인과 문제의 성질보다는 긍정적인 면에 초점을 맞추는 것이 바람직한 변화에 도움이 된다.

셋째, 예외적 상황의 증가는 문제를 조정할 자신감과 해결책 실행에 도움이 된다.

넷째, 작은 변화는 큰 변화의 모체가 되며 해결을 위한 출발이다.

다섯째, 내담자는 문제해결을 위해 필요한 자원을 가지고 있다.

여섯째, 내담자는 자신의 문제에 대해 가장 많이 알고 있고 그동안 해결책을 생각하고 시도한 경험이 있다.

일곱째, 내담자는 변화를 원하고 있고 늘 협조하고 있다.

여덟째, 의미는 반응 가운데 구성된다. 내담자는 치료자가 어떻게 의사소통하는가에 따라 반응이 달라질 수 있다.

아홉째, 상호작용 속에서 행동과 인식은 순환적이다.

열째, 내담자의 작은 변화는 다른 사람과의 상호작용에 파급효과를 미친다.

2) 기본 원리

드 세이저와 김인수는 위의 가정과 전제 가치, 철학을 기반으로 하여 치료모델의 기본 원리를 구성하고 다음의 원리들에 입각하여 접근한다(송정아·최규련, 2002).

(1) 병리적인 것 대신에 건강한 것에 초점을 둔다

잘못된 것에 관심을 두기보다는 성공한 것과 성공하게 된 구체적인 방법을 발견하는 데 관심을 둔다.

(2) 변화는 지속적으로 일어나고 있고 불가피하다

인간에게 변화는 삶의 일부이고 자연스런 현상이다. 치료자는 변화를 발견하고 그 변화를 해결 방법으로 활용한다. 대부분의 경우 문제가 발생할 때도 있고 문제가 발생하지 않을 때도 있다. 그러나 내담자들은 문제에만 관심을 두기 때문에 예외적인 상황을 무시한다. 해결중심 치료는 문제가 발생하지 않는 예외적인 상황을 알아보고 그 상황을 증가시킨다.

(3) 탈이론적이고 규범에 매이지 않으며 내담자의 견해를 존중한다

가설적 이론의 틀에 따라 내담자를 사정하지 않는다. 내담자의 견해를 액면 그대로 수용하며 달라진 것, 차이점, 좋은 점, 해결 방안 묘사에 대한 질문을 이끌어 간다.

(4) 내담자의 강점과 자원, 건강한 특성을 발견하고 이를 치료에 활용한다

치료자는 내담자가 이미 가지고 있는 자원, 기술, 지식, 믿음, 동기, 행동, 증상, 사회 관계망, 개인의 건강한 특성 등을 치료에 활용한다.

(5) 현재와 미래를 지향한다

과거에 대해 깊이 다루지 않으며 과거의 것을 현재와 미래에 적용하는 것에 관심이 있다. 문제의 내용이나 원인보다는 문제 해결 방안 모색과 새로운 행동 유형 시작에 초점을 맞춘다.

(6) 간단하고 단순한 것에서 출발한다

복잡한 것에서 시작하지 않는다. 작고 간단한 성공적 경험이 누적되면 큰 변화도 가능하며, 한 가지 변화는 연쇄작용을 일으켜 다른 변화까지도 가져오게 한다.

(7) 내담자의 자율적 협력을 중요시한다

기존 치료 모델은 치료자가 내담자보다 더 많은 것을 알고 처방하는 관계라고 할 수 있다. 그러나 해결중심 가족치료는 내담자가 자신의 문제에 관하여 가장 많이 알고, 해결 방안을 찾을 수 있는 능력이 있다고 보기 때문에 해결 방안 모색에서 치료자와 내담자의 협동을 중요시한다.

3) 철학 및 관점

(1) 해결중심 가족치료의 철학

해결중심 가족치료에서는 다음 세 가지 철학이 적용되었다(Berg & Miller, 1992, 가족치료연구모임 역, 2001; 최규련, 2012).

첫째, 어떤 것이 잘 기능하면 그것을 고치지 않는다.
둘째, 일단 효과가 있는 것을 알면 그것을 좀 더 한다.
셋째, 효과가 없다면 같은 방법이 아닌 다른 방법을 사용한다.

(2) 문제와 문제해결, 저항을 보는 관점

첫째, 문제란 어려움을 해결하기 위해 시도한 결과 실패한 것이므로 다른 방법을 실천에 옮기는 것이 중요하다. 잘못이나 과거의 실패를 찾아내 고치려고 하기보다는 과거의 성공이나 예외상황을 발견하여 확대시키는 일이 더 용이하다.

둘째, 문제를 해결하기 위하여 문제 내용을 많이 알아야 할 필요는 없다. 문제가 발생한 원인과 문제내용 진행을 자세히 알기보다는 문제해결방안과 새로운 행동유형을 만들어내는 일에 관심을 가진다.

셋째, 해결중심 모델에서는 내담자가 진심으로 변화를 원하는 것으로 가정하므로 가족이 변화과정에 저항을 보이는 일은 없다고 믿는다. 만약 저항을 보이는 경우는 그것은 상담자의 개입방법이 자신들에게 적합하지 않다고 보기 때문이며, 이런 면에서 내담자와 협력하기 위한 상담자의 철저한 훈련과 경험이 필요하다. 반면 전략적 모델에서는 내담자가 변화를 원하지 않는 것을 저항이라고 간주하는데 이때 변화의 내용은 치료자의 관점에서 규정된 것이다.

4) 치료자와 내담자의 관계 유형

해결중심 가족치료에서는 내담자가 자의로 또는 타의로 방문하였는지가 중요하다. 치료의 시작은 치료자와 내담자가 한 팀으로 서로 협조적이며 신뢰와 믿음 안에서 출발하기 때문에 내담자의 유형은 치료과정에서 내담자의 동기, 목표가 변화 가능하다(김혜숙, 2016).

이 유형들은 치료자와 내담자 사이에 일어나는 상호작용과 관계의 성질을 의미하는 것이지, 내담자의 개인적인 특성, 장점, 기질을 의미하는 것은 아니다. 이는 상담의 효과가 내담자만이 아니고 내담자와 치료자 양측에 의해 좌우된다는 것을 강조하는 것이며, 또한 치료자가 내담자와 협력해서 가장 좋은 치료적 관계를 만들어 나가는 것을 중시하는 것이다. 이 관계 유형은 역동적이고 유동적인 특성을 가지며, 부부나 가족을 상담하는 경우에 각기 다른 관계 유형이 내담자와 치료자 사이에 형성되기도 한다(송정아 · 최규련, 2002).

드 세이저는 치료자와 내담자의 관계 유형을 내담자의 다음의 상황에 따라 방문형, 불평형, 고객형으로 구분하였다(De Shazer, 1984; Berg & Miller, 1993; 김혜숙, 2016).

- 내담자가 치료에 오게 된 목적이 무엇인가?
- 누구에 의해서 오게 되었는가, 스스로 왔는가, 타인이 의뢰해서 왔는가?
- 현재 처한 어떤 절박한 상황을 가지고 있는가?
- 왜 하필이면 지금 치료를 받기 위해 왔는가?

- 내담자가 현재 문제에 대하여 얼마나 해결동기가 강한가?
- 문제에 대한 관련성의 정도를 어느 정도 인식하고 있는가?

(1) 방문형 관계

방문형 내담자는 누구에 의하여 보내진 내담자로 자신의 문제에 대한 의식이 없으므로 변화하고자 하는 동기가 매우 약한 편이다. 문제에 대한 인식을 스스로 알 수 있도록 협조해 주는 태도가 중요하다.

방문형 내담자는 치료를 받아야 할 필요성을 크게 느끼지 못하거나 문제 해결의 동기가 약한 사람이다. 이들은 주로 왜 치료를 받으러 와야 하는지를 이해하지 못하기 때문에 치료에 대하여 무관심하거나 이끌려 왔다는 사실에 불평을 한다. 이들은 일반적으로 배우자나 부모, 또는 교사에 의해서 의뢰된다. 이러한 내담자들은 치료목적, 목표, 해결방안 등이 자신이 원하는 것과 상반된다고 느끼므로 문제에 대한 책임감이 없거나 자신의 문제를 인정하지 않는 경향이 있다. 방문형 내담자는 자신의 문제는 치료자와 치료자가 제시하는 해결방법과도 관계가 없다고 생각하고 자신의 현실문제는 타의에 의해 치료받으러 와야 하는 현실이라고 본다. 따라서 문제해결 동기가 약하고 가능한 한 치료자와의 관계를 끝내려고 하기 때문에 치료자의 의도대로 진행하면 더욱 어려워진다.

따라서 치료자가 방문형 내담자가 다른 사람의 요구와 결정을 따르는 것이 얼마나 힘들었는지를 이해해 줄 때 그들은 자신이 이해받고 있다는 느낌을 갖게 될 것이다. 이러한 과정을 통해 치료자에 대한 신뢰가 형성되고 이러한 신뢰를 바탕으로 치료를 시작할 수 있으며 치료목표를 협상할 수 있는 관계가 형성된다.

방문형 내담자와의 관계에서 치료자는 가능한 한 겸손하고 성실하고 진실한 태도를 취해야 한다. 내담자가 상담을 받으러 오는 다른 사람들을 볼 수 있도록 하고, 효과가 없는 것보다는 효과가 있는 것을 찾도록 한다. 내담자의 의사결정을 존중하고, 자신에게 중요한 것에 관하여 판단할 수 있는 능력을 믿어 준다. 타의로 치료센터에 온 것은 치료를 의뢰한 사람과 잘 지내기 위한 노력이며, 갈등을 최소화하려는 긍정적인 노력인 것으로 규정하고, 협조적인 행동을 인정하고 칭찬한다. 문제를 해결하려고 노력한 일들을 모두 부각시켜 주고 인정해 준다. 방문형 내담자도 치료를 진행하는 과정에서 점차 고객형으로 변화하게 된다 .

(2) 불평형 관계

불평형 내담자는 문제의 내용은 잘 알지만 문제를 자기 책임이 아니라 남의 책임으로 돌리는 유형으로 문제 상황을 다른 관점에서 관찰하고 깊게 생각할 수 있게 해 주는 것이 중요하다.

불평형의 내담자는 주로 문제중심적으로 이야기하며, 다른 가족 구성원을 비난하고, 불평하는 것을 의미하고, 내담자 자신을 위해서가 아닌 다른 사람을 위한 목표를 가지고 있을 때 발생한다. 내담자는 자신이 존재가치가 있으며 다른 가족을 돌보는 역할을 하고 있다고 느끼고 있으므로 치료에 좀 더 협조적이 될 수 있다. 내담자는 자기 자신이 증상을 가지고 있는 다른 가족 구성원의 희생자라고 생각하고, 자신의 힘든 입장과 역할에 관해 치료자의 이해를 받기 원한다. 이것은 오랫동안 내담자가 증상이 있는 가족의 문제를 분석하고 관찰하는 데 많은 에너지를 사용하였기 때문이다. 치료자는 이러한 내담자의 성향에 관하여 깊이 생각할 필요가 있으며, 치료를 받아야 할 대상으로 생각하기보다는 치료를 위한 자원으로서 또한 투자해야 할 대상으로 생각해야 한다(임은희, 2012).

치료자는 불평형의 내담자를 치료받아야 할 대상으로 생각하기보다는 치료에 활용할 수 있는 자원으로 생각해야 한다. 따라서 치료자는 불평이나 목표에 대하여 불평형의 가족과 함께 탐구하기로 합의하며, 그러기 위해서 의도적으로 해결책을 가져올 수 있는 새로운 관점을 찾아보도록 유도한다(김유숙, 2014). 불평형 내담자에게는 심리적인 위로와 지지가 필요하며 해결중심적 대화가 필요하다. 예외상황 발견하기, 관찰형, 심사숙고형 과제를 부여한다.

(3) 고객형 관계

고객형 내담자는 문제를 분명히 인식하고 있고 변화를 위해 자발적인 동기와 적극성을 표현하며 치료자와 협력적인 치료관계로 쉽게 발전할 수 있고 치료자가 원하는 이상적인 내담자이다. 고객형 내담자는 자기 자신과 관련되어 있는 치료목표를 표현하고 자신의 행동을 변화하기 위한 많은 방법들을 제시한다.

처음에는 불평형이나 방문형 내담자였으나 치료의 중간이나 끝부분에서 내담자와 치료자가 함께 치료목표를 설정하는 과정에서 고객형의 관계로 발전하게 된다. 내담자는 점차로 자신이 해결방안을 만들어 낼 때 가족에게 어떠한 영향을 미치는가에 관하여 인식하게 되고, 문제해결을 위해 스스로 무엇인가 하려는 의지를 갖게 된다. 내담자는 치료목표를 성공적으로 성취하기 위해 치료에 회복하기로 동의하고, 치료과정에서 해결책을 찾거나 목표를 달성할 수 있는 능력이 자신에게 있는 것을 확인하게 된다. 고객형 내담자에게는 과제부여와 상호 간의 목표설정이 가능하다. 이러한 관계의 내담자는 수용적이며 치료동기가 높기 때문에 대부분의 치료자는 고객형의 관계 유형을 원하지만 실제로 고객형 내담자 비율은 그다지 많지 않다(임은희, 2012; 김유숙, 2014).

모든 상담자와 내담자의 관계가 세 가지 유형 중의 하나에 분명하게 포함되지 않을 수도 있다. 면접과정을 통해 방문형에서 고객형으로 또는 방문형에서 불평형으로 바뀔 수도 있다. 부모와 자녀가 함께 오는 경우에도 그중에 방문형이 있을 수 있고 불평형이 있을 수 있다. 그러므로 상담자는 내담자 가족과의 관계유형 판단이 확실하지 않을 경우는 신중하게 접근하는 것이 좋고 관찰팀과의 상의가 도움이 된다.

3. 치료목표 및 치료과정

1) 치료목표

해결중심 가족치료에서 잘 정의된 목표는 긍정적이고 과정의 형태로 이루어지며, 지금-여기(here and now)에 초점을 맞추고, 가능한 한 상세하다. 해결중심 가족치료의 목표는 도움을 받으러 온 가족으로 하여금 그들 자신의 생활을 보다 만족스럽게 바꾸기 위해서 현재 하고 있는 것과는 다른 것을 하거나 생각해 내도록 하여 그들이 가지고 있는 문제를 해결하고자 하는 데 있다. 치료자는 모든 사람은 이미 자신의 문제를 해결할 능력을 가지고 있다고 믿었다. 그러므로 가족은 스스로가 설정한 목표에 도달하기 위해서 자신이 가진 자원을 활용할 수 있다. 가족이 자신들의 능력에 대하여 무기력감을 느낄 때도 있는데 이것은 문제가 너무 크게 확대되었기 때문이다. 따라서 치료사는 내담자가 아직 잘 사용하지 못하는 능력을 찾아 주어야 하며, 나아가 그들의 문제를 다루는 데 있어 보다 나은 기술을 찾아내고 활용할 수 있도록 도와야 한다. 그리고 성공하지 못한 해결방안보다는 과거에 이미 성공했던 해결방안에 관해 이야기함으로써 효과가 없는 것에 몰두해 있는 가족의 생각을 바꿀 수 있게 해야 한다(김유숙, 2014).

목표설정 과정은 상담을 문제-해결의 구조에서 내담자의 삶이 문제에서 벗어난 가설적인 이야기로 전환시킨다. 목표설정 과정은 상담을 문제-해결의 구조에서 내담자의 삶이 문제에서 벗어난 가설적인 이야기로 전환시킨다. 목표설정은 내담자가 이전과 다르고 좀 더 바람직한 방향으로 자신의 삶을 경험할 수 있도록 하는 의미를 포함하고 그 가능성을 높이는 과정이다. 이러한 목표설정은 특히 클라이언트에게 중요한 것을 목표로 설정하고, 작고 구체적이며 행동적인 것을 목표로 설정할 필요가 있다. 나아가 클라이언트가 갖고 있지 않은 것보다는 갖고 있는 것에 관심을 둘 필요가 있으며, 목표를 문제해결과정의 마지막이라고 보기보다는 시작으로 간주하는 것이다(엄명용 외, 2015).

2) 치료과정

치료 과정은 크게 세 부분으로 구성되고 60분 정도가 소요된다.

첫째, 45분 내외 동안 치료자의 상담이 진행되고, 일면경 뒤나 모니터실에 있는 관찰팀은 상담 과정을 관찰하면서 필요하면 인터폰이나 전화로 개입한다.

둘째, 치료자가 관찰팀에 가서 10분 정도 함께 상담과정을 검토하고, 치료자와 내담자 가족의 관계유형과 전달할 메시지에 대해 의논한다.

셋째, 치료자가 상담실로 돌아와서 5분 정도 내담자 가족에게 메시지를 전달한다.

이처럼 해결중심 가족치료는 치료자와 관찰팀이 전체 상담과정에 함께 참여하는 것이 특징이다. 치료과정의 구체적인 내용은 다음과 같다.

| 표 9-1 | 해결중심 가족치료의 치료과정

과정별	주요 내용	접근 방법
1. 면접	· 팀소개, 일면경 사용, 녹화 허가	· 기적질문: 예외적 상황과 목표 설정
2. 팀과 의논	· 면접 진행 검토 분석	· 팀의 피드백에 대한 기대와 호기심을 갖고 주의를 기울이게 함
3. 메시지 주기	· 확인과정	· 칭찬과 인정으로 긍정적인 관점 갖도록 함
	· 연결과정	· 과제를 주는 이유를 내담자의 장점과 자원에 대한 확인과정으로 설명하기
	· 과제주기 과정	· 내담자의 관계성 유형에 따른 과제 주기

출처: 송정애(2012). 가족상담의 이론과 실제. 양서원.

4. 치료기법

해결중심 가족치료에서 제시하는 주요 기법은 크게 해결중심적인 질문기법, 목표설정, 메시지 작성 및 전달 등으로 구분하여 볼 수 있다.

1) 해결중심적인 질문기법

다른 이론의 기법과 비교해 볼 때 해결중심가족치료의 핵심 기법은 크게 다섯 가지 핵심질문으로 분류될 수 있는데 ① 첫 면담 이전의 변화에 관한 질문, ② 예외 질문, ③ 기적질문, ④ 척도질문, ⑤ 대처질문이 활용된다. 대처질문은 타 이론에서도 많이 활용되고 있으며, 그 외의 질문들은 해결중심가족치료에서 독특하게 활용되는 기법이다.

(1) 첫 면담 이전의 변화에 관한 질문

첫 면담 이전의 변화에 관한 질문은 내담자가 처음 전화를 걸거나 약속시간을 정한 후부터 처음 면담에 왔을 때까지 변화된 것이 있는지를 묻는 것이다. 이는 내담자가 문제가 심각할 때 혹은 더 이상 참거나 견디지 못할 때 도움을 요청하며, 이후 첫 면담까지의 시간 동안에 변화가 발생할 수 있기 때문에 이러한 변화를 파악하는 것이다. 특히 긍정적인 변화가 일어났다면 그렇게 될 수 있었던 방안이 무엇인지를 파악하여 이를 강화하려는 의도가 있는 것이다.

해결중심 가족치료에서는 이러한 치료 이전의 변화에 상당한 관심을 가지고 관찰하고 이것을 근거로 가족의 잠재능력을 발견하고 가족 스스로가 인식하지 못한 해결방안을 찾아내는 데 이용한다. 치료자는 가족 스스로가 심각했던 문제가 어떻게 완화되었는지를 파악할 수 있도록 질문을 하여 의식적 또는 무의식적으로 그들이 실시한 방법에 관하여 인정하고 칭찬을 해 준다.

> "오늘 여기 와서 무엇이 변화되기를 원합니까?"
> "무엇이 달라지면 여기에 온 것을 잘했다고 생각하시겠습니까?"
> "지난 회기 이후 아주 작은 것이라도 변한 것은 무엇입니까?"

(2) 예외 질문

예외 질문은 내담자의 성공 경험과 현재 잘하고 있는 것을 발견할 목적으로 활용되는 질문이다. 예외란 문제가 일어나지 않았던 때를 가리킨다. 기적에 관한 질문은 치료의 목표와 관련되고, 예외를 발견하는 질문은 목표에 도달하기 위한 과정과 방법과 관련된다. 예외상황에서 어떤 일이 일어나는지 자세히 파악하기 위해 무엇이 달라졌는가, 누가, 무엇을, 어디서, 언제, 어떻게 했을 때 문제가 일어나지 않았는지를 질문한다. 한두 번의 중요한 예외를 찾아 추적함으로써 내담자의 성공 경험을 확대하고 강조하여 내담자의 자존감을 강화시킨다. 예외가 자주 반복되었고 자세하고 구체적으로 묘사되는 경우 내담자의 성공은 더욱 현실화된다. 내담자가 자신의 예외적인 성공을 볼 수 있고, 그렇게 하는 방법까지 알고 있다면 현실에서 예측까지 가능하게 된다.

> "최근에 문제가 일어나지 않은 때는 언제였습니까?"
> "언제 바람직한 행동을 하나요?
> "문제가 일어난 상황과 문제가 일어나지 않은 상황의 차이점은 무엇입니까?"
> "문제가 일어나지 않을 때는 무엇을 하는가? 다른 가족은 무엇을 하는가?"

(3) 기적질문

기적질문은 현실 변화의 구축과 가능성에 대한 자기상을 형성하는 것을 목적으로 하며, 문제가 해결된 상태를 상상해 보고, 해결하기 원하는 것들을 구체화하고 명료화하며, 치료목표를 현실적이며 구체적으로 설정하기 위한 질문기법이다. 이 질문은 내담자의 마음상태를 문제중심에서 해결중심으로 전환하도록 하여 바뀐 현실을 꿈꾸고 희망을 갖게 하는 역할을 한다.

기적질문은 문제가 해결된 상황을 상상해 보고, 해결하기 원하는 것들을 구체적이고 명확하게 확인함으로써 치료목표를 설정하는 데 도움이 된다. 그리고 기적질문에 응답하는 과정에서 내담자는 문제와 분리되어 해결상황에 대한 구체적이고 상세한 묘사를 하게 된다. 그 결과 성공적인 결과를 되풀이해서 언어로 표현할수록 그것은 더욱 현실화될 수 있다고 믿는 자기언어화 효과를 갖게 되고, 상담이 성공적으로 종결될 수 있다는 꿈과 희망을 갖게 된다.

> 오늘밤 당신이 잠자는 동안에 기적이 일어나서 가지고 온 문제가 완전히 해결되었다고 상상해 보십시오. 당신은 잠을 자고 있었기 때문에 기적이 일어나서 당신의 문제가 모두 해결되었다는 것을 모릅니다. 아침에 일어났을 때 지난 밤 기적이 일어나서 모든 문제가 해결되었다는 것을 어떻게 알 수 있을까요? 당신이 처음 무엇을 보면 기적이 일어났는지를 알 수 있을까요?

(4) 척도질문

척도질문은 문제의 심각한 정도를 사정하고, 치료목표 성취 정도를 측정하고, 결과를 구체적으로 평가하는 데 있어 구체적인 수치를 사용하여 그 정도를 표현할 수 있도록 하기 때문에 유용한 질문이다. 내담자가 치료자에게 정보를 제공하고, 치료자가 변화과정을 확인하며, 격려하고, 강화하기 위해 고안된 질문으로 내담자에게 자신의 문제의 심각성, 문제해결의 우선순위, 성공정도, 정서적 관계, 관계 개선을 위한 노력 정도, 문제 해결을 위한 동기와 의지, 자신감과 자존감, 진행에 대한 평가 등 구체화시킬 필요가 있는 것을 수치로 표현하여 평가하는 데 유용하게 활용될 수 있는 질문이다. 주의할 점은 현재와 미래에 초점을 두고 과거에 초점을 두지 않으며 '오늘', '지난 주', '지난 달'과 같이 시간을 규정하는 것이다. 그렇지 않으면 내담자는 혼동하기 쉽다.

> "1~10점 까지의 점수 중 오늘은 몇 점에 해당합니까?"
> "3점에서 6점으로 변한다면 무엇이 달라질 것 같습니까?"
> "더 좋아진 곳은 무엇일까요?"

(5) 대처질문

대처 질문은 자신의 미래를 절망적으로 보아 희망이 없다고 하는 내담자에게 사용하는 질문이다. 기적에 관한 질문에 대해 대답이 모호하거나 예외적인 상황을 발견하기 어려울 때, 문제와 고통을 계속 호소하고 악화되거나 절망적인 경우에 그 사람에게 합류하는 좋은 방법이다. 이 질문은 내담자가 절망적인 상황에서도 잘 견디어 내어 더 나빠지지 않은 것을 강조하고, 위기에서 살아남기 위해 대처해 온 방법을 파악하며, 그것을 인식·강화·확대하기 위해 활용되는 것이다. 이러한 질문은 내담자에게 약간의 성공을 느끼도록 하고 내담자 자신이 대처 기술을 가지고 있음을 깨닫게 하는 효과를 가져온다. 희망이 없는 상황에서 어려움을 어떻게 관리하고 견디었으며, 얼마나 많은 대처방법을 사용해 왔나를 질문함으로써 내담자는 자신의 노력과 의지, 자원을 발견하게 되고, 이 점들을 활용하여 스스로 문제 해결을 위해 노력할 힘과 용기를 가지게 된다(송정아·최규련, 2002; 엄명용 외, 2015; 송정애, 2012).

> "어떻게 모든 것을 포기하지 않고 오늘까지 지탱해 왔습니까?"
> "어려운 상황 속에서도 견디어 낼 수 있었던 것은 무엇이라 생각합니까?"

2) 목표 설정

해결중심 가족치료에서는 내담자와 협상하여 치료목표를 설정하는 데 도움이 되는 지침을 개발하였다.

첫째, 내담자에게 중요한 것을 목표로 정한다.

둘째, 큰 것이 아닌 작고 간단한 행동을 목표로 정한다.

셋째, 문제의 제거나 소멸이 아닌 성공의 긍정적 지표를 목표로 정한다.

넷째, 목표를 최종 결과가 아닌 처음의 시작이나 신호에 둔다.

다섯째, 목표를 구체적이고 측정할 수 있는 행동에 둔다.

여섯째, 내담자의 생활에서 현실적이면서 성취 가능한 것을 목표로 정한다.

일곱째, 목표달성을 힘들고 어려운 일이라고 인식한다.

목표설정 과정에서 치료자는 네 가지 영역을 다루는데 ① 내담자가 상담을 통하여 원하는 것이 무엇이라고 말하는가?, ② 내담자가 원하는 것이 그들에게 어떻게 변화를 줄 수 있는가?, ③ 내담자가 자신이 원하는 것을 위해 노력하고 있다는 것을 어떻게 알 수 있는가?, ④ 내담자는 그들이 지금 원하는 것을 얼마나 경험하고 있는가? 등이 이에 포함된다(Peller & Walter, 1998; 엄명용 외, 2015).

3) 메시지 작성 및 전달

해결중심 가족치료에서는 치료자와 내담자의 관계성 유형에 따라 다른 과제를 주고 기적에 관한 질문에 대하여 어떻게 대답하는가, 예외적인 상황이 있는가, 그 예외적 상황이 우연히 발생하는가 아니면 의도적인 노력의 결과인가에 따라 과제를 주는 것이 달라진다.

방문형 내담자는 과제가 없으며, 불평형 내담자에게는 생각하고 관찰하는 과제를 주고, 고객형 내담자에게는 행동과제와 관찰과제를 준다.

구체적으로 살펴보면, 불평형 내담자의 경우 기적에 관한 분명한 대답을 하고 의도적·예외적 상황이 있는 경우 다른 사람의 예외적 행동을 관찰하게 한다. 기적에 대한 분명한 대답을 하고 우연한 예외적 상황이 있는 경우에는 다시 생각하고 관찰하고 말하기를 과제로 내 준다. 기적에 관한 분명한 대답을 하지만 불분명한 예외적 상황이 있는 경우에는 다른 사람의 변화된 행동 관찰 후 알아맞히기를 과제로 제시하고, 기적과 예외질문에 대한 대답이 모두 불분명한 경우 가족 내에 어떤 것이 좋아졌는지 관찰하고 구체적으로 보고하는 것을 과제로 제시한다.

고객형 내담자에게는 기적과 예외적 상황에 대한 분명한 대답을 하는 경우에는 그 행동을 더 많이 해 보도록 하기를 과제로 내준다. 기적에 관한 분명한 대답을 하지만 우연한 예외적 상황이 있는 경우에는 좋은 날과 나쁜 날을 지정하여 좋은 날 바람직한 행동을 해 보고 보고하기를 과제로 내준다. 기적에 관한 분명한 대답을 하고 예외적 상황이 없는 경우에는 날을 잡아서 기적이 일어났다고 가정하고 다른 사람에게 말하지 않고 기적이 일어난 것처럼 행동하고 보고하기를 과제로 제시한다.

5. 사례 적용

IP: 남편-40대 초반. 운송업계의 정규직 사원. 4남 2녀 중 다섯째로 아들로는 막내
부인-20대 후반. 베트남 출신의 전업주부. 2남 1녀 중 둘째
아들-3세. 명랑하고 쾌활하며 부모와 애착형성이 잘됨.
시모-70대 후반. 남편과 사별. 병환으로 거동이 부자유스러우나 혼자서 일상유지가능

제시된 문제: 원활하지 않은 의사소통, 친밀감 부재 및 고부갈등으로 인해 이혼위기의 어려움을 호소하는 다문화부부

해결중심 가족치료 모델 적용 7회기 상담실시(매주1회, 1회기 상담시간 50~60분 진행), 부부상담을 원칙으로 하되 필요와 상황에 따라 개인상담 실시

출처: 이춘희·홍영준. (2013). 다문화부부 가족치료의 사례연구: 사회복지 실천과정이론과 해결중심상담이론을 기반으로. 한국사회복지질적연구, 7(1), 85-113.

1) 사례 개요

본 사례는 한국인 남편과 베트남 부인의 다문화 부부, 3세 남아와 남편의 친어머니로 구성되어 있는 4인 가족으로 구성되어 있다. 40대 초반인 남편은 아내와의 갈등과 고부갈등으로 인한 괴로움을 호소하였는데 아내는 시어머니와 다투면 남편에게 '이혼하자'며 가출을 수차례 시도하였고, 남편에게 바람을 피운다며 소리를 지르기도 하였다. 또 며느리에게 일방적 폭언을 퍼붓는 어머니와 그

에 맞서 대항하는 아내와의 싸움이 끊이지 않아 삼자 갈등이 심하게 되었는데 아내와 어머니의 중간자로서의 어려움을 나타냈다. 20대 후반인 아내는 남편이 화가 나면 큰소리치고 불같이 화를 내 딴사람 같아 무섭고 '어떻게 사나'하는 불안한 마음이 들어 걱정되고 화가 난다고 하였다. 부부의 의견에 의하면 3세 아들이 버릇이 없고 부모와 떨어지지 않으려 울고 떼를 써 일상의 어려움이 있다고 하였다. 남편과 사별한 70대 후반의 시어머니는 부부와 동거하고 있는데 베트남 며느리와 소통의 어려움을 답답해한다고 남편이 진술하였다. 결국 남편은 이혼을 염두에 두고 가족해체 전의 마지막 방법으로 상담을 신청하였다. 사례를 전화접수한 사회복지사로부터 부부 상담을 권유받아 면접상담으로 연계되었다.

2) 개입

회기	관계	주요 내용
1	부부	• 상담신청서, 동의서, 사전검사지 작성 • 상담 신청 후 변화탐색 • 부부가 제시하는 어려움 탐색과 의사소통방식 확인 • 부부가 원하는 것 찾기 • 예외탐색, 기적탐색으로 목표 설정 • 메시지를 통한 강점 찾고 강화해 주기와 과제
2	부인	• 일주간 자기노출과 의사소통방식의 긍정적 변화 확인과 강화 • 베트남과 한국의 가족문화 유사점 탐색을 통한 친밀감 찾기(가족의 정의, 역할, 기능 등) • 동네의 베트남 친구들과 친정의 긍정적 관계 탐색과 강화 • 남편과의 긍정적 기억 찾기 • 메시지(강점 찾고 강화해 주기)와 과제
3	남편	• 일주간 부부간, 고부간의 긍정적 변화 확인과 확대 및 강화 • 둘째 자녀 계획 탐색을 통한 성적 친밀감 정도 탐색 • 성적 친밀감 정도에 대한 관계성 탐색 • 메시지와 과제

회기	관계	주요내용
4	남편	• 일주간 고부갈등 예외상황 확인과 긍정적 확대 및 강화 • 어머니와의 관계 탐색 • 아내와 시어머니와의 관계 개선을 위한 역할 탐색과 role play • 아내의 사회적 지지망과 원하는 사회활동(취업) 탐색과 아내와의 대화를 위한 긍정적 입장정리 • 성적 친밀감 욕구와 필요 탐색 • 다문화가정 자녀의 강점과 긍정성 찾기 • 메시지와 과제
	부인	• 일주간 생활의 긍정적 변화 탐색과 확대 및 강화 • 자녀양육과 취업욕구 탐색 • 성적 친밀감 욕구와 탐색 • 다문화가정 자녀의 강점과 긍정성 찾기 • 메시지와 과제
5	남편	• 일주간 부부의 친밀감(성적, 의사소통, 시간공유) 쌓기 활동확인과 긍정성 확대 • 부인이 원하는 둘째 자녀 출산여부에 대한 진지한 격려와 긍정성 확대 • 남편과 아들로서의 가장 역할에 대한 강점 확인과 긍정적 확대 • 메시지와 과제 • 종결 예고
6	남편	• 일주간 평안함을 유지할 수 있었던 자원 탐색과 강화 • 어머니의 아내에 대한 선의 전달과정 탐색과 남편의 입장과 역할에 대한 탐색 • 고부간의 갈등해결 방법 탐색과 강화 • 강점강화 메시지와 과제 • 종결 예고
7	부부	• 상담을 통한 부부간, 고부간의 변화 확인 • 생활에서의 갈등 해결 능력 향상에 대한 자축과 갈등과 그에 따른 대처를 위한 협력적 태도 탐색 • 공감 강화 • 메시지를 통한 강점 강화 • 사후 설문

3) 결론

본 사례는 베트남 여성과 한국인 남성이 결혼한 다문화 부부의 가족 상담에 관한 것이다. 부부가 현실적으로 호소하는 역기능적 의사소통의 어려움과 친밀감 부재 및 고부갈등 해소를 위하여 해결중심치료모델로 개입하였고 순기능적 의사소통 확보, 친밀감 상승과 고부갈등 해소의 변화를 보여주었다. 또한 가정에서의 부부의 위치와 역할이 원활해지고 긍정적 지지와 감사가 가능해진 과정을 보여주었다. 또한 사례부부의 원하는 것과 필요를 경청하고 공감 · 수용하여 부부 특성상 나타나는 강점(strength)과 자원(resources)을 바탕으로 해결중심치료이론을 이용하여 다문화 부부의 갈등을 해결해 나가는 치료과정을 확인할 수 있었다.

요약

해결중심 가족치료는 스티브 드 세이저와 김인수에 의해 발전되었으며, 과거보다 현재와 미래를 중시하고, 인간의 장점과 자원을 문제해결에 활용하는 해결중심 단기치료 모델을 가족상담에 적용시킨 것이다. 해결중심 가족치료는 문제보다는 해결중심의 입장을 지지하기 때문에 문제가 어떻게 발생하였느냐, 즉 원인에 관해서는 거의 관심을 가지지 않는다. 인간관계에서는 분명한 원인과 결과란 없기 때문에 문제의 원인을 밝히기보다는 문제가 해결된 것을 어떻게 알 수 있는가를 인식할 수 있는 것이 더욱 중요하다고 보는 것이다.

해결중심 가족치료에서는 치료자와 내담자의 관계 유형을 내담자의 다음의 상황에 따라 고객형, 불평형, 방문형으로 구분하였다. 해결중심 가족치료의 목표는 도움을 받으러 온 가족으로 하여금 그들 자신의 생활을 보다 만족스럽게 바꾸기 위해서 현재 하고 있는 것과는 다른 것을 하거나 생각해 내도록 하여 그들이 가지고 있는 문제를 해결하고자 하는 데 있다. 주요 기법은 크게 해결중심적인 질문기법, 목표설정, 메시지 작성 및 전달 등으로 구분하여 볼 수 있다. 해결중심적인 질문기법은 ① 첫 면담 이전의 변화에 관한 질문, ② 예외 질문, ③ 기적질문, ④ 척도질문, ⑤ 대처질문이 활용된다.

〈점검해 보기〉

※ 앞서 제시된 〈사례적용〉의 사례에서 사용할 수 있는 해결중심적인 질문의 예를 만들어 보십시오.

질문 유형	질문의 예
첫 면담 이전의 변화에 관한 질문	
예외 질문	
기적질문	
척도질문	
대처질문	

누군가가 우리의 삶에 대해 묻는다면 우리는 자신의 이야기를 말하게 된다.
왜냐하면 나의 삶의 과거, 현재 그리고 미래는 우리의 이야기에 담겨 있기 때문이다.
자신의 지난 삶의 기쁨과 고통에 대해, 현재의 생각과 느낌에 대해,
그리고 미래에 이루고 싶은 꿈과 계획에 대해 말할 것이다.
우리는 "나는 누구인가"라는 질문 앞에서
자신의 삶을 이야기로 설명하는 모습을 발견하곤 한다.
나의 삶을 이야기할 수 없다면,
우리는 삶의 의미도 더 이상 찾지 못하고 있음을 느끼게 된다.

-양유성의 '이야기치료' 중에서-

제 10 장

이야기 치료 모델

마이클 화이트(Michael White, 1948~2008)

화이트는 1948년 12월 29일 호주 남부 아들레이드에서 노동자 계급의 부모에게서 태어났다. 한 때 전기 및 기계 제도사 일을 하다가 기계보다는 사람들과 일하기를 좋아해서 나중에 보호감찰사와 사회복지사로 직업을 바꾸었다. 1979년 사우스 오스트레일리아 대학교에서 사회복지학을 전공하고, 아들레이드 아동병원(Adelaide Children's Hospital)에서 정신사회사업가로 일하였다. 화이트는 1981년 아들레이드에서 열린 호주 가족치료학회에서 엡스턴을 만나게 되고 그 후 그들은 함께 이야기 치료 이론을 발전시켰다. 1983년 덜리치 센터(Dulwith Center)를 열어 가족치료사로서의 활동을 시작한 이후 죽을 때까지 그 센터를 떠나지 않았다. 화이트는 사람이 문제가 아니라 문제가 문제라는 생각을 가족치료에 적용하였다. 그는 이야기 치료를 통해 보다 만족스러운 미래를 살아갈 수 있도록 문제 이야기와 이와 관련된 사회문화적 요인들을 재구조화하여 내담자들이 긍정적으로 삶을 해석하며 의미 있게 살 수 있도록 돕는 일에 헌신(정문자 외, 2012)하였다.

데이비드 엡스턴(David Epston, 1944~)

엡스턴은 1944년 8월 30일 캐나다 온타리오 피터보로우에서 태어나 자라다가 1963년 19세 때 캐나다를 떠나 1964년 뉴질랜드에 정착했다. 엡스턴은 1976년 영국 워릭대학교에서 응용사회학으로 석사학위를 취득하고 1977년에 사회복지사 자격을 취득하고 오클랜드병원의 선임사회복지사로 일하기 시작하였다. 1981년부터는 레즐리센터(Lesile Center)에서 가족치료사로 일하였다. 엡스턴은 화이트와 함께 호주와 뉴질랜드에서 이야기 치료를 발전시켜 나갔고, 그들은 이야기 치료에 관한 최초의 저서인 『치료 목적을 위한 이야기적 수단(*Narrative Means to Therapeutic Ends*)』이라는 저서를 출판하였다. 엡스턴은 문학에 관심이 많았고 호주와 뉴질랜드 가족치료학회지의 이야기 코너(story corner)에 오랫동안 글을 쓴 이야기꾼(제석봉 외, 2014)이기도 한다.

사진 출처: 정문자 외(2012). 가족치료의 이해. 서울: 학지사, p. 358.

모든 가족은 반드시 수행해야 하는 공통의 과업을 가지고 있으며, 이를 관리하기 위하여 가족마다 고유의 독특한 상호작용 패턴과 역동을 발전시킨다. 또한 가족은 각기 다른 생활주기를 경험하고 있는 구성원으로 형성되어 있으며, 각각의 발달단계에 따라 서로 다른 것을 추구하며 살고 있다. 따라서 같은 곳에 살고 있고, 같은 연령대라 하더라도 자신의 경험이나 사물을 이해하는 방식이 다를 수 있다. 우리는 인생을 살아가면서 수많은 사건을 경험하지만, 시간이 지나면서 자신의 가족 또는 환경 내에서 설정해 놓은 어떤 기준과 믿음 또는 신념체계에 따라 그중 일부만을 선택하거나 상황에 대한 의미 부여를 하며 해석한다. 즉 개인의 자기(self)는 관계 속에서 재구성되고 있으며, 그 관계의 원형은 가족이다. 따라서 비슷한 경험을 하였다 할지라도 우리는 제각기 다른 이야기를 서술하며, 서술된 이야기는 개인의 행동과 연결이 된다.

또한 최근 신사회 위험과 탈근대주의 영향으로 개인과 가족의 관계 양상이 달라지면서 누구나 일정 기간 관계결핍과 단절을 경험하게 되는 시기가 오고 '대안적 가족' 생활(Depaulo, 2015, 박지훈 역, 2016)에 대한 요구들이 증가할 것이라 전망하고 있다. 서구의 가족치료는 이미 변화하고 있는 사회적, 문화적 추세에 따라 그 영역이 '관계치료'로 확장되는 현상이 관찰되고 있다(Nichols & Davis, 2017; 이선혜·박지혜, 2018 재인용). 우리 사회도 1인 가구 증가 등 관계 결핍과 단절에 대한 개입 필요성이 제기되고 있고, '주어진 관계' 대신 '선호하는 관계'를 선택하고자 하는 개인의 요구가 일상에서 표출되고 있다. 이런 면에서 볼 때 이야기 치료는 관계치료의 한 형태로서 유용하게 활용될 수 있을 것이다. 이야기 치료는 개인으로 하여금 가치를 공유하는 공동체와 함께 자신이 선호하는 모습대로 살아가는 삶의 방식을 지원하는 이론과 방법을 갖춘 모델이라는 점(이선혜·박지혜, 2018)에서, 아마도 우리 사회에 나타나고 있는 다양한 가족들이 앞으로 가장 필요로 할 하나의 상담·치료적 접근이 될 것으로 기대된다.

이와 같은 전제를 가지고 출발한 이야기 치료는 개인이나 가족이 변화를 추구할 수 있는 다양한 새로운 버전의 이야기를 창조할 수 있도록 길을 열어 준 혁신적 접근이다.

1. 발달배경

이야기 치료는 해결중심 단기가족치료와 함께 1990년대 이후 알려지기 시작한 치료 모델로서 철학, 언어학, 인류학, 역사학, 문화 비평, 페미니즘, 사회심리학 등 인문사회과학 분야에서 큰 주목을 받아 온 다양한 사상, 이론, 연구방법을 임상현장에 적용하는 과정에서 개발되고, 관심을 받기 시작한 모델이다(정문자 외, 2012). 이야기 치료의 대표적 인물로는 호주의 마이클 화이트(M. White)와 뉴질랜드의 데이비드 엡스턴(D. Epston)으로 이들은 초기에 이야기 치료가 사람을 대상화하는 치료가 아니라 문제를 대상화하고 맥락화하는 포스트 구조주의적 활동임을 강조하기 위해 내러티브 실천(narrative practice)이란 명칭을 선호하였다. 이 때문에 현재 이야기 치료가 내러티브접근, 내러티브실천, 내러티브상담 등의 다양한 명칭으로 사용되는 유래(이선혜, 2020)가 되었다. 이들 외에 뭉크(G. Monk), 프리드먼(J. Freedman), 콤스(G. Combs), 짐머만(J. Zimmerman), 다커슨(V. Dickerson) 등이 대표적 인물이라 할 수 있다.

이야기 치료는 1990년 출판된 '이야기 방법을 통한 치료적 결과(Narrative Means to Therapeutic Ends)'를 기초로 소개되었으며, 1986년부터 오스트레일리아 덜리치 센터 뉴스레터(Dulwich Centre Newsletter)를 통해 17년간 치료이론과 방법을 보급해 왔다. 덜리치 센터 뉴스레터는 이야기 치료의 발전과 변천을 한눈에 볼 수 있는 학술지로, 이야기 치료를 적용한 사례와 이론들을 정기적으로 만날 수 있는 장이 되었다. 이것은 2002년 이후 '이야기 치료와 지역사회 작업의 국제적 학술지(The International Journal of Narrative Therapy and Community Work)'라는 이름으로 지금까지 그 맥을 유지해 오고 있다(고미영, 2010).

이야기치료는 초기 가족치료에서 다룬 개인의 삶이 가족 관계 안에서 형성되며, 개인의 문제를 가족을 포함한 다른 사회제도적 맥락과 연결하는 전통적 개념을 주된 배경으로 규정하고 있다. 또한 동일한 문제를 다양한 방식으로 바라보는 데 관심을 갖고 질문 과정을 통해 관계나 과정을 추적하는 점에서 치료를 질문 과정으로 개념화한 밀란 학파의 순환적 질문에서도 많은 영향을 받았다.

또한 이야기 치료는 1950년대부터 1970년대까지 집필한 프랑스의 철학자 푸코(Michael Foucault)의 철학에 기초를 두고 있다. 푸코는 절대적 진리는 없으며 진리는 사회적 담론에 의해서 형성된다고 주장하였는데, 사회적 담론은 힘의 불균형으로 생성되고, 힘의 불균형은 사회적으로 힘 있는 사람이 힘이 없는 사람들을 소외시키거나 불쌍한 사람으로 여기도록 만들어 낸다고 하였다. 권력자들은 사회에서 지배적인 이야기를 구성하고 사람들을 복종시키는 힘을 갖게 되고, 힘을 가진 자에 의해 형성된 이야기는 타인들의 삶에서도 진실로 내재화된다. 이와 같이 힘의 불균형을 지속시키면서 사람들의 삶을 억압하는 내재화된 기존의 진리를 해체해야 한다는 푸코의 사회구성주의 공리를 화이트는 이야기 치료의 주요 철학(제석봉 외, 2014)으로 받아들였다.

이와 같이 이야기치료는 사회구성주의의 영향을 받아 사람들이 행동하는 방식보다 말의 의미나 해석에 관심을 가졌으며, 특히 이야기가 한 사람의 삶에 미치는 힘이 매우 크고, 실제적으로 효과가 있다는 점에 주목하면서 치료 방법이 발전되기 시작하였다. 이야기치료는 다른 포스트모던 접근들과 공통된 입장을 가지고 있으나, 전문적 지식과 전문가의 권력에 대한 해체를 시도하는 점에 있어서는 기존 모델들보다 적극적이다. 이는 이야기치료가 인간의 삶을 이해하고 인간의 삶을 재구성하는 하나의 사고방식인 동시에 개인의 삶에 영향을 미치는 광범위한 사회문화적 맥락과 상담치료의 정치적 측면에 주목하는 실천방식(이선혜, 2020)을 갖고 있기 때문이다.

우리나라는 2001년 화이트의 워크숍을 시작으로 덜리치 센터의 치료자들이 계속해서 이야기치료를 소개했으며, 이를 바탕으로 2011년 한국이야기치료학회가 만들어졌다. 현재 이야기치료에 대한 인식과 실천이 계속해서 확대되고 있으며, 이야기치료를 적용한 논문 역시 지속적으로 증가하는 추세이다.

2. 주요 개념과 원리

1) 주요 개념

이야기 치료는 인간이 자신의 삶을 이야기하는 존재이며 자신의 이야기에 따라 인생을 살아가는 존재라는 사실에 주목하며, 이야기가 지닌 속성과 영향력을 탐색하고 활용함으로써 병리적이고 부정적인 이야기를 가진 사람을 건강하고 긍정적인 이야기를 가진 사람으로 변화시키는 데 초점을 두고 있다. 이야기 치료와 관련된 주요 개념은 다음과 같다.

이야기, 담론, 외재화, 지배적 이야기, 해체, 대안적 이야기

(1) 이야기(narrative)

이야기치료에 대한 공부를 시작하게 되면 가장 먼저 생기는 질문이 이야기, 즉 내러티브의 의미가 무엇인가이다. 통상적 개념으로서 내러티브(narratives), 이야기(stories), 설명(accounts)이라는 용어는 동일한 의미로 사용된다. 상담자가 통상적 개념으로서의 내러티브에 관심을 둔다면 이야기치료가 다른 상담모델과 구분되지 않을 것이다. 이야기치료에서 내러티브는 통상적인 개념보다 훨씬 확장된 개념으로, 이것은 포스트모더니즘[1]으로 알려진 사고방식과 관련이 있다(이선혜, 2020).

이야기치료에서 말하는 '스토리(story)'인 이야기는 일어난 사건(events)을 있는 그대로 서술한 것이고, '내러티브(narrative)'인 이야기는 보다 포괄적인 개념으로, 인간이 해석하는 존재라는 점을 강조한다. 즉 우리는 자신의 삶 속에서 경험하는 여러 가지 다양한 사건들을 자신만의 고유한 방식으로 의미를 부여하고, 해석하며 이를 통해 재구성하고 새롭게 창조하는데, 이러한 내러티브 관점의 이야기는 개인의 경험에 제공되는 맥락과 의미 부여가 어떻게 이루어지는지에 대한 이해를 위한 일종의 '틀'이라 할 수 있다. 즉 개인의 내러티브는 그의 경험과 그 의미를 담고 있는 그릇과 같다고 비유된다. 이 그릇은 이제까지의 삶과 정체성을 담고 있을 뿐 아니라, 현재와 미래의 삶과 정체성의 모양을 결정지을 도구이기도 하기 때문에, 기존의 문제적 내러티브를 대안적 내러티브로 재구성하는 이유가 된다.

(2) 담론(discourse)

담론이란 대부분의 사람들이 보편적, 상식적이라 생각하는 가치관 또는 세계관 등이 포함된 개념으로 많은 사람들은 이 담론에 근거하여 경험과 현상을 생각하고, 해석하며, 판단하고, 행동의 방향성을 설정한다. 이야기 치료에서의 담론은 좀 더 미시적으로 개인의 삶의 이야기를 지지하는 근거로도 설명될 수 있는

1) 포스트모더니즘은 20세기 후반 철학 및 예술 분야에서 일어난 광범위한 움직임으로, 1960년대 서구 반기득권 운동의 급성장에서 비롯된 것으로 보는 견해가 일반적이다. 'post moderism'이란 단어는 원래 건축에서 유래한 것으로 문자 그대로 after modermism을 의미하며, 비전통적 원천에서 유래한 의미와 권위에 대한 개방 그리고 과거 전통을 과감히 차용하는 자세를 특징으로 하는데, 종종 복합성, 모순성, 모호성, 다양성, 내적 연결성, 내적 준거성을 극단적으로 표현하고 중심적 위계나 조직 원리가 부족해 보이는 경향이 있다(이선혜, 2020).

데, 예를 들어 모범생인 첫째와 도벽 및 등교거부로 인해 끊임없이 말썽을 피우는 둘째를 키우는 부모의 경우 자신도 모르게 첫째는 착하고, 멋지며 둘째는 말썽쟁이에 게으르고, 문제아라는 생각을 갖게 된다. 이를 통해 형성된 담론 때문에 둘째가 하는 성실함이나 정직함은 눈치를 채거나 관심을 갖게 되지 못하게 되고, 첫째가 하는 실수와 문제에 대해서는 관대하게 넘겨 버려, 둘째의 문제는 계속해서 강화될 수 있다는 것이다.

(3) 외재화(externalizing)

외재화는 내재화(internalizing)되어 있는 내담자의 문제를 객관화시키고 또한 문제 자체를 의도와 전략을 가진 독립적이고 객관적인 실체로 부각시키는 것을 의미한다. 즉 문제가 문제이지 사람이 문제가 아니라는 이야기 치료의 가장 핵심적인 개념이라 할 수 있다. 외재화는 문제에 대한 자신의 죄책감과 수치심을 낮춤으로써, 문제적 상황을 보다 객관적, 통합적으로 바라볼 수 있도록 도와준다.

(4) 지배적 이야기(dominant story)

지배적 이야기는 인간의 삶 속에서 일어나는 다양한 사건과 그 사건들에 부여되는 의미들 중에서 개인의 삶을 표현하고 그 정체성을 규정하는 데 가장 강력한 영향력을 미치고 있는 사건들, 혹은 그에 대한 의미 있는 해석이 붙여진 이야기를 말한다.

우리는 끊임없이 많은 사건들을 경험하지만 이것을 모두 다 기억하고 해석하며 의미를 부여하지는 않는다. 그중 몇 가지만 선택적으로 기억하고 이것을 자신만의 방식으로 해석하고 의미를 부여하여 구조화시키는데, 이 중 자신과 삶의 정체성을 규정하는 가장 강력한 자료가 되는 이야기를 지배적 이야기라고 한다.

(5) 해체(deconstruction)

해체란 개인이 갖고 있는 지배적 이야기의 영향력을 감소시키기 위해 문제 상황을 다각도로 이해하고 다양한 의미를 부여하며, 보다 많은 가능성을 고려해서 새롭게 이해하기 위한 시도를 말한다. 이것은 새로운 대안적 이야기를 발견하게 하고 재구조화하는 출발점을 마련하는 계기가 된다.

(6) 대안적 이야기(alternative story)

대안적 이야기란 자신의 삶 속에서 부정적인 영향력을 미치는 지배적 이야기의 해체를 통해 다시 새롭게 의미부여하고 재해석하며, 보다 만족스러운 삶을 기대하고, 가능하게 할 수 있도록 만들어진 이야기를 말한다.

2) 기본 원리

기존의 가족상담은 문제 발생이 가족에게 어떤 영향을 미치는지에 관심을 가지며, 증상을 보이는 지적된 환자(IP)가 문제가 아니라 환자를 둘러싼 가족구조 체계가 문제라는 인식에 기초하여 가족체계를 변화시키면 증상이 없어진다는 원리로 접근하였다.

그러나 이야기 치료에서는 문제가 되는 것이 문제이지 사람이 문제가 아니라고 간주한다. 즉 내담자 또는 가족이 문제가 아니고 문제가 바로 문제라고 본다. 그러므로 가족의 역동을 탐색하거나 문제를 유지시키는 구조를 재구조화하는 것에 관심을 갖지 않는다. 오히려 문제가 가족에 미치는 영향과 그 영향을 지지하는 사회, 문화적 담론과 맥락에 관심을 갖고, 그의 모든 존재의 진실이 담겨 있는 이야기로 그 사람의 삶을 이해하고자 한다. 즉 문제의 발생과 해결 역시 사회적 구성물인 이야기 안에 존재한다고 믿는다. 이야기 치료는 인간의 경험이 어떻게 기대를 만들어 내고 그 기대가 이야기를 구성함으로써 어떻게 경험을 다시 만들어 내는가를 이해하는 데 초점을 맞춘다. 이에 따라 이야기 치료의 원리는 다음(최규련 2012)과 같이 요약할 수 있다.

(1) 문제는 사람이 아니고 그 사람이 만들어 내는 이야기가 문제이다

가족상담처럼 문제를 탐색하기 위해 가족의 특징을 진단하고 그 내에서 원인을 찾거나 설명하려 하지 않는다. 이야기 치료는 내담자와 문제를 이야기 안에서만 다루고, 내담자에게 문제를 바라보는 관찰자로서 대화를 시작하게 한다.

(2) 인간의 이야기는 사회적으로 구성된 유연한 실체이고 주관적 특성을 가지며, 이야기를 바꿈으로써 현실이 변화될 수 있다

이야기 치료에서는 내담자의 지식도 상담자의 지식과 동등한 가치를 지닌 것으로 인정되며, 상담자는 내담자의 문제 이야기에 잠재된 경험과 소망, 인생관과 가치 등에 부합되는 대안적인 이야기로 대체할 수 있도록 도와준다.

(3) 문제와 지배적인 문화적 담론에서 자신을 분리하면 대안적 능력을 갖는 이야기를 개발할 수 있다

이야기 치료에서는 이야기를 내담자와 세계 사이의 관계를 대표하고 규정하는 중재자로 받아들인다. 그리고 세계와 인간의 경험은 이야기라는 틀을 거쳐서 개인에게 이해가 되고 의미 있는 형태로 바뀌어 개인 안에 존재하고 작용한다고 본다. 문제 증상을 나타내는 내담자의 경우 부정적인 정체성과 지배적 이야기에 묻혀 있는 다른 경험을 이야기로 구성하게 하면 자신의 기술과 능력, 지식을 활용하여 자신의 삶을 회복할 수 있게 되는 것이다. 따라서 구제 불능의 문제란 있을 수 없고 사람들의 새로운 희망적인 이야기의 개발은 누구나 가능하다.

3. 치료목표 및 치료과정

1) 치료목표

이야기 치료의 궁극적 목표는 내담자의 삶에 관한 문제적 이야기를 내담자가 선호하는 이야기로 재구성하는 것이다. [그림 10-1]과 같이 상담자는 문제로 가득 찬 내담자의 재배적 이야기를 탐색하면서 색다른 가능성을 품고 있는 부수적 이야기를 발달시키고 그것이 점차 대안 이야기로 풍부하게 발전해 가는 과정을 지원(이선혜, 2020)한다.

흔히 상담실에 오는 사람들은 자신의 문제와 동일시하고 평가절하하며 부인하는 경향을 보이며, 지배적 이야기에 빠져 있는 경우가 많다. 그리고 이들은 자신들이 할 수 있는 긍정적 경험과 대안적 사고를 찾아내지 못하고 문제 외의 다른 경험들을 실제 경험으로 받아들이지 못한 채 삶의 선택을 제한받고 있다.

그러므로 상담자는 사람들이 문제 속에 빠져 있는 이야기를 버리고 자신에게 힘과 만족을 주는 새로운 대안적 이야기를 가질 수 있도록 돕는 데 초점을 맞춘다. 가족 구성원이 서로 다른 목표를 갖고 있을 경우 공통의 목표를 가질 수 있도록 한다. 그러나 가족 구성원 한 사람씩 다른 문제와 고유한 이야기를 갖고 있을 수 있기 때문에, 무조건 일치된 공통의 목표로 한정시키기보다는 모든 가족 구성원이 이야기하는 것을 수용하고 존중해야 할 때도 있다.

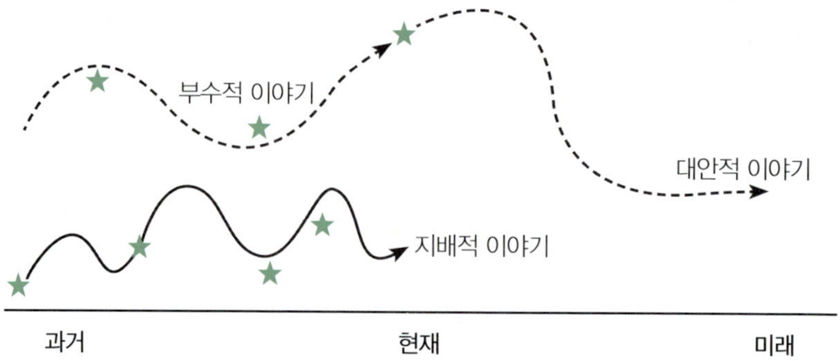

| 그림 10-1 | 이야기 치료의 목표

출처: 정문자·정혜정·이선혜·전영주(2018). 가족치료의 이해(개정판). 학지사. p. 375 발췌.

2) 치료과정

이야기 치료 과정은 [그림 10-2]와 같이 문제의 경청과 문제의 해체, 독특한 결과의 탐색, 대안적 이야기 만들기, 대안적 정체성 구축의 네 단계로 구성되며 나선형처럼 진행된다. 회기가 진행되면서 내담자 문제에 대한 정의가 재구성되고 내담자 삶의 이야기가 재구성되며 마지막에는 내담자 정체성이 재구성되는 방향으로 진행이 된다.

이야기 치료의 회기 구성은 매우 유동적이다. 대략 5~6회기에 종결되나 경우에 따라서 1~2회기에 종결되기도 하고, 여러 차례의 회기로 길어지기도 한다. 또한 회기는 일주일 이상의 간격을 두어, 내담자가 새로운 일을 생각하고 시도할 수 있는 시간을 주나, 이 또한 내담자와 협의하여 조정할 수 있다. 상담자가 단독으로 진행하면 회기는 보통 1시간 정도 시간이 소요되나 외부증인 집단을 활용하는 경우에는 2시간 이상이 되기도 한다. 외부집단을 초대한 회기는 상담자가 단독으로 진행한 회기에 비해 성과가 훨씬 더 크고 상담 기간을 단축하는 효과가 있는 것으로 평가되고 있다.

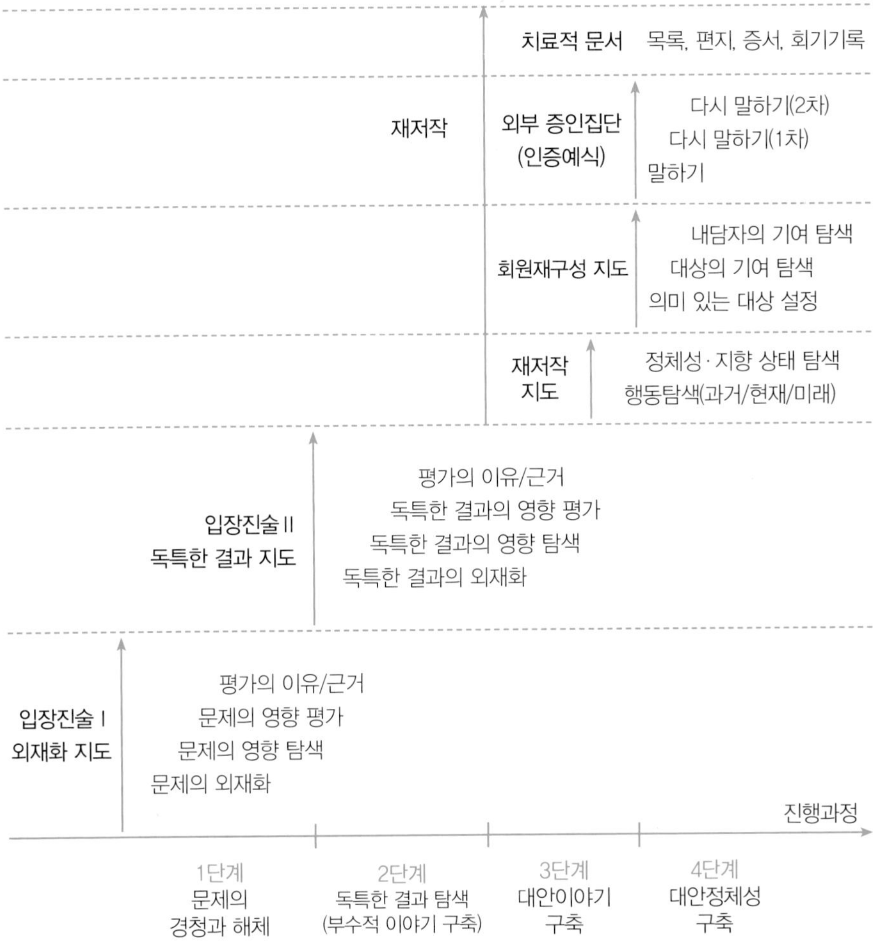

| 그림 10-2 | 이야기 치료의 과정과 대화지도

출처: 정문자·정혜정·이선혜·전영주(2018). 가족치료의이해. 학지사. p.377.

4. 치료기법

이야기 치료의 기법은 내담자가 자신들을 지배해 온 문제에서 분리하여 잊고 있는 이야기를 되살리도록 고안되었다. 다양한 기법으로 내담자 자신과 문제, 관계에 대한 이야기를 다시 쓰도록 촉진하는데, 주로 질문 형식으로 이루어진다. 김유숙(2015)은 이야기 치료를 적용하는 상담자는 면접 과정에서 어떤 것을 주장하거나 해석하지 않고 단지 질문과 대답만을 반복해야 한다고 하였다. 즉 상담자는 '알지 못하는 자세(not-knowing posture)'와 '호기심 어린 자세'를 가져야 하며, 내담자가 자신의 문제에 대한 전문가라는 입장을 준수해야 한다. 또한 그들은 내담자의 재능과 성취에 많은 관심을 가져야 하며, 보다 협동적인 분위기를 조성하기 위해 내담자도 상담자에게 질문할 기회를 갖도록 한다.

1) 문제의 경청과 문제의 해체 단계: 입장진술 I

(1) 문제 이야기 경청하기

이야기 치료의 성공 여부는 상담자와 내담자 사이에 성립된 협동적 신뢰 관계에 있다. 이 같은 관계는 내담자가 서술하는 스토리를 경청하면서 공감하려는 자세에서 비롯된다. 김유숙(2015)은 상담자는 가족원이 좌절, 절망, 슬픔 속에서 '문제로 가득 찬 이야기'를 시작으로 어려움을 호소할 때 적극적으로 경청하고 공감해 주면서, 그들이 현재까지 바라봤던 시각과 조금 다른 관점에서 생각할 수 있도록 격려하며 다양한 질문을 하는 것이 중요하다고 하였다. 이러한 과정을 통해 내담자는 상담자가 자신을 인정하고 있고, 상담자와 함께 있는 것이 안전하고 가치 있다고 느끼게 된다. 안전함을 느낀 내담자는 자신의 이야기를 보다 정교하게 펼쳐 내며, 스스로 자신의 이야기를 객관적으로 바라볼 수 있는 여유를 가지게 된다.

(2) 문제의 외재화

가족은 증상을 보이는 사람이 문제라고 여기고 고통을 주는 사람이 바뀌기를 기대하며 상담실에 오는 경우가 많다. 이처럼 사람과 문제를 동일하게 간주하고 고통스러운 문제로 인한 피해를 호소하는 가족은 문제를 사람 안에 놓는 문제의 내재화가 특징이다. 상담자는 이와 같은 지배적인 이야기를 해체하기 위하여 문제와 사람의 정체성을 분리하여 생각하도록 '문제의 외재화' 또는 '문제표출' 기법을 사용한다(최규련, 2012). 이것은 문제에 의해 지배되는 이야기로부터 벗어나기 위해 문제를 외부로 표출시키는 의인화 기법이다. 이는 문제를 의인화하는 문제 명명하기를 시작으로 문제의 영향 탐색하기, 문제의 영향 평가하기, 정당화하기의 순으로 진행된다.

① 문제 명명하기

문제를 외재화하는 작업은 문제에 이름 붙이는 명명하기로 시작한다. 문제에 이름을 붙이는 작업은 내담자의 경험과 일치해야 하며, 이 과정은 내담자가 능동적으로 참여할 수 있도록 유도해야 한다. 그리고 문제를 의인화하여 표현(예: "우리를 못살게 구는 우울이란 녀석…." 등)하게 함으로써 증상을 보이는 사람의 외부에 존재하는 실체처럼 다룰 수 있도록 돕는다.

문제의 내재화를 외재화로 바꾸면 다음과 같다.

〈문제의 내재화〉	→	〈문제의 외재화〉
남편의 거짓말이 당신을 괴롭히고 있군요.	→	거짓말이 남편과 당신 사이에 갈등을 일으키도록 하고 있네요.
저는 우울한 사람이라 사는게 엉망징창이에요.	→	우울한 마음이 당신의 생활을 엉망으로 만들고 있군요.
우리 딸이 너무 불안해해서 걱정이에요.	→	불안이라는 녀석이 딸을 휘어잡고 있어서 걱정이군요.

외재화의 대상은 감정(죄책감, 불안, 두려움, 우울, 걱정, 질투, 분노, 슬픔 등), 대인관계 문제(말다툼, 갈등, 싸움, 책망, 비난, 불신), 문화적 관습과 신념(절약정신, 실용주의, 편의주의, 효 사상, 개인주의, 가부장주의, 양성평등주의, 신앙심) 등이 있다. 이외에도 개인과 가족에 영향을 미치는 사회경제적 특성도 외재화 대상이 된다.

특히 표출된 문제가 학대와 같은 더 큰 문제와 연결되어 있는 경우, 표출된 문제로 인해 학대 상황이나 경험이 축소되지 않도록 내담자 삶의 전체 맥락에 지속적인 관심을 기울여야 한다. 또한 여러 가지 문제가 표출되는 경우 그들 간의 관계를 탐색하는 방향으로 대화를 진행시킬 수 있다.

② 문제의 영향 탐색하기

문제의 영향 탐색하기는 문제가 내담자의 삶과 대인관계(부부관계, 부모자녀관계, 직장동료관계, 학교생활, 친구관계 등)에 어떤 영향을 미쳐 왔는지를 질문하는 것이다. 이것은 문제를 자신과 분리시키고, 그 문제가 어떤 영향력을 주고 있는지에 대해 스스로 이야기할 수 있도록 하기 위한 것이다 .

상담자의 여러 가지 질문을 통해 내담자가 문제를 하나씩 해체하게 되면 내담자는 문제와 관련된 정서가 어디에 있었는지를 알게 되고, 바로 그 문제가 자신의 삶의 목적과 꿈, 열망, 기대, 미래 가능성 등을 어떻게 빼앗아 가고 약화시켰는지를 알게 된다. 그 외 문제를 키운 신념이나 관습, 제도가 무엇이었는지를 질문하여 문제의 조작 방식과 속임수 등도 이해하게 만들 수 있다.

이를 위해 다음과 같이 질문할 수 있다.

- 우울증(또는 죄책감)이 당신 보고 무엇이라고 말하는가요?
- 그 짜증이라는 녀석이 당신이 하려는 것을 어떻게 못 하게 하나요?
- 분노라는 것이 당신을 잡으러 오는 것을 어떻게 아나요?
- 두려움의 세력이 더 커지도록 누가 부추기는 것 같나요?
- 의심이 어떤 전술로 당신의 힘을 약화시키고 있나요?
- 3개월 전 당신의 삶 속에 그 문제가 차지한 비중과 당신이 차지한 비중은 어느 정도인가요? 현재는 어떠한가요?
- 질투가 당신을 이겨왔군요. 어떻게 질투가 그렇게 하나요?
- 아들이 갖고 있는 '말썽'(문제)을 보면서 아버지로서 자신에 대해 어떤 생각이 드나요?
- 우리 눈에 보이지는 않지만 '폭력'이 존재하도록 하는 숨은 힘(문화, 관습)은 어디에서 오는 것일까요?

③ 문제의 영향 평가하기

문제의 영향 평가하기는 문제가 미치는 영향에 대해 내담자가 어떻게 생각하고 느끼는지를 알아보기 위해 다음과 같이 질문할 수 있다.

- 우울증이 당신의 기쁨을 빼앗아 가는 것에 대해 어떻게 생각하세요?
- 우울(문제)이 당신에게 그런 영향을 끼쳐도 괜찮은가요?
- 바보벌레(문제)를 가장 다루기 힘들 때와 가장 다루기 쉬울 때는 언제인가요?
- 걱정이 아버지로서 자신을 무력하게 만드는 데 대해 어떤 입장인가요?
- 싸움이 당신의 결혼생활에 미친 영향에 대해 어떻게 느끼나요?
- 습관이 당신과 자녀의 관계를 멀어지게 한 것에 대해 어떻게 생각하나요?

④ 평가를 정당화하기

평가를 정당화하기는 어떤 이유 또는 근거로 위와 같은 평가를 내렸는지를 질문하는 것이다. 이러한 질문은 내담자가 독특한 결과나 자신이 바라는 상태를 찾기 위한 본격적인 이야기로 옮겨갈 수 있는 토대가 된다. 이를 위해 다음과 같이 질문할 수 있다.

- ○ 괜찮지 않은 이유가 무엇이지요? 그런 입장을 갖고 있는 이유는 무엇인가요?
- ○ 어떻게 해서 그런 생각을 갖게 되었나요?
- ○ 거기에서 벗어나기를 바라는 이유는 무엇인가요?
- ○ 어떻게 그렇게 빨리 그런 생각을 하게 되었나요?
- ○ 왜 그것이 당신에게 도움이 되지요?

이상의 문제의 외재화 과정을 진행하는 동안 내담자는 자신의 삶과 정체성에 대해 원하는 것이 무엇인지를 표현하게 된다. 이러한 표현을 통해 자신에 대해 처음 제시한 부정적인 문제나 결론과는 반대되는 이야기가 자연스럽게 나타나게 된다, 이 기법은 내담자를 존중해 주면서, 내담자 스스로 자신과 문제 사이에서 능력을 가질 수 있다는 자신감을 갖도록 할 수 있다.

그 결과 내담자는 문제의 영향이 작아지는 상황을 인식하게 되며, 삶과 자기 정체성에 대해 원하는 것들을 생각하고 표현하게 됨으로써 처음의 문제중심의 지배적 이야기와 상반되는 이야기를 전개시키게 된다. 그런 다음 내담자는 문제에 빠져 있는 이야기로부터 자신의 가치와 기술, 능력과 새로운 삶에 대한 이야기로 전환할 준비를 하게 된다.

2) 독특한 결과의 탐색 단계: 입장진술 Ⅱ

상담자는 내담자가 문제라고 여기는 것과 그 결과로 나타난 것이 아닌 독특한 결과(unique outcome)를 찾을 수 있도록 경청하고, 이를 강조하며 그것이 어떻게 나타났는지를 자세히 이야기할 수 있도록 요청한다. 내담자가 자신의 문제를 외재화하여 분리를 하게 되면 그동안 자신을 지배해 왔던 문제의 영향력이 나타나지 않도록 할 수 있게 되는데, 이때 내담자의 능력이 강해지면서 독특한 결과가 나타나게 된다. 이는 그동안 자신을 지배해 왔던 이야기가 아닌, 문제 밖에 있었던 사건들로 내담자 스스로 중요하게 여기지 않고 지나쳤던 것들을 의미한다. 상담자는 이러한 독특한 결과를 내담자 스스로 탐색하고 그 내력을 추적하며 새로운 대안적 이야기(alternative story)를 만들 수 있도록 돕고, 계속해서 더 많은 독특한 결과들을 발견할 수 있도록 돕고, 이들을 연결하여 더욱 풍부한 이야기가 서술될 수 있도록 한다. 이와 같은 과정을 통해 내담자는 자신이 원하는 새로운 삶의 모습을 스스로 만들어 나가게 된다.

상담자는 내담자의 독특한 결과를 발견하기 위해 내담자의 모든 이야기에 적극적으로 문제 해체적인 경청을 하는 것이 필요하다. 독특한 결과를 탐색하는 질문은 앞 단계와 동일한 과정으로 진행되나 이 단계에서는 문제가 아닌 독특한 결과에 초점을 두고 독특한 결과의 외재화, 독특한 결과의 영향탐색, 독특한 결과의 영향평가, 정당화하기의 순서로 진행된다.

(1) 독특한 결과 외재화하기

독특한 결과의 대상은 행동, 가치, 목적, 사회적 관섭 등 어느 것이나 관계없다. 이는 문제를 외재화하는 것과 같은 방식으로, 독특한 결과에 이름을 붙이고 명명하는 것이다. 이를 위해 다음과 같이 질문할 수 있다.

〈문제〉	→	〈독특한 결과〉
우울해서 힘들다.	→	우울이 당신을 흔들지 않게 되었다.
알코올 의존이 문제이다.	→	알코올이 주는 압박감에 저항하였다.
아이가 말썽을 부린다.	→	말썽이 하는 말을 아이가 듣지 않는다.
무력감과 손을 잡다.	→	무력감으로부터 내 삶을 되찾다.

(2) 독특한 결과의 영향력 탐색하기

독특한 결과의 영향력 탐색은 내담자가 행한 독특한 결과가 삶에 어떤 영향을 미쳤는지, 그 성격과 발생상황이 어떠했는지, 그때 가족의 사고, 행동, 느낌이 어떠했는지 등을 추측해 보도록 하는 과정을 말한다. 문제가 발생하지 않는 예외적인 상황은 이와 같은 해체과정을 통해 구체화되고 확장되며 내담자는 자신의 경험을 폭넓게 인식하며 풍부한 이야기를 쓰게 된다. 또한 자신도 생각하지 못했던 순간의 경험을 통해 자신이 바라는 변화의 근거로 발전된다. 이를 위해 다음과 같이 질문할 수 있다.

- 짜증이 당신을 지배하지 않게 될 때가 언제였나요?
- 알코올이 주는 압박감에 저항할 때에 혼자였나요? 다른 사람이 있을 때 였나요?
- 거리감(문제)이 두 분이 함께 장 보러 가는 것을 목격했다면 어떤 느낌이 들까요?
- 말썽이 좋아하지 않는 것은 무엇인가요?
- 분노가 당신한테 항복할 때 그때 전후로 어떤 일이 있었나요?

(3) 독특한 결과의 영향 평가하기

독특한 결과의 영향 평가는 독특한 결과의 영향을 내담자가 정리하고, 그 중요성을 인식하도록 돕는다. 독특한 결과의 중요성을 내담자가 쉽게 인식하도록 전 단계에서 사건의 배경이나 장애요인을 충분히 탐색하여 의미가 축소되지 않도록(정문자 외, 2012) 해야 한다. 이를 위해 다음과 같이 질문할 수 있다.

- ㅇ 이것을 하는 데 무엇이 필요했습니까?
- ㅇ 그 일에 대해 어떻게 느끼세요? 그 일에 대해 어떤 입장이신가요?
- ㅇ 그것이 어머니와 아들 관계에 어떤 영향을 준 것 같나요?
- ㅇ 이런 모습이 긍정적인 것인가요? 부정적인 것인가요?

(4) 평가를 정당화하기

평가를 정당화하기는 어떤 이유 또는 근거에서 위와 같은 평가를 내렸는지를 알아보기 위한 질문으로 다음과 같이 질문할 수 있다.

- ㅇ 그것이 왜 긍정적 변화라고 여기는지요?
- ㅇ 괜찮거나, 괜찮지 않은 이유가 무엇인지요?
- ㅇ 어떻게 해서 그런 생각을 갖게 되었나요?
- ㅇ 그렇게 하는 것이 왜 당신에게 도움이 되었을까요?
- ㅇ 그것이 당신이 원하는 것과 어떤 관련이 있나요?
- ㅇ 제가 그 입장을 이해할 수 있도록 과거의 경험을 하나 이야기해 주실 수 있나요?

이와 같이 독특한 결과나 문제해결 기술, 영향, 근거 등을 탐색할 때 주의할 것은 상담자가 너무 서두르지 않는 것이다. 내담자는 여전히 문제에 의해 억압당하고 있다고 느끼고 있는데, 상담자가 계속해서 내담자의 아주 작은 성취나 긍정적인 부분을 크게 강조하고 긍정적 결론을 서두르게 되면 내담자는 상담자가 자신을 이해하지 못한다고 생각할 수도 있고, 또 변화에 대한 압박감을 느낄 수 있다. 그 결과 내담자가 끌어내야 하는 이야기의 영향력은 상대적으로 약화되고, 상담자가 더 중요하고 의미 있다고 여기는 결론으로 바뀔 수 있기 때문에, 상담자는 내담자의 상태나 속도를 살펴보며 진행해야 한다.

3) 대안적 이야기 만들기: 재저작

흔히 문제라고 여기는 이야기는 일회성 사건이 아니라 상당한 시간을 거치며 만들어진 것이기 때문에, 매우 익숙한 것으로 경험되고, 결국 그것이 자신의 정체성으로 인식될 정도로 강력하다. 이처럼 강하고 확고한 문제 이야기를 긍정적으로 변화시키기 위해서는 튼튼한 줄거리의 대안적 이야기가 만들어져야 한다. 이때 상담자는 기술과 전문성을 발휘하여 활기 있고 재미있게 희망을 주는 줄거리를 내담자와 함께 엮어가야 한다.

즉 상담자는 풍부하고 탄탄한 대안적 이야기를 쓰기 위해 내담자와 함께 독특한 결과를 탐색하는 것부터 시작하여 적극적으로 대안적 이야기를 지지하는 믿음, 목적, 태도, 희망, 의도 등에 대해 구체적이고 집중적으로 탐색해야 한다. 내담자가 경험한 하나의 사건을 중심으로 상담자는 과거, 현재, 미래 행동영역에서 시작하여 정체성, 의도나 목적, 신념이나 가치관, 삶의 철학 영역으로 옮겨가면서 대안적 이야기를 구성하는 것이 필요하다. 그 과정에서 대안적 이야기의 내용은 더 풍부해지고 이야기 줄거리에 계속 독특한 결과가 모아지면서 이야기는 구체화되고 확고해지게 된다.

- ○ 그런 상황에서 우울증을 쳐부술 수 있었던 당신에 대해 이야기해 줄 수 있나요?
- ○ 당신이 어떻게 화를 잘 통제할 수 있었는지에 대해 내가 이해할 수 있도록 당신의 지난날에 대해 이야기해 줄 수 있나요?

4) 대안적 정체성의 구축: 회원재구성과 인증예식

상담자는 내담자가 이야기 재구성 작업을 할 수 있도록 내담자에게 의미 있는 대상을 선택하도록 하고, 내담자가 그 사람의 삶에 어떻게 기여하였는지 그리고 그 사람의 정체성 형성에 내담자가 어떤 기여를 했는지를 설명하도록 질문한다. 그 결과 내담자가 과거, 현재, 미래에 관한 풍부한 이야기를 계속 만들어 가고 미래 희망에 초점을 맞추어 변화를 확장시키게 된다.

이와 같은 이야기 다시 쓰기(re-authoring) 작업과정에서 상담자는 내담자가 새로운 이야기를 유지하고 더 풍부하게 만들 수 있도록 지지집단을 연결할 수 있다. 내담자는 지지집단, 즉 '외부 증인(outsider-witness)'에게 자신의 재구성된 이야기를 말하는 과정에서 인정받는 경험을 하며, 새롭게 형성된 정체성을 키우고 확고하게 만들 수 있다. 상담자는 외부 증인과 면접하는 방식으로 진행하거나, 경우에 따라 반영팀(reflecting team) 두 명이 외부 증인 역할을 하도록 한다.

이때 외부증인은 응답 시, 주인공에 대한 칭찬이나 조언을 자제하고, 주인공의 대안적 이야기에 집중하여야 한다. 또한 규범적 판단을 강요하지 않으며, 다른 외부증인의 이야기를 토대로 말을 하여야 한다. 그리고 혼자 오래 이야기하지 않아야 하며, 자기 이야기에 빠져들지 말아야 하고, 참여자 신상은 비밀을 보장하되 대화 주제나 결과는 널리 공유할 수 있다(Russel & Carey, 2004; 이선혜, 2020 재인용).

그 외 대안적 정체성 구축을 위해 치료적인 문서 활용을 이용하기도 한다. 이것은 내담자가 이룬 성취를 축하하고, 새로운 삶으로 전환한 것을 자신과 주위 사람에게 상기시켜 변화를 계속 유지할 수 있도록 고안된 것으로, 형식의 제약 없이 다양한 형태의 글쓰기를 활용한 것이다. 예를 들어, 증서를 만들어 공식적으로 수여하거나, 내담자 가족이 함께 가족평화선언문을 만들어 집에 걸어놓기도 한다. 이외 불행과 행복 목록, 편지, 메모, 미술작품, 시, 수필, 비디오테이프, 그림 등도 활용된다. 상담자는 진술서가 정확히 작성되도록 내담자에게 정정, 삭제, 추가를 요청할 수 있으며, 내담자는 향후 참고자료로 활용하기 위해 문서를 보관하거나 어떤 방식으로 활용할 것인지 결정(최지원, 2017)할 수 있다.

5. 사례 적용

IP: 여(36세), 대졸, 교사.
남편: 회사원, 자녀: 아들 만 6세, 만 4세.
제시된 문제: "일과 가정 모두 다 놓치고 사는 기분이 들어요. 어느 것도 잘하지 못하고 있다는 죄책감을 갖고 있습니다."

출처: 조옥진, 최지원(2019). 미취학 자녀를 둔 워킹맘에 대한 이야기 치료 사례 연구. 가족과 가족치료, 27(4), 745-773.

IP는 전업주부였던 자신의 엄마가 엄마 역할의 기준이 되면서 이상적인 엄마에 대한 기준도 상대적으로 높았다. 늘 일과 양육에서 모든 것을 완벽하게 해야 하고, 혼자서 일을 잘 감당하는 슈퍼맘이 되어야 한다고 믿고 있어서, 자녀들에게 정서적, 환경적으로 좋은 것을 제공하지 못하면 자신의 능력 부족으로 여겨 죄책감을 느꼈다. 특히 모든 일의 원인을 자기 탓으로 돌렸고, 자기로 인해 모든 일이 다 잘못될 것 같다는 자기비하적인 생각을 주입하며 하루하루 무기력하게 살아가고 있었다.

IP는 이야기 치료 과정을 통해 워킹맘으로 경험하는 부정적 정서와 양육죄책감, 그에 영향을 주는 생각과 행동 등 지배적인 문제 이야기들을 발견하였다. IP는 자신이 갖고 있는 어려움 즉 워킹맘의 삶과 문제를 '섬'이라는 이름을 붙여 외재화하고 자신의 정체성과 분리하는 작업을 하였다. '섬'이란 은유는 땅에서 떨어져 나와 있는 분리된 땅으로 스스로 심리적 부담감과 고립감을 느끼는 상태를 의미한다. 즉 혼자만의 시간을 갖지 못하는 것, 갖는다고 해도 충족하지 못하고 고립감만 남는 부정적인 정서의 순환 고리를 발견하였다.

점차 이러한 외재화 작업을 통해 문제의 영향력을 탐색하게 되었다. '섬'이 언제부터 나의 인생에 들어왔고 '섬'이 나와 가족들에게 어떤 영향을 미치는지, 섬이 가장 기뻐할 만한 여건들은 무엇인지 질문하고 진술, 재진술 할 수 있었다. 이러한 과정 속에서 문제의 이야기에서 벗어날 수 있는 여지가 생겼다. '완벽한 엄마가 아니어도 괜찮다', '내가 우선순위에 두었던 것들에 다시 집중하자' 혹은 일과 양육이라는 두 마리 토끼를 잡기 위한 자신만의 노하우를 상담자와의 대화 속에서 스스로 모색할 수 있는 기회를 가졌다. 그리고 예외적인 상황, 독특한 결과의 작업은 IP가 가지고 있던 자신만의 자원과 강점을 발견할 수 있게 도왔고, 자신이 선호하는 엄마의 역할에 대한 기준으로 정해 봄으로써 워킹맘으로서의 대안적인 정체성 이야기를 재구성할 수 있었다.

〈점검해 보기〉

생명나무 기법(The Tree of Life)

종이의 크기는 자유입니다.

1) 종이에 나무 모양을 그리고 천천히 뿌리, 기둥, 가지, 잎, 열매, 벌레를 그린 후 그 옆에 자신과 관련된 이야기를 써보시오.

- 뿌리: 나의 근원, 내가 있던 배경
- 기둥: 나에게 중요했던 경험과 기억
- 가지: 나에게 중요한 관계
- 잎: 나의 소망, 바람, 꿈, 이상
- 열매: 내가 이룬 성취, 자랑거리
- 벌레: 나의 고민 또는 걱정거리

※ 잎과 가지의 내용은 서로 바꾸어도 관계 없음.

2) 다 작성 후 옆의 사람과 서로의 생명나무에 대해 이야기를 나눈다. 상대방의 이야기를 듣고 다음에 대해 이야기를 한다.

- 나에게 가장 와닿는 부분이나 기억나는 것은 무엇인가?
- 상대방 이야기를 듣고 갖게 된 이미지는 무엇인가?
- 나와 비슷한 부분은 무엇인가?
- 나와 다르거나 영향을 준 부분은 무엇인가?

3) "자세히 보아야 예쁘다. 오래 보아야 사랑스럽다. 너도 그렇다"
우리는 모두 다양한 이야기 속에 살고 있다. 또한 실제 삶이 아닌 '지배적 이야기'에 의해 살고 있으며, 이야기들은 다시 재구성될 수 있다. 자신의 경험에 대한 의미를 만들어야 한다.

요약

이야기 치료는 자신의 과거를 다시 살펴보고 이를 통해 미래를 내다보는, 즉 자신의 삶의 이야기를 다시 쓰도록 하는 것이다. 대부분 많은 사람들은 잘 정리되어 있지 않은 기억이라는 의식을 통해 어딘가에 중점을 둔 이야기만을 부각시킨다. 즉 이야기 속에서 자신의 경험이 어떤 의미를 가지는지, 자신의 경험 속에서 어떤 것을 버리고 어떤 것을 선택해야 할지, 경험을 어떻게 표현해야 하는지 등이 결정되고, 그 이야기는 자신의 삶의 방식이나 대인관계에 영향을 미치게 된다. 상담자는 가족들의 이야기를 자세히 듣고 문제를 일으키는 이야기를 발견하여 어떤 출구를 기다렸다가 가족들과 함께 이야기를 다시 쓰는 일에 협력자로서의 역할(정문자 외, 2012)을 하는 것이다.

개인과 가족의 삶의 문제는 사회적 관계 속에서 언어를 통해 의미가 부여되는 과정에서 구성되는 것이라 보기 때문에, 이야기 치료는 해체적 대화를 통해 문제 이야기와 거기에 담긴 내담자 정체성의 절대성에 도전하고 재저작 대화를 통해 내담자의 기존 정체성에 대안적 정체성을 지속적으로 더해 나감으로써 내담자의 자기 이야기가 풍부해지고 자기 삶의 주체로서의 역량을 향상시키는 네 목표를 두고 있다. 치료의 과정은 내담자 이야기 해체, 독특한 결과의 발견과 확장, 이야기 재저작을 통한 내담자 삶의 방향 모색과 정체성 재구성으로 이루어지며, 내담자의 대안적 삶의 이야기와 정체성을 사회적으로 풍부히 하기 위해 외부증인 집단을 참여시키거나 또는 치료적 문서를 활용하기도 한다.

이야기 치료는 현실 이해와 문제해결에서 다양성을 중시하는 특성 때문에 가족은 물론 개인, 집단, 지역사회 등 다양한 단위의 내담자에게 모두 적용될 수 있는 융통성 높은 개입 방법이다. 내담자의 문제 이야기를 해체하는 과정에서 문제에 기여하는 사회문화적 관행과 억압을 다루는 점은 다른 접근에서 흔히 찾아볼 수 없는 독특한 점으로 성, 가정폭력, 정신장애 스티그마 등 사회구조적 뿌리를 가진 다양한 삶의 문제에 접근하는 데 매우 유용한 것으로 알려져 있어, 국내의 다양한 문제와 상황에 적용할 수 있는 여지가 매우 큰 이론(정문자 외, 2012)이다.

도대체 마음은 무엇일까?
마음은 우리가 살고 있는 집과 같아. 그런데, 마음의 집은 가끔 주인이 바뀌곤 한단다.
어떤 날은 불안이, 어떤 날은 초조가, 어떤 날은 걱정이 네 마음의 집을 다스리지.
네 마음의 집이 잘 보이지 않을 때, 스러져 갈 때, 마음의 방에 혼자 있을 때,
걱정하지 마. 이 세상에는 다른 마음들이 아주 많거든.
그 마음들이 네 마음을 도와줄 거야. 언제나 너를 도와줄 거야.

-김희경 글, 이보나 흐미엘레프스카 그림(2010). '마음의 집' 중에서-

제 11 장

가족상담 과정

상담은 흔히 운동 경기에 비유되기도 한다. 이러한 비유에 빗대어 본다면, 코치는 상담자, 선수는 내담자라 할 수 있다. 코치는 다양한 운동 경기에 맞는 규칙과 과정을 이해하고, 선수가 이를 잘 습득하고 최고의 결과를 낳을 수 있도록 돕는다. 따라서 코치와 선수는 경기를 시작하기 전에 출발 지점과 종착 지점을 확인하고 컨디션을 점검하며 운동 규칙을 숙지하게 된다. 이와 같이 상담의 초기과정은 상담의 성공을 좌우할 정도로 중요하며, 상담자와 내담가족이 협력적 관계를 형성하고 상담의 구조화와 상담의 목표를 정하는 작업이 이루어진다. 그리고 상담의 중기과정에는 상담기법을 활용하며 본격적인 개입이 이루어지고 상담의 마무리 과정인 종결 때는 통찰을 바탕으로 현실생활에 적용할 수 있는 새로운 행동을 시험하고 평가하게 된다. 이처럼 가족상담 과정은 다음 [그림 11-1]과 같이 초기, 중기, 종결 과정으로 이루어진다. 본 장에서는 이를 바탕으로 가족상담의 진행 과정에 대해 살펴 보고자 한다.

1. 가족상담 초기 과정

가족상담 초기 단계는 첫 번째 상담이 이루어지기 위해 약속을 하는 때부터 몇 번의 상담을 통하여 진단과 목표 설정이 이루어지기까지의 과정을 말한다. 가족상담 초기 단계는 가족상담 전 과정의 기초가 되므로 매우 중요하다.

먼저 내담자 입장에서 보면 상담자에 대한 사전 지식이 없는 경우가 대부분이므로, 어떤 사람을 만나서 상담을 하게 될지, 또 상담자에게 가족의 문제를 털어놓을 수 있고, 과연 도움을 받을 수 있을 것인가에 대하여 걱정과 기대가 혼합된 심정으로 상담실을 찾아온다. 이러한 내담자의 심리상태를 상담자가 잘 이해하고 상담관계를 구축해 나가는 것은 매우 중요하다.

구분	초기		중기	종결
	접수	첫상담		
주요 내용	· 내담자 발생 및 호소문제 파악 · 상담유형 파악 · 상담사 연계 · 기관연계	· 내담자와 라포형성 · 잠재적위해 문제파악 · 상담구조화 · 주 호소문제 파악 및 가족 역동탐색 · 상담목표설정	· 내담자 내부의 변화에 초점 맞추기 · 인지적, 행동적, 정서적 변화촉진 · 변화의 저해요인 탐색 및 대응전략 수립	· 종결의 단서들 탐색 · 내담자와 상담 종결하기 · 상담 종결 후 행정처리
관련 인력	· 상담실무자 · 상담자원봉사자	· 가족상담전문가	· 가족상담전문가	· 가족상담전문가
관련 서식	· 접수상담기록지 · 사이버접수 상담기록지 · 연계 또는 의뢰의 경우(가족) 상담 의뢰서 · 상담신청서 · 의뢰접수결과서 · (센터별 구비) 유관기관리스트 · 사전점검리스트 · 면접자료지	· 상담동의서 · 개인정보동의서 · 초기상담기록지 · 문제영역사정지 · 가족진단양식 · 상담사례공개동의서 · 자녀양육합의서 · (이혼전후)상담서약서	· 상담기록지	· 상담기록지 · 상담사후검사지 · 이혼전후상담 결과 검사지 · 상담종결보고서 · 상담확인증(요청시)
유의 사항	· 면접자의 따뜻하고 수용적인 태도 유지 · 기관의뢰 시 유관기관의 주상담주제 파악	· 편안하고 허용적인 분위기 형성 및 비밀 보장내용 전달 · 효과적인 가족상담을 위한 구조화	· 상담사례에 적합한 상담기법 적용 · 가족관계개선을 위한 내담자 자신의 변화의 중요성 설명 및 시행	· 상담 종료 후 문제 상황의 재발에 대한 대처방식 나누기 · 실적시스템 입력 시 내담자 개인정보 보호 주의

| 그림 11-1 | 가족상담서비스 단계 및 고려사항

출처: 정혜정 외(2015). 가족상담매뉴얼, p. 37. 여성가족부 · 한국건강가정진흥원

따라서 상담자는 내담자가 안정감을 가질 수 있도록 쾌적하고 편안하면서 비밀유지가 될 수 있는 상담 환경을 마련하고 기록지와 상담에 활용할 평가도구 등을 준비한다. 또한 면접상담에 녹음이나 녹화를 하는 경우에는 내담자의 동의를 받기 위한 서류를 준비한다. 그리고 상담자는 편안하고 호감을 줄 수 있는 복장을 갖추는 것이 좋으며, 차분하게 내담자 가족의 이야기를 들어주고 이해와 지지, 존경과 돕고 싶은 마음을 가지고 있다는 것을 언어적, 비언어적으로 전달하여야 한다.

가족상담 초기 과정은 접수상담(intake), 치료적 관계 형성, 상담의 구조화, 가족사정, 상담목표 합의, 상담계약 등으로 이루어져 있다.

접수상담, 치료적 관계 형성, 상담의 구조화, 가족사정, 사례개념화와 상담목표 합의, 상담계약

1) 접수상담(intake)

접수상담은 전화, 이메일, 내방 등을 통해 이루어지거나, 다른 기관과 연계 및 의뢰되는 것으로 이루어진다. 이것은 내담자가 상담에 대한 기대와 상담실의 전문성에 대한 신뢰를 가질 수 있기 때문에 경력이 있는 상담자가 담당하는 것이 바람직하다. 또한 내담자의 문제가 접수상담만으로도 도움을 받을 수 있는 경우 단회 상담으로 종결되기도 한다.

접수상담은 정기적인 상담회기와는 별개의 것으로 보통 기관 내 상담 전문인력(실무자)에 의해 행해진다. 상담자는 내담자에게 상담 신청서([그림 11-2] 참조) 작성을 안내하며, 내담자가 신청서를 충실히 작성하였는지를 확인하고 누락된 부분이 없도록 한다. 그리고 상담자는 가족에 관한 정보를 수집하면서 문제와 관련되는 가족 구성원과 주위 사람의 영향력 그리고 가족체계 특성과 문제와의 관련성을 관찰하고, 가족 구성원의 상담동기와 상담에 참여 가능성이 높은 사람들을 파악하는 것이 중요하다. 또한 전에 상담이나 치료 경험이 있는지, 있다면 어떤 문제로 상담을 받았고 효과가 어느 정도 있었는지를 파악한다. 이때 상담자는 가족이 처한 문제 영역에 대한 고충을 충분히 공감해 주고 그들이 가진 문제의 원인과 배경에 대해 명료하게 진단하고 앞으로 상담이 진행될 경우 어떤 것들을 변화시킬 수 있는지 등을 제시해 줄 수 있어야 한다. 이와 같이 접수상담을 한 후, 상담자는 내담자의 문제를 전문적으로 이끌어 갈 수 있는 전문 상담자와 매칭을 하게 된다.

최근 접수상담의 중요성이 부각되고 있는데, 특히 무료로 상담을 제공하고, 상담 회기수가 제한적인 공공기관(예: 가족센터 등)의 경우 접수상담을 유용하게 활용하여 상담을 보다 빠르고 심층적으로 진행할 수 있도록 하고 있다. 실제 상담실을 찾는 부부들이 관계의 심각성을 깨닫고 전문가의 도움을 받으려 결심하기까지는 평균 6년이 걸린다고 한다(Gottman, 1999, 권정혜·채규만 역, 2019 재인용). 이렇게 상황이 악화되어 도움을 받아야 하는 경우는 요구되는 상담 회기수가 높을 수밖에 없다. 따라서 일반인들이 2년에 한 번 건강검진을 받듯이, 일반적인 부부 또는 가족이 기능 또는 관계에 따른 검진을 받는다면, 갈등이 심각하기 이전에 가족상담을 받을 수 있는 기회를 부여받게 되고, 기관은 단기적인 가족상담 서비스를 통해 개입할 수 있다. 이러한 방법을 활용한 예는 다음 [그림 11-3]과 같다.

상담 신청서

(1쪽)

1. 접수사항

접수번호		접수자		접수일시	년 월 일

2. 내담자 정보

<table>
<tr><td rowspan="3">내담자 정보</td><td>성명</td><td colspan="2"></td><td>나이</td><td>세</td><td>성별</td><td>남 · 여</td></tr>
<tr><td>휴대폰</td><td colspan="6"></td></tr>
<tr><td>주소</td><td colspan="6"></td></tr>
<tr><td rowspan="5">가족정보</td><td>이름</td><td>관계</td><td>나이</td><td>동거 여부</td><td>성별</td><td colspan="2">연락처</td></tr>
<tr><td></td><td></td><td></td><td>□ 동거
□ 비동거</td><td></td><td colspan="2"></td></tr>
<tr><td></td><td></td><td></td><td>□ 동거
□ 비동거</td><td></td><td colspan="2"></td></tr>
<tr><td></td><td></td><td></td><td>□ 동거
□ 비동거</td><td></td><td colspan="2"></td></tr>
<tr><td></td><td></td><td></td><td>□ 동거
□ 비동거</td><td></td><td colspan="2"></td></tr>
<tr><td>상담 주호소 내용</td><td colspan="4"></td><td>상담 내용 문제 상태</td><td colspan="2">□ 매우심각
□ 조금심각
□ 보통
□ 잘모르겠음</td></tr>
<tr><td>상담유형 신청</td><td colspan="7">□ 이혼 전후상담 □ 부부상담 □ 부모 · 자녀상담 □ 그 외 가족상담
□ 개인상담 □ 집단상담</td></tr>
<tr><td>찾아온 경위</td><td colspan="7">□ 스스로(결정함) □ 다른 기관에서 권유함 □ 주변 권유 □ 기타( )</td></tr>
<tr><td rowspan="2">상담경험</td><td>상담경험</td><td colspan="6">□있다 □없다</td></tr>
<tr><td colspan="7">□ 개인상담
(상담내용:)

□ 이혼 전후상담
(상담내용:)

□ 부부/가족상담
(상담내용:)

□ 심리검사
(상담내용:)</td></tr>
</table>

개인정보 수집 · 이용 동의서 서비스 신청용

(2쪽)

1) 수집·이용 목적
   (1) 가족에 대한 서비스 정보 제공
   (2) 건강가정지원센터의 각종 서비스 안내 및 제공
   (3) 서비스 이용자의 개인 식별 및 서비스 이용에 따른 이력관리

2) 수집 항목
   2-1) 필수정보

신청자정보	성명, 생년월일, 나이, 성별, 주소, 연락처, 직업, 학력, 종교, 혼인사항 등
가족정보	성명, 관계, 나이, 성별, 직업, 학력, 종교, 동거여부
제출 서류	해당 없음
프로그램 신청 및 과거 서비스 이용 정보	

   2-2) 선택정보

상담서비스	
• 병력사항, 상담문제, 상담경험, 법적소송 여부 등	
위 항목의 정보 수집에 동의하십니까?	ㅁ예 ㅁ아니오

3) 보유·이용 기간:
   (1) 문서 관리: 해당서비스 지원기간동안 보관하고, 서비스 종료 후 개인정보 처리방침에 명시된 문서보관기간 경과 후 파기
   (2) 통합정보시스템 관리: 준영구

4) 동의거부 권리
   위 개인정보 수집·이용 동의를 거부할 수 있으며, 다만 동의를 거부할 경우 건강가정지원센터 가입 및 서비스 이용이 거부될 수 있습니다.
   본인은 「개인정보 수집·이용 동의서」의 내용을 명확히 이해하였으며, 건강가정지원서비스 제공을 위해 위의 개인정보를 수집 · 이용 하는 것에 동의합니다.

년 월 일

이름: (서명)

○○○ 가족센터 귀하

| 그림 11-2 | 상담신청서

자료 제공: 강북구 가족센터.

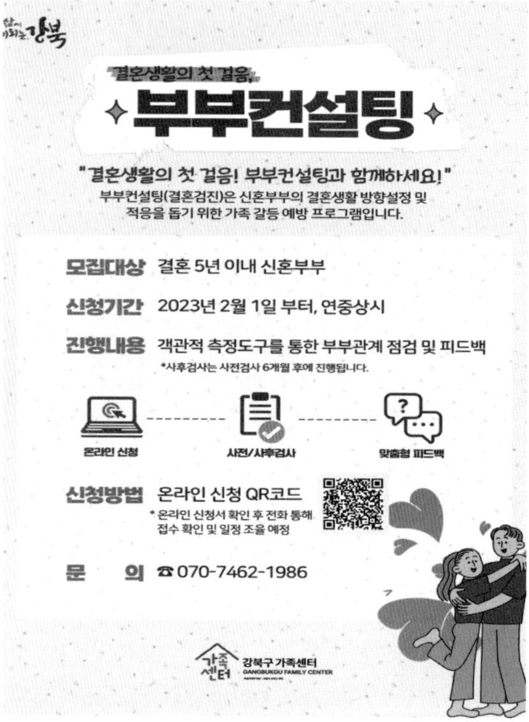
결혼생활의 첫 걸음,
부부컨설팅
"결혼생활의 첫 걸음! 부부컨설팅과 함께하세요!"
부부컨설팅(결혼검진)은 신혼부부의 결혼생활 방향설정 및 적응을 돕기 위한 가족 갈등 예방 프로그램입니다.
모집대상 결혼 5년 이내 신혼부부
신청기간 2023년 2월 1일 부터, 연중상시
진행내용 객관적 측정도구를 통한 부부관계 점검 및 피드백
*사후검사는 사전검사 6개월 후에 진행됩니다.
온라인 신청
사전/사후검사
맞춤형 피드백
신청방법 온라인 신청 QR코드
* 온라인 신청서 확인 후 전화 통해 접수 확인 및 일정 조율 예정
문 의 ☎070-7462-1986
강북구 가족센터
GANGBUKGU FAMILY CENTER

• 검사지 및 결과지

COUPLE CONNECTION

• 결과지

Couple Connection

〈진행과정의 예〉

결혼점검 사전 접수 및 예약 → 기관 방문 → 부부 각각 체크리스트 작성 및 10분 부부 대화하는 장면 동영상 촬영 → 작성한 검사지와 동영상 분석 및 결과 작성 → 2주 후 부부관계 진단 결과 안내 → 결과에 따라 가족상담, 가족교육 프로그램 안내 → 매월 부부관계 점검 및 수행 관련 메시지 전달 → 6개월 후 동일한 체크리스트 작성 및 사전-사후 비교 → 종결

| 그림 11-3 | 강북구 가족센터 '결혼검진' 프로그램
(심화된 인테이크 과정의 예)

자료제공: 강북구 가족센터.

2) 치료적 관계의 형성(rapport formation)

면접상담 첫 회기는 상담의 방향과 성공 여부를 결정짓는 중요한 단계이다. 상담자가 첫 회기에 제일 먼저 해야 할 일은 가족 구성원들과 친밀감을 형성하는 것이다. 친밀감이란 우호적 관계로서 상담자와 내담자 사이의 존경, 신뢰, 심리적 편안함이 깃드는 것을 의미한다. 상담자가 내담자와 치료적 관계가 형성되면 가족 구성원들은 상담자로부터 진심으로 이해받고 존중받는 느낌을 받게 되어 상담자를 전문가로서 신뢰하게 된다.

상담실에 온 가족 구성원들은 개인적으로 힘든 문제를 가져오고 상담자에 대한 막연한 기대만 갖고 있기 때문에 불안할 수 있다. 상담자는 가족 구성원들이 긴장하지 않고 편안한 마음을 가질 수 있도록 도와야 한다. 이를 위해 상담자는 환영인사를 하고 자기 소개를 한 다음 가족의 가벼운 자기소개나 관심사를 유도하며, 편안함을 느낄 수 있도록 한다. 그 뒤 상담자는 개인상담의 라포르 형성 기법과 동일하게 가족 구성원 개개인을 수용하고, 존중하며 경청과 공감적 이해, 요약하기 등을 활용하여 가족 구성원들과 치료적 관계를 형성한다. 이것은 향후 상담의 질적인 만족을 좌우하는데, 상담관계를 형성하는 것이 단지 좋은 사람으

로 보여 주기 위해서가 아니라, 상담자와 내담자 간에 신뢰의 안전망을 형성하는 것이라 할 수 있다.

이 단계에서 상담자는 가족이 문제를 어떻게 보고 있는지를 이야기하도록 하고, 각 가족 구성원이 문제를 보는 차이점과 유사점, 가족 구성원 간의 제휴관계를 파악한다. 의견이 다른 경우 어떻게 대처하는가 하는 것은 가족 기능을 이해하는 데 대단히 중요하다. 개개인을 포괄하는 가족체계를 관찰하면서 상담자는 자연스럽게 가족 안으로 합류하여 가족 구성원들과 친밀감과 유대감을 형성하는 것이 중요하다.

가족에 합류하기 위해 그들의 상호작용을 적극적으로 지지하고 개개인의 특성과 장점, 잠재력을 인정하며 진심으로 도우려는 태도를 보여 준다. 경우에 따라 가족 구성원이 사용하는 언어나 표현을 함께 사용하는 것도 바람직하다. 이때 상담자가 주의해야 할 것은 다음(송정애, 2010)과 같다.

〈참고자료 11-1〉

상담자가 주의해야 할 것

- 가족이 면담하기 위해 들어오면 각자 원하는 대로 자리를 잡도록 한다.
- 가족이 치료 장소에 온 이유와 문제가 무엇인지 질문한다.
- 첫 번째 질문을 누구에게 하는지가 중요하다. 문제 증상을 나타내는 사람에게는 나중에 질문함으로써 방어적이 될 가능성을 최소화시킨다.
- 문제에 대해 서로 다른 관점에서 보도록 돕기 위해 어떤 해석이나 비평을 해서는 안 된다.
- 이 단계에서 충고나 판단을 요청받더라도 어떤 충고도 해서는 안 된다.
- 누가 무엇을 대해 어떻게 느끼는지를 물어서는 안 되며 단지 사실과 의견만을 참고한다.
- 도와주려는 진심어린 태도를 보여야 한다.

이와 같은 치료적 관계 형성은 첫 회기는 물론 초기 2~3회기까지 계속되어야 하며, 상담과정 전체를 통해 가족 구성원과 협력적인 관계를 발전, 지속해야 한다.

3) 상담의 구조화

상담의 구조화란 상담의 진행 과정에 대한 궁금증을 줄이고, 치료적 관계를 바람직한 방향으로 안정시키기 위하여 상담의 기본 성격, 상담자 및 내담자의 역할 한계, 바람직한 태도 등을 설명하고 인식시켜 주며, 상담에서 성취 가능한 범위와 제한점에 관해 가족을 교육하는 것이다. 이 과정은 보통 접수상담이나 첫 회기 상담 중에 집중적으로 이루어지나 대부분 초기 과정에서 실시되며, 가족상담 전 과정을 순조롭고 안정되게 진행하기 위한 기본 규칙과 행동규준을 확립하는 것이므로 매우 중요한 과정이라 할 수 있다(제석봉 외, 2014). 일반적으로 상담자와 가족이 서로 편안하도록 제한점은 최소한도로 줄이고 면담시간, 가족의 행동규범 등에 관해서는 구체적으로 정하는 것이 좋다.

상담의 구조화 작업을 하는 상담자가 유의할 점은 치료적 관계의 형성과 가족 사정 등의 상담 진행 과정에 적절하게 해야 한다는 것이다. 만약 치료적 관계가 형성되기 전에 지나치게 구조화를 시도하면 상담 분위기는 경직되기 쉽고, 반면 상담의 구조화가 불충분하면 혼란이 발생하여 순조로운 상담의 진행과 상담 목표 달성이 어려워질 수 있다. 그러므로 상담자는 적절한 시기에 가족에게 기본 규칙을 설명하고 질문과 논의하는 시간을 가지면서 규칙의 내용과 필요성을 충분히 이해하도록 안내하여야 한다. 시간을 절약하는 방법으로 이에 관한 서류 양식을 미리 준비하여 내담자 또는 내담자 가족이 읽고 서명하게 할 수도 있다.

4) 가족평가(family assessment)

(1) 개념

가족평가는 가족사정, 가족진단이라고도 불리는데 이 중 가족진단은 병리적 관점이라는 이유로 최근에는 잘 사용되지 않고 있다. 가족평가란 가족을 하나의 단위(unit)로 보고 가족 내부 및 외부체계와 이들 상호작용을 이해하기 위한 것으로, 관련된 자료를 수집하고 분석, 종합하여 가족에 대한 개입계획을 세우는 일련의 과정이 포함된다. 이를 통해 내담자의 문제와 관심에 관한 정보 수집에 체계적인 방법을 제시하며, 문제와 관련된 중요한 변인을 밝히는 데 유용하다. 또한 문제에 관한 상세한 정보를 통하여 가족의 문제를 변화시킬 수 있다.

(2) 가족평가 과정

가족평가는 상담의 전 과정에서 이루어진다. 초기 과정에서는 치료적 관계 형성 작업과 함께 문제파악과 목표설정에 초점을 두고 가족평가가 이루어진다. 중기 과정에서는 본격적으로 상담이 개입되면서 가족의 상호작용 방식과 의사소통 방식, 관계패턴, 가족 구성원 간의 견해 차이, 가족 구성원의 노력과 변화 등에 대한 가족사정이 실시된다. 종결과정에서는 상담과정을 통해 변화된 가족체계와 상호작용의 관계패턴을 확인하고 상담목표 달성정도를 알아보기 위해 가족평가를 한다.

상담자는 먼저 가족에게 상담에 오게 된 직접적인 동기와 최근에 경험했던 문제를 중심으로 가족 구성원의 정서와 행동, 상호작용 패턴을 탐색하고, 과거의 상담 및 치료경험, 문제해결을 위해 시도했던 방법과 그 결과 그리고 상담에 바라는 것, 목표 등을 평가한다. 특히 가족상담자들은 공통적으로 문제와 가족의 상호작용체계와의 관련성을 관찰하고 가족체계를 평가하는 것이 특징적이다.

상담자는 가능한 한 가족 구성원 한 사람마다 무엇이 문제인지를 말하게 하고 각 가족 구성원이 문제를 보는 유사점과 차이점, 가족 구성원 간의 제휴관계를 파악하되 문제증상을 나타내는 사람(IP)에게는 나중에 물어봄으로써 방어적이 될 가능성을 줄인다.

상담 초기의 가족평가에서 가족문제에 대한 사정 외에 포함되어야 할 내용은 다음(최규련, 2012)과 같다.

첫째, 가족 역동 사정

- 가족경계: 가족 구성원 간의 경계, 하위체계 간의 경계, 외부와의 경계
- 가족규칙, 가족의례, 가족신화
- 가족 위계구조, 부부권력 형태, 부모의 권위
- 의사소통 패턴: 명확성, 일치성, 경청 정도, 감정표현 방식, 의사결정 형태
- 가족의 역할수행 정도

둘째, 가족발달단계와 발달과제 수행정도

셋째, 위기와 스트레스, 사건: 자살시도, 가정폭력, 성폭력, 경제문제, 실직

넷째, 갈등 해결 및 스트레스 대처방식

다섯째, 신체적 · 정신적 건강상태와 질병 여부

여섯째, 가족의 강점과 자원

일곱째, 외부체계와의 관계망: 확대가족, 친척, 직장, 학교, 친구, 이웃, 종교단체, 사회시설

(3) 가족평가 방법

가족평가 방법으로 첫째, 면접과 관찰방법이 가장 기본적으로 많이 사용된다. 면접방법은 직접 면담을 통하여 가족의 문제와 대처방법, 가족의 기능과 관계, 가족의 사고와 감정, 변화의지, 상담동기 등을 사정하는 방법이다. 언어를 매개

로 면접하기 때문에 경청기술, 공감하기, 인정하기, 요약하기 등의 기술과 더불어 질문을 잘하는 기술이 필요하다. 상담자는 말을 절제하면서 적극적으로 경청해야 하고 적절한 시기에 개방적 질문을 함으로써 가족이 많은 말을 하도록 해야 한다(정문자 외, 2007). 관찰은 상담자가 가족 구성원 간의 상호작용을 직접 보고 관계패턴과 가족기능 및 가족체계를 사정하는 방법으로 면접방법과 함께 상담 전체 과정에서 가장 기초적인 평가방법이다. 상담실에서 가족 구성원의 물리적 거리, 상호 간의 교류방식을 관찰하는 것 외에 경험적 모델의 가족조각기법, 역할극, 구조적 모델의 실연기법 등을 이용하기도 한다. 최근에는 가족의 상호작용을 정확하게 관찰하고 상담효과를 알아보기 위하여 녹화나 일면경을 활용하기도 한다.

〈참고자료 11-2〉

면접과정 중의 실제적인 문제

1. 잡담을 하는 경우

"제가 여러분을 어떻게 도와드릴 수 있을까요?", "어떤 어려움을 겪고 계신가요?", "가정생활에서 어떤 변화를 원하시나요?" 등의 일상적인 대화를 시작하여 상담이 시작되는 것을 알린다.

2. 아무도 이야기하지 않는 경우

"제가 보기에는 지금 남편이 아무 말도 하지 않는 건 부인이 한 말에 동의하지 않는다는 표현으로 생각되는데요" 등의 가족의 생각과 감정을 추론해 공개적으로 표현함으로써 침묵이라는 가족규칙을 깬다.

3. 모든 가족이 동시에 말하는 경우

상담자가 특정 가족을 지정해서 질문하거나 상담자가 가족을 대변해서 이야기할 수 있다. 그럼에도 불구하고 모든 시도가 아무런 효력을 발휘하지 못하면 잠시 상담을 중단한다.

4. 어떤 가족이 다른 가족을 대신해서 말할 경우

"나는 ㅇㅇ가 자신의 생각이 무엇인지를 말했으면 좋겠는데요", "아직 ㅇㅇ가 자신의 생각이 무엇인지를 말했으면 좋겠는데요.", "아직 ㅇㅇ가 어떻게 생각하는지를 파악하기 어렵군요"의 표현을 사용하거나, 가족 중 어느 누구도 다른 사람을 대신해서 이야기해서는 안 된다는 규칙을 만드는 것이 중요하다.

5. 다른 가족을 비난하는 경우

상담자는 제지하는 표정이나 손을 흔들거나 일어서는 등의 상호작용을 멈추게 할 만한 행동을 한다. 또한 어떤 가족을 비난하는 사람에게 건설적인 방법으로 자신의 감정과 생각을 다시 이야기하도록 요구하면서, 공격적인 행동이 의사소통 과정에서 어떻게 도움이 되지 않는지 설명한다.

출처: 김유숙(2015). 가족상담 3판. 서울: 학지사. pp. 327-332.

둘째, 도식을 이용한 평가방법으로 가계도(genogram)([그림 11-4] 참조), 가족도표(family map) 가족화, 동적 가족화 등이 사용된다. 가계도는 보웬(Bowen)의 다세대 가족상담모델에서 개발된 것으로 3세대 이상의 가족 구성원에 관한 정보와 관계를 기호를 사용하여 도표로 작성하는 방법이다. 현재는 여러 다양한 접근모델을 사용하는 상담자들에게 가족을 이해하고 가족체계를 나타내는 보편적인 도구로 사용되고 있다. 대부분 첫 회기에 가계도를 작성하고 다음 회기에 새로운 정보가 나오면 수정된다. 가계도를 작성하기 위해 상담자는 처음에는 부담없는 질문을 하기 시작하여 점차 복잡한 질문을 하는 방법을 사용한다. 가족도표는 사티어(Satir)의 경험적 가족상담모델에서 활용되는 가족평가 방법으로 현재 가족도표와 친가의 원가족 도표, 외가의 원가족 도표 등 3개의 가족도표를 작성한다. 가계도와 유사하게 가족에 관한 정보와 가족 구성원 간의 관계를 나타내나 한 면에 모든 가족에 관한 정보가 보이는 가계도와 달리 각각 3개의 가족도표를 작성하는 것이 다르다. 그리고 가족 구성원 개인별로 세 가지 장단점, 특성, 의사소통 유형을 포기하고, 증상을 나타내는 사람을 스타(star)라고 하며 ☆ 표를 붙이는 것도 다른 점이다. 가족화([그림 11-5] 참조)는 모든 가족 구성원의 평소 모습을 그림으로 나타내는 방법이고 동적 가족화는 가족 구성원 각자의 전형적인 행동을 그리고 간단한 설명문을 적는 방법이다. 두 가지 방식 모두 투사적 기법을 적용하여 선의 길이와 굵기, 인물묘사, 공간배치, 색 사용 등을 분석함으로써 개인이 주관적으로 인지하는 자기개념이나 가족 구성원의 특징, 가족 관계 패턴을 파악할 수 있게 된다. 그 외 카드([그림 11-6] 참조)나 동물 모형([그림 11-7] 참조) 등을 통해서도 관계의 패턴을 이해할 수 있다.

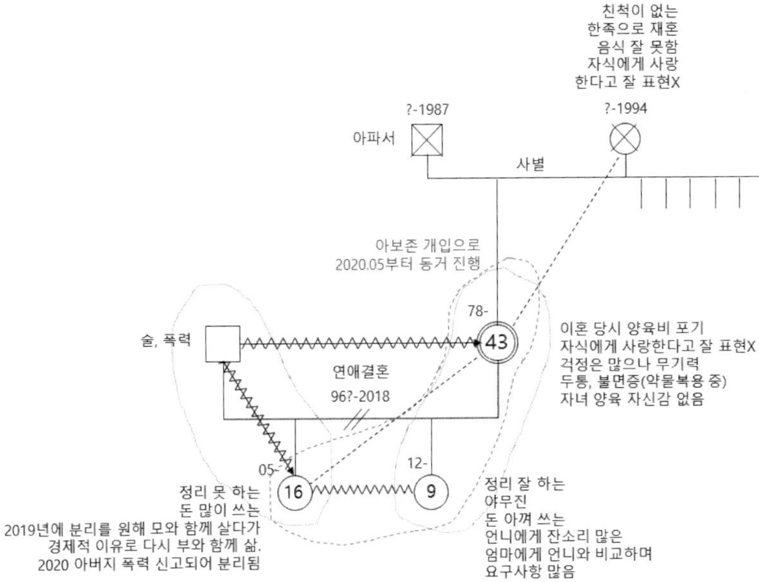

| 그림 11-4 | 가계노 작성을 통한 가족의 이해

자료제공: 강북구 가족센터.

| 그림 11-5 | 가족화 그림을 통한 가족 이해의 예

자료제공: 강북구 가족센터.

| 그림 11-6 | 카드 활용을 통한 라포르 형성의 예

자료제공: 강북구 가족센터.

| 그림 11-7 | 동물모형을 활용한 가족 이해의 예

자료제공: 강북구 가족센터.

셋째, 가족 구성원의 특성과 조화 정도, 가족기능과 가족관계 등을 평가하는 여러 양적 검사 도구들이 있다. 예로 개인 검사도구로서 MMPI, MBTI, TCI, 애니어그램, 현실치료의 욕구강도 파일 등([그림 11-8] 참조)이 있다.

| 그림 11-8 | 양적 검사도구의 예

자료제공: 강북구 가족센터.

5) 사례개념화와 상담목표 합의

사례개념화[1]는 상담자의 지도(map)이자 나침반의 역할을 하는 것으로, 상담자의 상담이론과 상담경험에 근거하여 내담자의 문제와 발달과정, 발달맥락, 가족사 등 가족평가를 통해 내담자로부터 얻은 정보들을 종합하여, 내담자의 문제에 대한 이론적 모형을 가설적으로 설명하는 과정을 말한다. 즉 내담자들이 호소하는 문제나 제시된 문제를 상담자들이 갖고 있는 렌즈 또는 이론적 성향이나 개념틀을 통해 문제형성이나 맥락, 역동들을 구분 짓게 된다. 사례개념화의 목적은 [그림 11-9]와 같이 내담자 문제의 성격과 원인에 대한 정확한 이해를 통해 상담목표와 개입전략 수립에 필요한 방향성을 제시하고자 하는 것이다. 또한 상담 효과의 질에 대한 중요한 신호가 되며, 상담 과정 내내 이루어지는 과정이라 할 수 있다.

주 호소문제	⇨	관련 정보 탐색 – 가족역동 – 문제의 주제/초점	⇨	상담자 관점	⇨	상담전략 (상담목표/과정과 절차)

| 그림 11-9 | 사례개념화의 과정

---

1) 사례개념화의 사전적 정의
① 사례: 어떤 일이 실제로 일어난 예
② 개념화: (사회과학) 구체적인 사실들에 귀납하여 일반화한 추상적인 생각
(철학) 여러 관념 속에서 공통된 요소를 뽑아내어 종합하여 얻은 하나의 보편적인 관념

2) 사례개념화의 정의:
상담자의 일차적 기술이자 핵심역량으로 상담자가 이해한 내담자의 문제발생, 유지, 해결을 위한 작업과정을 말한다. 즉 상담자는 가족과의 관계에서 어떤 입장을 취하고, 무엇에 주의를 기울일 것인가? 그리고 어떻게 개입할 것인가에 대한 상담과정의 안내를 할 수 있게 한다.

3) 사례개념화의 형태:
① 증상중심(Symptom-focused): 의료행동모델, DSM 중심, 가족치료 관점에서 제한적임.
② 이론중심(Theory-focused): 체계론적 가족치료로 상담자의 이론적 틀에 기초, 임상적 개념화(Why)의 기초임.
③ 내담자중심(Client-focused): 후기 사회구성주의 가족치료모델로 내담자 체계의 이슈와 치료적 개입 사이의 적합도를 강조함.

1990년대 들어서면서 사용되기 시작한 사례개념화는 최근 상담자의 능력을 가늠하는 핵심요소의 하나로 인식되고 있다. 개인에 초점을 둔 사례개념화가 아닌 가족상담 사례개념화를 통해 문제에 가려서 보이지 않던 가족의 탄력성, 강점을 보다 파악할 수 있으며 이는 가족에게 희망을 주고 그 희망이 상담 이외의 과정에 변화로 이어지는 결과를 초래할 수 있다(김유숙, 2022). 임상현장에서 자주 사용되고 있는 다세대모델, 경험적 모델, 구조적 모델, 해결중심 모델, 이야기모델을 중심으로 문제에 대한 인식, 상담 목표, 도움이 되는 개념을 〈표 11-1〉과 같이 정리하였다.

| 표 11-1 | 가족상담 모델의 핵심적 개념

	다세대모델	경험적모델	구조적모델	해결중심모델	이야기모델
문제에 대한 인식	• 불안의 산물 • 다세대를 거친 정서적 융합의 결과	• 성장과정 중의 일시적 실패 • 환경요인에 의한 성장지연	• 역기능적 가족구조	• 문제를 확대하여 가족 스스로 해결할 수 있는 능력을 일시적으로 상실	• 사회적 담론에 의한 빈약한 이야기
상담목표	• 자아분화 • 탈삼각화	• 가족구성원의 성장 • 자존감 회복을 통한 가족체계의 안정과 통합	• 문제를 유지시키는 가족유형의 차단을 통한 구조변화	• 이전 경험을 토대로 한 문제의 해결방안 구축	• 삶의 주인이라는 주체의식을 가지고 새로운 이야기 창조
사례개념화를 할 때 도움이 되는 개념	• 자아분화 • 삼각관계 • 핵가족정서과정 • 가족투사과정 • 다세대전수 • 형제순위 • 정서적 단절 • 사회적 정서과정	• 가족규칙 • 의사소통방법	• 경계선 • 제휴 • 권력	• 내담자의 기대 • 문제에서 벗어난 예외탐색 • 적용 가능한 해결방안	• 이야기를 이끌고 있는 줄거리의 이해 • 내면화된 담론 • 담론에서 벗어난 독특한 성과의 탐색

출처: 김유숙(2022). 가족상담(4판), 학지사, p.292

사례개념화를 통해 설정, 합의한 상담의 목표는 가족뿐만 아니라 상담자에게도 중요하다. 모든 상담기법은 목표를 명확히 할 때 진전이 빠르며, 어떤 결과를 추구하는가를 명확히 정리하지 못하면 결과의 성공 여부를 판단하기 어려울 것이다(김유숙, 2015). 따라서 상담자는 첫 회기가 끝날 무렵 문제가 무엇인지를 명료화하고 전문적인 관점에서 문제를 재구성하며 가족의 강점과 자원을 말해줌으로써 가족의 저항을 줄이고 가족이 새로운 방향으로 문제를 보게 한다. 그리고 상담자는 가족 구성원 각자가 바라는 것과 상담을 통해 얻기를 원하는 것이 무엇인지를 분명히 해야 한다.

상담목표를 설정할 때는 문제에 대한 탐색과 가족평가 결과를 바탕으로 잠정적 가설을 세우고, 가족의 문제해결에 중요하면서 가족이 원하는 것들을 가족과 합의하여 최종 목표를 정하며, 또 이를 위해 수행하는 회기별 목표를 설정한다. 이때 바람직하지 않은 행동을 하지 않는 것보다는 성공적이거나 긍정적 행동을 증가시키는 것이어야 하고, 특히 구체적이고 분명하게 측정할 수 있는 행동용어로 기술되어야 하고 현실적이어야 한다. 상담목표를 명확하게 설정함으로써 가족과 상담자 모두 바람직하고 효과적인 변화가 무엇이고 이를 수행하는 데 기간이 얼마나 소요되는지를 분명하게 이해하게 된다.

일반적으로 가족상담의 최종목표는 가족관계의 기능과 자율성을 증진시키는 것이고 결과목표는 제시된 문제를 해결하는 것이며, 과정목표는 의사소통 촉진, 역할의 융통성 증진, 기능적 대처방식의 습득, 감정표현 등이 있다(김혜숙, 2003). 가족이 제시한 문제와 상담자의 접근모델에 따라 상담목표는 다르게 설정된다. 가족과 상담자가 상담목표 설정에 합의하면 상담계약이 이루어진다.

만일 가족이 바라는 도움이 상담자의 능력을 벗어나거나 기관의 원칙에 어긋나는 경우에는 가족에게 그 사실을 밝히고 다른 전문가에게 의뢰해야 한다.

6) 상담계약

상담계약은 상담목표를 정하고 가족 구성원이 지속적으로 상담에 오도록 구체적 사항에 대하여 계약을 맺는 것이다. 이는 흔히 첫 회기 상담을 종결하기 전에 이루어지는데 상담목표, 상담형태와 시간, 상담 간격, 상담비, 참가자 등에 대해 상담자와 가족이 약속을 하는 것이고 계약서 또는 동의서([그림 11-10] 참조)를 작성하여 서명하기도 한다. 상담자는 가족에게 실현가능한 것이 무엇이고 목표에 도달하기 위해 어떤 형태의 상담을 진행하며 기간이 얼마나 걸리는지를 설명해 주며 계약이 변경될 수 있다는 것에 대해 말해 준다.

상담자는 상담계획을 세울 때[2] 문제상황과 가족의 특성, 상담목표에 따라 가족 전체를 상담할 것인가, 아니면 부모상담과 자녀상담을 병행할 것인가, 부부상담만 할 것인가 또는 개인상담이나 집단상담을 할 것인가를 고려하여 적합한 상담형태를 제안하여야 한다.

---

2) 상담계획 세울 때 유의해야 할 점

① 상담자는 상담목표를 달성하기 위한 청사진을 바탕으로 상담계획을 수립할 수 있어야 한다.

② 상담자는 내담자 문제의 특성에 따라 상담자 스스로 가능한 개입전략을 연결하여 구상할 수 있어야 한다.

③ 상담자는 무엇보다 내담자가 준비되어 있는 만큼, 받아들일 수 있는 만큼만 상담계획에 반영해야 한다.

④ 상담자는 먼 효과보다 비교적 당장의 효과를 기대할 수 있는 상담계획을 수립할 수 있어야 한다.

⑤ 상담자는 내담자와 상담계획에 대해 논의하여 내담자의 적극적인 참여를 끌어낼 수 있어야 한다.

⑥ 상담자는 상담계획을 수립할 때 내담자와 충분히 협의하여야 한다.

⑦ 상담자는 상담계획에 관해 다양한 자신의 레퍼토리를 개발할 수 있어야 한다.

⑧ 상담자는 특정 내담자에 대한 자신의 상담계획을 동료상담자나 슈퍼바이저에게 이야기하여 상담계획을 타당화할 수 있어야 한다.

상담자는 가족 구성원과 첫 상담회기의 마무리 부분에서 다음 상담회기 약속을 정하고 과제를 주기도 한다. 초기 과정에서 흔히 나타나는 가족의 상담에 대한 저항과 상담동기의 저하에 상담자는 잘 대처할 수 있어야 한다. 또 초기 상담과정 중 정신건강 문제나 폭력문제, 자살시도 문제가 발견되는 경우에는 정신과 의사, 피해자보호기관, 교정기관, 다른 전문기관 등에 의뢰하는 등의 필요한 조치를 취해야 한다.

상담 동의서

사례번호
–

1. [상담시간]
개인상담은 한 회기에 60분, 부부상담·가족상담은 한 회기에 90분으로 주 1회를 기본으로 합니다. 경우에 따라 주 2회 진행되기도 합니다. 사전연락 없이 상담 예약시간에 늦을 경우, 상담 예약시간에 한해서 상담이 진행됩니다. 내담자는 사정이 생겨 일정 변경이 필요한 경우, 사전에 ㅇㅇㅇ센터로 연락하여 일정을 조정해야 합니다. 무단으로 3회 이상 결석을 할 경우, 상담이 취소될 수 있습니다. 상담자도 사정이 생겨 일정 변경이 필요한 경우, 사전에 내담자에게 연락하여 일정을 조정해야 합니다.

2. [상담기간]
상담은 ㅇㅇ회기를 기본으로 진행됩니다. 상담목표나 상황에 따라 회기가 더 짧아지거나 길어질 수 있습니다.

3. [상담과정]
내담자는 상담자를 신뢰하고 상담과정에 성실히 참여합니다. 상담자는 내담자의 안녕을 우선적으로 도모하여 상담자로서 윤리규정을 준수합니다. 상담은 내담자와 상담자가 함께 노력하여 어려움을 해결하고 변화를 만들어 가는 과정입니다. 내담자는 상담을 통해 감정이 해소되고 안정감을 느낄 수 있으나, 변화과정에서 불편감을 느낄 수도 있습니다. 내담자는 이와 관련한 내용을 상담자에게 언제든지 말할 수 있습니다. 외부 상담전문기관(예: 정신건강의학과, 정신보건센터 등)과의 연계가 필요한 경우, 상담자는 내담자와 합의하여 상담을 연계 또는 이관할 수 있습니다.

4. [상담종결]
상담종결은 내담자와 상담자가 합의하여 결정합니다. 다만, 내담자가 사정이 생겨 상담을 지속할 수 없는 경우나 내담자가 무단으로 ㅇ회 이상 결석을 할 경우는 합의 없이 상담종결이 가능합니다. 내담자는 상담을 진행하다 경제적 부담이나 시간의 압박으로 상담을 종결하고 싶을 수도 있습니다. 이때에는 임의로 판단하고, 혼자 결정하기보다는 이러한 상황을 상담자와 나누며 상담을 종결하도록 합니다. 상담자가 내담자에게 도움을 주기 어려운 경우에도 상담을 종결할 수 있습니다.

5. [기록·녹음·녹화]
효율적·효과적 상담을 위하여 상담내용을 기록·녹음·녹화 등의 형태로 수집할 수 있습니다. 이렇게 수집된 정보는 더 나은 상담을 위한 상담계획 세우기, 사례자문(슈퍼비전), 사례회의 등의 목적으로 활용되고, 이 외에는 어떤 용도로도 사용되지 않습니다. 녹음·녹화된 자료는 6개월 내에 폐기됩니다.

6. [비밀보장과 한계점]
상담자는 내담자가 제공한 개인정보 및 상담내용을 내담자의 동의 없이 발설·유포하지 않습니다. 단, 내담자의 생명이나 사회의 안전을 위협하는 경우에 한하여 내담자의 동의가 없어도 이를 가족 또는 관련인과 관련 전문인이나 사회기관에 알릴 수 있습니다. 또한 상담을 받는 중에 어떠한 상해나 폭력, 자살과 관련된 행동은 하지 않아야 하며, 이를 어길 시 결과는 전적으로 내담자가 책임지게 됩니다.

상기 본인은 위 내용을 충분히 읽고 숙지하였으며, 위 내용을 준수하며 상담에 성실히 임할 것을 약속합니다.

년 월 일

내담자: (인)
상담자: (인)

| 그림 11-10 | 상담동의서 예시

자료 제공: 심리상담연구소 호우가 「상담동의서」

2. 가족상담 중기 과정

이 단계는 상담자와 내담자가 상담목표를 향해 함께 노력하는 상담의 핵심과정으로 변화를 위한 주된 작업이 이루어진다. 상담자는 가족의 특성과 문제의 성격, 상담자의 능력과 전문적인 판단에 따라 설정된 상담목표 달성을 위해 적절한 이론과 기법을 선택하고 적용하게 된다. 또한 상담자는 가족으로 하여금 자신들의 관계를 보게 하고 변화의 필요를 인식하도록 하여 오랫동안 자신들을 힘들게 한 패턴에서 벗어나 자신을 성장시킬 수 있도록 적극적으로 개입을 한다(배경희·한영란, 2015). 이를 통해 내담자는 자신을 힘들게 하는 심리적 문제, 문제의 발생 배경 등을 깨닫게 되며, 통찰을 통한 자기 탐색 등이 깊어지게 된다. 그러나 실제 가족상담을 하다 보면 면담 거부, 수치심, 상담자에 대한 불신 등의 의식적 저항과 침묵, 감정의 무표현 또는 과다 표현, 동일한 대답, 퇴행 행동 등의 무의식적 저항이 나타난다. 이때 상담자는 인내와 지혜로 잘 대처해 나가야 하며 이러한 과정을 통하여 가족은 상담자의 역할을 이해하게 되고 자신들의 의무도 알게 된다.

중기 과정 동안 가족은 문제에 대한 자각이 늘어나고 표면적인 문제행동이 완화되며, 문제해결을 위한 동기가 커지고, 다른 사람을 수용하며 기능적인 방식의 상호작용이 증가하게 된다. 상담자는 변화를 촉진하는 역할을 담당하여 가족이 긍정적인 변화를 자각하고 자율적인 문제해결 능력을 습득하도록 돕는다. 이 시기에 고려할 사항은 다음과 같다.

1) 중기 과정에서의 가족사정

가족상담이 진행되는 동안 가족사정은 계속해서 이루어진다. 이 단계에서의 가족사정은 상담을 통한 개입의 효과가 어떻게 나타나는지를 확인하기 위해서

이다. 이때 상담에 대한 저항이 다양한 방식으로 나타날 수 있다. 예를 들어, 내담자는 이때 자신의 상태에 희망이 없다고 느낄 수도 있고 또는 자신은 문제가 없는데 상담 때문에 오히려 상황이 더 나빠지고 있다는 느낌을 받을 수 있다. 그래서 핑계를 대고 계속해서 상담 시간에 늦게 오는 경우가 있을 수 있다. 이와 같이 가족이 저항을 하거나 또는 변화가 나타나지 않으면 상담자는 다음 사항을 점검하고 선배나 동료의 지도, 감독(supervison)을 받는 것이 바람직하다.

- 상담자와 내담자 간에 일어나는 전이와 역전이 현상
- 상담자의 가족 구성원들에 대한 중립성 유지 문제
- 상담자의 지나친 개입 또는 주도성
- 상담자의 저항에 대한 자각 및 처리 문제
- 가족의 변화에 대한 무의식적 저항 극복 문제

2) 중기 과정에서의 개입방법

중기단계에서 상담자는 다음의 개입방법(최규련, 2012; 제석봉 외, 2014)을 공통적으로 적용하여 가족 구성원과 가족을 변화시키도록 노력한다.

- 영향력을 주는 주변적인 가족 구성원 참여시키기
- 가족 구성원들을 적절하게 연결시키기
- 계약과 교환관계 향상시키기
- 가족체계 내의 특성 변화 강조하기
- 가족체계의 새로운 변화를 위한 가족 구성원의 새로운 행동 강화하기
- 변화 가능성에 대해 낙관적 태도 유지하기
- 가족을 적절한 외부체계와 연결시키기
- 과정에 초점 두기
- 상담의 효과를 위해 적절한 때에 유머 사용하기
- 가족 내에서 변화를 위한 단서 찾기

〈참고자료 11-3〉

공동 상담자

대부분의 가족상담은 상담자 혼자서 진행하지만 상담모델에 따라 공동상담자와 함께 진행하기도 한다. 공동상담자가 같이 상담을 진행하면 차이점을 개방적으로 다룰 수 있고, 바람직한 의사소통 모델이 될 수 있으며, 상담의 균형유지나 역할보완에 도움이 될 수 있다는 점이 긍정적인 면이다. 그러나 공동상담 전후로 협의가 필요한 점들이 제한점으로 지적된다. 전략적 모델과 단기치료모델을 적용하는 경우 공동상담자를 활용하는 팀 상담이 주류를 이루고 있다(최규련, 2012). 이 외에도 상담자를 훈련시키기 위한 목적으로 팀 상담을 하기도 한다.

※ 다른 치료방법이나 다른 기관과 병행하여 상담하는 문제

복합적인 문제를 가진 가족의 경우 정신건강복지센터, 종합사회복지관 또는 가정폭력상담소, 보호기관, 병원, 학교 등 유관 기관과 연계하여 개입하는 것이 효과적인 경우도 있다(최규련, 2012). 이 경우 기관과 기관 간의 긴밀한 협조가 이루어져야 하며, 특히 기관 내 상담자 사이에 원활한 의사소통이 이루어져서 내담자가 상담을 받는 데 불편함이 없도록 해야 한다. 특히 폭력문제 등을 외부에 보고하여야 하는 경우가 있을 수 있는데, 이때 상담내용에 대한 비밀보장의 원칙보다 인권보호라는 상위원칙에 따르고 감독자와 협의를 거쳐서 보고가 이루어져야 한다.

3. 가족상담 종결 과정

이 단계는 상담을 마무리짓고 통합하는 시기이다. 이 단계에서는 상담자의 적극적인 활동은 줄어들고 내담자 가족의 자발적인 활동이 촉진된다. 그리고 새로운 변화를 확고히 하고 자신의 문제해결 능력을 자각함에 따라 점진적으로 분리가 이루어진다. 상담자는 변화를 통합하는 안내자로서 행동변화에 대한 지지와 격려하는 역할을 한다. 다음은 종결 시기를 판단하는 기준, 종결을 위한 준비와 과정에 대해 살펴보기로 하겠다.

1) 종결 시기를 판단하는 기준

상담자는 상담을 언제 종결할지 상담 초기에 이미 가족과 합의되어 있지만, 종결해야 할 적절한 시기가 언제인지 판단할 수 있어야 한다. 보통 상담자는 가족사정을 통해 제시된 문제의 해결 정도, 가족 상호작용의 개선 정도, 가족 구성원의 정서만족, 미래에 대한 자신감 등을 살펴보고 종결의 시기를 결정한다.

일반적으로 가족상담을 종결시키는 지표로 다음(최규련, 2012; 김유숙, 2015)과 같은 단서나 변화가 있을 경우 상담자는 종결의 시기를 고려하는 것으로 나타났다.

첫째, 초기에 설정한 상담목표가 이루어진 경우

: 초기상담에서 명확한 목표가 상담자와 내담자 간에 합의가 되었다면 목표가 달성되었는지의 여부를 판단하는 데 도움이 된다.

- ㅇ 가족 구성원들이 상담을 통하여 새롭게 습득한 대처방법이나 행동양식을 계속 유지하는 경우
- ㅇ 가족 구성원 간의 의사소통에서 비생산적인 다툼이나 갈등이 감소되고 의사표현이 솔직하고 갈등을 협상할 수 있는 능력을 가지게 된 경우
- ㅇ 가족의 구조와 규칙이 융통적이고 기능적이 되는 경우
- ㅇ 가족 구성원의 가족 내외의 상호작용이 긍정적이고 관계가 개선된 경우
- ㅇ 가족의 발달단계에 적합하게 가족 구성원의 역할과 기능이 수행되는 경우

둘째, 초기에 설정한 특정한 목표는 충분히 달성되지 않았으나, 상담이 더 이상 필요하지 않다고 판단될 정도로 문제가 해결되고 증상이 완화되었거나 소멸된 경우

: 가족이 가지고 있는 자원으로 남아 있는 문제에 대처할 수 있다고 판단되는 경우이다.

- ㅇ 미래에 비슷한 문제가 발생하더라도 내담자 가족이 잘 처리할 자신감을 보여 주고 자발적인 활동이 증가하는 경우

셋째, 상담의 진행이 부진하거나 가족 구성원이 상담에 소극적으로 된 경우
: 상담자가 많은 노력을 했음에도 불구하고 상담의 효과가 없다는 것을 알았을 때도 종결될 수 있으며, 상담을 받으러 온 내담자가 상담을 그만두겠다는 의사를 밝힐 때도 있다.

2) 종결 과정

상담자는 중기 과정 후반부터 상담목표에 근접하는 변화가 보이면 미리 종결 계획을 세워야 한다. 이때 상담자는 종결에 대한 자신의 감정(성취감, 실패감, 시원함, 아쉬움, 허탈감, 분노, 불안 등)에 직면해야 하며, 가족들이 종결할 준비가 되어 있는지를 평가하여야 한다. 이를 과정별로 살펴보면 다음과 같다(최규련, 2012).

종결을 2~3회기 앞두고 있는 때, 상담자는 앞으로 종결을 할 예정이라고 내담자에게 말을 하며, 종결 준비를 한다. 그러고 나서 상담자는 가족과 함께 상담 초기와 현재의 상태에 대하여 비교하고 그동안의 상담 과정을 되돌아보면서 상담목표에 얼마나 근접해 있는지 이야기를 나누며, 얼마나 변화가 있었는지를 확인한다. 이때 상담자는 종결 시기에 대해 가족과 합의하고, 남은 시간 동안 달성해야 할 목표를 설정하며 가족의 종결에 대한 감정표현을 수용하고 인정해 준다. 마지막 종결 시점에서 가족이 상담 과정에서 노력하고 변화된 것들에 대한 평가 작업을 함으로써 가족이 성취감과 자신감을 갖게 한다. 이 단계에서 상담자는 상담종결이 가족의 참여와 노력의 결과이며 자기 이해와 성장의 시작임을 말한다. 그리고 가족으로 하여금 이후 가족에게 예상되는 어려움과 그에 대한 대처방법을 생각하고 또 현재의 변화를 계속 유지하기 위한 장기적 목표를 세워 과제를 수행하도록 격려한다. 그리고 추수 면접을 하는 이유와 일정을 예고하고 작별인사를 나눈다.

〈참고자료 11-4〉

조기 종결되는 경우

가족상담을 하다보면 상담이 성공적으로 종결되지 못하고 도중에 중단되는 경우가 종종 있다. 조기 종결로 가는 표시로는 내담자가 상담 시간에 자주 늦거나 연락 없이 상담에 불참하는 경우, 상담을 계속해야 하는지 질문할 때, 상담 시간을 자주 변경하는 경우 등이 있다. 대체로 가족이 조기 종결을 제안하는 이유는 상담자와의 신뢰 관계 미흡, 시간이나 비용부담, 기대했던 성과에 미흡, 감정적 부담, 상담을 방해하는 사건이나 주위 사람 등 때문이다. 때로는 내담자가 이사를 가야 하는 등의 정당한 이유로 종결을 원하기도 한다(최규련, 2012).

이와 같이 내담자가 조기 종결의 조짐을 보일 경우 상담자는 당황하지 말고 내담자의 의견을 존중하고 언제 어떤 이유로 종결하고자 하는 결정을 내렸는지 솔직히 이야기하게 한다. 그리고 내담자가 제시한 이유를 인정해 주고 건설적인 방법으로 대처하여야 한다. 이러한 방식으로 상담을 조기 종결하게 되면 상담자와 가족 사이에 미해결된 부분을 마무리할 수 있고 가족과 상담자 모두 성취한 것과 배운 것을 생각할 수 있으며 상담자의 성장에 도움이 될 수 있다. 그 외 상담자는 사례분석과 지도·감독을 받는 등 늘 배우는 자세로 자질향상과 자기 이해 노력을 하여야 한다.

3) 추수 면접(follow-up)

상담이 종결된 후 1개월이나 3개월, 6개월 또는 1년 후에 상담자는 가족과 추수 면접을 하여 가족이 계속 변화를 유지하고 있는지를 확인하게 된다. 이때 면접은 보통 상담보다 짧게 이루어지는데 이는 전화나 편지, e메일을 통해서 확인할 수 있다. 상담자는 가족의 근황을 듣고 그들의 성공적 대처와 노력을 축하해 주고 격려해 준다. 상담의 재개는 가족이 요구할 때 한시적으로 가능하다. 상담이 종결된 후에 가족이나 상담자가 서로 전화 연락하는 것은 추수 목적으로는 가능하나 미해결된 감정에 의한 전화 연락은 종결의 의미가 없어지므로 바람직하지 않다.

〈참고자료 11-5〉

상담의 성과를 파악하기 위한 검사지와 상담 만족도 검사도구

○ **상담 사후 검사지**

본 검사는 건강가정·다문화가족지원센터에서 진행되는 상담의 성과를 파악하기 위하여 진행되는 검사입니다.

1. 상담을 어떻게 마치게 되었습니까?
ㅁ 예정된 상담 기간이 완료됨 (협의하여 종결함)
ㅁ 완료 전에 상담자와 내담자(본인)가 협의하여 종결함
ㅁ 상담자의 판단으로 종결함
ㅁ 내담자(본인)가 종결하길 원함

2. 상담하신 문제의 현재 상태는 어떻습니까?
ㅁ (상담을 받기 전보다) 나아졌다.
ㅁ (상담을 받기 전과) 비슷하다.
ㅁ (상담을 받기 전보다) 나빠졌다.

3. 상담 기간 동안 당신은 어떻게 변화했다고 생각하십니까?
ㅁ 매우 긍정적으로 변화했다. (3-1문항으로)
ㅁ 약간 긍정적으로 변화했다. (3-1문항으로)
ㅁ 변화가 없다.
ㅁ 약간 부정적으로 변화했다.
ㅁ 매우 부정적으로 변화했다.

3-1. 상담 후 어떤 변화가 있었다고 생각하십니까? (모두 고르시오.)
ㅁ 나와 문제가 있던 상대방과 관계가 좋아졌다.
ㅁ 문제를 해결할 수 있는 능력이 생겼다.
ㅁ (전보다) 자신감이 생겼다.
ㅁ 나와 상대방에 대해 전보다 잘 이해할 수 있게 되었다.
ㅁ (상담을 통해) 평안함과 안정감을 느꼈다.

4. 상담에 대해 얼마나 만족하셨습니까?
ㅁ 상담에 대해 만족하지 않는다. (변화가 없다)
ㅁ 약간 좋은 상태가 될 것 같아 만족한다.
ㅁ 매우 좋은 상태가 될 것 같아 매우 만족한다.
ㅁ 잘 모르겠다.

5. 상담을 받은 후의 소감을 간단히 써 주십시오.
○ 상담 만족도

그동안 상담에 참여해 주신 여러분께 진심으로 감사드립니다.
여러분의 의견을 조사하여 더 나은 프로그램으로 발전시키기 위해 몇 가지 질문을 하오니 바쁘시더라도 성의껏 답해주시기를 부탁드립니다.

○○○가족센터

➔ 다음 문항을 읽고 자신의 생각과 가장 가까운 곳에 ∨표 해주세요.

문항	매우 그렇지 않다	그렇지 않다	보통이다	그렇다	매우 그렇다
1. 상담 내용은 내 가족의 실제 생활에 도움이 되었다.					
2. 상담자는 상담을 잘 진행하였다.					
3. 상담 진행환경은 만족스러웠다.					
4. 상담 진행시간은 참여하기에 적절하였다.					
5. 상담 진행 과정은 전반적으로 만족스러웠다.					
6. 기회가 된다면, 다른 프로그램에 또 참여하고 싶다.					
7. 다른 사람들에게 본 상담 이용을 권하고 싶다.					

자료 출처: 강북구 가족센터에서 사용하고 있는 검사도구의 일부를 발췌하였음.

요약

가족상담 초기 단계는 첫 번째 상담이 이루어지기 위해 약속을 하는 때부터 몇 번의 상담을 통하여 진단과 목표 설정이 이루어지기까지의 과정을 말한다. 가족상담 초기 단계는 가족상담 전 과정의 기초가 되므로 매우 중요하다. 가족상담 초기 과정은 접수상담(intake), 치료적 관계 형성, 상담의 구조화, 가족평가, 상담목표 합의, 상담계약 등으로 이루어져 있다. 초기 과정에서 흔히 나타나는 가족의 상담에 대한 저항과 상담동기의 저하에 상담자는 잘 대처할 수 있어야 한다.

가족상담 중기 단계는 상담자와 내담자가 상담목표를 향해 함께 노력하는 상담의 핵심 과정으로 변화를 위한 주된 작업이 이루어진다. 상담자는 가족의 특성과 문제의 성격, 상담자의 능력과 전문적인 판단에 따라 설정된 상담목표 달성을 위해 적절한 이론과 기법을 선택하고 적용하게 된다.

가족상담 종결 단계는 상담을 마무리짓고 통합하는 시기이다. 이 단계에서는 상담자의 적극적인 활동은 줄어들고 내담자 가족의 자발적인 활동이 촉진된다. 그리고 새로운 변화를 확고히 하고 자신의 문제해결 능력을 자각함에 따라 점진적으로 분리가 이루어진다. 상담자는 변화를 통합하는 안내자로서 행동변화에 대한 지지와 격려하는 역할을 한다.

이와 같이 상담의 초기과정은 상담의 성공을 좌우할 정도로 중요하며, 상담자와 내담자 가족이 협력적 관계를 형성하고 상담의 구조화와 가족평가 그리고 사례개념화를 통한상담의 목표를 정하는 작업이 이루어진다. 그리고 상담의 중기 과정에는 상담기법을 활용하며 본격적인 개입이 이루어지고 상담의 마무리 과정인 종결 때는 통찰을 바탕으로 현실생활에 적용할 수 있는 새로운 행동을 시험하고 평가하게 된다.

<참고자료>

화상(비대면) 가족상담 운영

코로나 19 '사회적 거리두기' 강화는 지금까지 우리가 경험하지 못한 여러 가지 것을 시도하게 하였다. 그중 하나가 화상(비대면)상담이다. 코로나 19 종식 이후에도 비대면 상담에 대한 내담자의 수용이 커지기 시작하면서 다양한 매체를 활용한 상담은 향후 보편적인 상담 방식으로 자리 잡을 것이라 여긴다. 이에 화상(비대면) 가족상담 운영(홍은주 외, 2021)에 대해 제시해 보고자 한다.

1. 비대면 화상 가족상담 안내서
다음은 '비대면 화상 가족상담 안내서(내담자용)' 참고용 자료로, 각 기관마다 상황에 맞춰 사용한다.

출처: 홍은주 외(2021). 비대면가족상담 운영운영과 환경구현 방안 연구. 한국건강가정진흥원, p.75.

2. 화상(비대면) 가족상담의 진행구조

1) 약속된 가족상담 시간(매주 1회 50분(1인 상담시) 또는 70분(2인 이상 상담 시) 동안 진행된다.
2) 약속된 일정을 지키기 어려울 경우, 1회기는 2일 전, 상담 시작 이후에는 1일 전 상담기관으로 연락한다.
3) 사전 연락 없이 상담 약속 시각에 늦는 경우 남는 시간 동안 상담을 받을 수 있다.
4) 2회 이상 상담 일정 및 기타 준수사항이 지켜지지 않는 경우 자동으로 상담이 종결된다.

3. 화상(비대면) 가족상담 플랫폼 대기화면

플랫폼 대기화면은 아래와 같이 구조화하여 사용함으로써 상담자와 내담자가 화상 가족상담 시 사전에 준비해야 할 사항을 점검하여 안전한 사항이 되도록 한다.

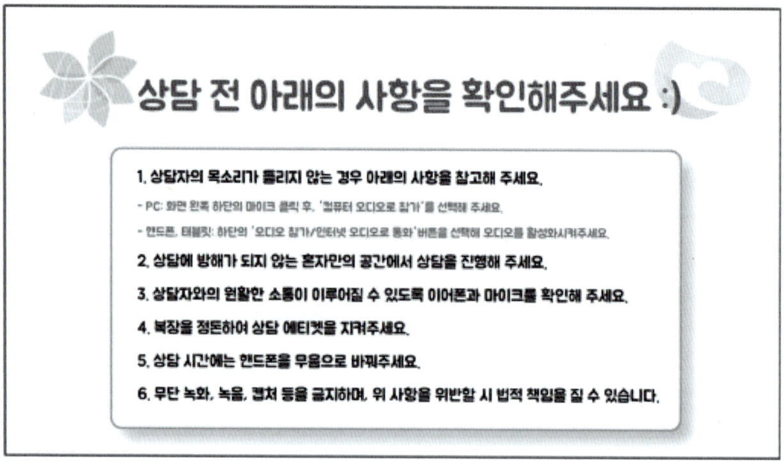

출처: 홍은주 외(2021). 비대면가족상담 운영운영과 환경구현 방안 연구. 한국건강가정진흥원, p.81.

4. 화상(비대면) 가족상담 준비 사항 체크리스트

실무자 및 상담자는 화상(비대면) 가족상담 시작 전 또는 필요시에 다음과 같이 체크리스트를 통해 준비 사항을 점검하여 안전하고 원활한 진행이 되도록 하여야 한다.

〈상담 제공자 점검〉

- 기본 방음이 되는 개인적이고 안전한 공간을 확보하였습니까?
- 인터넷 연결과 디지털 기기에 이상이 없음을 확인하였습니까?
- 동의서 및 상담 서식을 준비하였습니까?

〈내담자 점검〉
- 내담자의 준비 사항을 미리 점검하였습니까?
- 내담자에게 화상(비대면) 가족상담에 대한 안내가 가능합니까?
- 내담자에게 화상(비대면) 가족상담 참여 동의서를 받았습니까?
- 내담자에게 안전한 상담 공간 확보에 대한 안내를 하였습니까?
- 내담자의 화상(비대면) 가족상담 디지털 환경을 점검하였습니까?
- 내담자가 상담을 위한 화상 플랫폼 사용이 가능함을 확인하였습니까?
- 내담자에게 초상권, 화상(비대면) 가족상담 시 가져야 하는 기본적인 태도에 대한 안내와 동의 여부를 확인하였습니까?

5. 관련 윤리 강령 예시
1) 한국상담학회 윤리강령
① 사이버상담에서의 전문상담자의 책임
가) 전문상담자는 사이버상담을 진행하는 데 필요한 적절한 교육과 훈련을 받은 후 훈련받은 범위 내에서 상담을 진행한다.
나) 전문상담자는 사이버상담 시 필요한 온라인 정보, 사이버상담 과정에서 매체를 다루는 기술적 능력, 사이버상담을 신행할 수 있는 전문적 능력을 키우기 위해 지속적으로 노력한다.
다) 전문상담자는 상담자의 전문적 자격, 사이버상담의 장단점, 기술적인 문제가 있을 경우 연락 방법 등의 정보를 포함한 사전동의 절차를 거친다.
라) 전문상담자는 사이버상의 정보취급 등 관련 법규, 규칙에 정통해야 한다.
마) 사이버상담이 내담자에게 부적절하다고 간주될 경우, 상담자는 대면상담 등으로 연계해 서비스가 지속될 수 있도록 한다.
② 사이버 상담에서 내담자 복지의 증진
가) 전문상담자는 내담자에게 사이버 상담을 통해 상담을 제공하는 것에 대한 장단점에 대한 정보를 알려준다.
나) 컴퓨터 보조 프로그램을 통해 상담서비스를 제공하는 것이 부적절한 상황이라면, 전문상담자는 면대면 상담이나 다른 대안을 제공한다.
다) 전문상담자는 내담자가 컴퓨터 보조 프로그램을 활용하는 목적과 방법을 이해하고 있는지 확인한다.
라) 전문상담자는 면대면 상담과 전자 대화 사이의 차이점을 고려하여 이러한 차이들이 상담 과정에 끼치는 영향을 파악한다.

당신의 성숙을 가장 효과적으로 도와주는 고통을 쉽게 거절하지 말아라

-게리 토마스-

제 12 장

가족치료의 이슈

최근 가족치료 현장은 가족치료에 대한 사회적 요구가 급증하면서 다양한 치료 모델과 치료기법이 등장하고 있다. 그러나 우리 사회는 변화하는 가족의 다양성과 그로 인한 가족문제의 복합성은 보다 전문적인 지식을 필요로 한다. 나아가 우리 사회는 2000년대 중반부터 인권에 대한 관심과 논의, 그리고 실천 현장에서의 인권보호에 대한 실천이 이루어지고 있다. 이에 이 장에서는 앞장에서 다루었던 전문적인 지식을 가족치료 현장에서 실제 고려해야 할 이슈와 관련하여 한국가족의 구조적 변화와 가족생활주기 변화에 따른 가족치료의 쟁점, 가족치료 시 윤리적 쟁점 다루기 등을 중심으로 살펴보고자 한다.

1. 한국가족의 변화와 가족치료

우리나라의 가족변화는 가족의 구조 및 가족생활주기의 변화를 들 수 있으며 이는 가족치료 현장의 변화와 맞물려 있다. 먼저, 가족의 구조상의 변화와 관련된 이슈로는 가족형태의 다양성 증가, 이혼재혼 가족 이슈, 그리고 가족생활주기와 관련된 이슈 등을 들 수 있다.

1) 구조적 변화

(1) 가족형태의 다양성

가족형태의 다양성 증가는 저출산과 고령화, 혼인율 저하와 이혼율 증가 등에 따라 가족형태가 다양해지고 있다. 2005년 「건강가정기본법」의 제정 이후 2018년 건강가정기본법의 복지대상으로 1인 가구가 적용되는 등 우리 사회의 가족의 형태는 다양해지고 있다. 나아가 이와 같은 다양한 가족의 등장은 가족 가치관에도 영향을 미치고 있다. 한부모가족, 동거 부부, 계약결혼, 무자녀 가족, 재혼가족, 노인가족, 1인 단독가구, 비동거 가족, 대안 가족, 다문화가족 등과 같은 가족유형의 등장은 기존의 전형적인 핵가족유형, 즉 핵가족 중심의 규범적인 가족생활주기와 발달과업으로는 적용하기 어려운 발달과업을 가지고 있다. 따라서 가족치료 현장에서 가족치료사는 전통적인 가족유형, 가족규범을 중심으로 한 가족사정으로는 치료적 접근에 한계가 있다. 아직까지는 이와 같이 다양한 가족유형에 따른 치료접근모델이 제시되고 있지는 않으나 최근 가족의 다양성을 이해하기 위한 노력이 이루어지고 있다.

(2) 이혼, 재혼가족에 대한 이슈

미국의 경우, 카터와 맥골드릭(Carter & Mcgoldrick, 1999)은 다양한 가족유형의 등장에 따른 가족치료 모델을 제안하였다. 특히 이혼과정에 있는 가족 및 재혼가족에게 발생되는 과정을 다루기 위한 모델로 이는 기존의 전통적인 가족형태인 핵가족 중심의 가족치료접근에서 확장된 접근이라 할 수 있다. 이 모델은 이혼과정에 있는 가족과 재혼가족에게 발생되는 과정과 과정에서 요구되는 발달과업을 제시함으로써 보다 구체적으로 이들 가족들을 위한 성장을 지원할 수 있다(〈표 12-1〉, 〈표 12-2〉 참조).

이혼가족에 대한 모델의 경우, 기존의 전통적 접근에서는 이혼가족의 구성원, 특히 아동에게 발생되는 어려움과 문제점을 강조해왔다면, 이 모델에서는 이혼과 관련된 가족 구성원들의 반응범위가 기존의 아동에게 집중된 것에서 나아가 다른 가족 구성원들까지 넓게 제시하고 있다. 따라서 이 모델에서는 기존 연구에서 다루었던 이혼으로 인해 가족 구성원에게 발생할 수 있는 심각한 문제만 다루는 것이 아니라 이혼과 재혼이 오히려 가족 구성원들이 심각한 갈등과 폭력, 학대 등으로부터 벗어나기 위한 최선의 선택일 수 있음을 보여 준다. 또한, 이혼 후 재혼을 하거나 싱글로 남거나 어떠한 선택을 하더라도 개인적 성장과 발전의 기회가 될 수 있음을 보여 준다.

| 표 12-1 | 이혼가족의 추가적 가족생활주기 단계

단계	정서적 이행과정의 전제조건적 태도	발달과업상 쟁점
이혼 전 가족		
이혼의 결정	· 결혼생활의 갈등으로 인하여 관계를 지속할 수 없다는 사실에 서로 동의함	· 결혼실패에 대한 자신의 책임 있는 부분을 인정함
가족의 해체를 계획	· 가족체계의 모든 부분에 대해 실행 가능한 합의를 이끌어내기	· 양육권, 방문권, 금전적 문제에 대한 협조하기 · 이혼에 따른 확대가족 다루기
별거	· 자녀에 대해 협조적으로 공동재정을 지원하는 것과 공동양육관계를 자발적으로 지속함 · 배우자에 대한 애착 해결하기	· 온전한 가족을 상실함에 대한 애도하기 · 부부관계와 부모자녀관계 및 금전관계의 재구성, 별거에 적응 · 확대가족과의 관계 재편성, 배우자의 가족들과 연락 지속
이혼	· 정서적 이혼을 위한 노력하기: 마음의 상처, 분노, 죄책감 등을 극복하기	· 온전한 가족을 상실함에 대한 애도하기: 재결합에 대한 헛된 기대 버리기 · 결혼에 대한 희망, 꿈, 기대를 거두기 · 확대가족들과 연락 지속
이혼 후 가족		
한부모 (양육권 가구 혹은 주(主)거주 가구)	· 금전적 책임 및 자녀양육과 관련하여 전 배우자와 연락, 전 배우자 또는 그 가족과 자녀 사이의 연락을 자발적으로 유지	· 전 배우자 및 그 가족들의 방문권을 유연하게 조정하기 · 자신의 재정자원을 재건하기 · 자신의 사회연결망을 재건하기
한부모 (비양육권가구)	· 자녀양육과 관련하여 전 배우자와 연락하며, 양육권을 가진 전 배우자와 자녀 간의 관계를 지지하기	· 자녀와 효과적인 부모관계를 지속할 수 있는 방법을 탐색하기 · 전 배우자와 자녀에 대한 금전적 책임을 유지하기 · 자신의 사회연결망을 재건하기

출처: Carter & Mcgoldrick(1999). The Expanded Family Lifecycle. 성균관대학교 사회복지연구회 역(2013), p. 355 재인용.

| 표 12-2 | 재혼가족의 형성: 발달 개요

단계	정서적 이행과정의 전제조건적 태도	발달과업상 쟁점
1. 새로운 관계의 시작	· 이혼에 따른 상실의 회복 (충분한 '정서적 이혼')	· 복잡성과 애매성을 다룰 준비와 함께 결혼 및 가족형성을 재결정
2. 새로운 결혼생활과 가족에 대한 개념 확립 및 계획수립	· 재혼과 의붓가족에 대한 두려움, 새로운 배우자와 자녀를 받아들이기 · 복잡성과 애매성에 적응하기 위해서는 시간과 인내심이 필요하다는 것을 인정 – 다양한 새로운 역할 – 경계: 공간, 시간, 멤버십, 권한 – 정서적 이슈: 죄책감, 소속감의 충돌, 상호관계에 대한 욕구, 치유되지 않은 과거의 상처	· 의사상호성을 방지하기 위하여 새로운 관계에 솔직해지기 · 전 배우자들과의 긍정적 협조와 공동양육관계를 유지하기 위한 계획을 수립 · 아이들이 두 개의 가족체계 안에서 두려움, 소속감의 충돌, 멤버십을 다루도록 돕기 위한 계획을 수립 · 새로운 배우자 및 자녀들의 확대가족 관계 재편성 · 자녀들이 전 배우자와의 확대가족과 연락을 유지하기 위한 계획을 수립
3. 재혼과 가족의 재구성	· 전 배우자에 대한 애착과 '온전한' 가족에 대한 이상을 최종적으로 해결, 유연한 경계를 가지는 차별적 가족모델의 수용	· 새로운 배우자–의붓부모를 포함하는 가족경계와 재구조화 · 체계들의 혼재를 허용하는 하위체계에서 관계 및 재정적 합의를 재편성 · 친(양육권이 없는)부모, 조부모, 다른 가족들과 모든 자녀들 간에 관계의 길을 열어 주기 · 의붓가족의 통합을 강화하기 위하여 추억과 가족력을 공유

출처: Carter & Mcgoldrick(1999). The Expanded Family Lifecycle. 성균관대학교 사회복지연구회 역(2013), p. 356 재인용.

2) 전통적 가족생활주기 모델의 변화

앞서 1장에서 다룬 바와 같이 가족생활주기 개념에 대한 대표 학자는 듀발(Duvall, 1978)로서 가족생활주기를 8단계로 구분하였으며 각 발달단계별 발달과업을 제시한 바 있다.

최근 가족치료현장에서는 저출산 및 고령화, 가족 가치관의 변화 등에 따라 듀발의 전통적인 가족생활주기를 적용하기에는 한계가 있음을 지적하고 있다. 이에 따라 카터와 맥골드릭(1999)은 가족의 다양성을 고려한 6단계를 제시하였는데, 최근 가족치료현장에서는 이 모델을 보편적으로 사용하고 있다. 이 모델은 듀발의 자녀중심적인 전통적 가족단계 모델을 유지하면서도 가족형태의 다양성을 고려하고 있다(〈표 1-1〉 참조). 카터와 맥골드릭의 가족생활주기 6단계는 가족은 어느 특정 순간에 작동하는 정서적 장으로 가족이 미치는 영향은 가족의 특성 구성원이나 어느 핵가족에게만 제한되는 것이 아니라 많은 가족 구성원에게 영향을 미치고 있음을 보여 준다(정문자 외, 2012). 또한, 가족생활주기의 진행이 방해를 받거나 궤도에서 벗어날 경우 문제가 발생하는 것으로 설명한다.

카터와 맥골드릭(Carter와 McGoldrick, 1998)의 가족생활주기는 가족치료현장에서 접할 수 있는 가족갈등, 가족적응의 문제와 연결된다. 치료자는 가족의 발달주기에 맞게 가족 구성원들의 지위와 관계가 변화될 수 있도록 과업수행을 지원하거나 잘 기능하지 못하는 가족에 대한 치료를 수행하게 된다.

그러나 카터와 맥골드릭(Carter & McGoldrick, 1998)의 가족생활주기는 최근 우리 사회의 저출산 및 고령화로 인한 가족유형의 다양성, 다문화사회 진입에 따른 다문화가족의 증가 등을 설명하기에는 다소 한계가 있다. 이는 1장에서 언급한 바 가족의 개념을 전통적인 가족형태, 가족생활주기에서 확대하여 보다 유연한 개념이 필요함을 의미하기도 한다.

따라서 앞으로의 상담자들은 다양한 가족 형태에서 개인과 가족의 문제를 이해하는 것이 필요하다. 또한 가족생활주기의 변형에 따른 새로운 가족생활주기를 이해하고 이에 대한 서비스 지원을 유념해야 한다.

〈참고자료 12-1〉

가족생활주기변화에 따른 가족발달과업 변화와 서비스 지원사례

신장림사랑채노인복지관, 황혼 육아 지원프로그램 할할호호' 참여자 모집

미취학 손자녀 양육하는 조부모 대상

신장림사랑채노인복지관(관장 김동현)은 "황혼 육아 지원프로그램 '할할호호'" 참여자를 모집한다고 22일 밝혔다.

이 프로그램은 양육 스트레스 관리 및 체력적 한계 극복방안, 양육코칭(손주와의 공감·행복 대화법, 시기별 육아방법, 손자녀와 함께하는 놀이활동 등), 스트레스 해소를 위한 여가활동, 자조모임으로 진행하며 미취학 손자녀를 양육하는 조부모를 대상으로 진행될 예정이다.

자세한 사항은 신장림사랑채노인복지관으로 문의하면 된다.

출처: 배타뉴스(2020. 09. 20.) 정하균 기자.

2. 가족치료의 윤리적 쟁점

1) 가치와 윤리

가치(value)는 믿음 또는 신념, 사회구성원들이 좋거나 바람직하다고 여기는 것을 의미한다. 따라서, 가치는 인간이 적절한 행동을 선택하는 데 지침이나 기준으로 작용하게 된다. 또한 가치는 좋거나 싫거나 혹은 바람직하거나 바람직하지 못하다는 도덕적 판단의 기준으로 작용하기 때문에 가치는 인간행동의 방향과 동기를 제공한다.

윤리(ethics)는 어원상 사회적 관습이나 습관을 뜻하는 고대 그리스어 에토스(ethos)와 라틴어 모랄리스(moralis)에서 유래된 것이다. 윤리는 '가치에서 비롯되어 무엇이 옳고(right) 틀린가(wrong)를 판단해 주는 도덕적 지침'(김기덕 외, 2017)이며 사물의 이치나 어떤 행동이 도덕적으로 올바른가에 관한 질문과 관련된 개념(Lowenberg & Dolgoff, 1996; 엄명용 외, 2020. 재인용)을 의미한다.

가치와 윤리의 개념을 비교해 본다면, 가치는 '무엇이 좋고 바람직한가와 같은 개인의 선호도'와 관련된 개념이라면, 윤리는 '무엇이 옳고 그른가'를 다루며 개인이 가진 가치가 사회적으로 합의될 경우 윤리가 된다. 따라서 상담자들은 전문가로서의 서비스를 시행하기에 앞서 자신의 가치관을 끊임없이 점검하는 작업을 필요로 한다.

〈참고자료 12-2〉

가치와 윤리의 개념 비교

가치(value)	윤리(ethics)
· 믿음, 신념 · 무엇이 좋고 바람직한가 · 판단의 방향과 기준을 제시 · 구체적인 실천을 지시하기보다는 일반적으로 선호하는 더 폭넓은 사회의 가치를 반영	· 도덕적으로 어떤 행동에 대해 옳고 틀림을 판단 · 가치를 기반으로 구현된 행동 지침 · 사회적 태도나 행동의 원칙 및 결정의 지침
예 결혼을 한다고 해서 꼭 아이를 출산해야 하는 것은 아니다.	예 아무리 화가 나도 아이를 때리는 것은 옳지 않다.

가족상담 현장에서 상담자들은 매순간마다 전문가로서의 정체성, 기관과 내담자 간의 이익 상충 등 여러 유형의 윤리적인 갈등과 딜레마를 경험하게 된다. 특히 한국의 가족치료 및 상담의 실천 역사가 그리 오래 되지 않았으며 가족치료 및 상담의 가치 기준 또한 가족치료가 먼저 발달한 서구의 사회문화적 배경에서 나온 것이다. 이런 연유로 인해 전통적 한국정서와 상충되는 상황이 발생하기도 한다.

2) 상담자 윤리의 주요 원칙

윤리적 상담은 윤리적 갈등 상황에서 윤리적 추론을 전개하고 의사결정 기술을 발전시켜 불필요한 윤리적 갈등에 휘말리지 않으며, 내담자에 대한 상담 서비스의 질을 한껏 높일 수 있는 역량을 갖추는 것을 의미한다(김종운, 2019). 따라서 가족상담자는 상담 현장에서 윤리적인 문제가 발생했을 때 상담자와 내담자 모두에게 최선의 이익을 줄 수 있는 윤리적 원칙을 준수해야 한다.

상담자에게 요구되는 윤리원칙은 다른 휴먼 서비스직에서 일반적으로 요구되는 원칙과 많은 공통점이 있다. 미국의 경우, 각 상담기관마다 윤리강령을 마련하고 상담자들이 이를 준수하도록 하고 있으며, 미국 부부가족치료학회의 경우, 다음과 같은 윤리강령(정문자 외, 2012)을 마련하여 상담자들이 준수하도록 하고 있다.

첫째, 내담자에 대한 책임원칙으로 치료자는 내담자의 다양성을 존중, 내담자와 전문적 치료관계 외 이중관계 금지, 내담자의 자기결정권 존중, 상담 종결이나 의뢰에 대한 책임, 내담자에게 상담을 시작하기 전 고지된 동의하기 등이다.

둘째, 비밀보장원칙으로 내담자에 대한 비밀보장, 상담 대화에 관한 비밀유지 특권, 비밀유지 특권의 예외상황(학대, 내담자의 자해 및 타인 위협 등)에 대한 원칙 등이다.

셋째, 전문성과 품위 원칙으로 가족상담자는 상담자로서의 전문성을 갖추기 위하여 교육, 슈퍼비전 등의 노력, 품위를 지킬 수 있는 노력 등과 관련된 원칙이다.

넷째, 훈련생 및 연구대상에 대한 책임으로 상담자는 자신이 고용한 피고용인이나 훈련생, 연구대상을 이용하여 자신의 이익을 추구해서는 안 된다.

다섯째, 가족상담 전문직에 대한 책임 원칙으로 상담자는 조직의 회원 또는 피고용인으로서 전문직에서 요구하는 수준의 서비스를 제공할 책임이 있다.

여섯째, 비용에 대한 합의원칙으로 치료자는 치료서비스나 슈퍼비전에 대해 적절한 비용을 부과하는 것이다.

마지막으로 서비스에 대한 홍보로 상담자는 자신이 수행하는 상담 서비스를 홍보할 경우 자신의 능력, 교육, 훈련, 자격증, 경험 등을 정확하게 포함해야 한다.

우리나라의 경우 한국상담학회와 한국상담심리학회 등이 상담자 윤리강령을 마련하였다. 윤리강령 안에는 상담자의 전문가로서의 태도, 내담자에 대한 존중, 상담관계, 비밀 보장 등에 대한 내용을 제시하였으며 상담자들이 상담현장에서 이를 준수할 수 있도록 되어 있다(천성문 외, 2015). 이와 관련하여 우리나라의 주요 전문단체에서 제정한 상담윤리강령(김종운, 2019)이 공통적으로 강조하는 있는 내용을 정리하면 다음과 같다.

첫째, 비밀보장이다. 이는 상담 과정에서 가장 근본적인 윤리기준으로 비밀보장의 대상은 상담과정 중의 내담자 문제뿐만 아니라 내담자의 개인적 정보 및 상담 진행 관련 모든 사항이 포함된다. 단 내담자의 생명 및 타인의 신체, 생명에 위협이 되거나 내담자가 심각한 학대를 당하는 것 등과 같이 비밀보장의 한계도 제시하고 있다.

둘째, 다중관계에 대한 원칙이다. 상담자는 내담자에 대한 해를 끼치거나 상담자 자신의 판단을 흐리지 않도록 내담자와 상담자는 전문적인 상담관계 외 다른 관계를 맺어서는 안 된다.

셋째, 성적 관계 금지의 원칙이다. 국내외 전문 상담학회에서는 상담자와 내담자와의 성적관계는 부적절한 관계로서 엄하게 금지하고 있다.

넷째, 다문화 상담의 윤리원칙이다. 유능한 상담자는 타 문화에 대해 개방적인 태도를 유지해야 한다. 최근 우리 사회가 다문화사회로 진입함에 따라 상담 및 치료자들에게도 다문화감수성 등을 요구하고 있다.

3) 가족치료 윤리와 쟁점

우리나라의 가족치료는 1970년대 중반에 소개되면서 교육, 의료, 복지, 종교 분야 등에서 가족치료에 대한 수요가 증가했으며, 최근에는 가족유형이 다양화되면서 가족치료의 이슈 또한 다양해지고 있다. 최근에는 국가적으로 상담자의 수요가 증가함에 따라 상담 관련 자격증이 난립하고 있을 뿐만 아니라 비전문적인 서비스로 인한 문제, 윤리적 문제 등 전문적인 가족치료사양성자격에 대한 논의가 제기되고 있다. 특히 상담 현장에서 근무하는 상담자들이 경험하는 윤리적 이슈가 다양해짐에 따라 상담자들의 윤리적 의사결정에 대한 교육, 슈퍼비전 등이 보다 필요하다고 볼 수 있다. 이 절에서는 실제 우리나라 가족상담현장에서 부부 또는 가족을 대상으로 상담하는 상담자들이 경험하는 다양한 윤리적 이슈 사례와 윤리적 의사결정과 관련된 쟁점(김성희 외, 2012)들을 중심으로 살펴보고자 한다.

(1) 윤리적 이슈 경험 사례

상담자들은 상담 현장에서 비밀보장, 가치관의 충돌, 내담자와의 관계, 성적 관계 등의 윤리적 딜레마를 경험하고 있다〈표12-3〉. 또한 윤리적 딜레마를 대처하는 과정에서 상담자 자신의 윤리적 가치관에 따라 의사결정을 하는 것으로 나타나 치료현장에서 윤리적 의사결정과 관련된 쟁점이 될 수 있다〈표 12-4〉.

| 표 12-3 | 가족상담자의 윤리적 이슈 경험(윤리적 딜레마 경험)

구성요소	하위구성요소	의미단위 개념화
윤리적 이슈 경험 사례	비밀보장 관련 윤리적 이슈	부부나 가족상담에서 개별회기로 인한 비밀유지와 관련
		자살 또는 범죄 및 증상과 관련하여 비밀보장 여부
	가치관 차이로 인한 윤리적 이슈	상담자와 내담자의 가치관이 다름
		가족 구성원 간에 가치관이 다름
	상담관계 및 구조화 관련 윤리적 이슈	사전 고지 동의서의 내용 범위에 대해 고민
		은둔형 내담자를 위한 상담구조화로 인한 이슈
		내담자가 선물이나 식사를 제안
	아동 및 청소년내담자와의 상담 관련 윤리적 이슈	아동 내담자와의 상담에서 신체접촉과 관련된 갈등
		청소년내담자와 부모사이
	상담자가 근무하는 기관특성과 관련한 윤리적 이슈	기관과 상담자의 가치나 역할이 부딪힘으로써 갈등 경험
		법원 상담에서 상담보고서 작성 시 윤리적 갈등

① 비밀보장과 관련된 윤리적 이슈 경험

부부 및 가족상담자들은 부모, 자녀 또는 각각의 배우자와 개별적으로 만나는 경우가 종종 있다. 이 경우 개인상담과 동일한 수준에서 내담자에 대한 비밀보장을 해야 하는가, 아니면 개인상담에서 알게 된 모든 내용을 가족상담에 참여하는 모든 가족 구성원에게 알려야 하는가? 에 대한 갈등을 경험할 수 있다(강진령 외, 2022). 실제 가족상담자는 자살 또는 가정폭력, 범죄와 관련된 상황에서 내담자와의 상담관계와 비밀 유지 사이에서 비밀보장준수를 어떻게 해야 할 것인가에 대한 윤리적 딜레마를 경험한다.

② 가치관 차이로 인한 윤리적 이슈 경험

상담자는 가족상담 현장에서 가족구성원과 상담자 간의 가치관의 차이를 경험하거나 가족구성원 간에 가치관이 다른 경우에 상담자로서 상담을 진행해야 하는 데서 오는 갈등을 경험한다. 예를 들면, 내담자가 동성애, 혼전 임신, 동거, 낙태 등과 관련한 상담을 의뢰한 경우, 상담자는 상담자 자신의 종교적인 이유로 인한 가치관의 갈등을 경험하기도 한다. 또한 가정폭력, 이혼관련 상담과 같이 법률적인 조치에 따른 상담의 경우, 내담자들은 부부관계 개선보다는 서로 피고와 원고라는 상반된 입장에서 서로 원하는 목표로 가기 위해 상담을 이용하고자 하는 데서 오는 상담자의 갈등이 있다.

③ 상담관계 및 구조화와 관련한 윤리적 이슈 경험

상담자는 상담을 진행하기에 앞서 사전 고지 동의서를 제공할 의무가 있다. 사실 부부나 가족이 상담에 참여하기로 결정할 때 참여자의 일부 또는 전부는 상담의 진행방식과 내용에 대해 아는 바가 거의 없기 때문에 상담 초기에 상담자들은 내담자들에게 상담관계, 상담의 진행과 관련된 충분한 정보를 제공함으로써 내담자들이 상담을 이해하고 선택할 수 있게 된다. 그러나, 상담자들은 내담자들에게 제공해야 할 정보 즉 비용, 회기 횟수, 내담자들이 가지고 있는 문제 중에서 다루어야 할 문제 정하기 등에 대해 내담자들에게 동의를 구하는 데서 어려움을 경험한다. 특히, 상담의 구조화와 관련해서는 기존의 상담실로 방문하여 상담하는 형식이 아니라 상담실 외 야외와 같은 비공식적인 장소 등 다른 형태의 가족상담의 구조화를 필요로 하는 경우, 상담자는 윤리적인 갈등을 경험하기도 한다. 또한, 상담자는 내담자들이 식사나 선물 제안을 해오는 경우, 상담자로서 자신이 경계설정을 잘하지 못하고 있는지에 대한 윤리적 갈등을 경험한다.

④ 아동 및 청소년 내담자와의 상담에서 윤리적 이슈 경험

상담자는 가족구성원의 다양한 연령대의 내담자들을 만나게 된다. 특히 아동과 청소년기에 속한 자녀 내담자들의 경우, 상담실에서 상담자가 아동의 발을 씻기는 등 상담자와 자녀 내담자들 간 신체적인 접촉으로 인한 윤리적 갈등을 경험한다. 또한, 부모와 자녀 사이에서 상담자는 상담과정에서 알게 된 자녀의 이야기를 부모에게 비밀보장을 하는과정에서 부모와의 갈등을 경험하기도 한다.

⑤ 상담자가 근무하는 기관 특성과 관련한 윤리적 이슈 경험

상담자는 클리닉, 법원, 가정폭력상담소 등과 같이 다양한 기관에서 가족상담 업무를 수행하기 때문에 자신이 속한 기관의 특성과 관련된 다양한 윤리적 이슈를 경험한다. 예를 들면, 양육권을 둘러싼 이혼 소송과정에서 제출해달라는 요청을 하기도 한다. 이 경우, 가족상담자는 아이에 대한 의견과 부모의 의견 사이에서 윤리적 갈등을 경험하기도 한다. 또한, 상담기관의 영리적 목적에 따라 상담을 통한 수입 연계에 대한 고민을 경험하기도 한다.

(2)윤리적 의사결정과 관련된 쟁점

가족상담자는 상담현장에서 윤리적 이슈와 관련된 상황에서 윤리적 판단에 대한 결정을 내릴 때, 무엇이 기준이 되어야 하는가? 가족상담자의 윤리적 의사결정과 관련된 쟁점은 가족상담자 자신이 중요하게 생각하는 윤리적 가치관에 따라 윤리적 의사결정을 한다는 것이다. 다음 〈표12-4〉는 가족상담자가 윤리적 이슈와 관련된 상황에서 상담자가 윤리적 이슈를 대처하는 데 영향을 미치는 가치관이다. 이상의 윤리적 가치관은 내담자를 보호하고, 나아가 상담자의 전문성 신장을 위하여 필요한 가치관이기도 하지만, 이러한 가치관은 윤리적 딜레마에서 상담자들이 어떠한 행동을 해야 하는지에 대한 기준으로도 작용하기도 한다.

| 표 12-4 | 가족상담자의 윤리적 이슈 경험(상담자 대처 및 상담자 가치관)

구성요소	하위구성요소	의미단위 개념화
윤리적 이슈와 관련된 상담자가 지닌 윤리적 가치관	윤리적 판단을 할 때 내담자의 자율적인 선택을 존중함	내담자의 가치를 존중
		내담자가 변화할 가능성이 있다고 믿음
	윤리적 판단을 할 때 내담자의 유익을 먼저 고려함	내담자를 위하는 것이 무엇인지에 대한 고민을 함
		내담자에게 꼭 필요하다고 생각되면 이를 고려함
	윤리적 판단을 할 때 내담자에게 해를 가하지 않음	내담자와 가치가 다르거나 상담자의 역량을 넘어설 때 리퍼를 고려함
		아동 학대는 신고를 해야 함
	윤리적 판단을 할 때 상담자의 전문성이 중요함	상담자 자신의 가치와 철학을 성찰해 보는 것이 필요함
		상담자의 권리를 존중받을 수 있는 장치가 필요함

출처: 김성희·엄영숙·이아람(2017). 가족상담자의 윤리적 이슈 경험에 대한 현상학적 연구. 가족과가족치료, 25(1). pp. 69-87.

① 윤리적 판단 시 내담자의 자율선택권 존중

내담자의 자율적 의사를 존중해야 한다는 자율성 원칙은 상담현장에서 매우 중요하게 우선시 되는 원칙이다(천성문 외, 2021). 따라서, 상담현장에서 가족상담자는 윤리적 이슈와 관련된 상황에서 윤리적 결정을 내릴 때에 내담자의 자율선택권을 존중해야 한다는 가치관을 중시한다. 또한, 가족상담자는 내담자의 변화가능성에 대해 신뢰해야 한다는 신념을 가지고 있다. 그러나, 가족상담자는 내담자가 자신이 처한 상황과 욕구에 대해 자율적인 선택을 할 수 있는지에 대한 고민과 내담자의 자율선택권을 존중하는 것이 내담자에게 유리한 것인지에 대한 윤리적 딜레마에 빠질 수도 있다.

② 윤리적 판단 시 내담자의 유익을 우선적 고려

내담자에게 유리하게 행동할 책임이 있다는 의미의 선행원칙(beneficence) 또한 중요한 상담 윤리 원칙 중 하나이다. 가족상담자는 윤리적 이슈와 관련한 윤리적 결정에 있어서 내담자에게 무엇이 유리하고 도움이 되는지를 선택해야 한다는 신념을 가지고 대처한다.

③ 윤리적 판단 시 내담자에 대한 무해성 원칙 고려

무해성원칙(non-malevolence)은 내담자가 피해를 입어서는 안 된다는 상담 원칙이다. 가족상담자는 내담자에게 해를 가해서는 안 된다는 신념 하에 상담이 진전이 없을 경우, 리퍼(refer) 여부에 대한 갈등을 경험할 수 있다. 또한, 상담과정에서 내담자의 폭력을 인지했을 경우, 신고의무자로서 신고할 것인가? 신고하는 것으로 내담자의 변화의 가능성을 막는 것은 아닌가? 폭력이 심하지 않는 경우, 내담자의 변화를 위해 신고하지 않고 상담으로 이어갈 것인가에 대한 갈등을 경험한다.

④ 윤리적 판단 시 상담자의 전문성을 중시

상담자는 윤리적 이슈에 직면할 때 상담자로서의 자신의 전문성에 근거하여 윤리적 결정을 내리게 된다. 이는 상담자들이 생각하는 전문성은 윤리적 판단 시 내담자를 위한 윤리적 판단뿐만 아니라 그 과정에서 상담자 자신의 가치를 들여다보고 자기를 통찰하는 것이 전문성을 확대하는 기회로 중시한다는 것이다(천성문 외, 2022). 따라서, 상담자가 자신의 전문성의 한계를 내담자나 동료들에게 인정하는 것이 두려운 나머지 자신의 한계를 넘어서서 내담자의 문제를 다루거나 무리하게 상담을 진행할 경우, 내담자에게 해를 끼치는 비윤리적인 상담이 될 가능성이 높다.

〈참고자료 12-3〉

내담자의 상담내용에 대한 비밀 보장의 한계는 어디까지인가?

경계성 지능아(자폐성 3급) 이 모(19) 군은 2014년 학교폭력을 당했으나 지난해 가해학생과 같은 고등학교로 진학했다. 이 군의 어머니 윤모(49) 씨는 이들을 분리해달라며 2년이 지난 지금까지 학교를 상대로 외로운 싸움을 하고 있다.
당시 학교폭력대책자치위원회는 '전학은 과하다'는 결정을 내렸고, 이후 윤씨가 제기한 재심청구도 기각됐다. 현재 윤씨는 경기도학교폭력대책지역위원회를 상대로 행정 심판을 진행 중이다.
윤씨는 지난달 열린 첫 번째 재판에서 충격적인 사실을 알게 됐다.
학교 측이 이 군이 겪고 있는 수면 장애, 우울증, 정서 불안 등의 증상이 학교폭력으로부터 비롯된 것이 아니라는 취지의 '위클래스(wee class · 친한친구교실)' 상담 일지를 기타 증빙 자료로 법원에 제출한 것이다.
윤씨는 "아이가 정신과 상담을 받고 있고, 부부 관계가 좋지 않다는 내용은 사실이 아닐 뿐더러 대체 학교폭력과 무슨 관련이 있는지 이해할 수 없다"며 "마치 치부가 드러난 느낌"이라고 털어놨다. 또 "상담 내용을 학교가 활용할 수 있다고 고지를 받은 적도, 동의를 한 적도 없다. 이럴 줄 알았으면 절대 위클래스에 참여하지 않았을 것"이라고 토로했다.
이처럼 학교가 위클래스 상담 내용을 임의대로 활용해 학생은 물론 학부모까지 피해를 입고 있다.

「학교폭력예방법」 제14조 2항은 '전문상담교사는 학교의 장 및 자치위원회의 요구가 있는 때에는 학교 폭력에 관련된 피해학생 및 가해학생과의 상담 결과를 보고하여야 한다'고 규정하고 있다.
문제는 '학교 폭력에 관련된'이라는 문구의 의미가 정확하지 않아 학생의 사생활까지 공개될 위험이 있다는 것이다.
공개할 상담 내용의 한계는 상담자의 재량에 달려 있다. 2012년 교육과학기술부의 '위클래스 운영 가이드'에 따르면 '비자발적 상담(교사나 학부모 학생부 의뢰)은 상담자가 비밀유지 한계를 결정한다'고 안내하고 있다. 위클래스 상담은 비자발적 상담이 대부분이다.
물론 내담자가 미성년자인 학생이기 때문에 외부로 알려져야 할 상담 내용이 있는 것도 사실이다. 지난달 논란이 됐던 부산 학교전담경찰관과 여고생 간의 부적절한 관계는 학생이 위클래스 상담자에게 이 사실을 털어놓으며 알려졌다.
그러나 위클래스 상담자와 학교에 전적으로 상담 내용에 대한 재량권이 있는 한 학생의 사생활 공개 가능성은 배제할 수 없다.

한국상담심리학회의 상담전문가 윤리강령은 "내담자에게 비밀 보호의 한계를 알리고 비밀 보호가 불이행되는 상황에 대해 인식시킨다", "법적으로 정보의 공개가 요구될 때는 비밀보호의 원칙에서 예외이지만, 법원이 내담자의 허락 없이 사적인 정보를 밝힐 것을 요구할 경우, 상담자는 내담자와의 관계를 해칠 수 있기 때문에 정보를 요구하지 말 것을 법원에 요청한다"고 규정하고 있다.

> **상담자 소속 기관장은 학교장…"공개 요구하면 거부하기 어려워"**
> 설령 위클래스 상담자가 원치 않더라도, 학교의 장 및 자치위원회가 상담 내용 제출을 요구하면 이를 거절하기는 힘들다. 상담자는 학교에 소속돼 있고, 교육부가 아니라 학교장이 직접 채용하기 때문이다.
> 이 군을 면담했던 상담자도 무기계약직인 것으로 확인됐다. 그는 "절차대로 했을 뿐, 더 이상 할 말이 없다"고 말을 아꼈다.
> 한 아동상담소 소장은 "위클래스 상담자 대부분이 비정규직인 데다 박봉을 받기 때문에 학교장의 요구에 응하지 않는 것은 거의 불가능하다"고 지적했다.

쿠키뉴스(2016. 07. 28.) 정진용 기자.

4) 윤리적 딜레마 해결책

상담자는 상담 현장에서 종종 윤리적 딜레마에 경험하게 된다. 윤리적 딜레마는 문제해결을 위한 여러 대안 중에서 어떤 특정한 해결책을 선택하는 데 있어서 어려운 상황에 직면해 있는 것을 의미한다(Lowenberg & Dolgoff, 1988; 엄명용 외, 2020 재인용).

상담자가 윤리적 딜레마를 해결하기 위해서는 윤리적 의사결정을 필요로 한다. 국내에서는 윤리적 의사결정과 관련하여 로웬버그와 돌고프(Lowenberg & Dolgoff, 1996)의 윤리적 의사결정모델을 많이 적용하고 있다.

윤리적 딜레마는 상담자가 전문가로서 지켜야 하는 윤리적 의무(duties) 또는 책임(obligation)이 서로 충돌할 때 어떠한 행동을 선택하는 것이 윤리적으로 올바른 것인지 판단하기 힘든 상태를 의미한다. 이러한 윤리적 딜레마를 해결하기 위해서는 윤리적인 의사결정이 필요하다. 이 절에서는 로웬버그와 돌고프(Lowenberg & Dolgoff, 1996)의 의사결정모델을 중심으로 윤리적 딜레마에 대한 해결책을 살펴보았다(엄명용 외 2020 재인용; 정문자 외, 2012).

(1) 윤리적 의사결정의 구성요소

로웬버그와 돌고프(Lowenberg & Dolgoff, 1996)의 윤리적 의사결정모델은 크게 세 가지 구성요소 단계, 즉 의사결정의 기본 틀과 형식인 일반적인 결정모델, 윤리적 사정심사, 대안선택 시 고려해야 할 원칙 등으로 되어 있다.

① 일반결정모델

상담자는 현재 직면해 있는 다양한 상황에 개입할 때 필요한 것이 무엇인지 합리적으로 계획할 수 있는데 일반결정모델을 적용하여 의사결정을 할 수 있도록 도움을 받을 수 있다. 일반결정모델을 통해 상담자가 비합리적이고 충동적으로 의사결정을 함으로써 발생할 수 있는 결과를 최소화할 수 있다[그림 12-1].

단계	내용
1단계	문제가 무엇이며, 문제를 지속시키는 요인들이 무엇인지를 확인
2단계	내담자, 희생자, 지지체계, 전문가 및 그 밖의 사람들을 포함해서 당면 문제에 관련되어 있는 사람들과 제도들을 확인
3단계	확인된 여러 관계자들이 당면 문제와 관련해서 가지고 있는 가치(사회의 가치, 전문적 가치, 그리고 내담자와 가족치료의 개인적 가치) 확인
4단계	당면문제를 해결하거나 또는 최소한 감소시킬 수 있는 목적과 목표 확인
5단계	대안적인 개입전략과 개입표적 확인
6단계	확인된 목표들에 따라 각 대안들의 효과성과 효율성 사정
7단계	의사결정에 관여해야 할 사람 결정하기
8단계	가장 적절한 전략 선택하기
9단계	선택된 전략 실행하기
10단계	실행된 것에 대한 검토와 예기치 않은 결과들에 대해 특별한 주의하기
11단계	결과들에 대한 평가 및 부가적인 문제 확인

| 그림 12-1 | 일반결정모델

② 윤리적 사정 심사(Ethical Assessment Screen, EAS)

상담자가 윤리적 딜레마에 처했을 경우, 다음과 같이 윤리적 사정 심사표에 따라 윤리적 쟁점을 사정하고 의사결정을 할 수 있다〈표 12-5〉.

| 표 12-5 | 윤리적 사정심사표(Ethical Assessment Screen, EAS)

1. 상담자가 직면해 있는 윤리적 딜레마와 관련되는 개인적 가치는 무엇인가?
2. 윤리적 의사결정과 관련이 있는 사회적 가치는 무엇인가?
3. 윤리적 의사결정과 관련되는 전문적 가치와 윤리는 무엇인가?
4. 대안적으로 선택할 수 있는 여지는 무엇인가?
5. 대안으로 준비한 윤리적 행동 중 어떠한 대안이 다른 사람들의 권리와 복지뿐 아니라 내담자의 권리와 복지를 최대한 보호하는가?
6. 어떠한 대안적 행동이 사회의 권리와 이익을 최대한으로 보호하는가?
7. 개인적 가치, 사회적 가치, 전문적 가치 사이의 갈등을 줄이기 위해서 할 수 있는 것은 무엇인가? 또한 대안적 행동 중 내담자의 권리와 복지, 사회의 권리와 이익 간 갈등을 줄이기 위해 할 수 있는 것은 무엇인가?
8. 최소 손실의 원칙을 지킬 수 있는 대안적 행동은 무엇인가?
9. 각 대안이 효율적이고 효과적이며 윤리적일 수 있는 것은 어느 정도까지인가?
10. 대안적 행동들의 단기적이고 장기적인 윤리적 결과를 비교, 평가했는가?

③ 윤리 규칙 심사(Ethical Rules Screen, ERS)과 윤리 원칙 심사(Ethical Principle Screen, EPS)

상담자가 윤리적 사정이나 규칙 심사 등에서 적용할 만한 지침을 찾지 못했다면 다음 단계로 윤리적 규칙 심사표와 윤리적 원칙 심사표를 통하여 윤리적 의사결정에 도움을 받을 수 있다.

가. 윤리 규칙(Ethical Rules Screen, ERS)

상담자는 당면한 윤리적 딜레마를 해결하기 위해 준비한 대안들에 대하여 다음과 같은 윤리규칙을 사용한다.

첫째, 상담자는 윤리강령을 살펴보고, 어떤 규칙을 적용할 것인지 결정한다.

이러한 규칙들은 치료자 개인의 가치체계보다 우선시되어야 한다.

둘째, 상담자는 윤리강령에 명시된 규칙 중 한 가지 혹은 여러 가지의 규칙을 따른다.

셋째, 현재 상담자가 직면하고 있는 구체적인 문제에 윤리강령 규칙이 직접적으로 부합되지 않거나 또는 여러 개의 강령규칙들이 상충되는 지침을 제공하는 경우에는 윤리적 원칙심사표(Ethical Principle Screen, EPS)를 활용한다.

나. 윤리적 원칙심사표(Ethical Principle Screen:EPS)

윤리적 원칙심사표는 가족상담자가 윤리적 딜레마에 처했을 경우, 대안으로 준비한 것들을 적용하는 데 있어서 우선순위를 결정하는 데 도움이 된다. 때로는 대안으로 준비한 행동들이 한 가지 이상의 원칙이 관련되어 있거나 원칙을 적용하는 데 있어 상이한 결과를 가져올 상황이 발생할 수 있다. 이러한 상황에 대비하여 원칙들 별로 서열을 적용해 선택 가능한 윤리적 대안이 무엇인지 분석하고 의사결정을 할 수 있다. 로웬버그와 돌고프의 윤리원칙은 총 7개의 서열화된 원칙으로 구성되어 있다. 따라서, 상담자는 여러 가지 원칙이 상충하는 갈등상황에 놓였을 경우, 가장 서열이 높은 윤리원칙부터 순위를 정하고 서열이 높은 원칙부터 지킨다. 예를 들면, 원칙 1은 원칙 2~7보다 우선해서 지켜야 한다.

〈참고자료 12-4〉

로웬버그와 돌고프의 윤리원칙

원칙 1:생명보호의 원칙
원칙 2: 평등과 불평등의 원칙
원칙 3: 자율성과 자유의 원칙
원칙 4: 최소 손실의 원칙
원칙 5: 삶의 질의 원칙
원칙 6: 사생활보호와 비밀보장의 원칙
원칙 7: 진실성과 정보 개방의 원칙

요약

최근 가족치료 현장은 가족치료에 대한 사회적 요구가 급증하면서 다양한 치료모델과 치료기법이 등장하고 있다. 그러나 우리 사회의 변화하는 가족의 다양성과 그로 인한 가족문제의 복합성은 보다 전문적인 지식을 필요로 한다. 이에 이 장에서는 앞장에서 다루었던 전문적인 지식을 가족치료 현장에서 실제 고려해야 할 이슈와 관련하여 한국가족의 구조적 변화와 가족생활주기 변화에 따른 가족치료의 쟁점, 가족치료 시 윤리적 쟁점 다루기 등을 중심으로 살펴보았다.

우리나라의 가족변화는 가족형태의 다양성 증가, 가족생활주기의 변화 등을 들 수 있다. 가족형태의 다양성은 1인 가구, 이혼 및 재혼가구 등 가족구조의 변화에 따라 다양한 가족 형태의 등장에 따른 새로운 치료 모델의 필요성을 의미한다.

상담자는 항상 윤리적 딜레마를 경험할 수 있다. 윤리적 딜레마에 효과적으로 대처하기 위해서는 윤리적 의사결정모델을 기준으로 한 의사결정이 필요하다.

〈참고문헌〉

고미영(2000). 이야기치료의 한국적 적용에 관한 연구. 한국가족치료학회지, 8(2), 111-136.

고미영(2010). 이야기치료의 변천과 발전: 이야기확장을 추구한 마이클 화이트의 이야기치료의 여정. 한국가족치료학회지, 18(1), 83-106.

고영수(2015). 사티어 변형체계치료를 경험한 내담자의 변화과정 연구. 가족과 가족치료, 23(1), 115-134.

권석만(2012). 현대 심리치료와 상담 이론. 서울: 학지사.

권신영·공정원·김미영·방미나(2017). 가족복지론. 서울: 어가.

김규수·오현숙(2006). 가족치료-이론과 실제. 서울: 양서원.

김기덕·최소연·권자영(2017). 사회복지윤리와 철학. 서울: 양서원.

김도애·남영옥(2003). 가출청소년 가족에 대한 대상관계 가족치료모델의 적용. 상담학연구, 4(1), 147-165.

김미애·김영호(2009). 가계도를 활용한 역기능 가족에 대한 가족치료 사례연구. 복지상담학연구, 4(1), 79-99.

김성희·엄영숙·이아람(2017). 가족상담자의 윤리적 이슈 경험에 대한 현상학적 연구. 가족과가족치료, 25(1). 69-87.

김순옥,곽소현,노명숙,류경희,배선희(2012). 가족상담. 교문사.

김영애(2008). 자기이해를 통한 마음과 마음 나누기 사티어 빙산의사소통. 서울: 김영애가족치료연구소.

______(2015). 통합적 사티어 모델: 이론과 실제. 서울: 김영애가족치료연구소.

김영애·정문자·송성자·제석봉·심혜숙·김정택·정석한·김계현 공역(2006). 가족치료 개념과 방법. 시그마프레스.

김용태(2019). 가족치료이론: 개념과 방법들 2판. 서울: 학지사.

김유숙(2006). 가족상담 2판. 서울: 학지사.

______(2014). 가족치료: 이론과 실제 3판. 서울: 학지사.

김유숙(2015). 가족상담 3판. 서울: 학지사.

김유숙(2012). 심리치료 이론과 가족치료. 학지사.

김인자(역)(2002). 당신의 삶은 누가 통제하는가?. 윌리엄 글래서 저, 한국심리상담연구소.

김인자·우애령(역)(1998). 행복의 심리. 윌리엄글라써 저, 한국심리상담연구소.

김재현(2020). 대상관계 이론을 통한 역기능 가정의 분석 및 내적치유 사례연구. 총신대학교 선교대학원 석사학위논문.

김정진(2014). 사회복지실천기술론: 사례와 함께 하는 사회복지실천기술 연습. 서울: 학지사.

김종운(2013). 상담과 복지서비스를 위한 상담심리학의 이론과 실제. 서울: 동문사.

______(2019). 상담과 복지 서비스를 위한 상담심리학의 이론과 실제 개정판. 서울: 동문사.

김지영 · 박선영(2017). 가족상담 및 가족치료: 부부 · 가족상담의 이론과 실제. 서울: 양성원.

김춘경 · 이수연 · 이윤주 · 정종진 · 최웅용(2016). 상담의 이론과 실제 2판. 서울: 학지사.

__________(2016). 상담학 사전. 서울: 학지사.

김혜숙(2016). 가족치료: 이론과 기법 3판. 서울: 학지사.

김혜숙 · 나임순 · 김현경(2013). 사회복지실천기술론. 서울: 학지사.

김혜숙 · 박주현 · 이영주 · 임상록(2012). 가족상담 및 치료. 서울: 신정.

김희경 글 · 이보나 흐미엘레프스카 그림, 마음의 집, 서울: 창비.

남미애 · 윤숙자(2014). 사회복지실천기술론. 서울: 학지사.

노안영(2011). 집단상담이론과 실제. 서울: 학지사.

______(2019). 상담심리학의 이론과 실제 2판. 서울: 학지사.

류도희(2013). 이혼 소송 중에 있는 가정폭력부부의 결혼만족도 증진을 위한 현실치료 부부상담 사례 연구. 한국가족관계학회지, 18(2), 23-49.

박경애(2014). 상담심리학-상담과 심리치료의 주요이론과 실제. 서울: 공동체.

박태영(2003). 가족생활주기와 가족치료. 서울: 학지사.

박태영 · 김태한 · 김혜선 · 문정화 · 박소영 · 박진영 · 이재령 · 조성희(2019). 가족복지학의 이해. 학지사.

배경희 · 한영란(2015). 가족상담의 기초. 서울: 정민사.

백사인 · 윤경희 · 하수경 · 김홍숙 · 이임숙 · 박병훈(2013). 상담심리학 입문. 서울: 공동체.

사회복지교육연구센터 편저(2019). 사회복지사1급 기본 이론서 사회복지실천기술론, 나눔의 집.

서수균 · 김윤희 공역(2007). 합리적 정서행동치료. 서울: 학지사.

__________(2013). 가족치료 및 상담. 서울: 공동체.

서혜숙 · 강희숙 · 이미영 · 고희숙(2012). 가족상담 및 치료. 서울: 공동체.

송정아 · 최규련(2002). 가족치료 이론과 기법. 서울: 하우.

송정애(2010). 가족상담의 이론과 실제. 서울: 양서원.

______(2015). 대상관계 가족상담-상처난 가족치유를 위한 여행. 서울: 양서원.

양옥경 · 김정진 · 서미경 · 김미옥 · 김소희(2000). 사회복지실천론. 서울: 나남.

양유성(2004). 이야기치료. 서울: 학지사.

양정빈 · 김효순 · 이무영 · 정여주 · 홍성례(2020). 새롭게 배우는 사회복지실천론. 서울: 학지사.

양정숙(2016). 구조적 가족치료 이론을 적용한 부부상담 사례연구. 순천대학교 교육대학원 석사학위논문.

엄명용 · 김성천 · 윤혜미(2020). 사회복지실천의 이해 5판. 서울: 학지사.

엄명용 · 노충래 · 김용석(2015). 사회복지실천기술의 이해 3판. 서울: 학지사.

오제은 역(2013). 미누친의 구조적 가족치료 가족치유. 서울: 학지사.

유영주 · 김경신 · 김순옥(2008). 가족관계학 2판. 서울: 교문사.

유옥(2011). 가족상담 및 치료의 이론과 실제. 서울: 동문사.

____(2016). 상담심리학. 서울: 동문사.

윤화영(2010). 사례연구: 이혼을 고려하고 있는 신혼부부. 인지행동치료, 10(1), 1-20.

이무영·권신영·김미영·송혜자(2021). 인간행동과 사회환경. 서울: 어가.

____(2023). 인간행동과 사회환경. 서울: 어가.

이선혜(2020). 이야기치료. 서울: 학지사.

이선혜·박지혜(2018). 이야기치료의 국내 연구동향 분석: 1996~2018. 가족과 가족치료, 26(3), 343-377.

이성희(2002). 부부관계 강화 프로그램의 개발과 효과 검증-선택이론, 인지정서행동이론, 관계향상기법을 기초로-. 한국가정관리학회지, 20(6), 11-24.

이성희(2010). 가족해체와 대안가정의 현주소, 2010 추계학술대회. 21세기 기독교사회문화아카데미, 27-32.

이성희·김현수(2017). 영유아기 발달에 있어 있어서의 원가족 지원. 한국아동가족복지학회, 2017년도 추계학술대회발표. 2017. 11. 17.

이성희·한희선(2011). 결혼과 가족. 서울: 도서출판 파란마음.

이성희·한희선(2020). 성평등 관점에서 본 결혼과 가족. 서울: 공동체.

이성희·홍달아기·한은주·조성경·김현수(2018). 가족생활교육론. 서울: 창지사.

이영분·김유순·신영화·전혜성·최선령(2020). 사례로 배우는 가족상담. 서울: 학지사.

이장호·정남운·조성호(2005). 상담심리학의 기초. 서울: 학지사.

이현경(2010). 임상장면에서의 가족상담과 치료: 이론과 실제. 서울: 양서원.

이현경(2012). 임상장면에서의 가족상담과 치료: 이론과 실제. 서울: 양서원.

이형득(1992). 상담이론. 서울: 교육과학사.

이효경(2015). 알코올중독자 가정에 나타난 가족희생양에 대한 구조적가족치료 연구 : 알코올중독자 가정에 나타난 가족희생양에 대한 구조적 가족치료 연구. 한세대학교 대학원 석사학위논문.

임은희(2012). 가족치료론. 서울: 공동체.

장성화·김순자·윤향숙·박지현·황윤미(2013). 상담의 이론과 실제 2판. 서울: 정민사.

전미량(2019). 대학생용 자살예방 교육프로그램 개발 및 효과: Winnicott의 대상관계이론을 기반으로. 한남대학교 대학원 박사학위논문.

정문자·정혜정·이선혜·전영주(2007). 가족치료의 이해. 서울: 학지사.

____(2012). 가족치료의 이해 2판. 서울: 학지사.

정성란(2017). 가족상담 및 치료. 서울: 양서원.

정은(2009). 가족상담: 모델과 사례. 서울: 창지사.

정은·이경욱(2005). 가정폭력 피해 모녀에 대한 해결중심 가족치료 사례 연구. 가족과 가족치료, 13(1), 1-30.

정혜정 · 이형실 · 윤경자 · 이동훈(2016). 가족치료: 체계이론적 통합(8판). 서울: 시그마프레스.

정혜정 · 조은경(2007). 한국형 자기분화척도개발과 타당성에 관한 연구. 가족과 가족치료, 15(1), 19-46.

제석봉 · 김춘경 · 천성문 · 이영순 · 김미애 · 이지민(2014). 가족치료. 서울: 정민사.

조옥진 · 최지원(2019). 미취학 자녀를 둔 워킹맘에 대한 이야기치료 사례 연구. 가족과 가족치료, 27(4), 745-773.

지효숙 · 황경열(2014). 대상관계 부모훈련 집단상담이 자녀관계 불안을 어머니의 심리적응 및 자녀와의 관계에 미치는 효과. 재활심리연구, 21(2). 273-298.

천성문 · 이영순 · 박명숙 · 이동훈 · 함경애(2015). 상담심리학의 이론과 실제 3판. 서울: 학지사.

______(2021). 상담심리학의 이론과 실제 4판. 서울: 학지사.

최규련(2012). 가족상담 및 치료 2판. 서울: 공동체.

최선화 · 아영아 · 이명희 · 고영희 · 최미숙(2018). 가족복지론. 서울: 양서원.

최영민(2010). 쉽게 쓴 정신분석이론: 대상관계이론을 중심으로. 서울: 학지사.

최지원(2017). 이야기치료와 대인관계신경생물 이론의 만남. 학지사 워크숍 자료집.

파커 J. 파머, 김찬호 · 정하린 옮김(2018). 나이듦에 관한 일곱가지 프리즘, 모든 것의 가장자리에서. 경기도: 글항아리출판사.

한국심리상담연구소(1999). 현실치료 연수과정 자료집.

한국심리상담연구소(2003). 현실치료 중급연수과정 자료집.

한국심리학회(2014). 심리학 용어사전.

한국임상사회사업학회(2017). 가족복지론 2판. 서울: 신정.

한국좋은인간관계학회(2005). 좋은학교, 가고싶은 학교, 폭력없는 학교만들기. 연차대회자료집.

한재희 · 김영희 · 김용태 · 서진숙 · 송정아 · 신혜종 · 양유성 · 임윤희 · 장진경 · 최규련 · 최은영(2013). 부부 및 가족상담. 서울: 학지사.

______(2018). 부부 및 가족상담 2판. 서울: 학지사.

황경애(2010). 사티어 변형 체계적 치료(STST)를 적용한 미혼여성의 상담자례 연구. 한국가족치료학회지, 18(2), 109-134.

Bertalanffy, L.von(1968). General systems theory:Foundation, development, applications. George Brazillier.

Banmen, J.(1995). A counselling practicum using the Satir Model workshop 자료집. 서울: 한국가족치료학회.

Becvar, D. S., & Becvar, R. J.(2016). Family Therapy: A Systemic Integration, 8th edition. Pearson Education, Inc. 정혜정·이형실·윤경자·이동훈 역(2016). 가족치료 제8판: 체계이론적 통합. 서울: 시그마프레스.

Bowen, M.(1978). Family Therapy in Clinical Practice. New York: Jason Aronson.

Carter. B., Mcgoldrick, M.(1999). The Expanded Family Lifecycle. Allyn and Bacon.

Corey, G.(1996). Theory and Practice of Counseling and Psychotherapy(6th ed.). 조현춘·조현재 역(2003). 심리상담과 치료의 이론과 실제. 시그마프레스.

DePaulo, B. M.(2016). 우리가 살아가는 방법: 자발적 고독을 즐기며 필요한 연대를 나누는 사람들의 스위트홈 철학 (박지훈 역, 원제: How We Now: Redefining Home and Family in the 21st Century). 알에이치코리아. (원저 2015년 발행).

Dobson, K. S.(1988). Handbook of cognitive-behavioral therapies.New York: The Guilford Press.

Ellis(1989). Rational emotional therapy(RET) and cognitive behavior therapy(CBT). In J.K. Zeig(Ed.)*The evolution of psychotherapy*. New York: Brunner/Mazel.

Ellis, A. & Dryden, W.(1987). *The practice of rational-emotive therapy*. New York: Springer.

Ellis, A.(1976). The biological basis of human irrationality. *Journal of Individual Psychology*, 32,145-168.

Frankland, A G.(2014). The Little Psychotherapy Book: Object Relations in Practice. 김진숙 역(2019). 대상관계 심리치료 실제: 사례로 보는 치료 안내서. 서울: 학지사.

Gerald Corey(2001). Theory and Practice of Counselling and Psychotherapy. 조현춘·조현재 공역(2003). 심리상담과 치료의 이론과 실제. 서울: 시그마프레스.

Granvold, D. K.(Ed.).(1994). Cognitive and Behavioral Treatment: Methods and Applications, Pacific Grove, CA: Brooks/Cole Pub.

Guetrin, Fogarty,Fay,&Kautto(1996). 최선령 외 공역(2005). 가족치료 임상에서 삼각관계 활용. 서울: 시그마프레스.

Hamilton, N. G, 김진숙·김창대·이지연 공역(2007). 대상관계 이론과 실제: 자기와 타자. 서울: 학지사.

James V. Cordova저, 권정혜·채규만 공역(2019). 커플 체크업, 서울: 학지사.

Kerr & Bowen(1988). 남순현 외 공역(2005). 보웬의 가족치료이론. 서울: 학지사.

Lichtenberg, J.W., Johnson, D.D., & Arachtingi, B.M.(1992). Physical illness and subscription to Ellis's irrational beliefs. *Journal of Counseling & Development*, vol.71.pp.157-163.

Lowenberg, F. & Dolgoff, R.(1996). Ethical Decisions for Social Work Practice Peacock.

Morgan, E.(2003). 이야기치료란 무엇인가?(고미영 역). 서울: 청목출판사. (원저 2000년 출간).

Nichols, M. P. & Davis, S. D.(2017). 가족치료 개념과 방법, 김영애 역, 서울: 시그마프레스.

Nichols, M. P.(2014). 가족치료 개념과 방법(11th), 김영애 역(2016). 시그마프레스.

Nichols, M. P.(2014). 가족치료 이론과 실제(6th), 김영애 역(2015). 시그마프레스.

Nichols, M. P., & Davis, S. D.(2017). *Familytherapy: Concepts and methods*(11th). Boston: Pearson.

Nichols, M. P., & Schwartz, R. C.(1984). *Family therapy: Concepts and methods*(7th). 김영애 역, 서울: 시그마프레스.

Schriver, J. M.(2011). Human Behavior and Social Environment: Shifting Paradigms in Essential Knowledge for Social Work Practice 5th, Allyn and Bacon. 성균관대학교 사회복지연구회 공역(2013). 인간행동이론과 사회복지실천. 서울: 박영사.

White, M.(2001). The narrative metaphor in family therapy: An interview with Michael White. In D. Denborough(Ed.), *Family therapy: Exploring the field's past, present & possible futures*(pp. 131-138), Adelaide, South australia: Dulwich Centre Publications.

White, M., & Epston, D.(1990). *Narrative means to therapeutic ends*. New York: Norton.

〈자료제공〉

서울시 강북구 건강가정·다문화가족지원센터

심리상담연구소 호우가

저자약력

이성희

우석대학교 아동사회복지학부 교수

한국아동가족복지학회 고문

한국사회복지상담전북지회 회장

성신여자대학교 가족학 박사

한은주

강북구 가족센터 센터장

성신여자대학교 생애복지대학원 가족상담치료학과 겸임교수

성신여자대학교 가족학 박사

이무영

대덕대학교 사회복지과 교수

한국아동가족복지학회 감사

성균관대학교 사회복지학 박사

정은미

대전과학기술대학교 사회복지학과 교수

한국아동가족복지학회 자격관리위원장

숙명여자대학교 아동복지학 박사

제2판

가족상담 및 치료

초 판 1쇄 발행 2021년 3월 4일
초 판 2쇄 발행 2022년 7월 4일
제2판 2쇄 발행 2025년 2월 5일

지 은 이 | 이성희 · 한은주 · 이무영 · 정은미
펴 낸 이 | 김기섭
편 집 인 | 이초롱 · 이현남
펴 낸 곳 | 창지사 www.changJisa.com
08589 서울시 금천구 가산디지털 1로 83 파트너스타워 1차 9층
전화 (02)719-2211~3
팩스 (02)701-9386
등 록 | 1977년 4월 28일 · 제1-421호

ISBN 978-89-426-1850-7 (93330)

값 22,000원